总主编 彭 明

20世纪的中国

——走向现代化的历程

（社会生活卷 1949-2000）

朱汉国　耿向东　李少兵
刘仕平　彭世畦　刘是今
王海亭　何志文　著

人民出版社

目　　录

前言　20 世纪下半叶中国民众
生活的社会环境与基础

这里所说的 20 世纪下半叶,确切地说是 1949 年中华人民共和国成立以后的 50 年。这 50 年中国社会经历了社会制度的巨大变迁,处在由传统的社会向现代的社会、封闭的社会向开放式的社会转变的历史进程中。这期间整个社会的经济、政治、思想文化等诸多领域出现了新的情况,同时自然环境和物质技术条件也有改变。所有这些与 20 世纪下半叶中国民众的社会生活有着密切的关联,对民众生活的变化产生很大的影响。

一、自然地理环境

人是生活在自然之中的。人与自然的关系几千年来就是人们议论的话题。近代以来随着工业革命的开展,科学技术发展迅速,人类大肆向自然界索取,"人定胜天"的思想广为散播,结果造成生态环境恶化、自然资源渐趋枯竭,以至于到了 20 世纪的后二三十年,人与自然的和谐发展成为国际社会讨论的紧迫问题。其实,中国古代哲人很早就提出了"天人合一"的思想。何为"天"?中国古代哲学家对"天"的解释是多元的,既有抽象的解释,认为是"上帝",又有具体的解释,就是自然的"天"。季羡林概括古代思想家的认识,提出:"天"可以简化为"大自然"。① 人和自然之间如何相互适应？在 20 世纪下半叶的中国,这一问题依然是影响社会发展和民众生活的重大问题。

（一）自然资源

中国疆域广阔,资源丰富,有比较优越的光热资源,丰富的水资源和多样的矿产资源等等。但是旧中国连年战乱,政局动荡,加之资源被掠夺和随意利用以及几千年来人为因素的影响,我国森林资源匮乏,水土流失严重,旱涝灾害频繁。新中国成立以后,总起来说,丰富的自然资源为我国的经济文化建设提供了坚实的基础,然而,也出现了一些发展中的问题。

1. 土地资源。我国国土幅员辽阔,陆地面积达 960 万平方公里,在世界上居第三位。土地资源十分丰富,绝对数量大。全国除了约19% 的沙漠、戈壁、雪山冰川无法开发利用以及 7% 左右的城市、工矿、交通用地外,其余的 74% 的土地已被开发或可作为持续开发所用。我国的土地类型多样,主要有耕地、林地、草场、荒漠、滩涂等。受气候的影响,我国东南部地区雨水充沛,为主要农业和林业区;北方地区雨水偏少,为旱作农业区;西北部地区为大陆性气候,全年雨水稀少,为半干旱和干旱地区;西南青藏高原地区为高寒牧业地区。据统计,1949 年我国有耕地 14.7 亿亩。② 这之后,在国民经济恢复时期和第一个五年计划实施时期,国家加大了农垦力度,建立了一批商品粮生产基地,如太湖、洞庭湖、鄱阳湖流域,江汉平原,松花江流域等。还在江汉平原、河南南阳盆地、江苏盐城等地区建立棉花生产基地,在东北和内蒙古建立甜菜生产基地。到 1957 年,我国耕地面积约为 16.7 亿亩。此后的

① 季羡林:《人文地理学与天人合一思想》,见《自然·文化·人地关系》,科学出版社 1999 年版,第 2 页。

② 新中国成立后,我国长期未能建立科学的土地档案制度,所以耕地面积数字并不十分准确。这里的数字是根据建国初期的土地改革和查田定户得出的数字。见《我国的自然资源及其合理利用》,科学出版社 1985 年版,第 6 页。

20 年,尽管在经济建设中开垦荒地的数量在增长,如开发北大荒,但是由于工业交通建设、城市建设、国防工程、水利基础设施建设等方面的原因,耕地面积反而在缩小。1977 年,全国耕地面积为 14.9 亿亩,比 1957 年减少了 1.8 亿亩。改革开放以后,我国城乡经济文化等各项建设事业以前所未有的速度发展,对土地尤其是耕地的利用不断扩大,造成耕地面积呈递减的态势。据《国际统计年鉴》披露,1987 年,我国耕地面积为 95888 千公顷,1990 年为 95720 千公顷,1995 年为 95100 千公顷,1997 年为 94970 千公顷。

我国土地资源绝对数量大,但是由于建国后的 50 年间人口增长速度过快,使得我国人均土地资源的拥有量相对不足,大大低于世界平均水平。据 20 世纪 80 年代初的统计,全国人均土地面积不足 14 亩,而世界人均为 50 亩左右;全国人均耕地 1.5 亩,世界人均为 5.5 亩;全国人均林地 1.8 亩,世界人均 15.5 亩,全国人均草地 4.3 亩,世界人均 11.4 亩。我国多年来存在的一个基本国情是,在占世界陆地面积 7% 的土地上要养活超过世界近四分之一的人口。这种情况还将会持续一个相当长的历史时期。所以说,我国长期存在着人地矛盾的严峻现实,这对于社会经济文化事业的发展,对于人们生活水平的提高都产生了一定的制约。

2. 气候资源。光、热和水是气象的三大要素,是地球上万物生存的基本条件。像光照、热量、水分以及风等气候条件是大自然取之不尽、用之不竭的自然资源。它对农业、工业、交通运输和建筑业等都有着广泛的影响,尤其是农业。气候因素对农业生产起着关键性的作用。我国的气候类型复杂多样,由此形成的气候资源有以下特点:

第一,热量资源丰富。我国北起寒温带,南止赤道带,跨越 6 个热量带,跨越纬度达 50°。其中大部分地区位于冷暖适宜的中纬度地区。全部国土中寒温带占国土面积的 1.2%,青藏高原高寒气候区占 26.7%,其余 72.1% 的地区处于温带和热带之间,温带占 25.9%,暖温带占 18.5%,亚热带占 26.1%,热带占 1.6%,赤道带占不足 0.1%。

这种地理环境使我国的热量条件相对比较优越。夏季全国普遍高温，高于同纬度其他地区。夏季高温使我国喜温作物种植的北界远远超过世界上任何国家。如水稻的种植可以达到北纬50°以北的黑龙江，棉花的种植可到东北南部地区。

第二，光能资源丰富。我国大部分地区的年辐射总量在100—200千卡/平方厘米，其分布趋势是西部高于东部，高原多于平原。我国境内日照时数大部分地区在2000—3000小时，分布趋势是由南向北递减。青藏高原是我国光能源最丰富的地区。

第三，降水量南北差异很大。我国东南部背依大陆，面临海洋，属于典型的季风气候，雨量充沛，年降水量在400—2000毫米，属于湿润、半湿润地区。西北部伸向亚欧大陆内部，属于温带大陆性气候，年降水量在400毫米以下，为干旱、半干旱地区。我国北方是夏雨冬旱，南方是夏多雨冬少雨。淮河以北地区雨季短而集中，是夏湿冬干的夏雨区，像华北、东北地区等地，7、8两月雨量占全年的60%—70%。长江中下游地区雨季长，但主要为春季梅雨区，7月初至8月有一相对干旱期，入秋后又有秋雨。华南沿海地区雨季从4月底至10月中旬，前期4、5月为东南季风大雨期，6、7月有一相对干旱期，8、9月为台风期。西部高原地区干湿明显，雨季约从5月下旬到10月下旬。西北干旱地区则是全年少雨。

3. 水资源。水资源主要分地表水和地下水资源。我国河流的总长度达42万公里以上，流域面积在100平方公里以上的河流大约有5万多条，其中流域面积在1000平方公里以上的有1580条，超过10000平方公里的大江大河有79条，如长江、黄河、珠江、淮河、海河、黑龙江等。我国天然湖泊众多。面积在1平方公里以上的有2800多个，其中面积达1000平方公里以上的有13个。大型淡水湖主要有鄱阳湖、洞庭湖、太湖、洪泽湖、巢湖等；大型咸水湖主要有青海湖、纳木错湖、奇林湖等。由于我国降水量年内分配不均，造成河流径流的年内分配不均。夏秋多雨季节水量充足，甚至造成水灾，而冬春枯水季水量不足。同样由于降水量地区分布不均,水资源的分布不平衡,东南地区多,西北地区少。我国地下水资源总量约为 8288 亿立方米/年,相当于河川径流总量的 30% 左右①,但分布不均。北方 15 个省、市、自治区和苏北、皖北的地下水资源为 3000 多亿立方米/年,南方各省、市、自治区为 5000 亿立方米/年。

4. 森林和草场资源。森林资源是以乔木为主体的植物群落。我国是世界上树种最多的国家之一,有木本植物约 7000 多种,其中乔木 2800 多种,经济林木 1000 多种。但是,我国森林面积小,分布不均。我国森林面积 1.28 亿公顷,人均 0.107 公顷,而世界森林面积约 40.49 亿公顷,人均约 0.8 公顷;我国森林覆盖率为 13.4%,而世界森林覆盖率为 31%;我国森林蓄积量为 108.68 亿立方米,人均约 9 立方米,而世界森林蓄积量约 3100 亿立方米,人均约 72 立方米。我国森林分布主要集中在东南部,少数零星分布在西北山地。

草场资源主要是指由禾草和类似禾草的植物构成的植被资源,草原和草甸是草场资源的两大组成部分。我国草地资源面积广大,约为 53 亿亩,居世界第三位。草原主要指温带半干旱气候条件下由旱生或半旱生草本植物组成的植被。我国草原的分布主要在东北西部、内蒙古、黄土高原北部,以及西北荒漠山地和青藏高原中部。由于我国草原大都分布在干旱和半干旱地区,优质牧草比重小,利用水平较低,且沙化、碱化、退化严重,是畜牧业发展的不利因素。

5. 能源资源。能源是社会发展的原动力,它直接影响国民经济的增长。我国能源储量丰富。统计资料显示,1982 年经探明的煤炭储量达 7421 亿吨,1989 年达 9014.53 亿吨,1998 年达 10070.7 亿吨,居世界第二位。我国煤炭资源分布广泛,煤质较好,品种较全,从烟煤到无烟煤以及石煤俱全。煤炭资源是我国的主要能源。1949 年,原煤年产量占能源生产总量的 96.3%。此后,这一比重随着国家能源建设的全

---

① 《中国地理概览》,东方出版中心 1996 年版,第 311 页。

面开展而有所下降("大跃进"期间除外),1956 年为 95.3%,1962 年为 91.4%,1966 年为 86.4%,1978 年为 70.3%。1993 年我国原煤产量达 11.51 亿吨,居世界第一位。

我国石油资源的勘探和开发在 1949 年以前就已开始进行。但真正大规模的工作是在 20 世纪 50 年代以后。我国先后在塔里木盆地、准噶尔盆地、柴达木盆地、松辽盆地、渤海湾盆地等地,进行了大规模的地质勘探,探明一些具有巨大开发价值的油、气田。主要有:大庆油田、胜利油田、大港油田、任丘油田、辽河油田、克拉玛依油田、玉门油田等等。其中大庆油田自 1959 年开始开发以来,改变了我国原油依赖进口的历史。此外在近海大陆架还发现了大型含油盆地。1978 年以来,我国原油年产量均超过 1 亿吨,1994 年达到 1.44 亿吨,居当年世界第四位。

水能资源在我国能源建设中占有重要的位置。新中国成立时,全国水利基础设施建设非常薄弱,全国只有水库 20 多座,小水电站 39 座,对水能资源的利用非常有限。随后,各级政府都设置了水行政管理部门,重视对水能资源的利用。建国后,国家在许多河川上建设各种类型的水电站。截至 1998 年底,全国的水电装机容量达到 6506.5 万千瓦,占全国电力总装机容量的 23%。其中大型的水利设施有:新安江、三门峡、刘家峡、龙羊峡、青铜峡、葛洲坝、小浪底、三峡(尚未完工)等。全国 2400 多个县(市)中,有 800 个县(市)建立以中小水电供电为主的水利系统,近 3 亿人口靠小水电供电,供电范围覆盖了我国 40% 的国土面积。①

此外,我国许多地区还具有丰富的地热能资源。据不完全统计,我国天然温泉和人工发掘的地下水资源有 2700 多处,遍布全国 31 个省、市、自治区。温泉主要集中分布在东部沿海诸省和西藏、滇西、川西等

---

① 《中华人民共和国国史百科全书》,中国大百科全书出版社 1999 年版,第 331 页。

地,形成了胶辽—东南沿海地热带和藏滇地热带。胶辽—东南沿海地热带共有温泉 800 多处,温泉水温超过 90°C 的有几十处,有的超过 100°C,如福州、漳州和汕头等地。藏滇地热带共有温泉千余处,现已发现的高于当地沸点的水热活动区就有近百处。西藏羊八井地热井在孔深 200 米以下获得了 171°C 的湿蒸汽。云南腾冲火山区的温泉温度达到 105°C。

6. 矿产资源。我国是世界上矿产资源种类比较齐全的国家。1949 年以前,我国矿产资源的勘探和开发已经具备一定的基础。但由于经济发展水平较低,探明的具有一定储量的矿产资源只有 18 种。1949 年以后,国家经济建设的发展趋势对矿产资源的开发利用有更高的要求。随之,国家下大力气进行了大规模的矿产资源的勘探开发。到 20 世纪 90 年代,我国发现的矿种达 162 个,探明储量的矿种有 148 个,矿区有 15000 多处。我国有 20 多种矿产特别丰富,储量居世界前位,如黑色和有色金属的铁、锰、铜、铅、锌、铝、镍、钨、锡、钼、锑、锂、汞、金等;非金属的磷、硫、菱镁矿、石棉、石墨、云母、石膏、重晶石等。我国矿产资源尽管储量大,但是富矿少,贫矿多,伴生矿和共生矿多。这在一定程度上为开采和冶炼带来困难。

(二)生态环境状况

从一般意义上来说,环境是指人类以外的整个外部世界。《中华人民共和国环境保护法》指出:"本法所称的环境,是指影响人类生存相发展的各种天然的和经过人工改造的自然因素的总体,包括大气、水、海洋、土地、矿藏、森林、草原、野生生物、自然遗迹、自然保护区、风景名胜区、城市和乡村等。"环境学将地球环境划分为四个领域,也就是所谓的"圈",即大气圈、水圈、岩石圈(土圈)和存在于此三圈界面或交接带的生物圈。从人类的角度看,这四个圈都是人类生存与发展的环境。

环境问题是与国家经济发展、工业化水平、全球化的影响、社会历史因素、人们环境保护意识以及现行政治、经济决策密切相关的。1994年由国务院公布的《中国21世纪议程——中国21世纪人口、环境与发展白皮书》把环境问题与社会、经济、资源等诸因素联系起来，提出："必须努力寻求一条人口、经济、社会、环境和资源相互协调的、既能满足当代人的需求而又不对满足后代人需求的能力构成危害的可持续发展的道路"。① 国家提出这一具有现实意义和前瞻性的"可持续发展"问题，既反映了世界范围内环境保护"绿色"浪潮的趋势，又是我国社会经济发展的必然结果。

新中国成立以来的50年，我国生态环境状况前后有很大的变化，大体上有三个发展阶段：

第一阶段：1949年至1972年。新中国成立后，国家开始进行大规模的经济建设。随着工业化的逐步展开，政府制定了一些措施来保护环境。第一个五年计划实施过程中，在确定156项大型工程项目时，注意了合理选址，一些项目定址在内地，减轻了对沿海城市的环境压力。在项目施工时，还考虑了风向、水源等因素，设置了防止污染的设施。这期间，国家加大对农田水利设施的投入，在长江、黄河、淮河、海河等流域兴建了大型水利工程，一定程度上抵御了自然灾害。自20世纪50年代初始，治理水土流失、抵御风沙水旱为党和政府所重视。1953年7月，中央人民政府政务院通过《关于发动群众开展造林、育林、护林工作的指示》，指出："我国现有森林面积过小，木材资源贫乏。"指示认为，"开展群众性的造林工作是扩大木材资源、保证国家长期建设需要的首要办法，也是减免风沙水旱灾害、保证农业丰收的有效措施。"指示还对破坏森林的滥伐行为明令加以制止。② 此后，中共中央和国

① 《中国21世纪议程——中国21世纪人口、环境与发展白皮书》，中国环境科学出版社1994年版，第1页。

② 中共中央文献研究室编：《建国以来重要文献选编》第4册，中央文献出版社1993年版，第296—301页。

务院多次就扩大森林资源问题做出指示。值得注意的是,1954 年 8 月 27 日,中共中央转发中央林业部党组《关于解决森林资源不足问题的请示报告》给各地的指示,其中提出:"造林事业是百年大计,不但关系工业建设,而且关系整个人民经济文化生活,关系土壤、气候、水流等自然环境的改变和农业的改造",所以必须从长远着眼,应即开始有计划地造林。① 这表明这个时期党和政府对生态环境是十分重视的。但是,在 1958 年下半年掀起高潮的"大跃进"中,经济建设上出现了违背客观规律的种种做法,造成了环境污染和生态的破坏。为了大炼钢铁,大量森林被砍伐,造成水土流失的加剧。农业方面,为了增产粮食,在一个时期内盲目毁林开荒、围湖造田,不合理使用农药、化肥,造成土壤和作物污染,水土流失和水旱灾害严重。工业方面,建设项目盲目上马,工业废水、废气、废渣未得到有效治理,使得工业污染日益严重。那时,烟囱林立和浓烟滚滚成为工业发展的标志。但是,总体上看,50 年代到 60 年代末,我国大多数城市的水体和大气质量还是不错的。

第二阶段:1973 年至 1978 年。"文化大革命"中的 1973 年,在周恩来总理的倡议下召开了新中国成立以来第一次全国环境保护会议。会议提出了"全面规划,合理布局,综合利用,化害为利,依靠群众,大家动手,保护环境,造福人民"的环境保护工作方针和《关于保护和改善环境的若干规定》。会后,国务院批转了会议报告和规定,并且指出:对现有城市、河流、港口、工矿企业、事业单位的污染,要迅速做出治理规划,分期分批加以解决,要在资金、材料、设备上给以保证。受当时的计划经济体制和对环境问题认识水平的限制,在 70 年代末以前,我国环境保护工作的重点放在了工矿企业的"三废"治理和综合利用上。此外还在各个城市开展了消烟除尘工作,对一些水域(如渤海、黄海、松花江、官厅水库、鸭儿湖等)进行了污染治理,取得了初步的成效。

---

① 中共中央文献研究室编:《建国以来重要文献选编》第 5 册,中央文献出版社 1993 年版,第 443 页。

第三阶段:1979年至2000年。1979年9月,我国颁布了建国以来第一部综合性的环境保护基本法——《中华人民共和国环境保护法(试行)》[①],把中国的环境保护方面的基本方针、任务和政策,用法律的形式确定下来。其后,在此基础上又陆续颁布了许多重要的环境保护单行法规。这标志着我国环境保护工作开始了一个新的阶段。重视环境保护、走可持续发展的道路,成为改革开放的中国的一项基本国策。1992年8月,中国参加了联合国环境与发展大会,提出了中国环境与发展应采取的十大对策,明确指出走可持续发展道路是当代中国以及未来的必然选择。1994年3月,我国政府批准颁布了《中国21世纪议程——中国21世纪人口、环境与发展白皮书》,从人口、环境与发展的具体国情出发,更进一步提出了中国可持续发展的总体战略、对策以及行动方案。

20世纪的后20年,我国在防治工业污染、生态环境保护和重点城市环境治理方面开展了一些工作,取得了一定成效。

在工业污染防治措施上,一是通过调整产业结构、产品结构和结合技术改造,推行清洁生产,完成了一大批污染治理项目。化工、冶金、轻工、机械、电力、建材等行业积极推行清洁生产,加速技术改造,强制淘汰了一大批污染重、能耗物耗高的设备和产品,使工业生产连年增长,污染物排放量持续下降,效益逐年提高。二是加大了污染限期治理的力度。从1978年起,国家下达的两批367项限期治理项目及地方政府安排的22万项限期治理项目已经基本完成。三是大力推进节能降耗,提高废气、废水、废渣"三废"处理能力和综合利用率。"八五"期间(1991—1995年),我国每万元国内生产总值能耗由1990年的5.3吨

---

① 该法经过10年的试行和实践,于1989年12月26日在七届全国人大常委会第十一次会议上审议通过,正式颁布。《中华人民共和国环境保护法》共分6章47条,分别为:总则、环境监督管理、保护和改善环境、防治环境污染和其他公害、法律责任和附则。

标准煤下降到 1995 年的 3.94 吨标准煤,累计节约和少用 3.58 亿吨标准煤,年节能率为 5.8%。1995 年,全国县以上工业企业废水处理率76.8%,燃料燃烧废气消烟除尘率 88.2%,生产工艺废气净化处理率68.9%,工业固体废物综合利用率 43.0%,工业"三废"综合利用产值190 亿元。

在生态环境保护方面,我国是以煤为主要能源的国家,全国烟尘排放量的 70%、二氧化硫排放量的 90% 都来自于燃煤,大气污染比较严重,有些地区和城市还产生了酸雨并呈发展趋势。对此国家采取发展洁净煤技术、清洁燃烧技术和征收二氧化硫排污费等政策措施来控制酸雨。从 80 年代后期起,国家分别对本溪市、包头市的大气污染,白洋淀、淮河流域的水污染等区域和流域进行综合整治。1995 年国务院颁布了《淮河流域水污染防治暂行条例》,淮河流域水污染防治工作得到了积极推进。为改善生态环境,从 1978 年起,国家先后确立了以保护和改善自然生态环境、实现资源永续利用为主要目标的十大林业生态工程,主要是:"三北"(东北西部、华北北部、西北地区)防护林体系工程、长江中上游防护林体系工程、沿海防护林体系工程、防治沙漠化工程、淮河太湖流域综合治理防护林体系工程、珠江流域综合治理防护林体系工程、黄河中游防护林体系工程等。同时国家推行了"植树造林,绿化祖国"活动,把 3 月 12 日确定为全国性的植树节。经过 20 年的努力,我国造林数量稳步上升,到 20 世纪末,全国已成林人工林面积达到3425 万公顷,占森林面积的 26.65%,成为世界上人工造林最多的国家。[①] 国家还加大了草场建设和治理草地沙化、退化的力度。据 1996年《中国的环境保护》白皮书中的统计,全国飞播种草和人工改良草场累计面积达 1175.7 万公顷,草地围栏 833.3 万公顷。国家重点组织开展的 49 个草地牧业综合示范工程取得巨大成效,到 1994 年底,累计完

---

① 中国社会科学院环境与发展研究中心:《中国环境与发展评论》第 1 卷,社会科学文献出版社 2001 年版,第 132 页。

成人工种草 563.8 万公顷。① 此外,我国还加大了对海洋的保护,建立起若干海洋自然保护区。国家还通过建立自然保护区来保护国家级珍稀濒危动植物。至 90 年代中期,已有 612 种国家级珍稀濒危动植物被列为重点保护对象,其中野生动物 258 个种和种群、植物 354 种。

　　城市环境综合整治方面,国家采取措施关闭、搬迁、治理了一批污染严重的企业,使部分地区的污染趋势得到缓解。北京市关闭了污染严重的首钢特钢南厂,消除了市区一大污染源。到 1995 年,全国建成烟尘控制区 11333 平方公里,环境噪声达标区 1800 平方公里,增加公共绿地 4.9 亿平方米。杭州市中东河、成都市府南河、天津市海河、上海市苏州河、南京市秦淮河、南通市濠河等一大批城市河道经过大规模的整体改造,使城市水环境状况有所改善。全国城市居民用气普及率68.4%,城市污水集中处理率 20%,城市垃圾粪便无害化率 45.4%,城市建成区的绿化覆盖率 23.8%。在 1994 年,北京市投资 151.3 亿元用于城市基础设施建设,其中 50 多亿元用于环境治理设施建设,先后建成了日处理 50 万吨的高碑店污水处理厂、大型的大屯垃圾转运站和阿苏卫垃圾卫生填埋场,使北京市的环境面貌从总体上有了较大改观。

　　尽管这 20 年间我国在环境保护方面做了大量工作,但是由于社会经济发展所产生的负效应,到 20 世纪 90 年代末,我国生态环境的总态势是:部分城市环境污染有所减轻,生态环境整体趋于恶化。② 这其中存在的两大主要问题是工业化和城市化带来的环境污染和与人类活动及贫困相关的生态破坏。

　　环境污染主要表现在:(1)水体污染严重,且仍在恶化。我国的主要流域和湖泊的水质,只有 26.9% 的断面可供人体接触或做饮用水

————————————

① 《中国的环境保护白皮书》,1996 年 6 月。
② 中国社会科学院环境与发展研究中心:《中国环境与发展评论》第 1 卷,社会科学文献出版社 2001 年版,第 2 页。

源;七大水系的水质,淮河、松花江没有好转,长江个别地段恶化,而黄河、珠江、海河、辽河则正在恶化。据国家环保总局《1999 年中国环境状况公报》称,1999 年,全国工业和城市生活废水排放总量为 401 亿吨,废水中化学需氧量(COD)为 1389 万吨,废水排放总量比上年略有增加,生活污水及生活 COD 排放量首次超过工业废水及 COD 排放量。① (2)城市大气污染程度有减缓之势,但还不稳定。城市二氧化硫的年平均值在 1994 年达到最高点以后开始下降;一些污染严重的城市如沈阳、北京等得到改善;总悬浮颗粒物及降尘污染稳中略降,逐步好转;与汽车相关的氮氧化物污染水平在北京、上海、广州等大城市上升明显。据《1999 年中国环境公报》称,在统计的 338 个城市中,33.1%的城市满足国家空气质量二级标准,6.9%的城市超过国家空气质量二级标准,其中超过三级标准的有 137 个城市,占统计城市的 40.5%。②(3)固体废弃物污染由于城市生活垃圾迅速增加而日益严重。

生态破坏主要表现在:(1)土地退化速度不减。沙化土地面积不断扩大,我国强沙尘暴发生的次数由 50 年代的 5 次增加到 90 年代的 35 次,仅 2000 年一年就超过了 10 次;水土流失呈发展趋势;可耕地减少,土地利用强度加大,土地肥力衰退;土地酸化过程加速。(2)水生态平衡失调且不断加重。河流断流,黄河断流天数从 70 年代平均每年 13 天增加到 90 年代的 93.6 天,1997 年达 226 天;湖泊萎缩,湿地破坏加剧;地下水位下降;冰川后退,雪线上升;近海环境持续恶化。(3)森林覆盖率有所上升,但由于天然林受到破坏,森林质量呈下降趋势。(4)生物多样性破坏加剧的势头尚未遏制。③

造成生态环境恶化趋势的原因是多方面的。其中有工业化发展过

---

① 《健康报》2000 年 6 月 6 日。

② 《健康报》2000 年 6 月 6 日。

③ 中国社会科学院环境与发展研究中心:《中国环境与发展评论》第 1 卷,社会科学文献出版社 2001 年版,第 3、4 页。

程中的必然因素,有政策上的失误,也有全球气候变迁的影响。这种趋势对经济、社会的全面发展产生明显的阻滞作用,已经成为当今人们的共识。我国正在下大力气加大对生态环境的保护力度,力争走"可持续发展"的道路,这是一个明智的选择。

(三)自然灾害

我国是各种自然灾害多发的国家,除了火山灾害外,其他的自然灾害在我国都有发生。在我国,自然灾害大致可分为以下几类:(1)气象灾害,包括干旱、雨涝、暴雨、热带气旋、寒潮、风灾、雹灾、暴风雪等;(2)洪水灾害,包括洪涝灾害和江河泛滥;(3)海洋灾害,包括风暴潮、海啸、海冰、海水入侵、赤潮等;(4)地震灾害,包括由地震引起的各种灾害以及由地震引起的次生灾害,如城市设施毁坏、水库决堤等;(5)地质灾害,包括崩塌、滑坡、泥石流、地裂、地面沉降、土地沙化、土地盐碱化等;(6)农作物灾害,包括农作物病虫害、鼠害等;(7)森林灾害,包括森林病虫害、鼠害、森林火灾等。

1949年新中国成立后,国家非常重视抗灾减灾工作,建立了一套比较完整的抗灾防灾体系,自然灾害造成的人员伤亡逐渐减少,人民生活有了基本的保障。但是,由于1949年以后的近30年国家的综合国力还比较低,科学技术水平比较落后,减灾能力提高缓慢,加之出现了"大跃进"这样违背客观规律的事情,造成国家在减灾上所发挥的作用受到制约。这期间我国的自然灾害仍然十分频繁,给我国社会经济发展和人民生活带来很大的影响。80年代初以后的20年,随着改革开放的进行,国力逐渐增强,科学技术得到发展,减灾能力不断提高,自然灾害造成的人员伤害和经济损失都呈降低的趋势。

总的来看,20世纪下半叶给我国经济、社会和人民生命财产造成比较严重损失的自然灾害,主要是气象灾害、洪水灾害和地震灾害。

气象灾害发生最为频繁,几乎遍布全国各地,对农业生产的危害最大,对工业生产和城乡人民生活影响也很大。我国旱灾十分严重。

1959—1961 年干旱遍及全国大部分地区,致使农业连年减产。1978—1983 年又连遭旱灾,1978 年全国大旱,农田受灾面积接近 6 亿亩,成灾面积 2.6 亿亩。寒潮对我国影响也很大。1954 年 12 月至 1955 年 1 月,我国大部分地区出现寒潮。1955 年 1 月,淮河流域最低气温降到 -18℃— -21℃,长江中下游地区降到 -10℃— -15℃,两广地区也降到 0℃— -3℃。台风对我国东部沿海地区影响很大。1994 年 17 号台风是 1949 年以来造成损失最大的一次。台风在浙江瑞安登陆时中心最大风力达 12 级以上,一日最大降水量达 620 毫米,同时大风、暴雨、大潮相聚,造成 1126 人死亡,4500 人受伤,直接经济损失 177.6 亿元。洪涝灾害同样分布较广,破坏较强,常给农业生产、工业生产、交通运输、城镇安全和人民群众生命财产造成严重损失。1949 年以来的 50 年间,1950、1954、1963、1975、1985、1991、1994 和 1998 年,我国都发生了比较严重的洪涝灾害。1991 年长江下游地区出现历史上罕见的特大洪涝灾害,仅江苏、安徽两省粮食损失就达 120 多亿公斤,经济损失达 500 多亿元。我国处在全球地震活跃的地带,破坏性地震发生频率很高,造成的灾害比较严重。尤其是对地震的预报预防难度极大,地震的突发性往往造成巨大的人员和财产的损失。1949 年以来,我国发生 7 级以上(含 7 级)地震 49 次,其中 8 级地震 3 次。全国地震基本烈度在 7 度及 7 度以上地区的面积达 312 万平方公里,占全国总面积的 32.5%。全国有 136 个城市位于 7 度和 7 度以上地震区,约占全国城市总数的 45%。① 此外,海洋风暴潮灾害、农林作物病虫害也对经济、社会造成较大的影响。有资料显示,1949—1998 年,我国自然灾害造成人员死亡的比例,地震灾害最高占 49%,其次是气象灾害和洪涝灾害占 45%,地质灾害和其他灾害分别占 4% 和 2%;自然灾害造成经济损失的比例,气象灾害和洪涝灾害最高占 71%,地震灾害、海洋灾害和

---

① 范宝俊主编:《灾害管理文库·当代中国的自然灾害》,当代中国出版社 1999 年版,第 9 页。

农林牧生物灾害分别占8%、7%和6%,其他灾害占8%;自然灾害造成农作物受灾面积的比例,气象灾害和洪涝灾害的比例高达88%,农作物病虫害占9%,其他灾害占3%。[①] 1949年以后的50年间,全国每年有1.5亿—3.5亿人口受灾,约占全国总人口的25%—30%;严重灾年受灾人口达4亿以上,超过总人口的三分之一。1949—1998年,各种自然灾害共造成约61万人死亡,平均每年死亡12200人。1949—1998年,各种自然灾害共倒塌房屋1.8亿间左右,平均每年约350万间,严重的灾年超过500万间。全国每年有20%—35%的农作物受灾,重灾年受灾面积超过40%,每年因灾减产粮食0.5亿—1.0亿吨。全国每年因各种突发性自然灾害造成的直接经济损失,按1990年可比价格计算,50年代为362亿元,60年代为458亿元,70年代为423亿元,80年代为555亿元,1990—1998年为1120亿元。[②]

1949年以后的50年间,有几次比较大的自然灾害给经济、社会和人民生活带来严重影响,在人们的记忆中留下了很深的印记。

1. 1954年长江、淮河流域洪水。这年汛期大气环流异常,从5月上旬至7月下旬,副热带高压脊线一直停滞在北纬20°—22°附近。雨带长期滞留在江淮流域上空。长江中下游整个梅雨期长达60多天。6、7两月大范围暴雨达9次之多。异常的强降雨造成长江中下游和淮河流域发生了近百年来罕见的特大洪水。长江汉口水文站6月25日超过警戒水位26.3米,7月18日突破1931年最高水位28.28米。7月下旬和8月上旬,由于洪水过大,为保证荆江大堤的安全,曾3次向荆江分洪区分洪,合计分洪量122.56亿立方米。在荆江分洪的情况下,沙市水位达到44.67米,城陵矶水位达到33.95米,汉口水位达到

① 科技部国家计委国家经贸委灾害综合研究组:《灾害·社会·减灾·发展》,气象出版社2000年版,第38页。

② 科技部国家计委国家经贸委灾害综合研究组:《灾害·社会·减灾·发展》,气象出版社2000年版,第39页。

29.73 米,湖口水位达到 21.68 米,均突破历史最高记录。7 月,淮河流域出现 6 次大暴雨,王家坝洪峰流量 9610 立方米/秒,蚌埠最高水位 22.18 米,超过历史最高水位 1.03 米,洪峰流量 11600 立方米/秒。淮北大堤失守,堤防普遍溃决。① 此次洪水造成湖北、湖南、江西、安徽、江苏和河南等省的 167 个县(市)2000 多万人受灾,死亡人数 33169 人。

2. 1959—1961 年大旱灾。1959 年至 1961 年三年间全国大部分地区发生了旱灾。1959 年 7 月至 9 月,在渭河、黄河中下游以南,南岭、武夷山以北地区普遍少雨,其中湖北、河南、陕西的关中和陕南、湖南北部、四川东部等地区旱情最重。随后华南出现严重秋旱,福建、广东等地 60 天无雨。1960 年受旱范围继续扩大,河北、河南北部、山东西部、山西、陕西关中、辽宁西部等地的冬小麦产区,冬春少雨,干旱一直持续到初夏。山东汶水、潍水等 3 条主要河流断流。黄河下游范县至济南段断流 40 多天。广东、海南旱情持续了 7 个月,云南、四川、贵州冬春连旱。1961 年干旱持续。河北、内蒙古东部和西部、东北北部、河南、安徽、江苏大部、甘肃、青海、陕西、湖北、四川、广东、广西和海南部分地区年降雨量偏少。② 三年连续干旱造成农作物受灾严重。据统计,1959 年全国旱灾受灾面积 50710 万亩,成灾 16760 万亩,成灾率为 33.1%;1960 年全国旱灾受灾面积 57187 万亩,成灾 24265 万亩,成灾率为 42.4%;1961 年全国旱灾受灾面积 56770 万亩,成灾 27981 万亩,成灾率 49.3%。③ 严重的旱情使粮食产量锐减。1958 年全国粮食总产量为 20000 万吨,1959 年降至 17000 万吨,1960 年为 14350 万吨,

① 骆承政、乐嘉祥主编:《中国大洪水——灾害性洪水述要》,中国书店 1996 年版,第 416—417 页。
② 范宝俊主编:《灾害管理文库·当代中国的自然灾害》,当代中国出版社 1999 年版,第 573 页。
③ 范宝俊主编:《灾害管理文库·灾害统计资料汇编》,当代中国出版社 1999 年版,第 186 页。

1961 年为 14750 万吨。① 由于旱灾,加之其他方面的原因,使得人民生活和社会发展出现了严重的困难,以致每年春荒人口达 1.3 亿—2.2 亿人,数百万人外流,数万人因饥饿或营养不良死亡。②

　　3. 1963 年海河流域洪水。海河流域在这年 8 月初发生连续 7 天的大暴雨。暴雨中心河北省内丘县 7 天降雨量达 2050 毫米,雨量之大为我国大陆 7 天累计雨量最大记录。这场大暴雨强度大、范围广、时间长,海河南系漳卫河、子牙河、大清河和南运河等都暴发大洪水。京广铁路以东滏阳河干支流堤防溃决数百处,造成平地行洪。京广线以东滹沱河左岸在无极县附近漫溢。滏阳河河水与滹沱河河水合流。大清河、子牙河洪水越过京广铁路漫入平原地区,造成冀中、冀南和天津南部地区广大地区一片汪洋。京广铁路桥梁大部被冲毁,中断通车 27 天。此次洪水淹没农田 440 万公顷,减产粮食 30 亿公斤,倒塌房屋 1450 万间,受灾人口 2200 万余人,死亡 5600 余人,直接经济损失 60 亿元。③ 经过各方大力抢险和适时调度,保住了天津市和津浦铁路的安全。

　　4. 1976 年唐山大地震。1976 年 7 月 28 日凌晨 3 时 42 分,河北省唐山、丰南一带发生强烈地震。据我国地震台网测定,这次地震震级为 7.8 级,震中烈度为 11 度,震中位于北纬 39.4 度,东经 118.1 度。由于地震事先未有预报,且发生在深夜,造成极其惨重的损失。拥有 100 万人口的唐山市顷刻之间化为废墟,周围地区 10 余个县市损失也非常惨重。这次地震造成 24.2 万人死亡,16.4 万人受伤或致残。唐山市区民用建筑破坏率高达 96%,工业建筑倒塌或严重破坏的占 70%—

<hr>

　　① 国家统计局编:《中国统计年鉴 1983》,中国统计出版社 1983 年版,第 158 页。

　　② 科技部国家计委国家经贸委灾害综合研究组:《灾害·社会·减灾·发展》,气象出版社 2000 年版,第 76 页。

　　③ 骆承政、乐嘉祥主编:《中国大洪水——灾害性洪水述要》,中国书店 1996 年版,第 422 页。

80%,城市基础设施被破坏的占50%—60%。城市供水、供电、交通、通讯中断。地震时正在铁路上行驶的28列火车有7列脱轨颠覆。地震还波及周边省市。天津、北京两市也有强烈震感,并造成人员伤亡和财产损失。

5. 1998年长江流域、嫩江松花江流域洪水。这年入汛以来气候异常,全国大部分地区降雨明显偏多,部分地区出现持续性的强降雨,雨量成倍增加。自6月份起,长江流域出现3次持续大范围强降雨过程。长江发生继1954年以来第二次全流域性大洪水,先后出现8次洪峰。7月份长江中下游主要站的洪量超过1954年,其中宜昌站1215亿立方米,比1954年多45亿立方米;汉口站1648亿立方米,比1954年多120亿立方米。长江干流宜昌以下河段全线超过警戒水位。宜昌以下360公里江段和洞庭湖、鄱阳湖的水位,长时间超过历史最高记录,沙市江段曾出现45.22米的高水位。与此同时,嫩江、松花江流域发生3次大洪水,来势之猛,持续时间之长,洪峰之高,流量之大,都超过历史最高记录。湖北、湖南、江西、安徽、江苏、黑龙江、吉林、内蒙古等省区沿江沿湖的众多城市和广大农村,经济社会发展和人民生命财产安全都受到洪水的严重威胁。截至当年8月22日初步统计,全国受灾面积3.18亿亩,成灾面积1.96亿亩,受灾人口2.23亿人,死亡3004人(其中长江流域1320人),倒塌房屋497万间[1],直接经济损失2000多亿元,许多工矿企业停产,长江部分航段中断航运1个多月,对生产建设和内外贸易造成很大影响。[2]

我国自然灾害频发,除了自然因素以外,还有社会经济的发展程度和社会生产力水平偏低,减灾防灾能力弱,人们环保意识落后等原因。

---

[1]　温家宝:《关于当前全国抗洪抢险情况的报告》(1998年8月26日),《人民日报》,1998年8月27日。

[2]　朱镕基:《政府工作报告》(1999年3月5日),《人民日报》,1999年3月18日。

自然界给人类带来了灾难,但同时人类的一些行为也在破坏自然界的平衡。人与自然的关系是"人定胜天",抑或"天人合一",这个问题恐怕还要经过一个时期人类才能彻底地认识清楚。

二、社会物质技术基础

人类社会的存在和发展,离不开物质资料的生产。这种物质生产活动是人类最基本的实践活动。人类一切社会活动都是以物质资料的生产活动为基础的。物质生产活动决定整个社会生活的面貌。

所谓技术,是指人类为实现社会需要而创造和发展起来的手段、方法和技能的总和。作为社会生产力的社会总体技术力量,包括工艺技巧、劳动经验、信息知识和实体工具装备,也就是整个社会的技术人才、技术设备和技术资料。技术的历史与人类的历史一样源远流长。随着人类社会的进步和科学的发展,技术的内涵不断得到充实。现代技术具有目的性、社会性、多元性的特点。其中社会性一方面体现在,任何技术目的的实现必须有社会的需求,需要社会协作、社会支持,还要受社会多种条件的制约;另一方面体现在,技术的不断创新和进步促进了社会的发展。

(一)20世纪下半叶中国社会的物质生产水平

新中国成立之始,党和政府着力恢复国民经济,随后开始第一个五年计划建设,由此在新的基础上展开了中国工业化的进程,希图为中国的现代化建立稳固的物质基础。这以后尽管曾出现过像"大跃进"这样违背经济规律的事情,造成一些挫折,但是从总体上来看,这50年间我国的综合经济实力有了巨大的发展。1952年国内生产总值只有679亿元,到1998年达到了79395.7亿元(见表绪—1),扣除价格因素,年平均增长7.7%,大大高于同期世界年平均增长3%左右的水平。到

2000 年,国内生产总值为 89404 亿元,按现行汇率计算,国内生产总值突破 1 万亿美元。

表绪—1　　　　　**主要年份国内生产总值表**　　　　单位:亿元

年份	国内生产总值	人均国内生产总值(元)	年份	国内生产总值	人均国内生产总值(元)
1952	679.0	119	1980	4517.8	460
1953	824.0	142	1984	7171.0	692
1957	1068.0	168	1986	10202.2	956
1962	1149.3	173	1988	14928.3	1355
1965	1716.1	240	1990	18547.9	1634
1966	1868.0	254	1992	26638.1	2287
1970	2252.7	275	1994	46759.4	3923
1976	2943.7	316	1996	67884.6	5576
1978	3624.1	379	1998	79395.7	6392

注:按当年价格计算。

资料来源:国家统计局编:《中国统计年鉴1999》,中国统计出版社 1999 年版,第 55 页。

农业方面,在农业资源并没有显著改善的情况下,保持了农业生产稳步发展,以占世界上 10% 的耕地养活了占世界上 22% 的人口。农业总产值 1949 年为 326 亿元,到 1978 年达到 1397 亿元,30 年间年平均增长速度为 4.1% ;1978 年后的 20 年间年平均增长速度为 5% ,1998 年达到 24516.67 亿元。[①] 农副产品的产量 50 年间有很大幅度的增长。从 1949 年到 1998 年,粮食产量由 11318 万吨增加到 51230 万吨,增长 4.5 倍;棉花产量由 44.4 万吨增加到 450.1 万吨,增长 10.1 倍;油料产量由 256.4 万吨增加到 2313.9 万吨,增长 9 倍;糖料由 283.3

---

①　国家统计局编:《新中国五十年统计资料汇编》,中国统计出版社 1999 年版,第 30 页。

万吨增加到9790.4万吨,增长34.6倍;茶叶由4.1万吨增加到66.5万吨,增长16.2倍;水果由120万吨增加到5452.9万吨,增长45.4倍;猪牛羊肉由220万吨增加到4598.2万吨,增长20.9倍;水产品由45万吨增加到3906.5万吨,增长86.8倍。[①]

工业是20世纪下半叶我国国民经济中发展最快的部门。50年间,我国建立了一套独立的、门类比较齐全的工业体系和国民经济体系。1949年全国工业总产值为140亿元,1978年为4237亿元,1998年达到119048.2亿元。[②] 我国在这50年间不仅对传统工业进行了改造,填补了传统工业中的空白,而且新建了一批新工业,如石油和天然气开采业,生产大型金属切削机床的通用机械制造业,生产矿山、发电、冶金、纺织、轻工设备的专用制造业,生产汽车、船舶、机车车辆、飞机的交通运输设备制造业等等,能够生产大型精密高效能机床、现代通信设备、重型建筑机械、大型输变电设备、大型发电设备以及各种家用电器。50年间我国重要工业产品产量有大幅度的增长,到1999年,煤炭、钢铁、水泥、化肥、棉布、电视机、洗衣机等产品产量位居世界第一。

表绪—2　　　　　　　**主要年份工业产品产量表**

年份	布(亿米)	丝(万吨)	机制纸及纸板(万吨)	食用植物油(万吨)	啤酒(万吨)	家用电冰箱(万台)	电视机(万台)	原煤(亿吨)	原油(万吨)	钢(万吨)	发电量(亿千瓦/时)
1952	38.3	0.56	37	98	—	—	—	0.66	44	135	73
1957	50.5	0.99	91	110	5	0.16	—	1.31	146	535	193
1966	73.1	1.18	209	149	9	0.54	0.51	2.52	1455	1532	825
1976	88.4	2.28	341	148	30	2.12	18.45	4.83	8716	2046	2031

①　国家统计局编:《新中国五十年统计资料汇编》,中国统计出版社1999年版,第33—34页。

②　国家统计局编:《中国统计年鉴1999》,中国统计出版社1999年版,第423页。

年份	布 (亿米)	丝 (万吨)	机制纸 及纸板 (万吨)	食用植 物油 (万吨)	啤酒 (万吨)	家用 电冰箱 (万台)	电视机 (万台)	原煤 (亿吨)	原油 (万吨)	钢 (万吨)	发电量 (亿千 瓦/时)
1978	110.3	2.97	439	177	40	2.80	51.73	6.18	10405	3178	2566
1984	137.0	3.76	756	382	224	54.74	1003.81	7.89	11461	4347	3770
1988	187.9	5.10	1270	480	656	757.63	2505.07	9.80	13705	5943	5452
1992	190.7	7.42	1725	661	1021	485.76	2867.82	11.16	14210	8094	7539
1997	248.8	8.25	2733	894	1889	1044.43	3637.24	13.73	16074	10894	11356

资料来源:国家统计局编:《新中国五十年统计资料汇编》,中国统计出版社 1999 年版,第 39—41 页。

基础设施建设方面,50 年间国家投入大量资金进行基础建设,从 1949 年到 1998 年,我国共完成基本建设投资 72046.3 亿元。[①] 下面以交通运输和邮电行业来做一说明。

交通运输业方面,1952 年全国铁路营业里程为 2.29 万公里,拥有公路 12.67 万公里,内河航道 9.50 万公里,民航航线 1.31 万公里,其中国际航线 0.51 万公里。到 1965 年,铁路营业里程为 3.64 万公里,公路 51.45 万公里,内河航道 15.77 万公里,民航航线 3.94 万公里,其中国际航线 0.45 万公里。到 1978 年,铁路营业里程为 4.86 万公里,公路 89.02 万公里,内河航道 13.60 万公里,民航航线 14.89 万公里,其中国际航线 5.53 万公里。1978 年以后,在改革开放的大环境下,国家对交通运输基础设施建设的力度逐步增大。到 1998 年,铁路营业里程达到 5.76 万公里,其中电气化铁路的里程达 1.3 万公里;公路里程达 127.85 万公里;内河航道里程达 11.03 万公里;民航航线 150.58 万公里,其中国际航线 50.44 万公里。[②] 1978 年以后,我国高速公路建设

① 国家统计局编:《新中国五十年统计资料汇编》,中国统计出版社 1999 年版,第 7 页。

② 国家统计局编:《中国统计年鉴 1999》,中国统计出版社 1999 年版,第 502 页。

快速发展,到 1998 年底,全国建成高速公路 8733 公里。1998 年以后,国家加大对基础设施建设的投资,到 2000 年底,新增高速公路通车里程 10230 公里。① 这样,我国在短时间内基本上建成国家骨干道路高速公路网。

邮政电信业方面,1952 年全国邮电局所有 43753 处,邮路及农村投递线路总长度 110.74 万公里,长途电话电路 3777 路,电报电路 4460 路,长途电话次数 1628 万次,市内电话户数 29.53 万户。1965 年全国邮电局所有 43787 处,邮路及农村投递线路总长度 349.28 万公里,长途电话电路 9913 路,电报电路 6955 路,长途电话次数 8869 万次,市内电话户数 77.11 万户。到 1978 年这一数字又有所增长,全国邮电局所有 49623 处,邮路及农村投递线路总长度 486.33 万公里,长途电话电路 18801 路,电报电路 8430 路,长途电话次数 18574 万次,市内电话户数 119.15 万户。1978 年以后,特别是 90 年代初期以后,我国邮电事业发展迅速。邮政行业继续保持发展的态势。1998 年全国邮电局所达 102225 所,邮路及农村投递线路总长度达 621.54 万公里。与此同时,电信行业借助科技进步的形势异军突起。长途电话电路数 1990 年达到 112437 路,1998 年达到 1576483 路;长途电话次数 1990 年为 116292 万次,1998 年达到 1825941 万次;市内电话户数 1989 年为 439.62 万户,其中住宅电话为 89.56 万户,1998 年这一数字剧增到 6259.81 万户和 4911.08 万户。② 电话这一最快捷方便的通讯工具走进了寻常百姓家。80 年代后期以来,无线寻呼、移动电话逐步发展。1987 年全国有无线寻呼用户 3.09 万户,1990 年达到 43.7 万户,1994 年达到 1033 万户,1998 年达到 3908.16 万户。移动电话 1988 年全国有 0.32 万户,1991 年达到 4.75 万户,1994 年达到 156.78 万户,1998

① 《人民日报》2000 年 12 月 31 日。

② 国家统计局编:《新中国五十年统计资料汇编》,中国统计出版社 1999 年版,第 54—55 页。

年达到 2386.29 万户。90 年代中期,我国互联网业开始发展,并迅速
普及到社会各个方面。1995 年全国有互联网用户 7213 户,1996 年达
到 35652 户,1998 年达到 676755 户。①

(二)20 世纪下半叶中国科技的发展

技术和科学有着密切的关系。技术的发明是科学知识和经验知识
的物化,使可供应用的理论和知识变成现实。现代技术的发展,离不开
科学理论的指导,技术已在很大程度上变成了"科学的应用"。然而,
现代科学的发展同样离不开技术,技术的需要往往成为科学研究的目
的,而技术的发展又为科学研究提供必要的技术手段。

20 世纪下半叶从国际上看,科学技术的发展是日新月异,迅猛异
常。科技已经在改变着我们的世界。我们的经济、文化、社会生活都出
现了前所未有的变化。在国际上科技迅猛发展的时候,中国曾有一
个时期处于与世界相隔绝的状态。即使是在这种历史条件下,科技
工作者通过刻苦努力在一些技术领域取得了重大成果。70 年代末
以来的 20 多年,在继续保持科技创新的同时,我国大量引进国外先
进技术,以此促进国内技术革新和改造,对我国社会经济发展产生了
推动作用。

1949 年新中国成立时,国家科技基础十分薄弱。当时全国仅有专
门研究机构 30 多所,科技人员不超过 5 万人,反映时代科学技术水平
的成果几乎没有。毛泽东在 1954 年曾说:"现在我们能造什么? 能造
桌子椅子,能造茶碗茶壶,能种粮食,还能磨成面粉,还能造纸,但是,一
辆汽车、一架飞机、一辆坦克、一辆拖拉机都不能造。"②这反映了建国
初我国科技水平落后的状况。建国伊始,国家对科学技术事业非常重

---

① 国家统计局编:《中国统计年鉴 1999》,中国统计出版社 1999 年版,第 532
页。

② 《毛泽东文集》第 6 卷,人民出版社 1999 年版,第 329 页。

视。1949 年 11 月,中国科学院正式成立。同时国家着手整合科研机构和高等院校的研究力量,为经济建设和社会发展服务。1952 年进行的高等院校院系调整,主要是为了适应国家建设的需要。高等工科院校通过调整基本上形成了重点专业比较齐全的体系,师范、农林、医药类院校有所增加。至 1953 年底,全国共有高等院校 184 所,其中综合大学 14 所,工科院校 47 所,师范院校 34 所,农林院校 33 所,医学院校 32 所,少数民族院校 3 所,其他院校 21 所。① 高等教育的发展一定程度上缓解了经济建设和社会发展所面临的人才短缺的局面。

从 1949 年到 1956 年,我国技术发展的总体思路是以苏联援建的 156 项工程项目为核心,通过技术引进来促进我国工业技术的战略布局和现代工业基地建设。按照苏联优先发展重工业的经验,我国在经济建设和技术引进方面偏重重工业领域,主要是钢铁、煤炭、电力、有色金属、机床、重型设备、汽车、拖拉机、飞机等。因此这期间在技术科学方面取得了一些成果。例如,钢铁生产技术方面,1950 年鞍钢试验成功冶炼含硅低于当时美国标准(生铁含硅量在 1.5% 以下)的炼钢用生铁,成为当时世界上少数几个拥有这项技术的国家。50 年代我国还研制成功平炉厚层快速烧结炉底法、镁铝转炉顶、平炉用氧、混合炼钢、空气侧吹碱性转炉等工艺技术,提高了产量和质量。这些技术的应用极大提高了我国钢铁企业生产水平。航空工业方面,建国初期我国主要从事飞机修理,从 1954 年起转向飞机制造。1954 年初,南昌飞机制造厂开始试制苏制雅克—18 型初级教练机(中国称为初教 5 型),7 月 11 日完成试飞,后投入批量生产。与此同时,沈阳飞机制造厂开始试制苏制米格—15 型歼击机(中国称为歼 5)。

1956 年是我国科学技术发展史上重要的一年。1 月召开的知识分子会议提出了"向科学进军"的号召。毛泽东在会上提出要搞"技术革

---

① 《中华人民共和国国史百科全书》,中国大百科全书出版社 1999 年版,第 100 页。

命"。周恩来在会上的报告中除了阐述了知识分子政策外,特别强调:
"现代科学技术正在一日千里地突飞猛进"。"人类面临着一个新的科
学技术和工业革命的前夕","我们必须赶上这个世界先进科学水平"。
"在社会主义时代,比以前任何时代都更加需要充分地提高生产技术,
更加需要充分地发展科学和利用科学知识。"①4 月,毛泽东提出了指
导科学发展的重要方针——"百家争鸣"。所有这些举措,有助于我国
科学技术事业迈向一个新的台阶。这年国家组织一批科学家制定了
《1956—1967 年全国科学技术发展远景规划》。规划包括基础研究、应
用研究和发展研究三大方面,确定了 12 项重点任务,具体是:原子能的
和平利用;电子学方面的半导体、超高频技术、电子计算机、遥控技术;
喷气技术;生产过程自动化和精密机械、仪器仪表;石油及其他特别缺
乏的资源勘探、矿物原料基地的探寻和确定;结合我国资源情况建立合
金冶炼系统并寻求新的冶金技术;综合利用燃料和发展有机合成工业;
新型动力机械和大型机械;黄河长江综合开发的科学技术问题;农业的
化学化、机械化、电气化的重大科学问题;危害我国人民健康最大的几
种疾病的防治和消灭;自然科学中若干重要的基本理论问题。

　　1956 年以后,由于政治上"左"的思潮的影响,12 年科学技术规划
的落实和科技的发展出现一些问题。1957 年的反右斗争扩大化挫伤
了一部分知识分子的积极性。1958 年开始的"大跃进"运动,使违背科
学规律的做法也渗透到科技领域。在三年困难时期,我国科技工作的
发展很是艰难,加之苏联在 1960 年突然撤走在华专家、带走项目图纸,
使我国科技工作陷入困境。在随后的国民经济调整时期,国家对科技
政策也作了调整。1961 年制定了《科研十四条》,纠正了此前一阶段的
一些错误,使科技工作者的积极性高涨,到 1966 年"文革"发动前,我
国科技事业取得了一些显著成绩。其中引人注目的是核工业,1964 年
10 月 16 日,经过大批科技人员近 10 年的艰苦努力,我国成功地爆炸

---

　　① 《周恩来选集》下卷,人民出版社 1984 年版,第 181—182、159—160 页。

了第一颗原子弹。航天技术在一定程度上反映了一个国家现代科学技术综合实力。我国从50年代中期开始从事这一领域的研究。先是仿制苏联P—2导弹。在国家统一协调下,化工、冶金、电子、机械、建材等部门紧密配合研制出一批特种材料,一方面促进了航天工业的发展,另一方面对相关行业技术进步也起到了推动作用。1960年11月,我国制造的第一枚近程导弹"东风一号"发射成功。同时探空火箭的研制也在进行。1960年2月,T—7型无控制探空火箭发射成功。这为我国此后进行的运载火箭、导弹和卫星发射技术的提高积累了经验。这期间另一项引起国际关注的科技成果是人工合成牛胰岛素。胰岛素是人和动物的胰脏中呈岛型的细胞群所分泌的激素蛋白质。国外科学家对胰岛素进行了长期的研究,但人工合成胰岛素却是一项十分复杂的技术。从1958年开始,中国科学院上海生物化学研究所着手研究人工合成胰岛素。同时,北京大学、中科院上海有机化学所等单位也开始从事这项研究。至1965年9月,上述单位的研究人员成功地合成了人工牛胰岛素。这一成果标志着人工合成蛋白质的时代的开始,也使得我国在这个领域的研究达到并超过了世界先进水平。

50年代末和60年代初,我国还自行研制出万吨级水压机。万吨水压机是重型机械制造工业的关键设备之一,它能够锻造200—300吨重的特大钢锭,为国民经济各部门,特别是发电、冶金、化学、机械和国防工业发展所必需,是衡量一个国家重工业水平的重要标志。1958年,国家决定自行设计制造两台1.2万吨级的水压机。一台由沈阳重机厂和第一重机厂共同试制,另一台由上海江南造船厂为主试制。东北的万吨水压机采用"三缸、四柱、铸钢件组合梁结构"。由于东北重工业基础雄厚,采用正规的生产方式制造。1962年这台水压机制造完成,但因厂房没有及时建成,到1964年12月才在第一重机厂投入生产。上海的水压机的制造由于受当时缺乏特重型的铸钢、锻压、机械加工、热处理和起重运输能力的限制,只能采取一些特殊的方法。技术人员先是制造了一台同样结构的1200吨试验样机,在取得一批重要数据后,决定采用"六缸、四柱、厚钢板焊接结构的横梁"的方案。在克服了许多困难后,这台水压机于1962年6月试制成功。万吨水压机的制造成功提高了我国重型机械设备制造的水平,对工业建设和国防建设起了促进作用,同时也带动了其他相关产业的技术改造和创新,使我国机械工业,尤其是重型机械制造业与国际先进水平的差距逐步缩小。

从整体上看,到1966年"文化大革命"开始前,我国的科技水平与世界先进水平的差距在20年左右,一些领域已经接近甚至超过了世界先进水平。

"文化大革命"的十年,我国科技事业遭受严重挫折,我国与世界先进水平的差距又被拉大。即使在这样不利的条件下,我国科技工作者仍然克服各种困难,取得了一些领域的科技成果。氢弹的试验成功和人造卫星的发射就是其中代表性的成果。在工程技术方面,这期间主要完成了南京长江大桥和葛洲坝水利枢纽的前期工程,并在工程中采用了具有世界水平的新技术。值得提出的是农业科技方面的籼型杂交水稻的培育和推广。

中国是农业国,又是人口大国。农业发展水平的高低关系到亿万人民的衣食温饱。20世纪下半叶,面对人口不断增长和耕地面积减少的尖锐矛盾,最有效的办法就是努力提高土地单位面积的粮食产量,从而提高国家的粮食总产量。这当中良种的选育和栽培是一个重要的途径。

50年代,我国已经开始进行农作物的良种选育,曾培育出"矮脚南特"、"广场矮"等水稻矮秆良种,提高亩产50—150公斤。我国水稻专家袁隆平从1964年开始致力于水稻雄性不育的研究。他在水稻抽穗期间,通过逐穗的观察获取了几株能够遗传的水稻雄性不育植株。经过精心栽培获得了一批稻种,这些稻种与其他水稻杂交培育出了雄性不育系。但这种品种特征参差不齐,唯一的办法是用野生稻种的雄性不育株作母本,通过边缘杂交,才能获得强大的遗传优势。1970年,经过艰苦的探查,袁隆平等人在海南岛发现了符合要求的野生稻,培育出新的不育株。接下来的问题是培育使不育系保持不育性状的"保持系"和能给不育系授粉,使之结籽,恢复雄性不育的"恢复系"。在国内相关单位联合攻关的情况下,1973年最终培育出了籼型杂交水稻。我国成为世界上第一个培育出水稻杂交优势品种的国家。1975年,这种水稻在南方试种成功,双季晚稻亩产达400—500公斤,三季中稻亩产500—600公斤,比相同条件下的其他良种增产2—3成。1979年后,籼型杂交水稻在全国大面积推广。之后,袁隆平又提出"两系法亚种间杂种优势利用"的发展概念,国家"863"计划据此将两系法列为重要项目,经项目组科技人员6年的刻苦研究,已掌握两系法技术,并推广种植,到2000年占水稻面积的10%,效果良好。1997年,他在国际"超级稻"的概念基础上,提出了"杂交水稻超高产育种"的技术思路,在种植实验中取得良好效果,亩产近800公斤,这为进一步解决大面积、大幅度提高水稻产量难题奠定了基础。在全国农业科技工作者的共同努力下,1976—1999年累计推广种植杂交水稻35亿多亩,增产稻谷3500亿公斤。到20世纪末,全国杂交水稻年种植面积2.3亿亩左右,约占水稻总面积的50%,产量占稻谷总产量的近60%,年增稻谷可养活6000万人口。① 由此可见,杂交水稻技术的推广所产生的社会和经济效益是十分显著的。

　　1978年召开了全国科学大会,这是新中国科技发展史上一次伟大的转折。此后在改革开放的进程中科学技术得到国家的高度重视。邓小平提出了"科学技术是第一生产力"的论断。80年代中期以后,党和国家进一步提出科学技术要面向经济建设、经济建设要依靠科学技术的方针,对科技体制进行了改革。90年代,党和国家把握世界科技发展的新趋势,提出了"科教兴国"战略。我国在进一步加强基础科学研究的同时,有重点地开展了高技术领域的研究,在太阳能技术、生物工

---

① 《人民日报》2001年2月20日。

程技术、农业技术、航天技术、卫星通讯技术、超导技术、信息光电子技术、电子计算机技术等方面取得一批重大成果。改革开放的20多年是我国科技事业发展的最好的时期，也是科技促进社会进步、经济发展最为显著的时期。下面择其要说明一二。

核能发电是利用铀或钚的原子核分裂产生的热能来发电。1000克铀裂变产生热量为 1.9×10^{10} 大卡，是1000克标准煤的270万倍。核电具有清洁、安全和成本低的优点。20世纪下半叶世界上一些发达国家纷纷应用这项新技术。我国提出发展核电的设想是70年代初。周恩来指示要和平利用核能，搞核电站，并初步确定在浙江海盐县秦山建设第一座核电站。但由于种种原因，这个方案未能得到实施。1983年6月，秦山核电站工程开始施工，并被列入国家重点建设项目。1991年12月，秦山核电站正式投入运行，1995年7月正式通过国家验收。秦山核电站是由上海核工业研究设计院等单位采用和借鉴国外先进技术，自行设计建造的。其技术是在国际上已经成熟的压水堆反应堆。它以重水作为减速剂，同时用水吸收反应堆中的热量去加热蒸汽发生器中的水，再变成蒸汽去推动发电机发电。核电站建成后总装机容量为30万千瓦，年发电量达到20亿千瓦/时，为缓解华东地区能源紧张状况发挥了重要作用。在秦山核电站建设的同时，我国运用中外合营、引进外资的方式，在广东大亚湾建设核电站。经过几年努力，1994年2月我国首座具有世界先进水平的大型商业核电站——大亚湾核电站投入运营。这座核电站拥有两座90万千瓦的发电机组，总装机容量为180万千瓦。其所发电大部分输往香港，其余输往广东，这不仅有利于香港的繁荣与稳定，对广东的社会经济发展也产生促进作用。

电子计算机自1946年在美国诞生以来，以其能够减轻人类的脑力劳动，提高人们处理信息的效率，进而促进社会物质生产的发展和给人们的社会生活带来巨大变化，成为20世纪下半叶世界范围内科技革命的主导内容。它由最初的电子管元件，发展为晶体管元件、小规模集成电路和大规模集成电路。90年代中期以后更朝着智能计算机和光学计算机方向发展。我国计算机技术的起步较晚。1958 年和 1959 年相继研制成国内第一台小型电子管计算机"103"和大型电子管计算机"104"。这些计算机可以进行大量数据运算,可以应用于气象预报、大地测量、水坝应力分析、河床不稳定流和空气动力学等方面。1965 年,我国自行设计出每秒运算 5 万次的第二代晶体管计算机,并投入生产。1973 年我国第一台每秒运算 100 万次的集成电路计算机试制成功。这台计算机的制成标志着我国计算机技术的研制与开发进入到一个新阶段。1974 年,OJS130 多功能小型通用数字机研制成功,随后又有一系列小型机型和微型机型投入批量生产,由此带动了我国计算机技术的开发、生产和应用的发展。1983 年,由国防科技大学研制的每秒运算亿次的巨型计算机"银河"研制成功。这类巨型计算机具有巨大的数值计算能力和数据处理能力,能够解决科学计算、工程设计或数据处理中的诸多难题,应用范围很广。在此基础上,我国"银河"系列巨型计算机不断面世。1985 年"银河"仿真计算机研制成功。1992 年每秒运算 10 亿次的"银河—Ⅱ"巨型计算机研制成功。这标志着我国巨型计算机技术取得了新进展,缩小了与国外先进水平的差距。1997 年,"银河—Ⅲ"巨型计算机问世,它的运算速度达到每秒 130 亿次。在大型计算机技术不断发展的同时,微型电子计算机的发展也非常迅速。尤其是从 90 年代初以来,微型计算机的更新换代异常频繁。从"286"、"386"、"486"到"奔腾",再到"奔腾Ⅱ"、"奔腾Ⅲ"以至"奔腾Ⅳ"代。

在计算机应用方面,汉字能否通过西文字母的键盘输入是制约计算机技术应用和普及的重要问题。1983 年,王永民发明了汉字电子计算机处理的五笔字型技术,即王码。这项发明使中国人可以自如地使用母语来操控电子计算机。1985 年,王选等人发明的激光汉字编辑排版系统,使中文报纸的编辑排版告别了铅字,进入了光电时代,实现了汉字印刷技术的革命。此外,计算机软件和互联网技术的开发和应用使社会生活更加丰富多彩。

三、政治文化环境

1949 年 10 月 1 日中华人民共和国宣告成立,中国历史由此翻开了新的一页。新中国的成立结束了几千年来少数剥削者统治广大人民的历史,人民群众成为国家和社会的主人;结束了 1840 年鸦片战争以来中国任由帝国主义侵略、掠夺和奴役的历史,中国赢得了真正的独立、自主;结束了国家四分五裂、一盘散沙的局面,实现了祖国大陆的统一和国内各族人民的大团结。新中国的成立标志着新民主主义革命的胜利和半殖民地半封建社会的终结,中国进入新民主主义社会;标志着中国在 20 世纪中期获得了一次难得的社会经济全面发展的历史机遇。实现国家现代化,大力开展经济文化建设成为新中国成立后面临的主要任务之一。此后的 50 年,即 20 世纪的整个下半个世纪,中国的历史就是中国人民在中国共产党的领导下,从新民主主义过渡到社会主义,并在社会主义建设道路上取得了伟大成就,又经历了艰难曲折的历史。

社会的发展与政治、经济和文化有着极为密切的关系。一定意义上来说,20 世纪下半叶中国社会的发展受政治导向的影响很大。在很长一段时间里,不仅是人们的社会生活,就是经济、文化、科学技术也与政治有着紧密的联系。因此,在这里首先把政治的环境做一叙述,随后再述及文化环境问题。

(一)政治制度

人民代表大会制度是新中国的一项根本的政治制度。实行人民代表大会制的问题,毛泽东在 1940 年《新民主主义论》就明确提出。1949 年 9 月,在新民主主义革命即将取得全国胜利的时候,中国共产党倡议在北京召开了由各阶层人民、各民主党派、各人民团体的代表参加的中国人民政治协商会议第一届全体会议。会议讨论了新中国的大政方针,通过了具有临时宪法作用的《中国人民政治协商会议共同纲领》。《共同纲领》规定:"中华人民共和国为新民主主义即人民民主主义的国家"。"中华人民共和国的国家政权属于人民。人民行使国家政权的机关为各级人民代表大会和各级人民政府。各级人民代表大会由人民用普选方法产生之。""各级政权机关一律实行民主集中制"。①这样就确定了人民代表大会制度作为新中国根本政治制度的法律地位。但是,由于建国初期社会、经济尚未稳定,不具备进行普选、召开各级人民代表大会的条件。按照《共同纲领》的规定,作为过渡性的措施,在中央由中国人民政治协商会议全体会议代行全国人民代表大会的职权;在地方由各级人民代表会议代行地方人民代表大会的职权。经过几年的酝酿和准备,在1954年9月召开了第一届全国人民代表大会第一次会议。会议通过了第一部《中华人民共和国宪法》,还通过了《全国人民代表大会组织法》、《国务院组织法》等重要法律。一届人大一次会议的召开标志着人民代表大会制度在中国正式确立起来。此后,经过几十年的发展,特别是在1978年实行改革开放以后,人民代表大会制度在我国政治生活中的地位更加重要,作用更趋完善。

依照宪法和相关法律的规定,中华人民共和国的一切权力属于人民,人民行使国家权力的机关是全国人民代表大会和地方各级人民代表大会。全国人民代表大会是最高国家权力机关,由各省、自治区、直辖市、和解放军选出的代表组成(1997年和1999年香港和澳门回归祖国后,两个特别行政区也有代表选出)。全国人民代表大会的常设机关是全国人民代表大会常务委员会。它向全国人民代表大会负责。地方各级人民代表大会是地方国家权力机关。省级(省、自治区、直辖市)、地级市(自治州、设区的市)、县级(县、自治县、不设区的市、市辖区)、乡级(乡、民族乡、镇)四个层次均设立人民代表大会。县级以上

---

① 中共中央文献研究室编:《建国以来重要文献选编》第1册,中央文献出版社1992年版,第2、4、5页。

的地方各级人民代表大会还设立常务委员会。在人民代表大会制度下，人民代表大会在政权体系中处于核心地位。国务院（即中央人民政府）和地方各级人民政府，最高人民法院、地方各级法院和专门人民法院，最高人民检察院、地方各级人民检察院和专门人民检察院，都由同级人民代表大会及其常务委员会产生，对同级人民代表大会及其常务委员会负责并接受其监督。

中国共产党领导的多党合作和政治协商制度是新中国的一项基本政治制度。中国共产党领导地位的确定是历史的选择。在新民主主义革命时期，为了反对帝国主义、封建主义和官僚资本主义，中国共产党同各民主党派和无党派人士建立了合作关系。1948 年初，在人民解放战争取得节节胜利的时候，各民主党派公开宣布站在人民革命一边，同共产党一道为建立新中国而共同奋斗。1948 年 5 月 1 日，共产党发出著名的"五一"号召，提出召开新的政治协商会议、成立民主联合政府。各民主党派领导人宣布接受共产党的领导，参加筹备建立新中国。1949 年 9 月，共产党与各民主党派和无党派人士在北京举行了第一届中国人民政治协商会议，共同为新中国的建立做出了贡献。这标志着中国共产党领导的多党合作进入了一个新的阶段。新中国成立初期，大批民主党派的代表人士参与中央和地方各级人民政府的工作。在确定大政方针、经济文化建设以及统一战线的重大问题时，共产党同各民主党派进行协商和讨论。1956 年 4 月，毛泽东提出共产党和民主党派要"长期共存、互相监督"的方针。共产党领导的多党合作作为一种制度被确定下来。但在 1957 年反右派斗争中，一些民主党派人士被错划为右派，多党合作制受到损害。在"文化大革命"期间，各民主党派的活动被停止，多党合作制遭到破坏。1978 年中共十一届三中全会后，多党合作制重新走上健康发展之路。1982 年中共十二大在"长期共存、互相监督"方针的基础上，增加了"肝胆相照、荣辱与共"的内容。1987 年中共十三大把中国共产党领导的多党合作和政治协商制度同人民代表大会制度并列。1989 年 12 月，中共中央经过与各民主党派协商,制定了《中共中央关于坚持和完善中国共产党领导的多党合作和政治协商制度的意见》。在 1993 年修订的《中华人民共和国宪法》中,把"中国共产党领导的多党合作和政治协商制度将长期存在和发展"一段话明确写入。这项制度的主要内容是:(1)中国共产党是社会主义事业的领导核心,是执政党;各民主党派是各自所联系的一部分社会主义劳动者和一部分拥护社会主义的爱国者的政治联盟,是接受中国共产党领导、同中国共产党通力合作、共同致力于社会主义事业的亲密友党,是参政党。(2)中国共产党坚持同各民主党派的长期合作,充分发挥和加强它们的参政、议政和监督作用。(3)民主党派参政的基本点是参加国家政权,参与确定国家大政方针和国家领导人选的协商,参与国家事务的管理,参与国家方针、政策、法律、法规的规定和执行。(4)中国共产党和各民主党派都以宪法为根本活动准则,在宪法范围内活动,受宪法保护;民主党派享有宪法规定范围内的政治自由、组织独立和法律地位。(5)人民政协是中国共产党领导的多党合作和政治协商的重要机构,是各民主党派、各人民团体、各界代表人物团结合作、参政议政的重要场所等。

20 世纪下半叶在中国政治生活中存在的民主党派主要有 8 个,它们是:中国国民党革命委员会(简称民革)、中国民主同盟(简称民盟)、中国民主建国会(简称民建)、中国民主促进会(简称民进)、中国农工民主党(简称农工党)、中国致公党(简称致公党)、九三学社、台湾民主自治同盟(简称台盟)。各民主党派除了通过人民政协参政议政外,其他的方式还有共产党同各民主党派、无党派人士的民主协商会和座谈会;民主党派人士和无党派人士在各级人民代表、人大常委会和正副委员长(主任)中占有一定名额;在国务院和地方各级人民政府中担任领导职务;在教科文卫部门、工商企业、社会团体、学术团体中,凡有民主党派组织的单位,共产党的组织要与民主党派组织密切合作,共同搞好本单位的工作。

民族区域自治制度是在国家统一领导下,各少数民族聚居区设立自治机关、行使自治权的制度,它是新中国的一项重要政治制度。我国自古以来就是一个统一的多民族国家。1949 年新中国成立后,为了贯彻党和政府民族平等、团结互助的政策,从 1953 年起组织大量人力对我国的民族情况进行考察。经过 20 多年分阶段的工作,至 1979 年最终确认我国有 56 个单一民族。据 1990 年第四次人口普查的结果,我国总人口为 113368 万人,其中汉族有 104248 万人,占全国总人口的 91.96%。相对于汉族来说,人口较少的 55 个民族被称为少数民族。少数民族中,壮族人口最多,超过 1500 万人;人口在 1000 万人以下,100 万人以上的民族有回、维吾尔、彝、苗、满、藏、蒙古、土家、布依、朝鲜、侗、瑶、白、哈尼等;人口在 100 万人以下,10 万人以上的民族有哈萨克、傣、黎、傈僳、佤、畲、高山、拉祜、水、东乡、纳西、柯尔克孜、土、羌等;人口在 10 万人以下,1 万人以上的民族有景颇、达斡尔、仫佬、布朗、撒拉、毛南、仡佬、锡伯、阿昌、普米、塔吉克、怒、乌孜别克、鄂温克、德昂、裕固、京、基诺等;人口在 1 万人以下的民族有保安、塔塔尔、独龙、鄂伦春、门巴、珞巴、俄罗斯、赫哲等。我国少数民族在漫长的历史发展中,形成了本民族独特的社会、经济、文化。为了尊重各少数民族,保障各少数民族管理本民族内部事务的权利,坚持实行各民族平等、团结、共同繁荣的原则,中国共产党在新民主主义革命时期提出了民族区域自治的主张。1947 年 5 月 1 日,中国共产党在内蒙古建立了第一个相当于省级的民族自治区域——内蒙古自治区。建国前夕通过的《共同纲领》明确规定:"各少数民族聚居的地区,应实行民族的区域自治,按照民族聚居的人口多少和区域大小,分别建立各种民族自治机关。"①1954 年 9 月,第一部《中华人民共和国宪法》把民族区域自治制度用法律形式确定下来。随后的几年中,新疆维吾尔自治区(1955 年 10 月 1 日)、广西壮族自治区(1958 年 3 月 15 日,原称广西僮族自治

---

① 中共中央文献研究室编:《建国以来重要文献选编》第 1 册,中央文献出版社 1992 年版,第 12 页。

区,1965年更为现名)、宁夏回族自治区(1958年10月25日)和西藏
自治区(1965年9月1日)相继成立。中共十一届三中全会以后,民族
区域自治制度得到进一步完善和发展。1984年5月,六届全国人大通
过了《中华人民共和国民族区域自治法》。该法将建国后30多年民族
区域自治的经验用法律的形式确定下来,使民族区域自治制度更加规
范化、制度化。按照法律的规定,民族自治的地方有三级:自治区、自治
州、自治县。至1997年底,全国建立自治区5个,自治州30个,自治县
(旗)120个。

　　根据民族聚居的不同,民族自治地方大体上有三种类型:第一,以
一个少数民族聚居区为基础建立的自治地方,如西藏自治区、吉林省延
边朝鲜族自治州、甘肃省张家川回族自治县等;第二,以一个人口较多
的少数民族聚居区为基础,并包括一个或几个人口较少的其他少数民
族聚居区所建立的自治地方,如新疆维吾尔自治区含有其他少数民族
的5个自治州和6个自治县,广西壮族自治区含有其他少数民族自治
县10个;第三,以两个或两个以上少数民族聚居区为基础建立的自治
地方,如湖南湘西土家族苗族自治州、青海省海西蒙古族藏族哈萨克族
自治州、云南省江城哈尼族彝族自治县等。实行民族自治的地方遵循
的原则主要有:一是各民族自治地方是中华人民共和国不可分离的部
分,自治地方的建立和自治权的实施必须在国家的统一领导下进行;二
是民族自治地方的建立、名称的确定、区域界线的划分,都要同有关民
族的代表充分协商,依法定程序报请批准;三是区域界线要保持相对稳
定,一经确定,不得轻易变动,如需变动,要有上级有关部门和民族自治
地方的自治机关充分协商拟定,报国务院批准。民族自治地方的自治
机关包括自治区、自治州、自治县的人民代表大会和人民政府。民族自
治地方的人民代表大会有权依照当地民族的政治、经济、文化的特点,
制定自治条例和单行条例。民族自治地方的人民代表大会常务委员会
中,应有实行区域自治的民族的公民担任主任或者副主任。民族自治
地方自治区主席、自治州州长、自治县县长由实行区域自治的民族的公

民担任。民族区域自治制度的实行保障了我国少数民族自主管理本民族事务的权利,有利于在中华民族大家庭中建立平等的、团结的民族关系,有利于维护国家的统一,有利于少数民族地区经济、社会、文化各项事业的发展。

(二)共产党执政的路线方针政策

1949年新中国成立后,作为执政党的中国共产党以马列主义、毛泽东思想为指导思想,在中国进行社会主义革命和建设,使得中国社会经历了由新民主主义社会向社会主义的转变,进而又开始了改革开放的社会主义现代化建设。从50年发展历程看,党的路线方针政策处在正确思想指导的时候,国家的各项建设事业就会取得伟大的成绩,而路线方针政策出现"左"倾错误的时候,建设事业就会遭受挫折。总起来看,这50年党的路线方针政策的发展演变可以分为三个阶段。

第一阶段:1949年10月—1956年8月。

按照中国共产党和毛泽东在新民主主义革命时期的理论探索,中国新民主主义革命取得胜利后所建立的新的社会,其性质是新民主主义社会,而不是社会主义社会。在新民主主义社会里,除了工人阶级作为领导阶级存在,农民阶级作为工人阶级的盟友存在外,也允许民族资产阶级和小资产阶级存在。这在《共同纲领》中有具体体现,即"中华人民共和国为新民主主义即人民民主主义的国家,实行工人阶级领导的、以工农联盟为基础的、团结各民主阶级和国内各民族的人民民主专政"。在新民主主义社会中有五种经济成分,它们是:国营经济、合作社经济、国家资本主义经济、私人资本主义经济和小商品经济。所以国家经济建设方针是:"以公私兼顾、劳资两利、城乡互助、内外交流的政策,达到发展生产、繁荣经济之目的。"

建国初期,为了巩固新政权,完成新民主主义革命遗留的任务,党和政府在全国范围内开展了几大政治运动,主要有:土地改革、镇压反革命、抗美援朝、"三反""五反"等。1950年6月,中共七届三中全会提出在三年内实现国家财政经济状况基本好转的任务,以恢复由于多年战争所造成的国民经济困难的局面。经过全国人民的努力,到1952年底,这一任务基本完成。

在中国实现社会主义,是中国共产党成立伊始就明确的奋斗目标,只是由于旧中国生产力发展水平十分落后,党和毛泽东才创造性地提出中国革命分两步走的战略,在新中国成立后搞一段时间的新民主主义社会,在条件具备时再向社会主义过渡。1952年下半年开始,根据变化了的国内国际局势,党和毛泽东酝酿提出了过渡时期总路线,并于1953年正式向全国人民提出。它的基本内容是:"要在一个相当长的时期内,逐步实现国家的社会主义工业化,并逐步实现国家对农业、对手工业和对资本主义工商业的社会主义改造"。这样,过渡时期总路线成为了团结和动员全国人民共同为建设社会主义新中国而奋斗的新的纲领。

在过渡时期总路线的指引下,从1953年开始先后对个体农业、个体手工业和私人资本主义工商业进行社会主义改造。在农业方面采取引导农民走互助合作化的道路,从建立互助组,到初级农业合作社,再到高级农业合作社。高级社的普遍建立表明农业的社会主义改造基本完成。个体手工业也是采取互助合作的方式,建立手工业生产合作社以完成社会主义改造。对资本主义工商业的社会主义改造采取了两个步骤:一是把私人资本主义工商业引导到国家资本主义轨道;二是变国家资本主义经济为社会主义经济。在这个过程中采用了公私合营的形式,最终完成了对私人资本主义工商业的改造。

三大改造总体上来说进展是顺利的,但在1955年夏天开始出现了加快发展的倾向。此后经过一年半的时间,到1956年底基本完成了社会主义改造,大大超过了原来预想的计划。社会主义改造的基本完成标志着我国实现了由新民主主义向社会主义的转变,社会主义的基本制度在我国建立起来了。中国由此进入到社会主义初级阶段。

第二阶段:1956 年 9 月—1978 年 12 月。

1956 年 9 月,中国共产党举行了第八次全国代表大会。大会鉴于我国社会政治、经济、文化发生了根本的变化,提出了我国社会新的主要矛盾,认为由于社会主义改造已经取得决定性的胜利,我国无产阶级同资产阶级之间的矛盾已经基本上解决,国内的主要矛盾已经是人民对于经济文化迅速发展的需要同当前经济文化不能满足人民需要的状况之间的矛盾。党和人民当前的主要任务就是集中力量解决这个矛盾,把我国尽快地从落后的农业国变为先进的工业国。这个论断是根据新的时代的变化而提出的新任务,是正确的。在此前后,党和毛泽东对在中国如何进行社会主义建设进行了初步的探索,取得了一些可贵的成果。

但是由于对如何进行社会主义建设缺乏根本的认识,对社会主义的基本规律缺乏深刻的认识,随后的实践中出现了"左"的错误。其主要表现是:在经济建设上急于求成、急躁冒进,从 1958 年开始搞了三年"大跃进"和人民公社化运动,给我国经济和社会发展带来损害;在政治上,1957 年反右派斗争中犯了扩大化错误,进而强调阶级斗争,使得阶级斗争扩大化倾向日渐深入到党内,并对国内政治形势产生严重影响,中共八大提出的关于我国社会主要矛盾的论断被改变,重新强调阶级斗争是主要矛盾。1961 年以后,针对国民经济严重困难的局面,党和国家强调实事求是、调查研究,采取措施对国民经济进行调整,通过贯彻"调整、巩固、充实、提高"的方针,到 1965 年使得国民经济调整的任务顺利完成。在 1964 年底至 1965 年初召开的全国人大三届一次会议上,周恩来代表中央明确提出:要在不太长的历史时期内,把我国建设成为一个具有现代农业、现代工业、现代国防和现代科学技术的社会主义强国。这是第一次向全国人民提出实现四个现代化的宏伟目标。

在国民经济调整的时候,1962 年 9 月召开的八届十中全会使党内阶级斗争扩大化的"左"倾错误再度发展。会后在全国部分农村和城市开展了社会主义教育运动。这次运动解决了一些干部作风和经济管理方面的问题,但由于把不同性质的问题看做是阶级斗争或阶级斗争在党内的反映,使不少干部受到冲击。运动中还提出运动的重点是"整党内走资本主义道路的当权派"的"左"的观点。这些错误的不断发展直接导致了"文化大革命"的发动。

1966—1976年间发生的"文化大革命"是中国现代史上一段特殊的时期。1981年中共十一届六中全会通过的《关于建国以来党的若干历史问题的决议》明确提出:"历史已经判明,'文化大革命'是一场由领导者错误发动,被反革命集团利用,给党、国家和各族人民带来严重灾难的内乱"。从整体上看,"文化大革命"既不是任何意义上的"革命",也不能简单地说是反革命,而是党的全局性的严重错误和由此而引起的政治斗争,它没有也绝不可能带来任何社会进步。"文化大革命"给我国社会主义建设带来的损害是非常严重的。单从政治方面来看,一方面,它使得党、政府和群众团体等组织机构被搞乱了。"文化大革命"中,各级党组织和政府部门普遍被冲击、改组,各级党和政权机构陷于瘫痪和半瘫痪状态。党员一度停止了组织生活,各种群众团体也停止了活动。干部队伍和群众队伍被分成各种派别,互相对立。另一方面,它使得社会生活和正常的秩序被搞乱。宪法、法律、党章成了一纸空文。上至国家主席,下至基层干部、劳动模范、各界群众,可以任意被批、被斗、被抓、被整;党纪、政纪、军纪被废弛,规章制度被抛到一边,武斗不止,派仗不停,打砸抢成风;正常的生产秩序,工作秩序、学习秩序遭到了很大破坏,国家政治生活和社会生活陷于极不正常的状态。

第三阶段:1978年12月—2000年12月。

1978年12月,中共十一届三中全会召开。邓小平在会上发表《实事求是,解放思想,团结一致向前看》的讲话。会议在解放思想、实事求是路线的指导下,果断决策停止使用"以阶级斗争为纲"的口号,把党和国家工作重点转移到社会主义现代化建设上来,提出了改革开放的思想。以这次会议为标志,中国社会主义事业的发展进入一个崭新的历史时期,改革开放拉开序幕。

十一届三中全会以后,改革开放事业逐步展开。首先是进行农村改革,推广了家庭联产承包责任制,广大农民的生产积极性得到发挥,极大地促进了农业生产的发展。乡镇企业异军突起,带动了农村经济的发展,也促进了整个国民经济的发展。在城市改革方面,主要进行了扩大企业自主权的改革,实行经济责任制,试行厂长责任制,克服企业吃国家"大锅饭"和企业内部吃"大锅饭"的现象。随着改革的进行,对外开放也有重大突破。1980年中央决定在广东的深圳、珠海、汕头和福建厦门建立经济特区,引进外资和国外的先进技术和管理经验。改革开放只几年时间,经济取得较快速度的发展,人民生活得到明显改善。这表明改革开放政策初见成效。十一届三中全会以后,在思想、政治、组织等领域进行了全面的拨乱反正。这主要体现在对建国以来党的历史进行了科学的总结。1981年6月中共十一届六中全会通过了《关于建国以来党的若干历史问题的决议》。这个决议坚持实事求是的马克思主义思想路线,认为建国后的32年成绩是伟大的,但其间也出现一些曲折,特别是像"文化大革命"这样的全局性的错误。决议还实事求是地评价了毛泽东的历史地位。决议的通过进一步统一了全党和全国人民的思想,对于推进改革开放和社会主义现代化建设具有重大的意义。

1982年9月中共十二大召开。邓小平在会上提出"把马克思主义的普遍真理同我国的具体实际结合起来,走自己的道路,建设有中国特色的社会主义"。从此,"建设有中国特色社会主义"成为改革开放和现代化建设的旗帜。十二大以后,改革开放各项举措全面展开,我国社会经济文化有了较快的发展。1987年10月,中共十三大召开。这次大会提出了我国处在社会主义初级阶段的理论,并提出"一个中心、两个基本点"的基本路线。大会根据邓小平提出的设想确定了我国经济发展三步走的战略部署。这就是:第一步,实现国民生产总值比1980

年翻一番,解决人民的温饱问题;第二步,到20世纪末,使国民生产总值再增长一倍,人民生活达到小康;第三步,到21世纪中叶,人均国民生产总值达到中等发达国家水平,人民生活比较富裕,基本实现现代化。

80年代末,原东欧一些社会主义国家发生动荡。我国在1989年春夏之交也发生了政治风波。在平息了这场风波之后,邓小平提出:党的十一届三中全会制定的路线、方针、政策没有错。我们原来制定的基本路线、方针、政策,照样干下去,坚定不移地干下去。1989年6月,中共十三届四中全会选举江泽民为总书记,形成了党的第三代领导集体。我国改革开放事业继续向前推进。

90年代初东欧国家发生巨变,苏联解体,国际社会主义运动出现低潮。在这个关键时候,邓小平在1992年初视察了南方,发表重要谈话。他指出:党的基本路线要管一百年,动摇不得;计划多一点还是市场多一点,不是社会主义与资本主义的本质区别;社会主义的本质,是解放生产力,发展生产力,消灭剥削,消除两极分化,最终达到共同富裕。邓小平的谈话是在科学总结十一届三中全会以来的基本实践和经验的基础上,对长期困扰人们的重大理论问题做出了明确的解答,更进一步解放了人们的思想。1992年10月,中共十四大在认真总结改革开放14年来的实践的基础上,确立了邓小平建设有中国特色社会主义理论在全党的指导地位。大会还明确了我国经济体制改革的目标是建立社会主义市场经济体制。邓小平的南方谈话和党的十四大促进了我国改革开放事业向一个更新更高的目标前进。

针对1992年经济领域发生的过热现象,以江泽民为核心的党中央提出了加强宏观调控的一系列措施,同时把握抓住机遇、深化改革、扩大开放、促进发展、保持稳定的指导方针,既促进了经济的稳步、健康发展,又保持了政治和社会的稳定。

在20世纪行将过去,21世纪即将到来的时候,如何把我国改革开放和现代化建设全面推向新世纪,是以江泽民为核心的党中央认真考虑的问题。1997 年 9 月，中共十五大提出"高举邓小平理论伟大旗帜，把建设有中国特色社会主义事业全面推向 21 世纪"。大会科学地概括了邓小平理论的基本内容，阐述了党在社会主义初级阶段的基本纲领，规定了我国跨世纪发展的战略部署。大会强调，公有制为主体、多种所有制经济共同发展，是我国社会主义初级阶段的一项基本经济制度；依法治国，是党领导人民治理国家的基本方略，是发展社会主义市场经济的客观需要，是社会文明进步的重要标志，是国家长治久安的重要保障。

党的十五大后，在发生亚洲金融危机、1998 年特大洪涝灾害等种种不利因素的情况下，党中央坚定地推进改革开放和现代化建设，成绩显著。2000 年初，江泽民提出"三个代表"重要思想，这进一步回答了在改革开放和发展社会主义市场经济条件下，建设一个什么样的党和怎样建设党的问题，成为面向 21 世纪党领导人民向小康社会迈进的指导思想和精神动力。

（三）行政区划

行政区划是国家为便于行政管理而划分的区域。新中国成立后，在继承历史上传统行政区划的基础上，人民政府在不同时期对行政区划做了一些调整。

1949 年 10 月新中国成立前后，在中央人民政府统一领导之下，全国先后建立 6 个大区，分别是：东北、华北、西北、华东、中南、西南。这些大区除了华北人民政府在 1949 年 10 月 1 日中央人民政府成立后即行结束，其管辖省市由中央人民政府直接领导外，其余 5 个大区一方面是中央人民政府的派出机关，另一方面也是地方一级人民政府。1952 年设立华北、东北、西北、华东、中南、西南 6 个行政委员，作为中央人民政府的派出机关，而不再是一级地方人民政府。1954 年 6 月 19 日，中央人民政府委员会通过《关于撤销大区一级行政机构和合并若干省、市建制的决定》，指出"国家计划经济的建设，要求进一步加强中央集中统一的领导"，为此撤销大区一级的行政机构。①

在大区之下是省级行政区。1949年底，全国共分30个省、12个中央直辖市、5个行署区、1个自治区、1个地方、1个地区。华北区辖河北、山西、平原、察哈尔、绥远5省和北京、天津2直辖市；东北区辖辽东、辽西、吉林、松江、黑龙江、热河6省，沈阳、鞍山、抚顺、本溪4直辖市和旅大行署区；西北区辖陕西、甘肃、宁夏、青海、新疆5省和西安直辖市；华东区辖山东、浙江、福建、台湾4省和苏北、苏南、皖北、皖南4行署区及上海、南京2直辖市；中南区辖河南、湖北、湖南、江西、广东、广西6省和武汉、广州2直辖市；西南区辖贵州、云南、西康、四川4省和重庆市。此外，内蒙古自治区由中央直接领导，西藏地方政府于1951年和平解放后也由中央直接领导，一个地区指昌都地区。

1950年，撤销了旅大行署区，设立旅大直辖市。撤销四川省，设立川南、川北、川东、川西4个行署。1952年，撤销平原省，其行政区划分别划归山东、河南、河北3省。撤销察哈尔省，其行政区划分别划归山西、河北2省。撤销苏北、苏南行署区，恢复江苏省。撤销皖北、皖南行署区，恢复安徽省。撤销川南、川北、川东、川西行署区，恢复四川省。南京市改为江苏省辖市。1953年，吉林省长春市、松江省哈尔滨市改为中央直辖市，由东北行政委员会代管。1954年，撤销辽东、辽西两个省，合并为辽宁省；撤销松江省，与黑龙江省合并为黑龙江省；撤销宁夏省，与甘肃省合并为甘肃省；沈阳、旅大、鞍山、抚顺、本溪、哈尔滨、长春、武汉、广州、西安、重庆等11个中央直辖市均改为省辖市。1955年，撤销西康省，其行政区划并入四川省。撤销热河省，其行政区划分别并入河北省、辽宁省和内蒙古自治区。撤销新疆省，成立新疆维吾尔自治区。1958年，天津由中央直辖市改为河北省辖市。撤销广西省，成立广西僮族自治区，后更名为广西壮族自治区。成立宁夏回族自治

---

① 中共中央文献研究室编：《建国以来重要文献选编》第5册，中央文献出版社1993年版，第317页。

区。1959 年,解散西藏地方政府,由西藏自治区筹备委员会行使西藏地方政府的职权,1965 年西藏自治区正式成立。1967 年作为河北省辖市的天津市,恢复为中央直辖市。至此,全国有 22 个省、5 个自治区和 3 个直辖市,直到 1985 年年底未再有变化。1988 年 4 月,七届全国人大一次会议做出决定,撤销广东省海南行政区,成立海南省,管辖海南岛和西沙群岛、南沙群岛、中沙群岛的岛礁及其海域。1997 年 3 月,八届全国人大五次会议做出决定,重庆市成为中央直辖市。按照 1982 年 12 月五届全国人大五次会议通过的《中华人民共和国宪法》第 31 条"国家在必要时得设立特别行政区"的规定,1997 年 7 月 1 日和 1999 年 12 月 20 日,在香港和澳门先后回归祖国时,成立了香港特别行政区和澳门特别行政区。至此,全国有 23 个省、5 个自治区、4 个直辖市和 2 个特别行政区。

在省级和县级之间是地级行政单位,它包括地区、自治州、盟、行政区、省辖市(地级市)等。地区是省、自治区的派出机构,管理几个县、自治县和市,它不是一级地方政权。1975 年以前地区称专区,设专员公署。1981 年后,为了充分发挥中心城市和工业基地的作用,国家推行市管县的制度,许多地级市逐步替代地区,但仍有一些省份保留地区建制。截至 1998 年年底,全国有地级市 227 个,地区 66 个。自治州是我国少数民族聚居地区为实行民族区域自治而建立的省级和县级之间的行政区域。自治州设人民代表大会和人民政府,是一级政权机构,其下设有县、自治县、市。截至 1998 年年底,全国有自治州 30 个。盟是内蒙古自治区的地级行政区域,设人民代表大会和人民政府,是一级政权机构,其下设有县、旗、市。到 1998 年年底,共有盟 8 个。行政区是 1982 年 12 月五届全国人大五次会议通过的新宪法设立的行政区域。设有人民代表大会和人民政府,下分市、县、自治州。1984 年 5 月六届全国人大二次会议决定,设立海南行政区。海南建省后,行政区建制取消。

县级行政单位是我国地方二级行政区域,是地方政权的基础。县级行政单位包括县、市、区（地级市辖）、自治县、旗、自治旗、特区、工农区和林区等。县是我国的基础行政区域，截至 1998 年底，我国有 1516个县，县级市 437 个。自治县、旗、自治旗是我国少数民族聚居地区的行政区域。截至 1998 年年底，全国有自治县 117 个，旗 49 个，自治旗 3个。特区、林区均是在一些工矿企业、林业特别集中的地区设立的县一级行政区划，如全国有 3 个特区都在贵州，如六枝特区、万山特区，1 个林区在湖北，为神农架林区。

县级以下的基层行政单位是乡和镇，1960 年以前还曾设有区。1958 年实行人民公社化运动后，乡镇政权被人民公社替代。人民公社成为基层行政单位。1982 年 12 月五届全国人大五次会议通过的新宪法恢复了乡镇建制。在少数民族聚居地区还设有民族乡。

（四）文化环境

任何一个社会都是一个有机的整体，政治、经济和文化是这一整体中的三个组成部分。狭义概念上的文化是指社会意识形态以及与之相适应的制度和组织机构，它是经济和政治的产物。当一种新的社会政治制度建立的时候，一定会产生与之相应的新的文化。当然这种新文化不会凭空产生，它会在传统文化的基础上有所变化和发展，并对社会政治、经济以及人们生活产生影响。

建国伊始，以马克思主义、毛泽东思想为指导的中国共产党对文化建设比较重视。1949 年 9 月 21 日，毛泽东在中国人民政治协商会议第一次全体会议的开幕词中说："随着经济建设的高潮的到来，不可避免地将要出现一个文化建设的高潮。中国人被认为不文明的时代已经过去了，我们将以一个具有高度文化的民族出现于世界。"①《共同纲领》更进一步指出："中华人民共和国的文化教育为新民主主义的，即民族的、科学的、大众的文化教育。人民政府的文化教育工作，应以提

---

① 《毛泽东文集》，第五卷，人民出版社 1996 年版，第 345 页。

高人民文化水平、培养国家建设人才,肃清封建的、买办的、法西斯主义的思想、发展为人民服务的思想为主要任务。""提倡爱祖国、爱人民、爱劳动、爱科学、爱护公共财物为中华人民共和国全体国民的公德"。"提倡文学艺术为人民服务,启发人民的政治觉悟,鼓励人民的劳动热情"。① 上述规定提出了新中国文化事业的发展方向。

在50年代前半期,党和政府对文化事业进行了改革,主要涉及的方面有:(1)文艺改革,尤其是对旧戏曲进行了改革。毛泽东曾题词:"百花齐放,推陈出新",以此作为这项改革的指导方针。(2)教育改革。在学校中加强了思想政治教育,接收和改革了教会学校,大力推进工农教育,高等院校进行了院系调整,改革各类学校教育的课程设置、教学内容和方法使之适应新社会的需要。(3)在知识分子中进行学习和思想改造运动,以此在知识分子中树立无产阶级世界观等。在此期间文化思想领域进行了几次批判运动,如对电影《武训传》的批判、对俞平伯《红楼梦研究》的批判、对胡适派资产阶级唯心主义的批判和对胡风文艺思想的批判等。这些批判从出发点来说是好的,但方法上采用了政治批判的方式,难以做到客观和实事求是,其结果产生了消极的作用。

1956年初,党和政府面对即将到来的大规模经济建设,召开了知识分子问题会议,认为知识分子的绝大多数已经成为"工人阶级的一部分",号召开展"技术革命","向科学进军"。同年4月,毛泽东提出了著名的"百花齐放、百家争鸣"方针。这是指导社会主义文化科学事业发展的重要方针,它的提出极大地调动了文化思想和科技工作者的积极性,促进了文化事业的繁荣。但是,在1957年夏天开始的反右派斗争中,一批知识分子被错划成右派,挫伤了他们的积极性,给文化教育科学事业带来了消极的影响。此后,思想文化领域"左"倾思想蔓

---

① 中共中央文献研究室编:《建国以来重要文献选编》,第一册,中央文献出版社1992年版,第10~11页。

延,批判运动不断。60年代初在调整时期,尽管对"左"的做法作了一些调整,出现了文艺创作的繁荣,但为时很短。1962年后,在"阶级斗争为纲"的口号下,思想文化领域的批判运动一波未平一波又起,一批文艺作品和学术观点被批判,直至"文化大革命"发动。

"文化大革命"的十年是我国文化教育科学事业遭受严重挫折的一个时期。文学艺术家被批斗,甚至被迫害致死,大批国内外经典名著被付之一炬,学校停课闹革命,科研活动被迫停止,名胜古迹、珍贵文物被毁坏。与此同时,林彪、江青等人散布极"左"思潮,大行文化专制主义。文艺舞台上只剩下《红灯记》、《智取威虎山》、《沙家浜》、《红色娘子军》等"八个样板戏",形成了八亿人民看八台戏的局面。

1978年理论界开展了"真理标准问题的讨论",随后中共十一届三中全会提出解放思想、实事求是的思想路线,促进了人们思想的大解放。文化思想界逐渐摆脱了长期"左"的思想的束缚,迎来了真正的"百花齐放、百家争鸣"的时期。文学艺术、科学教育、思想理论等各个方面的工作者努力创造新的符合时代需要的作品,弘扬传统文化中的优秀东西,学习和借鉴外国文化中的有益成分,开创了社会主义文化建设的新局面。在改革开放新的历史时期,尊重知识,尊重人才,尊重科学成为社会新的时尚。90年代党和政府提出"科教兴国"战略,推动了教育科学文化事业向更高的水平发展。1997年9月,中共十五大提出了社会主义初级阶段的基本纲领,其中建设有中国特色社会主义文化,就是以马克思主义为指导,以培育有理想、有道德、有文化、有纪律的公民为目标,发展面向现代化、面向世界、面向未来的民族的科学的大众的社会主义文化,建设立足中国现实、继承历史文化优秀传统、吸取外国优秀文化有益成果的社会主义精神文明。2000年春,江泽民进一步提出"三个代表"重要思想,其中把代表先进文化的前进方向作为衡量党的先进性的一个标准。这为全社会重视文化问题提供了一个有利的契机。总之,改革开放以来文化环境的改善促进了我国政治、经济的发展,社会向着更和谐、更文明、更现代化的方向前进。

第一章　20世纪下半叶中国人口

　　20世纪下半叶,中国人口数量增长非常迅猛。1950年,全国有人口5亿多人,到2000年末,人口总数已接近13亿人。人口总数如此迅速上涨,与传统的生育观念仍在发挥作用有关,但最高领导人在人口问题上的决策失误也有不可推卸的责任。人口增长过快,给经济、社会、环境、资源造成了很大压力。人口与经济、社会、环境、资源的不协调,绝非短时期内可以改变,在一个相当长的时期内,我们不得不面对它。

第一节　人口的数量与结构

一、人口的数量

　　中华人民共和国成立后的人口数据,来源渠道主要有三个:全国人口普查,户口管理部门,人口抽样调查。下面分别给以说明。

　　从1950年到2000年,中国共进行了五次全国人口普查。第一次人口普查是在1953年进行的。搞这次人口普查主要有两个目的,一是为制定第一个五年计划提供数据,二是配合新中国成立后的第一次全国人民代表大会的选举。1953年4月3日,国务院发布了《全国人口调查登记办法》,共18条。它规定以1953年6月30日24时为人口调查的标准时间,凡是中华人民共和国公民,均应在其常住地进行登记。登记项目包括姓名、性别、年龄、民族、与户主关系、住址六项。根据规定,各级政府中都设立了"人口调查办公室",由它负责人口登记。当时动用的人口调查员达250万。调查办法是户主自己到登记站申报,个别情况下也有调查员上门登记的。登记之后,由人口办公室组织人员,对登记的人口进行严格的审查和必要的现场复查,纠正发现的错误。这次人口调查进行的比较顺利,1954年11月1日,国家统计局公布了这次人口普查的大量数据。这次人口普查中,大陆人口的1.44%不是直接登记获得的,而是估算出来的。其原因是,他们住地交通不便,根本无法进行直接的逐人登记。第二次人口普查是在1964年进行的。当时,困难时期已经过去,经济正在恢复。为了摸清全国的人口底数,更好地规划经济建设,国家决定进行人口普查。1964年2月11日,国务院颁布了《第二次全国人口普查登记办法》,共18条,规定以1964年6月30日24时为人口调查计算的标准时间,每个公民在自己的常住地登记。普查项目比第一次人口普查时多了本人成分、文化程度、职业三项。负责此项工作的机构,在中央和省是人口普查领导小组,在县和人民公社是人口普查办公室。动用人口普查员达535万人。当年10月完成了全部数字的汇总工作。但这次人口普查的数据并没有公开发布。人口普查数据不公开,与人们观念受"左"倾思想禁锢有关,也与困难时期有人饿死这个事实有关。"文革"结束后,为了弄清全国人口底数,1982年进行了第三次人口普查。这次人口普查的调查项目多达19项,并开始在工作中使用电子计算机。调查确定的标准时间为1982年7月1日零时。动用的人口调查员518万人,数据录入员4000人。当年10月27日,国家统计局公布了一部分重要的统计数据。1985年公布了全部的人口数据。根据这次人口普查的结果,国务院人口办公室还编制了《中国人口地图集》。1996年公布的《统计法》明确规定:我国今后每10年进行一次人口普查,在两次人口普查之间,进行小规模的人口调查。联合国有一条建议:逢尾数为"0"的年份进行人口普查。为了和国际惯例接轨,第三次人口普查刚刚结束,有关部门就宣布,将在1990年进行第四次全国人口普查。第四次人口普查如期进行了。调查的标准时间为 1990 年 7 月 1 日零时。这次人口普查，为了适应市场经济条件下人口变动频繁的新形势，增加了对人口流动情况的调查，全部调查项目多达 21 个。2000 年，中国进行了第五次人口普查。当时所取的标准时间是 2000 年 11 月 1 日零时。动用的人口普查员上千万。2001 年 3 月 28 日国家统计局公布了这次人口普查的主要数据。建国以后的人口普查，政府领导有力，基本上是逐人登记，并以一个特定时间为标准，调查项目经过反复研究才最后确定下来，因此，从总体上说，质量是较高的，作为研究资料，数据是可信的。

户口管理部门掌握着大量的人口数据。户口登记和管理，是为了证明公民身份，保护公民的合法权益，维护社会秩序，合理制定经济社会发展规划。在我国，这个工作一直由公安部门负责。在城市，由公安派出所办理，在农村，由乡政府办理。登记户口时，要填清楚 12 项内容：姓名、与户主关系、性别、出生年月、籍贯、民族、成分、文化程度、职业、兵役情况、何时何地迁来、变更的原因和时间。按有关规定，婴儿出生后必须在一个月内由户主或抚养人申报登记。公民死亡，城镇须在火化前申报登记，农村须在死亡后一个月内申报登记。每年年末，基层户籍管理机关填报"人口统计年报"，各级公安部门逐级上报汇总，最后由公安部将全国人口数据转报国家统计局。我国实行的这种户籍管理办法，保留了大量的人口数据。户籍部门留下的人口数据，各年都有，而不是像人口普查那样，许多年才留下一批数据。另外，户籍部门的人口数据可以和人口普查得到的数据互相参照。

受人力和经费限制，在不能进行普查的情况下，我国进行过多种形式的抽样调查。这些抽样调查，同样为我们留下了大量的人口数据。据不完全统计，我国先后搞过的人口抽样调查有：全国 0.5% 人口变动抽样调查、全国 1% 人口抽样调查、全国 1% 人口生育率抽样调查、全国 2% 人口生育节育抽样调查、儿童基本情况抽样调查、老年人口抽样调查、残疾人抽样调查、儿童死因调查、恶性肿瘤抽样调查等。

历史上并没有留下 1949 年的人口数据。1953 年，我国进行了第一次全国人口普查,结果显示,全国共有人口60194万人,其中大陆人口为58260万人。根据这个结果,通过估算得知,1949年底,大陆人口为54167万人。这个数字就是中华人民共和国建立时大陆的实有人口。这个人口数量与经济水平、资源储量适应不适应,当时就存在分歧。建国初期,我国制定了"一边倒"的国际战略,加入到了以苏联为首的社会主义阵营中。学苏联,是当时的一个基本指导思想。苏联国土广大,人口和国土相比可谓地广人稀。长期的战争,也消耗了大量的人口。因此,它的人口是不足的。从自己的国情出发,苏联一直鼓励生育。它曾给38000多位生育了10个以上子女的母亲授予"母亲英雄"荣誉称号。苏联的理论界学术界把存在重大错误的结论作为社会主义社会的人口规律。他们说:"社会主义社会和资本主义不同,对人口的增长并无任何阻碍,相反地,却为人口加速增长创造最为有利的条件。""不同于资本主义社会的人口法则,社会主义制度下的人口法则创造着人口增殖和发展的无限的可能性,从而也创造着社会发展的无限的可能性。因为人口无论怎样增殖,增添出来的人口无论怎样多,在社会主义社会的不断增长着的生产中是永远可以为自己找到工作岗位的。"[①]"人口不断迅速增加,人民物质福利水平很高,患病率和死亡率很低,有劳动能力的人都能得到充分合理的利用,这就是社会主义人口规律的实质。"[②]中国学苏联,也学它的人口政策,盲目接受它的所谓人口规律。还在建国前夕,毛泽东就说:"中国人口众多是一件极大的好事。再增加多少倍人口也完全有办法。""世间一切事物中,人是第一可宝贵的。在共产党领导下,只要有了人,什么人间奇迹也可以创造出来。"[③]正是在这样的思想指导下,建国初期,对生育是放任自流的。

---

①　波波夫:《现代马尔萨斯学说是帝国主义者仇视人类的思想》,三联书店1955年版,第41页。

②　苏联科学院:《政治经济学教科书》,人民出版社1955年中文版,第151页。

③　《毛泽东选集》,第四卷,人民出版社1991年版,第1512页。

1952 年《人民日报》曾发表社论，题为《限制生育会灭亡中国》。1953 年 11 月，卫生部通知海关，"避孕药和用具与国家政策不符，应禁止进口。"人口增长过快，引起了有识之士的不安。1954 年 9 月，在一届全国人大一次会议上，邵力子呼吁控制人口，提倡避孕节育。1956 年，在中国共产党第八次全国代表大会上，周恩来指出："为了保护妇女和儿童，很好地教养后代，以利于民族的健康和繁荣，我们赞成在生育方面加以适当的节制。"与此同时，许多学者也写文章，呼吁控制人口。在所有的文章中，以马寅初 1957 年 7 月 5 日在《人民日报》上发表的《新人口论》影响最大。1957 年的上半年，关于人口问题的讨论，基本上是百家争鸣。但是，6 月 8 日《人民日报》发表《这是为什么？》的社论后，情况骤变。蛮横压倒了科学。8 月末，中国科学院哲学社会科学部开会，说费孝通、陈达等人研究人口是搞"资产阶级社会学"。10 月 4 日，《人民日报》上出现了《不许右派利用人口问题进行政治阴谋》这样的荒唐文章。接下来就是猛烈的大批判。马寅初成了所有被批判的人口学家的代表，也成了典型的资产阶级人物。无知靠着数量和蛮横，一时压得人喘不过气来。对这些，马寅初并没有屈服，他曾说："据《光明日报》的意见，我的学术思想是资产阶级的，那么应须写几篇富有无产阶级的学术思想的文章来示一个范，使我们也可经常学习。"他在报刊上公开声明："我虽年近八十，明知寡不敌众，自当单身匹马出来应战，直到战死为止，决不向专以力压服不以理说服的那种批判者投降。"表现了一个追求真理的人的崇高品质和铮铮铁骨。由于控制人口的主张受到批判，"人愈多，就愈能多快好省地建设社会主义"[①]的思想占了上风，人口总量迅速向上攀升。1954 年是 6 个亿，1964 年达到 7 个亿，1969 年 8 个亿，1973 年接近 9 个亿。

在生育自流放任的年代，中间也有人口下降的时期，这就是 1960 年和 1961 年。关于这个时期人口到底怎么样，缺少资料。但许多书

---

① 《大踏步地前进》，《红旗》1958 年第 9 期。

中都认为,这个时期人口遭到了损失。胡绳主编的《中国共产党的七十年》中说:"许多地区因食物营养不足而相当普遍地发生浮肿病,不少省份农村人口死亡增加。由于出生率大幅度大面积降低,死亡率显著增高。"《中国人口》一书中说,1960年比1959年少1000万人;1961年比1960年少348万人。① 60年代初,中国人的生育观念没有什么变化,政策也不限制生育,但却没有平常年份那样多的婴儿出生,可见生活之艰难。生活困难,主要是不尊重科学,好大喜功,胡干蛮干造成的。

人口无节制地猛增,导致了一系列问题。1965年,全国人均耕地面积2.14亩,1970年降到了1.48亩。1955年,全国人均粮食599斤,1970年,人均粮食下降到589斤了。进入60年代,50年代出生的人已进入劳动年龄,城镇每年要安排350万人升学就业。受经济发展水平的限制,这个问题根本无法完全解决。中央不得不采取反常措施,向农村疏散城镇青年,这就是知识青年上山下乡运动。1966—1976年,共有1200万城镇青年被下放到农村。人口数量远远超出了经济发展水平和资源承受能力,使在第一线工作的同志十分着急。因为当时实行严格的计划经济,所有的工农业产品都要通过计划进行分配。人多物少,对做计划的同志来说,等于做无米之炊。1969年3月,在全国计划座谈会上,周恩来指出:"要计划生育,要节育。"1971年3月,在一个卫生工作会议上,周恩来指出:"人口增长太快对国家计划不利,把计划生育搞好是件大事。"1973年7月,国务院设立计划生育领导小组,各省亦相应建立了计划生育机构。1973年12月,在北京召开了全国计划生育工作汇报会。1974年12月,中央在批转上海市和河北省计划生育工作的报告时说:"搞好计划生育,关键在于各级党委把这件工作列入议事日程,切实加强领导,经常抓,抓得紧。"至此,计划生育作为大政方针被固定下来了。大痛之后是大悟,中国政府对人口问题的认

---

① 《中国人口》,中国财政经济出版社1991年版,第84页。

识就走过了这样一个过程。但令人奇怪的是,这时大搞计划生育,极力限制人口,却没有一个人说 50 年代对马寅初的批判是错误的,也没有人公开承认过去的人口政策是不对的。给马寅初平反,直到 1979 年底才实现。

自从实行计划生育后,中国人口的走势发生了很大的变化。1970年全国人口出生率为 33.4‰,1978 年降到 18.3‰。1970 年的人口比 1969 年净增 2114 万人,1978 年的人口与 1977 年相比,只净增了 1147 万人。

以 1982 年 7 月 1 日零时为标准时间,举行了第三次全国人口普查。从这次普查中得知,全国共有人口 10.32 亿人。除去台、港、澳之外,大陆人口为 10.08 亿人。

进入 80 年代后,60 年代出生的人进入育龄期。尽管计划生育工作抓得很紧,人口总数仍攀升很快。1989 年,人口突破 11 亿人,1990年 7 月 1 日搞"四普"时,人口已达 11.33 亿人。1995 年又上升到12.11 亿人,2000 年 11 月 1 日,我国进行了第五次人口普查。2001 年3 月 28 日,国家统计局公布的数字是,全国共有人口 129533 万人,大陆为 126583 万人。

二、人口的结构

(一)人口的性别结构。

考察性别结构经常要计算人口的性别比,性别比就是男性人口和女性人口之比。一般是看每 100 个女性人口有多少个男性人口与之对应。20 世纪上半叶,中国人口的性别比一直比较高,个别省份在一些年份曾达到 135。中华人民共和国建立后,因为提倡男女平等,妇女地位提高许多,同时,人口登记工作也比过去严格得多,漏登女性的现象很少,因此,人口性别比日趋合理。根据 1988 年的《中国统计年鉴》,1949—1987 年中国人口的性别比如下:

表 1—1　　　**1949—1987 年中国人口性别比（年底数）**

年份	性别比	年份	性别比	年份	性别比
1949	108.16	1962	105.31	1975	106.04
1950	108.07	1963	105.63	1976	106.15
1951	107.99	1964	105.20	1977	106.17
1952	107.90	1965	104.85	1978	106.16
1953	107.55	1966	105.05	1979	106.00
1954	107.64	1967	105.00	1980	105.98
1955	107.25	1968	105.01	1981	106.11
1956	107.41	1969	104.84	1982	106.19
1957	107.33	1970	105.90	1983	106.61
1958	107.53	1971	105.82	1984	106.61
1959	107.96	1972	105.78	1985	107.04
1960	107.39	1973	105.86	1986	107.04
1961	105.94	1974	105.88	1987	106.19

　　从表 1—1 可以看出，中国的人口性别比，1950—1960 年，大致在 107—108 之间变动。1961—1974 年，大致在 105—106 之间。1975—1987 年，大致在 106—107 之间变动。这是符合我国实际情况的。一般来说，一国之内，除特殊情况，人口性别比的变化是非常缓的。

　　根据户籍统计部门的数据，90 年代部分年份中国男女人口数和所占比例如下：

表 1—2　　　　**90 年代中国男女人口数和所占比例**

项目	1990 年	1995 年	1998 年	1999 年
男性人口（万） 占总人口比例	58904 51.5	61808 51.03	63629 50.98	64189 50.98
女性人口（万） 占总人口比例	55429 48.5	59313 48.97	61181 49.02	61720 49.02

　　根据国家统计局 2001 年 3 月公布的结果，第五次全国人口普查时

（标准时间为 2000 年 11 月 1 日 0 时），全国大陆 31 个省市自治区共有男性 65355 万人，占全部人口的 51.63%，女性 61228 万人，占全部人口的 48.37%，性别比为 106.74。从世界平均情况来看，我国人口的性别比是偏高的。1960 年，世界人口性别比为 100.00，我国当年为 107.39，1980 年世界人口性别比为 100.5，我国为 105.98。我国人口性别比偏高，与出生婴儿性别比关系巨大，一般来说，出生婴儿的性别比是全部人口性别比的基础。我国出生婴儿的性别比一直偏高。北京妇产医院几个年份的情况如下：

表 1—3　　　　北京妇产医院出生婴儿性别统计表

年份	出生总数	男婴数	女婴数	性别比
1972	5544	2883	2661	108
1974	4063	2087	1976	106
1975	3913	2039	1874	108
1977	3670	1883	1787	104
1978	4250	2177	2073	104
1979	4599	2494	2105	117

资料来源：马洪、孙尚清：《中国人口结构研究》，中国社会科学出版社 1986 年版，第 48 页。

山东三个县的调查也发现，出生婴儿的性别比是偏高的，详细情况见下表：

表 1—4　　　　　　山东三县新生婴儿性别统计

县份	时间	出生男婴	出生女婴	性别比
滕县	1981—1985	5302	5004	105.96
费县	1982—1984	1498	1425	105.12
济宁	1984	231	220	105.00

资料来源：刘书臻 1985 年 10 月向全国第三次人口普查研讨会提交的论文《试析出生性别比问题》。

各年龄段人口的性别比是有变化的。一般来讲,年龄越低的人口,性别比越高,年龄越高的人口,性别比越低。表1—5 是我国前三次人口普查获得的各年龄组人口性别比情况:

表1—5   部分年份各年龄组人口性别比

年龄组	1953 年	1964 年	1982 年
0—4	106.80	105.71	107.14
5—9	112.72	109.78	106.18
10—14	117.71	108.85	106.04
15—19	109.81	108.73	103.64
20—24	104.92	108.81	103.83
25—29	105.37	113.57	106.53
30—34	105.97	112.43	108.29
35—39	107.27	110.28	111.34
40—44	108.25	107.16	114.23
45—49	104.21	103.75	112.28
50—54	104.31	100.60	111.63
55—59	102.23	90.95	106.67
60—64	94.26	85.12	100.41
65—69	84.72	78.29	91.74
70—74	73.39	68.61	81.32
75—79	61.53	57.89	68.29
80—84	49.52	42.26	57.39
85—	39.21	38.98	44.61

从上表中可以看出,在60 岁以前,男性人口多于女性,人口性别比偏高。60 岁以后,人口性别比迅速下降。80 岁以上的人口中,男性大约只有女性的一半左右。一般来讲,女性平均寿命长于男性。中国人口性别比的这个特点与全世界一致。从世界范围来看,如果一个国家的经济欠发达,人民生活困难,卫生保障跟不上,这个国家人口的平均寿命就短。这类国家,它的人口性别比也较高。反之,国家富裕,保障得力,人的平均寿命就长,这样的国家,其人口的性别比也下降,因为老

年人口中,女性人口多于男性。

性别比各地差异很大。建国以后,国家开展了大规模的经济建设。在这个过程中,有些地方因富有某种资源,被迅速开发。在这些地方,人口迅速增加,许多还被划为市。1983 年,全国靠煤矿生存的城市就有 24 个。其中超过 50 万人的 7 个,20 万—50 万人的 13 个,10 万—20 万人的 4 个。这类靠某种资源发展起来的地方,在一个相当长的时期内,人口性别比是严重失衡的。1979 年,男性人口的比例,大同市为 62%,阳泉市为 68%,株洲市为 58%,马鞍山市为 60%。人口性别比失衡,带来了一些社会问题。第一,职工两地分居问题突出,对生产影响大。城市青年不愿当矿工,许多矿工来自农村。这些人当了矿工之后又往往只能在农村找配偶,造成两地分居。1978 年,马鞍山市的职工有 16% 两地分居,淮北煤矿职工 80% 两地分居,晋城煤矿职工 85% 两地分居。两地分居,使职工每年花费大量时间和金钱用于回家探亲,造成浪费。两地分居,还使城市中充斥大量的无户口的职工家属,吃饭、住房、子女入学都构成问题。

城市规模不同,人口的性别比往往也不同。一般来看,大城市的人口性别比比较合理,小城市的人口性别比往往偏高。下面是 1982 年全国人口普查中得到的数据:

表 1—6 城市规模与性别比(1982 年)

城市规模	城市数目	性别比
400 万人以上	4	103.17
200 万—400 万	9	106.09
100 万—200 万	25	107.47
50 万—100 万	47	108.78
10 万—50 万	137	110.12
10 万以下	22	113.48

小城市,职能相对单一,农村人口涌入多。新进入的人口,往往男性居多。大城市,发展的历史长,自身增殖的人口多,因而人口性别比

相对合理。

历史虽然进入到 20 世纪下半叶,但在中国相当广大的地区,重男轻女的观念依然存在,尤其是在农村。80 年代,由于科技进步,通过仪器,在妇女怀孕不久就可以检测出其胎儿性别。因为实行严格的计划生育政策,不允许多生、超生,有的人发现胎儿是女婴时就去做人工流产,以便下次能怀个男胎。这是人为打乱性别比的做法。虽然这类情况并不多,但必须得引起足够的注意。人为打乱性别比,会造成一系列不良后果。

(二)人口的年龄结构。

在人口学上,把 0—14 岁的人口称少年人口,15—64 岁的人口称劳动适龄人口,65 岁以上的人口称老年人口。根据一个国家各年龄段人口的比例和年龄中位数,把各国人口分成三种类型:年轻人口型、成年人口型、老年人口型。年龄中位数是这样规定的:将全部人口按大小排列,位于中间的那个人的年龄就是年龄中位数,又称中位年龄。关于这三类人口型,联合国是这样规定的:少年人口在 40% 以上,老年人口在 5% 以下,年龄中位数 20 岁以下的,称年轻人口型;少年人口占 30%—40%,老年人口在 5%—10%,年龄中位数在 20—30 岁的,称成年人口型;少年人口在 30% 以下,老年人口在 10% 以上,年龄中位数 30 岁以上的,称老年人口型。世界上,年轻人口型国家主要在亚洲和非洲,尤其是非洲,那里的许多国家少年人口占 45% 以上。欧美的大部分国家属于老年人口型,那里的老年人口超过 12%。人口的年龄结构,无论是向年轻化的趋势发展,还是向老年化的趋势发展,都会带来种种社会问题。在年轻人口型国家,面临的问题主要是未成年人口的抚养、教育、住房、就业。特别是在一个生产力水平低、科学技术落后、人口迅速增长致使少年人口比例不断增大的国家,上述问题就会更加突出,从而严重影响国家的积累和人民生活的改善,延缓国民经济的发展。在老年人口型的国家,面临的问题主要是老年人口增长过快,抚养人数激增,以致对老年人的照顾、抚养、医疗都超过了社会所能承受的程度。在一些国家,如德国、法国、瑞典等,因人口老龄化,劳动力不足,不得不靠输入劳动力来维持社会再生产的进行。

1953 年和 1964 年人口普查时我国人口年龄结构属于典型的年轻人口型。1953 年我国 0—14 岁的少年人口比重较大,为 36.3%,65 岁以上的老年人口比重较小,为 4.4%,年龄中位数为 22.7 岁。这种年龄结构表明我国人口的增长速度较快。1964 年人口普查时,0—14 岁的少年人口比重又有上升,为 40.7%,比 1953 年提高了 4.4 个百分点。65 岁以上老年人口比重继续下降,为 3.6%,年龄中位数为 20.2 岁。这表明我国的人口进一步年轻化了。1982 年人口普查时,人口年龄结构发生了很大变化。少年人口比重为 33.6%,比原来下降了 7.1 个百分点。老年人口比重为 4.9%,比原来上升了 1.3 个百分点,年龄中位数为 22.9 岁,比原来提升了 2.7 岁。这表明,我国的人口年龄结构已开始由年轻型向成年型转变。这是 70 年代以来大力推行计划生育的结果。1987 年,我国搞了一次 1% 人口抽样调查。结果显示,少年人口占 28.8%,比 1982 年下降 4.8 个百分点,老年人口比重为 5.5%,比 1982 年提高 0.6 个百分点,年龄中位数为 24.2 岁,比 1982 年提高 1.3 岁。1990 年人口普查显示,少年人口占 27.69%,老年人口比重已达到 5.57%。2001 年 3 月公布的第五次人口普查的数据显示,全国少年人口为 28979 万人,占总人口的 22.89%,比 1990 年下降 4.8 个百分点。老年人口为 8811 万人,占总人口的 6.96%,比 1990 年上升了 1.39 个百分点。这说明我国人口正处于成年人口型,但向老年人口型过渡的速度很快。

我国人口的年龄结构,各地存在着很大的差异。一般来说,经济发展较快的东南沿海地区,老年人口比重大,少年人口比重小,年龄中位数高。西北地区,老年人口比重小,少年人口比重大,年龄中位数低。1982 年人口普查时,当时的三个直辖市北京、上海、天津的人口年龄结构最老,其中上海最为突出,65 岁以上的老年人口高达 7.43%,0—14 岁的少年人口只占 18.16%,年龄中位数为 29.43 岁。其次是沿海各省。江苏是年龄结构最老的一个省,老年人口占 5.55%,少年人口占 28.93%，年龄中位数为 25.53 岁。西北各省的年龄结构最轻，宁夏回族自治区最为突出，它的少年人口占 41.26%，老年人口的比重占 3.2%，年龄中位数为 18.39 岁。1987 年的人口抽样调查显示，年龄结构最轻的依次是宁夏、青海、新疆，它们的老年人口比重只有上海的一半，而少年人口的比重是上海的两倍。目前，上海、北京、天津、江苏、浙江、山东、广东、辽宁、四川等省市，有的已进入老年型人口，有的已接近老年型人口。据估算，大约在 2020 年前后，全国所有省份都会进入老年人口型。

（三）人口的家庭结构变化。

先看家庭的规模变化。新中国成立后，随着生产方式的变革和人口的激增，家庭数目和家庭规模都发生了很大的变化。但因为各时期的情况不同，变化有一定的起伏。建国初到 50 年代中期，总户数大约增加了 1000 万户，年均增长速度为 1.85%，同时户的规模增加了 0.15人。户的数目增加，规模扩大的主要原因是，建国初期出现了生育高峰，出生率超过 30‰，死亡率不断下降，人口自然增长率居高不下。50年代末到 60 年代初，总户数从 1959 年的 14848 万户增加到 1962 年的15533 万户，净增 685 万户，年均增长速度为 1.51%，每户规模由 4.60人降到 4.33 人，平均下降 0.27 人。户数增加，规模变小的原因是，经济建设中出现重大失误，人们生活艰难，为了克服困难，家庭分化另立的趋势加剧，这样户数增多，户的规模缩小。60 年代中期至 70 年代初，户数大量增加，规模有所扩大。1972 年比 1963 年增加了 2585 万户，户的规模平均扩大了 0.34 人。出现这种情况的原因是，经济困难时期过后，又一次出现了人口增长的高峰，人口生育失去了控制，人口总数迅速增多。70 年代中期以后，总户数仍在增加，但户的规模一直在下降。1973 年全国共有 18555 万户，1986 年为 24927 万户，2000 年为 34837 万户。1973 年户的规模为 4.78 人，1986 年为 4.24 人，1990年为 3.96 人，2000 年为 3.44 人。出现这种发展趋势的原因在于，我国人口基数大，人口总量一直在增加，但因为实行严格的计划生育，每对夫妇生育的孩子少，还有一些人主动不生育子女，因而户的规模一直在缩小。我国家庭规模城乡有差别,地区之间也有差别。一般来说,农村家庭规模大于城市,经济落后地区大于经济发达地区。

20 世纪下半叶,家庭的权力结构发生了重大的变化。中华人民共和国建立前,男性家长往往具有很大的权力,并且形成典型的"男主外女主内"格局。1949 年以后,随着反封建运动的开展和大力提倡男女平等,妇女在家庭中的地位有了很大提高。尤其是广大妇女走出家门,参加社会工作,有了经济地位之后,夫权制基本已被清除。另一个巨大变化是子女地位上升许多。传统家庭中,子女没有地位,70 年代实行计划生育之后,子女在家庭中越来越稀少,其在家中的地位得到了很大提高,甚至发生了宠爱独生子女的问题。据一些调查,90 年代末,在大多数家庭中,其支出的 30% 是为子女。在三口之家,家庭决策也往往征求子女的意见。子女地位,在中国几千年的历史上都是最高的。

家庭的各种功能也出现了变化。1956 年三大改造之前,家庭的生产功能是很强的。三大改造完成后,家庭基本上失去了生产作用,变成了一个消费单位。70 年代末,农村实行联产承包制,家庭又成了重要的生产单位。家庭的教育功能大大地降低了。子女的知识,主要通过学校获得。家庭教育,主要是思想品质教育。家庭的养老保障功能也降低了许多。20 世纪上半叶,家庭几乎担当了全部的养老任务。80 年代以后,许多人把养老交给了社会,养老保障系统在全社会正在逐步建立起来。

(四)人口的阶层结构。

人口的阶层结构是社会学研究的重要问题之一。20 世纪下半叶,中国人口的阶层结构前后有很大变化。从中华人民共和国建立到 70 年代末,社会阶层情况简单。一般认为,当时的人口由严格的二元组成,这二元就是城市人口和农村人口。由于实行严格的户籍管理制度,城镇人口和农村人口之间换位的情况很少见。当时有大量的知识分子,但他们中的许多人是受改造对象,社会地位较低,并且被分别划入城镇人口和农村人口。城镇人口到了就业年龄,找到工作以后就成了职工,农村人口基本上继续在农村务农。工人的政治地位高于农民,工人阶级是领导阶级。由于历史原因,同时也由于工农业发展水平不一致,一般来说,城镇居民的生活好于农村居民。从中华人民共和国建立到70年代末,这种情况没有大的改变。下面是一些年份的工人、农民收入的情况:

表1—7　　　　　　　一些年份工人农民收入对比

项目	1964 年	1978 年	1983 年
每人年平均收入 职工 农民	243 元 102 元	341 元 134 元	578 元 310 元
工农收入比(以农为1)	2.38	2.54	1.85

资料来源:《中国统计年鉴1984》,中国统计出版社1984年版。

　　70年代末开始,中国实行改革开放政策,社会管理方式发生了重大变化。与之相适应,人口的阶层结构也发生了重大变化。关于20世纪最后20年中国人口阶层结构,许多书中有论述。笔者这里采用的基本上是中国社会科学院1999年初成立的"当代中国社会结构变迁研究"课题组的研究成果。这个课题组认为,判断一个人属于哪个阶层,要以他(她)占有的组织资源、经济资源、文化资源为根据。组织资源包括行政组织资源和政治组织资源,主要指依据国家政权组织和党组织系统而拥有的支配社会资源的能力。经济资源主要指对生产资料的占有权、使用权、经营权。文化资源指社会认可的知识和技能。根据一个人对组织资源、经济资源、文化资源的占有情况,20世纪的最后20年,中国人口可以分为10个阶层。它们分别是:国家社会管理者阶层、经理人员阶层、私营企业主阶层、专业技术人员阶层、办事人员阶层、个体工商户阶层、商业服务人员阶层、产业工人阶层、农业劳动者阶层、城乡无业失业半失业者阶层。这10个阶层的各自情况如下。国家社会管理者阶层,是指在中国共产党的各级机关、各级政府机关、各种社会团体中行使实际管理职权的领导干部。具体包括:中共中央各机关、国务院各部委、各直辖市党政机关中行使实际职权的处级以上(包括处级)干部,各省、自治区党政机关中行使实际职权的乡科级以上(包括乡科级)干部。目前,中国的政治经济体制改革正在使社会人员的等级迅速分化。国家管理者阶层在全社会中处于最高或次高的地位。他们是整个社会的主导阶层,是当前经济发展和市场化改革的主要推动者和组织者。这个阶层的态度、利益、行动取向对未来的社会结构有着决定性的影响。在改革的前10年,这个阶层是改革的推动者,但他们的政治和经济地位不一致,经济地位落后于政治地位。进入90年代以后,他们仍是改革的积极参与者和推动者,同时也成了经济增长的最大受益者之一。这个阶层的意志,基本上就是执政党和政府的意志。这个阶层占总人口的2.1%。经理人员阶层,指大中型企业中非业主身份的高中层管理人员。这个阶层与国家社会管理者阶层的界线并不十分清晰,有时他们之间的身份可以互换。经理人员阶层的人有三个来源,即原来国营企业和集体企业的干部,规模较大的私营企业的高层管理人员,"三资"企业的中高层管理人员。这个阶层支配着大量的经济资源,在社会经济生活中有巨大的影响力。在许多大中型企业处于国有和产权不清的状态下,实际上是经理人员在支配这些企业的生产资料和经济资源。这个阶层占总人口的1.5%,但各地分布极不平衡。在深圳特区,其比例达到9%,在西部的不发达地区,达不到1%。私营企业主阶层,指拥有一定数量的私人资本,用它投资以获取利润的人。按国家规定,雇用8人以上才能成为私营企业主。私营企业主是改革开放的产物,是在社会主义市场经济发育的过程中成长起来的,不仅是先进生产力的代表者之一,也是社会主义市场经济的主要实践者。由于传统意识形态的阻碍,这个阶层的政治地位一直无法与其经济地位匹配,他们对社会政治生活的参与受到很大限制。他们各自的经济实力不同,文化水平不同,道德素质不同,因而,社会地位和威望也存在着巨大的差距。在一个相当长的时期内,社会上对他们的评价有很大的争议。这个阶层占总人口的0.6%。但各地区之间有很大差别。专业技术人员阶层,是现代工业社会中中等阶层的主干群体,是先进生产力的代表之一,也是先进文化的代表之一,还是主导价值体系和意识形态的创造者和传播者。这个阶层占全部人口的5.1%,但各地差别巨大。在大中城市,其比例可达到10%—20%,在落后地区,其比例只有1.5%。办事人员阶层,他们也是社会中间层的成分之一,是国家社会管理者阶层、经理人员阶层的后备军,也是工人农民提高自己地位的重要环节之一。这个阶层占总人口的10%—15%。个体工商户阶层,是社会主义市场经济的重要组成部分,也是下岗工人、农村剩余劳动力谋生的重要职业。在20世纪末,这个阶层占总人口的4.2%,这个比例是根据国家工商局的登记数计算出来的。商业服务业员工阶层,社会地位和产业工人阶层相近,但他们付出的体力没有产业工人多。目前,这个阶层大约占全部人口的12%。在我国大力发展服务行业的今天,这部分人的数量还会有很大的发展。产业工人阶层,多从事体力劳动。由于经济体制改革和自身的文化素质不适应新形势要求,许多人面临压力。这个阶层大约占总人口的22.6%。农业劳动者阶层,工作繁重,但收入很低,生活改善的速度比较慢。1999年,这个阶层大约占总人口的44%。无业、失业、半失业阶层,处于社会最低层,生活、医疗、子女上学都存在一定困难,并且自身的身体条件、文化水平往往又不能适应社会要求,属社会弱势群体。这个阶层大约占总人口的3.1%。目前,中国社会处在快速变动中。在这种情况下,各阶层人口的比例变化也很快。比如,务农劳动者的人口会快速减少,中间阶层的人会迅速膨胀。但这样一个分层结构,短期内不会有大的改变。

(五)人口城乡结构的变化。

什么是城镇人口,在不同的国家有不同的标准。在同一个国家,前后也有不同的标准。我国就分别在1955、1963、1984年提出过三个标准。当前,我国的城镇包括:国家按行政建制设立的直辖市、市、镇以及未设建制的城镇型居民点(县城、工矿区、农垦场场部等),这些地方的人口才是城镇人口。1949—1987年我国城镇人口占总人口的比重如下表:

表1—8　　1949—1987年我国城镇人口占总人口的比重表

年份	总人口（万人）	城镇人口（万人）	城镇人口占总人口百分比
1949	54167	5765	10.64
1950	55196	6169	11.18
1951	56300	6632	11.78
1952	57482	7163	12.46
1953	58796	7826	13.31
1954	60266	8249	13.69
1955	61465	8285	13.48
1956	62828	9185	14.62
1957	64633	9949	15.39
1958	65994	10721	16.25
1959	67209	12371	18.41
1960	66207	13073	19.75
1961	65859	12707	19.29
1962	67295	11659	17.33
1963	69172	11646	16.84
1964	70499	9885	14.02
1965	72538	10170	14.02
1966	74542	9965	13.37
1967	76368	10273	13.45
1968	78534	10136	12.91
1969	80671	10065	12.48
1970	82992	10075	12.14
1971	85229	10245	12.02
1972	87177	10624	12.19
1973	89211	10702	12.22
1974	90859	11008	12.12
1975	92420	11171	12.09
1976	93717	11342	12.10
1977	94974	11495	12.10
1978	96259	11994	12.46
1979	97542	12862	13.19
1980	98705	13413	13.59
1981	100072	13870	13.86
1982	101541	14291	14.07
1983	102495	14961	14.60
1984	103475	16301	15.75
1985	104532	17547	16.79
1986	105721	18211	17.23
1987	107240	19129	17.84

资料来源:《中国人口》,中国财政经济出版社1991年版,第277页。

1990年7月,中国进行第四次人口普查时,全国人口为11.33亿人,城镇人口为2.97亿人,约占全部人口的26.21%。根据全国人口抽样调查,1995年全国共有人口12.11亿人,其中城镇人口3.52亿人,占29.06%。1998年,全国共有人口12.48亿人,其中城镇人口3.79亿人,占全部人口的30.36%。2001年3月公布的第五次人口普查的数据显示,2000年11月全国共有人口129533万人,其中大陆31个省、区、市人口中城镇人口为45594万人,占全部人口的36.09%。居住在农村的人口为80739万人,占总人口的63.91%。

总起来看,20世纪下半叶,中国人口的城市化经历了四个阶段。1949—1960年,为上升阶段。1961—1971年,为下降阶段,1972—1977年,为停滞阶段。1978年以后的20余年,为快速发展阶段。

第二节　人口的分布及流动

一、人口的分布

人口分布可以从多个角度去叙述,这里采取两种方式,即自然分布和行政区域分布。自然分布又分为水平分布和垂直分布两类。先看我国人口的水平分布。1935年,我国著名人口地理学家胡焕庸教授在我国地图上,从黑龙江省的瑷珲县到云南省的腾冲县画了一条线,把全国分为东南和西北两部分。东南部面积为400万平方公里,占全国总面积的36%,人口44000万人,占总人口的96%。西北部面积700万平方公里,占全国总面积的64%,人口1800万人,占全国人口的4%。经过半个世纪,这样一个人口地理分布形势并没有发生根本的变化。1982年人口普查时,东南部(包括台湾)面积为411万平方公里,占全国总面积的42.9%(80年代的疆域和30年代相比有变化),人口95906万人,占全国人口的94.4%,西北部面积为549平方公里,占全国总面积的57.1%,人口5588万人,占全国人口的5.6%。在半个世纪的时间内,人口的自然分布情况有一点变化,但这种变化微乎其微,基本的格局和 30 年代是一样的。在水平分布上,从总体上说,我国人口布局有这样一个特点:沿海人口密集,离海岸线愈远人口越稀。距海岸线 500 公里以内的地区,其面积占全国总面积的 23%,但全国三分之二的人口生活在这个地区内。沿海 200 公里以内地区的平均人口密度是 1000 公里以外地区平均密度的 19 倍。

在习惯上,我国把东部沿海的 11 省市称为东部地区,云南、贵州、四川、重庆、西藏、陕西、宁夏、甘肃、青海、新疆这 10 个省市自治区称为西部地区,介于东部和西部之间的地区为中部地区。东部占全国总面积的 13.48%,中部占 28.93%,西部占 57.59%。但根据 1990 年的全国人口普查数据,东部人口占全国人口的 41.28%,中部占 33.65%,西部占 23.07%。东部面积最小,人口最多,西部面积最大,人口最少。东部人口密度为每平方公里 350 人,中部为 140 人,西部不足 50 人。从耕地面积来说,东部占全国耕地的 32.73%,中部占 43.43%,西部占 23.34%。但东部农业产值最高,中部其次,西部最低。

人口的垂直分布是看人口在不同的海拔高度上的分布。假定海拔 500 米以下地区是我国国土的底部,500—2000 米地区为中部,2000 米以上地区为上部。底部地区占全国国土面积的 25%,人口占全国人口的 80%;中部地区占全国国土面积的 42%,人口占全国人口的 18%;上部地区占全国国土的 33%,人口只占全国人口的 2%。因此,人口的垂直分布极为不均衡,人口绝大部分聚集在国土的底部。

我国地势总体上是西部高东部低。从低到高可以分三个大的台阶。东部以丘陵和平原为主,海拔一般在 500 米以下,少数山地比较高些。占据中部的第二台阶一般海拔在 1000—2000 米,少数地区在 2000 米以上,在西南部的青藏高原为第三台阶,海拔在 3000 米以上,其中有半数超过 5000 米。按地理分界来看,大兴安岭、燕山、太行山、秦岭、武陵山、苗岭、乌蒙山一线以东为第一台阶,这条线以西到青藏高原的外缘为第二台阶,青藏高原为第三台阶。在第一台阶上,有大块的平原,工农业发达,交通方便,人口稠密。第二台阶面积广大。北部有内蒙高原,它的东部为半干旱地区,可以经营农牧业,西北部为干旱区,沙漠面积广大。在新疆维吾尔自治区境内,三条东西走势的大山——阿尔泰山、天山、昆仑山之间是准噶尔盆地和塔里木盆地。盆地海拔在1000米左右,山地海拔一般超过2000米。适应人生活的地方一般是盆地边缘的山脚下,那里有雪水灌溉的绿洲。第二台阶的东南部是横跨晋、陕、甘、宁四省的黄土高原。一般海拔在1000米以上。水土流失严重,土壤贫瘠,降水不足,农牧业水平较低。第二台阶的最南部是云、贵、川地区。这里的成都平原,工农业都很发达,被称为"天府"。贵州境内山势起伏,海拔在1000—1500米之间。云南境内,一般海拔在2000米左右。没有大块的平地。第二台阶上的广大地区,人口分布十分不均衡。有些地区,如成都平原,人口稠密,但大部分地区,不适宜生活,人口稀疏。第三台阶的青藏高原,平均海拔高,被称作"世界屋脊",严重缺氧,自然环境恶劣。以西藏自治区为例,海拔5000米以上的地方占全区总面积的45.5%。根据2000年人口普查的数据,西藏的人口密度为每平方公里2人,青海为7人。

　　20世纪下半叶,中国的行政区划有一些变化,但变化不大。下面把1953、1964、1979、1988、1999年五年的各省市自治区人口数量列成下表,以利于比较50年内中国人口行政区域分布变化的情况。

表1—9　　**建国后五个年份各省市自治区人口数据**　　单位:万人

省份 ＼ 年份	1953	1964	1979	1988	1999
河南	4421	5032	7189	8094	9387
河北	3789	3942	5107	5795	6614
北京	277	760	871	1081	1257
天津	269	625	740	843	959
山东	4888	5550	7232	8086	8883
山西	1431	1802	2447	2755	3204

省份 ＼ 年份	1953	1964	1979	1988	1999
陕西	1588	2077	2807	3135	3618
甘肃	1293	1263	1894	2136	2543
宁夏		211	364	445	543
青海	168	215	372	434	510
江苏	4125	4452	5892	6438	7213
上海	620	1082	1132	1262	1474
安徽	3034	3124	4803	5377	6237
浙江	2287	2832	3792	4170	4475
江西	1677	2107	3229	3609	4231
湖北	2779	3371	4633	5185	5938
湖南	3323	3718	5223	5890	6532
四川	6569	6801	9774	10576	8550
重庆	—	—	—	—	3075
贵州	1504	1741	2731	3127	3710
云南	1747	2045	3138	3594	4192
广西	1956	2320	3470	4088	4713
广东	3477	4045	5681	5928	7270
海南	—	—	—	628	762
福建	1314	1676	2488	2845	3316
台湾	828	1207	1747	1989	2174
辽宁	2057	2695	3443	3820	4171
吉林	1129	1567	2184	2373	2658
黑龙江	1190	2012	3169	3466	3792
内蒙	734	1233	1852	2094	2362
新疆	487	727	1256	1426	1774
西藏	127	125	183	212	256

资料来源:(1)1953、1964、1979 年的数据来自赵文林、谢淑君合著:《中国人口史》,第 262 页。(2)1988 年的数据来自刘长茂主编:《人口结构学》,第 323 页。(3)1999 年的数据来自户籍登记。

二、人口的流动

20 世纪下半叶,中国的人口流动仍在继续。这种流动分国际流动和国内流动两种。先来看国际流动。20 世纪下半叶,人口的国际流动基本上是中国人口向外迁移,国外人口迁回国内的比较少见。到底有多少华裔生活在国外,尤其是每年出去的人数,不得而知。下面把 70 年代末 80 年代初生活在世界各地的华裔人口数列成一个表,供研究者参考。当然,华裔人口在世界各地的分布格局不是在 20 世纪下半叶形成的,它是经过了几百年的演变才成了这样一个格局。

表 1—10　　　　　　世界各地华侨、华人数字

国家	人数	统计时间
新加坡	1922660	1984
马来西亚	4531000	1980
文莱	45000	1978
印度尼西亚	6000000	1983
缅甸	700000	1978
越南	700000	1983
柬埔寨	50000	1983
老挝	10000	1983
东帝汶	8300	1979
尼泊尔	9100	1980
孟加拉	169	1979
阿富汗	103	1979
斯里兰卡	400	1982
印度	135000	1980
朝鲜	10000	1983
韩国	30000	1983
日本	79122	1982
蒙古	4000	1983

国家	人数	统计时间
菲律宾	1000000	1983
沙特阿拉伯	30000	1983
巴基斯坦	600	1979
海地	200	1979
玻利维亚	40	1979
巴巴多斯	21	1979
巴拉圭	20	1979
美国	1000000	1980
加拿大	450000	1984
特立尼达和多巴哥	10000	1983
巴西	100000	1983
秘鲁	48000	1979
巴拿马	20500	1979
苏里南	13000	1979
委内瑞拉	12000	1979
牙买加	5000	1979
古巴	4910	1979
墨西哥	3000	1979
哥斯达黎加	300	1979
尼加拉瓜	2500	1979
智利	950	1979
阿根廷	7000	1979
哥伦比亚	2000	1979
多米尼加	1000	1979
危地马拉	700	1979
圭亚那	600	1979
萨尔瓦多	540	1979
摩腊索	400	1979
阿鲁巴	300	1979
澳大利亚	120000	1983
新西兰	16000	1983

国家	人数	统计时间
大溪地	15000	1983
所罗门	5000	1979
斐济	7000	1983
那卢岛	1400	1979
西萨摩亚	10000	1983
马费斯岛	35	1979
马耳他	15	1978
毛里求斯	30000	1983
马达加斯加	10000	1983
留尼旺	20000	1983
南非	10000	1983
塞舌尔	1000	1983
安哥拉	700	1983
加纳	400	1983
尼日利亚	1330	1983
圣丹尼斯	3000	1979
莫桑比克	400	1979
津巴布韦	300	1979
圣多美和普林西比	100	1979
坦桑尼亚	77	1979
埃及	77	1979
肯尼亚	53	1979
苏丹	45	1979
利比里亚	32	1979
博茨瓦纳	32	1979
赞比亚	31	1979
扎伊尔	25	1979
加蓬	23	1979
土耳其	10000	1981
英国	150000	1984
法国	110000	1982

国家	人数	统计时间
荷兰	50000	1983
联邦德国	30000	不详
苏联	8787	1978
比利时	10000	1981
丹麦	3500	1982
西班牙	3000	1982
意大利	3000	1983
瑞典	8000	1981
瑞士	284	1978
挪威	600	1983
葡萄牙	120	1978
波兰	77	1978
民主德国	165	1983
卢森堡	45	1978
罗马尼亚	33	1978
保加利亚	25	1978
匈牙利	24	1978
捷克	16	1978
希腊	13	1978
芬兰	9	1978
奥地利	1900	1983
爱尔兰	1000	不详
刚果	20	1979
喀麦隆	20	1979
乌拉圭	250	1979
洪都拉斯	300	1979
圭亚那	1238	1979
共107个国家和地区	22119066	

资料来源:石方:《中国人口迁移史稿》,黑龙江人民出版社1990年版,第257—260页。

随着改革开放的推进,80年代以后移居海外的人口明显增多。但到20世纪末到底有多少华人在海外定居,不得而知。但有一点可以肯定,在海外定居的华人会比80年代初增加了许多。

20世纪后半叶,中国人口国内流动的规模是很大的。无论是沿海地区,还是内地,无论是繁华的大都市,还是穷乡僻壤,也无论是中原腹地,还是边陲地区,人口流动都广泛地存在着。人口流动的范围广,样式多,为了有利于表述,这里把人口流动分为两大类,即国家组织的人口迁移和自发的人口迁移。

(一)国家组织的人口迁移

国家组织人口迁移,原因很多。(1)因工业布局而迁移人口。1953年起,我国开始执行第一个五年计划。当时经济建设的规模很大,苏联帮助建设的项目有156个,我国自己设计上马的项目有694个。为了打破旧中国留下的不合理的工业布局,许多项目被安排在基础十分薄弱的地方。为此,需要从工业基础较好的地区向这些地区迁移技术工人和管理干部。为充实劳动人手,还从农村招收了大批劳力。上海是旧中国工业基础最好的城市。1950—1956年,上海向全国各地输送了63000名工人,5400名技术人员和管理干部。连同他们的家属,迁出人口超过21万人。按第一个五年计划,全国计划增加职工84万人,但执行结果却达到230万人,超出原计划146万人。第一个五年计划完成时,我国的经济面貌有了很大改观。在胜利面前,最高层领导头脑开始发热,不理智情绪一浪高过一浪。1958年,中央提出,要在7年时间内,使工业实力超过英国,15年内超过美国。一时间,"超英赶美"成了人人高喊的口头禅。为了达到目的,工业指标步步攀升。为了完成指标,不得不全民办厂。几乎到了村村办厂的程度。为了完成任务,到处招工。大量的农民进城当了工人。一时间,城市人口猛涨。1957年,吃商品粮的人口占总人口的15%,1960年,达到了20%。为了保证粮食供应,拼命征购粮食。被征购的粮食,1957年为24.6%,1958年为29.4%,1959年为39.7%。结果,农村人口吃不饱,城镇人口也吃不饱。1960 年,按每个城镇人口 500 斤粮食计算,缺额达 124 亿斤,而这时农村早已无粮可征。无奈之下,只好用强制的办法,让一部分人从城里迁回农村,从 1960 年到 1963 年,城镇人口共减少了 2600 万人,其中职工有 1940 万人。(2)因国防工业建设迁移人口。50 年代末,中苏两党关系恶化,60 年代初,两国关系也开始全面恶化。中国同时与美苏两个大国为敌,战略处境不利。为了防备万一,中央决定搞"三线"建设,把一部分工业设施迁往内地省份,一些准备开工的项目,也安置在了内地。据 1965 年 4 月的《关于加强战备工作的通知》,当时全国工业建设的相当一部分项目,要放在贵州、云南、四川、陕西、甘肃、宁夏、青海、河南、湖北、湖南、山西 11 个省。在这样的指导思想下,大量的工人、技术人员、干部,连同他们的家属,开赴了内地。据估计,因"三线"建设而向内地迁移的人口至少也有几百万人。(3)因发展农业,开发荒地而迁移人口。国家曾组织过三次向青海省移民。在这项工作中,由国家负责移民的搬迁费、安置费、垦荒费。向黑龙江省移民的规模更大。据不完全统计,被迁往黑龙江的移民中,光是部队转业官兵就超过 10 万人。另外,国家还安排了一批成建制的部队官兵在新疆实行军垦。后来,这些官兵集体转业,成了当地居民。(4)因知识青年上山下乡运动造成的移民。由于建国初人口增长率一直居高不下,因而每年有大量儿童出生。到 60 年代中期,这些人到了工作年龄。当时,全国到处都在搞政治运动,国民经济遭受严重挫折,根本没有工作岗位提供给这些年轻人。无奈之下,发起了声势浩大的知识青年上山下乡运动,要求广大青年到农村去,以便减轻城市的人口压力。离开城市的青年,一小部分到了农垦兵团,成了农场工人,其余的人分散在农村,和农民一起劳动。在上山下乡运动中被迫离开城市的青年有 1700 万人。当时中国的农村,本没有多少富裕土地。城市青年到农村,加剧了人多地少的矛盾。又因为他们不熟悉农村,管理他们也是个很麻烦的事。让知识青年到农村去,是没有办法的办法,是中国人口政策失误带来的苦果。上千万的知识青年到农村,对他们是巨大的伤害,对国家也是个长期不好处理的问题。(5)政治运动造成的人口迁移。建国后的 20 多年,中国搞了多次的政治运动。每次政治运动中都会有一批人受整治,他们中的许多人被下放到农村。1957 年搞反右派斗争,各单位按人头分摊指标,短期内就给 40 万人挂上了右派的标签。1959 年进行"反右倾"斗争,又有许多人被划为右倾分子。"右派分子"和"右倾分子",连同他们的家属,共有几十万人被赶到农村劳动改造。在"文化大革命"中,大批干部和知识分子成了斗争对象。为了对他们进行所谓的改造,在农村办了许多"五·七"干校,仅中央和国务院各部委所属的就有 106 所。被赶去改造的干部、知识分子超过 10 万人。这种性质的人口迁移,没有任何积极意义可言。(6)因环境恶化造成的移民。我国有许多地方,土地贫瘠,干旱少雨,水土流失严重。在现有的科技条件下,改善环境几乎不可能。为了让这些地方的老百姓能过上比较好的生活,政府曾组织这些地方的人离开本地,到新的环境中去生活。50 年代,政府曾组织黄河下游一些地区的人口迁往东北。1987 年,宁夏组织 11 万干旱地区的群众迁到了河套地区。90 年代,甘肃 60 万人离开了原来生活的地方迁到了黄河沿岸和河西走廊。随着环境的不断改变,这样的移民将来还会增加。(7)因水利工程而迁移的人口。建国以后,我国开展了大规模的水利工程建设。修建的水库在 80000 座以上,其中大中型水库超过 300 座。仅三峡水利枢纽这一个工程,就需移民 40 万人。另外,建国后,我国还对一些经常出现险情的江河进行治理,有的还改变了它原来的流域。不论是修建水库还是治理江河,都会涉及移民。多数情况下,比如修建小型水库,移民不会迁移很远,在当地就可以安置。但大型水利工程,因涉及的移民多,就需要跨省安置。比如三峡水利工程需要移民 40 万人,他们中的许多人需要跨省安置。可以肯定地讲,水利工程也是改变原来人口地理布局的原因之一。

(二)自发性的人口迁移

自发的人口迁移主要发生在农村,城镇人口相对较少。80 年代以前,实行严格的计划经济。城镇人口吃商品粮,每个人都有一份口粮指标,因而比较稳定。80年代以后,城市人口自发流动的现象确实有一些,主要是从小城镇到中大城市,从经济不发达城市到经济发达城市。但这个数量也不是很多。因此,考察人口自发流动,主要考察农村人口。农村人口的自发迁移,各个时期有很大的差异。从建国到1958年,人民生活总的来说在一年年变好,生活稳定,安居乐业,因而自发的人口迁移很少。1959年起到"文革"结束,天灾人祸不断,许多人在原来的居住地无法为生,再加上有一些地区的人过去就有外出流浪的习惯,因而,自发的人口迁移形成了相当的规模。70年代末实行改革开放政策以后,中国由计划经济向市场经济转变,对人对物的控制放松了许多,再加上地区之间、城乡之间生活水平有很大差距,因而出现了大规模的人口自发迁移。在中国的有些农村地区,青壮年男子几乎全部外出打工,在家务农的只是老人和妇女。当代打工者,往往乘车坐船,到离家乡很远的城市,一般只能过年时才回家一趟。对于什么是迁移人口,一直也没有个明确的界定。笔者认为,20世纪最后20年,中国的这些打工者,尤其是那些远离家乡的打工者,应该看成是自发迁移的人口。中国正处在农业社会向工业社会的过渡时期,人口基数又空前的大,因而,20世纪最后20年的自发迁移人口,在历史上也是空前的。

70年代末以前,自发人口迁移的态势基本上是民国年间人口自发迁移态势的继续,河南、陕西、山西人迁往新疆、甘肃、内蒙;华中、四川人迁往贵州、云南、广西;山东、河北人迁往东北、内蒙。新疆、黑龙江、内蒙、云南、江西、湖北,是主要的人口迁入省。四川、河南、山东、江苏、浙江是主要的人口迁出省。

第三节　人口问题对民众生活的影响

人口本身并不构成问题,只有把人口和经济、社会、环境、资源、教育、福利等联系起来之后,才有人口问题可言。人口问题包括三个方面:数量、质量、结构。在这三个方面,我国都存在问题。

一、人口数量方面的问题及其影响

目前,判断一个国家的人口数量是否合理,一个很重要的方面就是看其人口数量对改善生活的影响。人口数量要和经济发展水平相适应。人口增长过快,经济规模扩大有限,就会造成改善生活无望,劳动人口失业严重。这样的情况,属于人口压迫经济。反之,人口不增长,或人口下降,已有的人口不能维持原有的生产规模,面临生产萎缩,生活质量下降。对于这种经济规模大于人口规模的情况,有人称之为经济压迫人口。大多数发展中国家,人口增长过快,经济发展跟不上,属于人口压迫经济;反之,一部分发达国家,如北欧、德国等,人口不断下降,劳动力不够用,属于经济压迫人口。

从人口和经济规模是否适应这个角度来衡量,整个 20 世纪的后半叶,中国的人口一直都是过剩的,人口的发展已远远超出了经济需要的数量。旧中国的人口一直过剩,这已为许多严肃的社会科学家承认。到 1952 年国民经济恢复完成时,我国的经济不过只有 1936 年的规模。但当时的人口却比 1936 年多了一个多亿。同样的经济规模,1936 年时人口就过剩,1952 年时多了一个多亿反倒不过剩?第一个五年计划执行期间,经济规模在逐年扩大,这是事实,但这个扩大使我们不理智了,认为经济建设需要增加更多的人口。甚至还有人提出,在社会主义制度下,不管生出多少人,都有劳动岗位吸纳;人多国力就大;是人手就能创造价值。在这样的认识下,总人口数字一再激增,平均每 7 年就增加一个亿。因为人口远远超出经济发展的需求量,从 50 年代末到 70 年代末,尽管我们拼命苦干,但生活并没有多少改善。长期商品匮乏,只能搞严格的配给制。由于人口多,每年进入劳动年龄的人口也多,但经济规模却跟不上人口增长,致使失业人口数量一直很大。无奈之下,对城市青年使用"上山下乡"这种没有办法的办法,实在是无奈之举。人口政策上的失误,是 20 世纪后半叶犯的最重大错误之一。这个错误,带有根本性、长期性,在未来一个相当长的时期内,都是压在我们身上的包袱。

人口和经济的关系告诉我们,人口既是生产要素,又是消费要素,是生产者和消费者的统一。人口只有当它和一定的生产形式结合在一起时,才能创造价值。当我们只把它看成是生产要素而不考虑它是消费要素时,我们就会受惩罚。

人口严重过剩农村比城市更厉害。早期工业化国家在由农业国变为工业国的过程中,城市中有大量的工作岗位,为从农村出来的劳动力提供新的工作机会。中国却不是这样。城市自己已人满为患,能为进城打工的农民提供就业的岗位是十分有限的。中国农村到底有多少剩余劳动力,历来没有个普遍共认的数字。中国人口绿皮书《2000 年:中国人口问题报告》上说,中国农村的剩余劳动力有 1.2 亿。什么叫剩余劳动力? 其本意就是说,若没有这 1.2 亿的劳动力,中国并不会少产粮食,农业的产值也不会减少。可见,农村的人口过剩程度之严重。但农村以外并没有多少可供这 1.2 亿人工作的地方,农业虽用不了那么多人,因为没有办法,他们也只能继续留在农村。全国就那么多可耕地,平均下来一人只有一亩多,一个农户一般只有几亩地。本来用不上那么多的人手,但离开土地又没有别的工作可做。大量的劳动力就这样白白浪费了。提高农民单个人的劳动生产率,确实可以做到,但那样必然会有大量的人离开农村,使剩下的人耕种大面积的土地。但那会造成大量的人口完全失业。因此,目前的农村,还只能用平均主义的办法,让每个人都种一小块土地,虽富裕不了,但不至于挨饿。中国的农村,实际上就是在这样维持。中国已加入了世界贸易组织,用关税阻挡外国农产品入境越来越难。中国的农业,基本上还是小生产,人均劳动生产率低。而发达国家的农业,早已进入了现代农场农业阶段,人均劳动生产率是我们的许多倍。在这样的情况下,我们农村的稳定、农民的命运真是令人担忧! 而造成这种被动局面的一个重要原因,就是人口过剩,人口超过了农业经济的需要量。因此,从人口要与经济规模相适应、要有利于改善生活这个角度来看,中国的人口数量是绝对过剩的,长期坚持限制人口增长的政策,是一项战略任务。

从人口和资源环境的关系角度看,我们的人口也是过剩的。人口和资源环境应该是怎样的关系,很长时间没有一个公认的方案。西方著名的罗马俱乐部,对人口和环境的关系很悲哀,他们的一些预言让人心情沉重。但也有很多人不同意他们的看法,认为人类根本用不着那样忧心如焚,不必用很大的精力去担心环境和资源。但是,随着发展,担心环境的人越来越多。要求主动采取措施,限制人自身的行为,使人和环境保持和谐的人占了上风。1987年,联合国环境与发展委员会发表了《我们共同的未来》。这是一份关于人类发展模式的文献。在这个文献中,提出了"可持续发展"这个概念。它说:可持续发展,就是指"既满足当代人需要,又不对后代人满足其需要的能力构成危害的发展。"从此,这个提法在世界范围内广泛传播开来,并且得到了绝大多数人的赞同。1990年,在里约热内卢召开的环境与发展世界大会通过的《21世纪议程》,进一步深化了可持续发展思想。为了响应和实行这种世界公认的发展模式,中国国家计委和国家科委还联合编制了《中国21世纪议程——中国21世纪人口、资源、环境与发展白皮书》,提出了我国的发展战略。

人口和环境保持和谐关系,保持可持续发展,一般来讲是指:人类的活动不破坏生态环境,保证非再生资源能永续使用,也保证能持续发展的最大人口数。从这个角度来看,我国的人口是严重过剩的。在我们目前的人口数量下,环境资源面临的压力是十分大的。从资源总量来看,我国许多项目都处于世界前列,但按人口平均,我们又是一个的的确确的资源小国,人均占有的数量常常与世界平均数有很大的差距,这说明我们这块国土上的人口确实是多了些。我们生存的地理环境并不优越。平原占国土面积的12%,丘陵占国土面积的9.9%,盆地占国土面积的18.8%,山地占国土面积的33.3%,高原占国土面积的26%。全国共有960万平方公里的土地,但仅沙漠一项就占去了170万平方公里。人均占有耕地,我们只有印度的一半,美国的九分之一。一般来说,平原和丘陵适宜居住,盆地只有一部分可以居住,绝大部分不具备生存条件。山地和高原不适宜居住的更多。因此,世界人口绝大多数生活在平原和丘陵地区。但是,因为我国人口多,平原丘陵地带人口密度过大,致使许多人到山地高原上去生活。从全世界看,居住在海拔400米以上的人口只占10%,而在中国,居住在500米以上的人口竟占到了20.3%。从气候条件看,中国的湿润地区占32%,半湿润地区占15%,半干旱地区占22%,干旱地区占31%。一般来讲,湿润半湿润地区适宜居住,半干旱地区只能维持十分稀疏的人口密度,干旱地区人类根本无法生存。中国的湿润半湿润地区,合在一起,不到国土面积的一半。按80年代的数据,我国人均占有量和世界人均占有量相比,耕地占三分之一,林地占九分之一,草地占三分之一,淡水占四分之一。大量的数据都证明,我国人均占有资源远远低于世界平均数。这说明我国的人口与世界比较,是严重地过剩了。

因为人口多,为了生存,为了改善生活,就拼命向环境索取,甚至出现了"竭泽而渔"、"杀鸡取卵"的势头。在人的行为影响下,许多森林草地变成了沙漠,许多动物植物永远地消失了,许多地方的地下水已深得难以汲取,许多海边的耕地因海水倒灌重又变成了盐碱滩,许多江河因两岸植被遭破坏而流入大量的漏沙,许多耕地变成了水泥建筑的支撑体……总之,我们的环境不如从前了。环境,是我们的孕育者,是我们的承载者,没有环境,就没有我们。环境遭破坏,环境一天天恶化,固然有因人的愚蠢而生成的一面,但人口的绝对数量大,肯定也是一个根本无法回避的原因。

近些年来,因为大家都感到人口多,资源有限,环境变化快,研究人口容量的人多了起来。其目的是想找出适度人口做参照。虽然也有少数人认为,研究这个问题无意义,因为人的存在方式与普通动物不同,涉及的指标太多,根本不可预测,但大多数学者认为,这个问题是可以研究的,并且意义巨大。正是在这一思想引导下,许多学者从不同的角度给出了我国的人口容量。早在1957年,孙本文就提出,8亿人口是我国最适宜的人口数量。① 但深入研究这个问题是在改革开放以后。田雪原、陈玉光从就业角度研究中国适度人口数量。他们提出,100年后适度人口为6.5—7亿人。② 宋健从食品、淡水供应上估算我国适度人口数量。他指出,如果全国妇女平均每人生1.5个孩子,那么依靠我们自己的土地,100年后,我们的食物水平还达不到美国今天的程度。如果每个妇女生2个孩子,100年后我们的食物供应将十分紧张。如果想在100年内达到美国今天的水平,那么合适的人口,从食物方面讲是6.8亿以下,从淡水方面讲,是6.5亿以下。③ 胡保生等把心理学的概念引进来,用在测量适宜人口上。他们用0和1代表两个极端情况,0代表最不满意,1代表完全满意,0和1之间的数字代表各种满意率。经测算,他们认为,(1)从粮食看,人口为12亿,满意为1,超过12亿,满意度开始下降。(2)从肉类看,2.6亿人口是极限,超过2.6亿,满意度就下降。(3)从土地看,10亿是转折点,超过10亿,满意度就下降。(4)从淡水看,超过4.5亿,满意度就开始下降。(5)从能源看,超过11.5亿,满意度就下降。④ 这些研究都告诉我们,我们的人口太多了,人口已远远超出了资源、环境可以承载的限度。

　　如何控制人口数量,在今后一个相当长的时期内仍是个极为艰巨的任务。原因如下:(1)相当多的人仍有强烈的生育愿望。2000年,中国有8600万有一个孩子的育龄妇女,对她们进行调查发现,许多人说

　　① 孙本文:《八亿人口是我国最适宜的人口数量》,《文汇报》1957年5月11日。

　　② 田雪原、陈玉光:《从经济发展角度探讨适度人口》,《人口研究》增刊,1981年5月。

　　③ 宋健、孙以萍:《从食品资源看我国现代化后所能养育的最高人口数》,《人口与经济》1991年第2期。

　　④ 胡保生等:《利用可能度和满意度研究我国的总人口目标》,《人口研究》增刊,1981年5月。

如果政策允许,她们会生第 2 胎。因此,只要政策有变动或计划生育工作一放松,就会在短期内生出大量人口。如果允许生第 2 胎,2010 年,中国人口就会突破 14 亿人,2020 年,就会突破 15 亿人。从全国来看,领取独生子女证的比例并不高。90 年代,实际领取了独生女子证的人只占该领证人的 53%,有将近一半的人没有领证。领证的在城市比例较高,农村的比例很低。其原因是很多人等着生第 2 胎。通过调查发现,在农村,退出生 2 胎的人不到 1%。在有些落后地区的农村,没有男孩的家庭很少。不管有几个孩子,只要没有男孩,就还想生。(2)流动人口的计划生育工作不好做。随着发展,中国的流动人口会越来越多。2000 年,最保守的估计,中国的流动人口也在 8000 万人左右。流动人口,行踪不定,人数众多,以往他们中的多生、超生现象就很多。怎样控制他们的生育,仍是个艰巨的任务。(3)随着经济政治体制改革,传统的计划生育体制也出现了一定程度的不适应。在农村,计划生育主要靠村政权。实行选举制以后,村干部能不能当选全看村民的选票。村委会的经费和村干部的工资也来自村民,而这些村民恰恰有强烈的生育愿望。村干部对计划生育工作不愿多尽力,已成了一个大问题。最近几年,计划生育部门上报的出生人口数和国家统计局公布的数据存在着巨大的差额,一个重要原因就是基层漏登人口现象严重。

二、人口质量方面的问题及其影响

人口质量,关系一个民族的生死存亡。国家间的竞争,是经济的竞争,经济竞争,又是人口质量的竞争。人口质量好的国家,在这种竞争中,必须会占据优势。因此,国家间的竞争,最后会落到人口质量的竞争上来。

什么是人口质量?人口质量就是人口所掌握的认识世界、改造世界的能力。这个能力强,人口的质量就高,这个能力不强,人口的质量就不高。人口质量是由多种要素构成的,看人口质量如何,要考察生理、知识、技能、心理、道德等多项指标。

身体状况是人口质量的重要构成要素。人口死亡率、婴儿死亡率、平均寿命、身高体重等是衡量身体状况的主要项目。在这些方面,20世纪下半叶,我国人口都有特别大的提高。人口死亡率是指每1000人中在1年内死去的人的比例。下面是1949年至1989年中国人口死亡率变化的情况:

表1—11　**1949—1989 各年度中国死亡人数和死亡率**

年份	死亡人数(万)	死亡率(‰)
1949	1080	20.00
1950	984	18.00
1951	948	17.00
1952	967	17.00
1953	814	14.00
1954	779	13.18
1955	745	12.28
1956	706	11.40
1957	687	10.80
1958	781	11.98
1959	970	14.59
1960	1693	25.43
1961	939	14.24
1962	666	10.02
1963	684	10.04
1964	802	11.50
1965	678	9.50
1966	649	8.83
1967	636	8.43
1968	636	8.21

年份	死亡人数(万)	死亡率(‰)
1969	639	8.03
1970	622	7.60
1971	613	7.32
1972	626	7.61
1973	621	7.04
1974	661	7.34
1975	671	7.32
1976	675	7.25
1977	648	6.87
1978	598	6.25
1979	602	6.21
1980	619	6.34
1981	629	6.36
1982	665	6.60
1983	722	7.08
1984	689	6.69
1985	683	6.57
1986	703	6.69
1987	711	6.65
1988	716	6.58
1989	718	6.50

资料来源:根据袁永熙《中国人口》一书整理。

根据户籍部门的资料,人口死亡率,1990 年为 6.67‰,1995 年为 6.57‰,1998 年为 6.50‰,1999 年为 6.46‰。

我国的人口死亡率,除 1959—1961 年经济困难时期出现不正常之外,一直表现出下降的趋势。早在 80 年代,我国的人口死亡率就已达到了发达国家的水平。1981 年,美国的死亡率为 9‰,瑞典为 11‰,联邦德国为12‰,日本为6‰,我国为6.36‰。人口死亡率低,说明我国人民的身体素质有了很大提高。

婴儿死亡率是指每1000个活产婴儿在不到1岁前的死亡比例。20世纪上半叶,婴儿死亡率一直都在200‰以上。中华人民共和国成立后,婴儿死亡率下降了许多。下面是一部分年份的婴儿死亡率。

表1—12　　　　　　　　**部分年份婴儿死亡率**

年份	死亡率	年份	死亡率
1954	138.5	1979	39.11
1957	70.39	1980	42.76
1958	80.80	1981	34.68
1963	85.27	1982	36.42
1975	48.05	1983	41.37
1976	44.23	1984	38.41
1977	40.04	1986	37.14
1978	41.02	1987	39.82

资料来源:根据《中国人口资料手册1989》整理。

从表1—12中可以看出,建国以后,我国的婴儿死亡率呈迅速下降趋势。到80年代,我国的婴儿死亡率在世界上也是比较低的。目前,农村婴儿死亡率比城市高出许多,若采取措施降低农村婴儿死亡率,我国的婴儿死亡率还会大大降低。造成农村婴儿死亡的原因依次是:肺炎、新产儿破伤风、因早产身体虚弱。

人口平均寿命是反映人口的身体素质的另一项重要指标。据金陵大学在1931年调查时得出的数据,当时我国人口的平均寿命只有34岁。建国以后,随着生活的改善,医疗保健的加强,卫生防疫的全面实行,我国人口的平均寿命一直在提高。下面一些年份人口的平均寿命。

表1—13　　　　　　　　部分年份人口平均寿命

年份	平均寿命	男性平均寿命	女性平均寿命
1957	55.87	55.82	55.95
1963	61.22	60.97	61.43
1975	66.17	65.34	67.08
1981	67.77	66.28	69.27
1987	68.86	67.32	70.06

资料来源:袁永熙:《中国人口》,中国财政经济出版社1991年版,第181页。

　　我国儿童身体发育状况一直在提高,这是物质生活水平的提高,吃穿住的条件改善的结果。1937年,我国7岁男童的身高、体重、胸围118.5厘米,20.9公斤,57.2厘米。1979年,这三项指标分别变为121.2厘米,21.3公斤,57.7厘米。1937年,10岁女婴的身高、体重、胸围分别为132.8厘米,27.1公斤,59.8厘米。1979年,这三项指标分别变成了135.6厘米,27.8公斤,61.6厘米。

　　总之,方方面面的数据都表明,我国国民的身体素质一直在提高。身体状况与20世纪上半叶相比发生了很大的改观。

　　尽管我们在提高人口身体素质方面取得了很大的成绩,但影响人口身体素质的因素还是相当多的。(1)还有相当一部分人口没有解决温饱问题;在城市中,逐步形成了一个贫困群体。为解决贫困地区的温饱问题,党和政府做了很大的努力。但直到20世纪末,消灭贫困的问题并没有真正完成,还有3000万人口没有解决温饱问题。原来登记的解决了温饱问题的人口有一些又重新变成了贫困人口。这些地区的人吃饭都没有解决,身体发育又怎么会好?根据2000年的中国人口绿皮书,到1998年,中国城镇人口中有1500万人,他们的全年收入不够1500元,这些人已经成了城市贫困人群。温饱成了问题,这肯定会影响他们的身体发育。(2)国民收入水平与医疗保健的要求相差甚远,看不起病是普遍现象。根据联合国的统计,1995年,中国能够获得卫生设施的人口只有21%，低于世界平均水平，甚至低于低收入国家的平均水平。尤其在农村，医疗保健已成了严重的问题。80年代农村的改革，也改变了原来农村医疗网络赖以存在的外部环境。据统计，1994年，全国940000个行政村中，只有5.4%的村还有合作医疗组织。92%以上的农村人口要完全由自己来支付卫生服务费用，医疗费用的快速上升已成了农民的沉重负担。农村中30%的贫困户是因病致贫的，许多农民因为支付不起医疗费用而生病后得不到治疗。在有些地区，过去被消灭了的传染病又重新抬头。地方病广泛存在，现疫病人达6000多万人。患慢性病的农村人口占全部人口的8.6%。全国人口71%在农村，农村的医生和病床不到全国的40%。即使这样的分配比率，农村医疗设施的使用率只有66.8%，相当一部分医疗设施闲置，看不起病的人很多。(3)因为饮食不合理和缺少体育活动场所，相当一部分人发胖，体质下降。青少年中，肥胖人口的比例一直在上升，许多原来老年人才容易得的病过早地在青少年人口中出现。无论城市还是农村，体育设施严重缺乏，人们想活动但缺乏场所设施，全民健身还处于低级水平。(4)各种污染严重损害着国民的体质。环境污染主要是空气污染、水污染、噪声污染。污染严重地区，人口发病率快速上升。食品污染也存在着严重问题，人们购买食品时常常不放心。

在人口的质量构成中，一个重要的内容就是知识水平和技术水平。而这些，主要是通过受教育获得的。20世纪上半叶，中国的教育十分落后，能够受教育的人口占总人口中的比例很低。一般认为，当时的识字人口只占全部人口的20%，文盲占80%。中华人民共和国成立后，中国的教育事业获得了大发展，各种形式的教育机构全面建立起来；受过教育的人口在总人口中的比例有了很大的提升；虽然经过了巨大的曲折，科教兴国最终成了国家的发展战略；全体国民对大力发展教育，大力提高科学文化水平已完全形成了共识；终生受教育、终生学习的观念正在形成。根据2000年的中国人口绿皮书，1949年以前，学龄儿童，最高入学率也只有20%。建国后，因大力发展教育，比例迅速提升,1952 年为 49.2% ,1956 年为 63% ,1982 年为 93.2% ,1988 年为 97.2% ,1995 年为 98.5% 。基本上做到了所有的适龄儿童都能入学。接受过中等教育的人在总人口中的比例提升也很快。20 世纪上半叶,全部人口中接受过中等教育的人不足 2% 。到 1964 年,已达到 5.97% ,1982 年为 24.38% ,1990 年为 31.38% ,1995 年为 35.56% 。侯杨方著的《人口史》(1910—1953 年)上说,民国年间,受过高等教育的人占总人口的 0.38% 。中华人民共和国建立之初,国家用了很大的力量发展高等教育。但 50 年代末以后,受错误思想影响,高等教育走了一段弯路。"文革"期间,停办四年。后来又实行推荐制,按政治标准,选工人、农民、解放军指战员入校学习,其质量可想而知。1978 年以后,高等教育获得了大发展。招生人数年年攀升,学科体系完备齐全,学位制度全面建立。在大力发展公立教育的同时,还允许民间力量办高等教育。据户籍部门的数据,接受过高等教育的人,1982 年为 0.6% ,1990 年为 1.4% ,1995 年为 2% ,1998 年为 2.6% ,1999 年为 2.9% ,2000 年为 3.6% 。可见,高等教育在 20 世纪最后 20 年发展是相当快的。教育大发展的另一个标志是教师队伍不断扩大,教师逐渐成了一个受人尊敬的职业。1952 年至 1995 年,大学教师由 2.7 万增加到 40.1 万,中学教师由 13 万增加到 388.3 万,小学教师由 143.5 万增加到 566.4 万,幼儿园教师由 1.4 万增加到 88.5 万。全国教师总数超过 1000 万。1976 年以前,受错误思想影响,教师的地位一直比较低。改革开放以后,随着经济建设的全面展开,对人才的需求越来越迫切,有知识有文化的人的社会地位逐步得到提升。根据有关的调查,若由高到低排列社会阶层,知识分子在党政领导干部、经理阶层、私营企业主之后,排在第四位。对教师的态度,反映着国民对知识的态度,也是文明程度的反映。教师地位的提升,说明国民今天比过去更加尊重知识了,文明程度提高了。

但是,尽管我国的教育事业发展很快,国民的文化素质有了很大提高,但与世界发达国家相比,我们的教育仍是落后的,国民的素质和时代要求相比仍存在着巨大的差距。(1)我国的文盲人口数量仍然大得惊人。1995年全国人口抽样调查显示,全国成人文盲为1.45亿,在他们中,有3775万是青壮年人口。青壮年人口都是建国后出生的,这说明建国后的教育工作仍未能做到普及小学教育。在世界所有国家中,我国的文盲人口数量排在世界第二,被联合国确定为世界上9个重点扫盲国家之一。实际上,1995年的抽样调查得出的数据还是低估了问题的严重性。2001年3月国家统计局公布的第五次全国人口普查数据表明,我国大陆人口为126583万人,其中受过高等教育的为4571万人,受过高中教育的为14109万人,受过初中教育的为42989万人,受过小学教育的为45191万人。当时没有公布文盲数字,但从受教育情况来看,文盲人口的数量还是相当惊人的。(2)教育经费严重不足。90年代一些年份国家教育经费占国民生产总值的比重如下:

表1—14　　　90年代一些年份教育经费占国民生产总值比例

年份	1990	1992	1993	1996	1997
比例(%)	3.04	2.46	2.45	2.46	2.50

资料来源:蒲镜彦:《关于中国教育经费问题的回顾和思考》,《人民教育》1998年第10期。

　　总的来看,教育经费在国民生产总值中的比例,处于停滞不前的状态。《中华人民共和国教育法》中对教育经费的投入有明确的规定。虽有法律规定,但一些地方执行的情况并不如人们所愿。1995年有16个省没有按规定投入经费。1996年扩大到21个省。1997年仍有20个省没有达到规定。教育经费在一些农村地区更是成了严重的问题。我国的教育经费基本上是两个来源:国家财政拨款和地方教育附加税。我国农村生产力水平参差不齐。在一些落后地区,根本收不上规定的教育附加税,致使教育经费严重不足。不要说普及九年义务教育,就连普及小学教育都十分困难。教育经费本来就十分紧张,但有些官员还经常挪作他用,致使拖欠教师工资的事情连年发生,许多破旧的校舍得不到改造。

人口文化素质低,严重影响了国民的收入和中国经济的发展。中国有大量的剩余劳动力。但这些劳动力的素质不高,许多工作岗位不能胜任,因而成了失业人口。没有工作,就没有收入。最终,这些人会成为贫困人口。一方面有大量的闲置人员,另一方面有许多工作岗位无人能胜任,为了发展,不得不到海外去延揽人才,大量的聘金被拿走。因为缺少开发能力,中国经济的总体水平还不高,尤其是在高科技领域,绝大部分是在为外国公司做低层次的加工,虽然我们付出的劳动很多,但丰厚的利润被外国人拿走了,我们的收益并不多。当今的世界经济,产品的科技含量越高,利润越大。令人痛心的是,在高科技领域,我国产品的份额实在是太小了,这与我国人口的素质有很大关系。一般来讲,一个国家的经济水平,与其人口的素质成正比。

三、人口结构方面的问题

人口结构方面的问题主要是人口的性别结构和人口的老年化。

按人口学标准,性别比在103—107之间属正常。我国人口的性别比一直偏高。80年代以后,这种情况还有恶化的势头。根据中国人口绿皮书《2000年:中国人口问题报告》,1981年出生婴儿性别比略高于正常值,只有河南、广西、海南、安徽4个省高于110。河南最高,为112.5。1990年全国人口普查时,出生婴儿性别比为111.3,有15个省出生婴儿性别比高于110,最高的是浙江,为117.1。1995年的抽样调查显示,全国出生婴儿性别比为115.6,农村高达116.5。大部分省区的出生婴儿性别比都偏离正常值。有8个省竟然突破了120。胎次的性别比差距巨大,第一胎比较正常,第二胎性别比迅速升高。许多情况表明,人口性别比不正常,有人为的原因。因重男轻女、传宗接代的观念还在起作用,在严禁多生的情况下,有的人干脆把怀上的女胎流掉。人口性别比偏离正常值,一个直接的后果就是影响未来的婚姻。男婴多于女婴,等到他们到达婚育年龄后,就会出现一群难以找到配偶的男性人口。这样,就会严重影响国民的正常生活。

我国人口结构上的另一个严重问题是人口的老龄化。根据国家统计局 2001 年 3 月公布的数据,2000 年 11 月中国进行第四次人口普查时,65 岁以上的老年人有 8811 万人,占总人口的 6.96%。国际上通行的标准是,65 岁以上的老年人达到总人口的 7% 时,就开始进入了老龄社会。第五次人口普查的结果告诉我们,中国已基本进入老龄社会了。我国人口老龄化,有这样两个特点:(1)老龄化来得突然。70 年代,大力推行计划生育,使人口出生率在短期内降了下来。与此同时,70 年代末开始,我国经济进入迅速发展时期,医疗保健水平全面提高,人均寿命不断延长。因而老龄人口在全部人口中的比例提高很快。(2)我国的老龄社会,是在我国经济水平还不高的情况下出现的,与之配套的各种社会系统还没有完全形成。老龄化社会到来,对我国社会肯定会发生重大影响。在全部人口中,0—14 岁的人口是需要抚养的人口,还没有劳动能力。65 岁以上的人口是失去了劳动能力的人口,同样需要社会抚养。只有 15—64 岁的人口是劳动人口。一般来说,社会财富,主要是劳动人口创造的。老龄化社会到来后,劳动人口比例小了,需抚养的人多了,社会的负担加重了。老龄化社会,这是我们不得不面对的一个重大问题。

第二章　劳动生活

　　劳动是人类社会存在和发展的最基本的条件。满足人们需要的物质财富和精神财富都是通过劳动创造出来的。在不同的社会历史条件下,劳动的社会属性也是不同的。中华人民共和国成立后,由于社会性质发生变化,中国社会阶级阶层出现了新的变动,工人、农民等劳动者成为社会的主人。劳动受到人们的普遍尊重,劳动者的劳动生活发生了新的变化。这种由于劳动者社会地位的变动带来的劳动生活的变化的情况,在20世纪下半叶的中国有充分的表现。但是,劳动者劳动生活的根本改变还在于社会生产力的不断提高,在于社会文明程度的深化,在于对劳动观念的科学认识。改革开放20多年的社会发展使得劳动者劳动生活更趋多样化。

第一节　中国社会阶层新的变动与劳动分工

　　新中国成立后,中国社会性质发生变化,半殖民地半封建社会终结,进入到新民主主义社会。到1956年又基本完成了社会主义改造,建立了社会主义制度。这期间,伴随着新民主主义革命的胜利和社会主义革命的进行,我国社会阶级关系发生了很大的变化,社会阶层的变动也十分明显。从1957年到1978年的20余年间,社会阶层呈现出一种相对稳定的状态,其变化多是由于政治运动所造成的。而劳动分工基本上以城市和农村的分工、工业和农业的分工以及脑力劳动和体力劳动的分工为基础。1978 年改革开放以后,我国社会阶层和劳动分工的变动出现了新的特点,情况更趋复杂。下面分四个时期加以叙述。

一、国民经济恢复时期(1949—1952 年)

新中国建立之初,《共同纲领》规定,"中华人民共和国为新民主主义即人民民主主义的国家,实行工人阶级领导的,以工农联盟为基础的、团结各民主阶级和国内各民族的人民民主专政"[1],反对帝国主义、封建主义和官僚资本主义。人民民主专政是工人阶级、农民阶级、小资产阶级、民族资产阶级及其他爱国民主分子组成的人民统一战线的政权。在这一精神指引下,建国初头三年,党和政府领导人民进行了反对三座大山残余的一系列斗争,通过没收官僚资本,消灭了官僚资产阶级;通过历时 3 年的土地改革,消灭了地主阶级;通过镇压反革命等政治运动,清除了帝国主义势力和旧中国残留下的土匪、恶霸、封建把头、反动会道门等恶势力。工人、农民成为社会的主人,社会面貌发生了深刻的变化。

从 1949 年到 1952 年国民经济恢复时期的三年,对社会阶级和阶层的划分主要依据经济状况和政治立场。归纳起来可以分为工人、农民、国家机关干部、军人、知识分子、手工业者和小商小贩、民族资产阶级、地主和反革命分子等 9 类。

(1)工人。工人阶级是新中国的领导阶级。工人又分为国营经济企业工人、城镇集体经济企业工人、私营经济企业工人、公私合营经济企业工人和手工业工人。据 1949 年底的统计,全国职工人数为 809 万人。[2]

---

① 中共中央文献研究室编:《建国以来重要文献选编》第 1 册,中央文献出版社 1992 年版,第 2 页。

② 国家统计局人口统计司编:《中国人口统计年鉴 1988》,中国展望出版社 1988 年版,第 250 页。

其中国营经济企业工人为494万人,城镇集体经济企业工人为9万人,公私合营经济企业工人为10万人,私营经济企业工人为296万人。

(2)农民。1949年底,我国农村人口为4亿8402万人。① 按照土改政策,农村中除划分出地主外,还要划分富农、中农、贫农、雇农和游民。

富农一般占有土地,但也有自己占有一部分土地,另租入一部分土地,也有自己全无土地,全部土地都是租入的。富农一般占有优良的生产工具及活动资本,自己参加劳动,但主要是通过雇请长工剥削雇佣劳动。富农中在建国前后有重大反革命行为的被定为反动富农。

中农许多都占有土地,有些中农只占有一部分土地,另租入一部分土地,也有些中农并无土地,全部土地都是租入的。"中农的生活来源全靠自己劳动,或主要靠自己劳动。中农一般不剥削人,许多中农还要受别人小部分地租、债利等剥削。但中农一般不出卖劳动力。"②中农又分为富裕中农和普通中农。富裕中农与普通中农区别之处在于,富裕中农一般对于别人有轻微的剥削,生活状况在普通中农以上。

贫农有些占有一部分土地与不完全的工具,有些全无土地,只有一些不完全的工具。贫农一般都需租入土地来耕作,受地租、债利与小部分雇佣劳动的剥削。

雇农一般全无土地与工具,完全地或主要地以出卖劳动力为生。

游民是指"在紧靠解放前,工人、农民及其他人民,被反动政府及地主买办资产阶级压迫剥削,因而失去其职业和土地,连续依靠不正当方法为主要生活来源满三年者"③,习惯上叫做流氓无产者。

---

① 国家统计局编:《中国统计年鉴1984》,中国统计出版社1984年版,第81页。

② 《政务院关于划分农村阶级成份的决定》(1950年8月4日),中共中央文献研究室编:《建国以来重要文献选编》第1册,第385页。

③ 《政务院关于划分农村阶级成份的决定》(1950年8月4日),中共中央文献研究室编:《建国以来重要文献选编》第1册,第399页。

（3）国家机关干部。这里的干部指在共产党各级组织、各级政府机关、社会团体与群众组织、国营企业和集体企业、行政事业单位中任职，并被列入干部编制的各种管理人员、办事人员。建国初期，国家机关干部的来源主要是解放区的党员干部和参加过革命战争的军人；国家全日制大中专学校的毕业生；根据人事部门分配的干部指标将非干部身份的人员转入干部编制；部队转业军人等。①

（4）军人。1950年4月，中国人民解放军总人数达到550万人。随着解放战争接近尾声和全国局势的稳定，中央确定了将军队人数压缩到400万人的计划，并于同年5月开始实施。经过几个月的努力，100多万军人转业、复员到地方从事工农业生产等各项建设。

（5）知识分子。建国初期，全国有知识分子大约200万人，占当时总人口的0.37%。② 其人员构成主要有三部分：一是经历过革命战争年代战火考验的，从事党的理论宣传、文化、教育、科技、卫生等项工作的知识分子；二是从旧社会过来的从事各项教科文卫工作的知识分子，其中包括一批由海外归来的著名科技工作者；三是在旧中国完成学业未参加过革命工作的青年学生。

（6）手工业者和小商小贩。手工业的从业人员分布在城镇和乡村。新中国成立时，手工业者人数超过700万人，其中绝大多数为个体手工业者，极少数参加了手工业生产合作社。在流通领域存在为数不少的小商小贩。小商指没有或只有少量资本，向商人或小生产者购入商品，向消费者出售，本人不雇请工人和店员，通过自己在商品流通领域的劳动为生的人。小贩指经常流动行走的小商。

（7）民族资产阶级。建国初，民族资产阶级中有私营工业资本家、

① 参见陆学艺等著：《邓小平理论与当代中国社会阶层结构变迁》，经济管理出版社2002年版，第19页。

② 何沁主编：《中华人民共和国史》，高等教育出版社1999年第2版，第62页。

私营商业资本家和私营金融业资本家。此外,尚有少量专门从事投机活动的投机资本家。全国私营工业 1949 年有 12.3 万户,1952 年达到 14.96 万户。全国私营商业 1950 年有 402 万户,1952 年达到 430 万户。①

(8)地主。1950 年上半年,全国有 1 亿 4500 万农业人口的地区完成了土改,尚有约 2 亿 6400 万农业人口的地区没有进行土改。② 全国的地主及其家属大约有 2000 万人。③ 在地主阶级中还有一部分属于开明士绅,指的是曾经反对国民党统治和帝国主义侵略,积极支持人民民主事业,拥护人民民主专政和赞助土地改革的地主。

(9)反革命分子。建国头三年中,社会上还存在各种反对人民民主专政的敌对势力,统称反革命分子,主要包括国民党残余势力、土匪、特务、恶霸、反动会道门头子和国民党党团骨干分子等。这批人数量在 300 万以上。

随着土地改革、镇压反革命、"三反"、"五反"等运动的进行,人民民主专政的国家政权得以巩固。地主在土地改革完成后作为阶级已经不复存在。地主中除少数恶霸被依法镇压外,其余的人和农民一样得到自己的一份土地。反革命分子在镇压反革命运动中被清理出来,罪大恶极的分子被法办,其余的人被依法管制。

二、由新民主主义向社会主义过渡时期(1953—1956 年)

从 1953 年始,过渡时期总路线正式提出,对农业、手工业和资本主义工商业社会主义改造的任务提上议事日程。从这时到 1956 年底三大改造基本完成,在向社会主义社会转变的过程中,我国社会阶级和阶

---

① 中国社会科学院经济研究所编:《中国资本主义工商业的社会主义改造》,人民出版社 1978 年版,第 144 页。

② 参见《刘少奇选集》下卷,人民出版社 1985 年版,第 30 页。

③ 马洪等主编:《当代中国经济》,中国社会科学出版社 1987 年版,第 79 页。

层又有了新的变化。其主要表现是：

（一）工人阶级的队伍在壮大，政治、经济地位得到加强。私营企业通过公私合营逐渐向社会主义全民所有制和集体所有制企业转变，其企业中的工人人数大幅度下降，而全民所有制和集体所有制单位的职工人数有了较大的增加。1953年全民所有制单位职工为1431万人，集体所有制单位职工为30万人，公私合营单位职工为28万人，私营企业职工为367万人；到1956年，全民所有制单位职工为2068万人，集体所有制单位职工为554万人，公私合营单位职工为352万人，私营企业职工为3万人。[1] 对资本主义工商业的社会主义改造提高了工人阶级的政治地位，同时工人阶级的经济地位和各种保障也得到加强。

（二）农民通过农业合作化运动进一步组织起来。经过农业合作化运动，全国绝大部分农民参加了合作社。1956年底，参加合作社的农户达1.17亿户，占全国总农户的96.3%，其中参加高级农业合作社的农户占87.8%。贫农、中农成为合作社的骨干力量。对待富农采取在劳动中改造、分散分批吸收入社的办法，从而消灭了富农经济。到1956年，全国农村总人口为5亿3643万人，其中农业劳动力为1亿8545万人。

（三）手工业者和小商小贩通过手工业社会主义改造组织起来。在改造中实行了组织手工业合作社、合作组和供销合作社等形式，把个体的手工业者和小商小贩组织起来。到1956年底，手工业合作社、组达10万个以上，从业人员超过600万人。在手工业社会主义改造后期，由于发现工作中存在忽视手工业和个体经营特点的错误，所以在社会上注意保留了一小部分个体手工业者和小商小贩，但数量极少，1956年全国城镇个体劳动者仅有16万人。[2]

---

[1] 《中国统计年鉴1984》，中国统计出版社1984年版，第111页。

[2] 国家统计局编：《中国统计年鉴1984》，中国统计出版社1984年版，第122页。

（四）民族资产阶级经过社会主义改造自身地位发生很大变化。对资本主义工商业的社会主义改造实行的是和平赎买政策,通过公私合营,对资本家的财产进行定股、定息。到1956年底,全国私营工业户数的99%,私营商业户数的82.2%实现了公私合营。公私合营后,私营工商户根据核定的股本统一按照年息五厘,即年息5%,从国家得到固定的股息。原定付息从1956年起至1962年止,后又延长三年至1965年止,前后共10年。通过改造,民族资产阶级尽管取得定息,尚有剥削的一面,但他们已经失去对企业的所有权。许多人成为普通管理人员参与到企业的管理当中,成为了自食其力的劳动者。

此外,这个期间国家机关干部、军人和知识分子阶层从总体上看变动不大。国家机关干部人数有所增加,从1952年的259万人,增加到1956年的391万人,增长了50.9%。① 军队人数在抗美援朝战争期间有所增加。战争结束后,为集中力量发展经济,1954年和1956年先后两次对军队员额进行精简,幅度分别为23.3%和36%。② 知识分子人数在不断扩大,从事科学研究、文教卫生和社会福利事业的人数,由1952年的361万人,增加到1956年的447万人,增长了23.8%。③ 1956年1月中共中央召集的知识分子问题会议还第一次把知识分子列入工人阶级的行列中。

三、社会主义建设道路探索时期（1957—1978年）

1956年我国完成社会主义改造进入社会主义初级阶段以后,在计划经济体制的框架下,社会阶层的变动呈现出一种相对稳定的状态。

---

① 国家统计局社会统计司编:《中国劳动工资统计资料1949—1985》,中国统计出版社1987年版,第6页。

② 韩怀智等主编:《当代中国军队的军事工作》上卷,中国社会科学出版社1989年版,第42—43页。

③ 国家统计局社会统计司编:《中国劳动工资统计资料1949—1985》,中国统计出版社1987年版,第6页。

这个时期,生产资料公有制的经济体制在社会经济生活中已经确立。工人阶级和农民阶级成为社会的主要劳动阶级。此外,尚有一小部分城乡个体劳动者。各级国家机关干部和知识分子虽然可以从理论上纳入到工人阶级的范畴,但是这个期间的政治运动又造成这两个阶层的定位存在一定的不确定性。

(一)产业工人阶层及其劳动分工

我国工人阶级的结构主要由三部分构成,即产业工人阶层、国家干部阶层和知识分子阶层。在这个时期产业工人阶层是工人阶级的主体。和当时的社会生产力水平相适应的这部分产业工人主要是体力劳动者,分布在国民经济的各个部门中。在计划经济时期,我国国民经济部门主要包括工业、建筑业和资源勘探、农林水利气象、运输邮电、商业饮食业服务业和物资供销等。上述几个部门中的职工人数总和1957年为2366万人,1965年为3883万人,1978年为7820万人。其中全民所有制职工人数,1957年为1786.9万人,1965年为2838万人,1978年为5956万人,分别占这些部门职工总数的75.5%、73.1%和76.1%。[①] 这表明了全民所有制单位的职工成为物质生产者阶层的主要组成部分。

产业工人阶层的劳动分工随着社会经济的发展,劳动生产率的逐渐提高,愈来愈细化。劳动分工是建立在社会分工基础之上的。按照马克思主义的观点,社会分工分为三种形式,即一般分工、特殊分工和个别分工。一般分工指社会劳动的不同部门之间的分工,如国民经济可分为农业、工业等;特殊分工指各个部门内部的分工,如工业可分为冶金工业、机械工业、煤炭及炼焦工业等;个别分工指企业内部劳动者之间的分工,如机械厂内又分为铸工、车工等。而企业内部的分工又有不同的形式,主要有:按不同的工艺阶段分工;按工种或劳动的作业分工;按基本工作和辅助工作分工和按技术等级高低的分工。

①　国家统计局编:《中国统计年鉴1984》,中国统计出版社1984年版,第113—114页。

　　我国自1953年实施第一个五年计划始,国家对工业基础设施建设投入了大量的物力人力,力求为实现工业化奠定初步的基础。尽管在经济建设中出现过曲折和失误,但经过第二、第三、第四个五年计划的建设,到改革开放前我国已经形成了一个比较完整的工业体系和国民经济体系。就工业来说,在计划经济时期,我国习惯把工业划分为重工业和轻工业两大类。重工业指主要生产生产资料的工业部门,轻工业指主要生产生活资料的工业部门。具体的工业部门主要有:冶金工业、电力工业、煤炭及炼焦工业、石油工业、化学工业、机械工业、建筑材料工业、森林工业、食品工业、纺织工业、缝纫工业、皮革工业、造纸及文教艺术用品工业等等。在这些部门中又可分为若干类别,例如化学工业可分为基本化学原料工业、化学肥料工业、化学农药工业、有机化学工业、日用化学工业等;机械工业可分为农业机械制造工业、工业设备制造工业、交通设备制造工业、生产用其他机械制造工业、电子工业、日用金属品工业等;纺织工业可分为纤维原料初步加工业、棉纺织工业、毛纺织工业、麻纺业、丝绢纺织业、针织业和其他纺织业;食品工业可分为粮油工业、制盐工业、屠宰及肉类加工工业、罐头工业、制糖工业、卷烟工业、酿酒工业等等。在这些工业类别中又可分为若干小类别,例如棉纺织业可分为棉纺业、棉织业、印染业和棉制品业。在每个工业行业中,体力劳动者的工种划分更为具体。下面仅以冶金工业中钢铁冶炼企业从事高温作业的工种为例作一说明。

　　1. 烧结。包括烧结机看火工,单辊小格工,热矿筛分工,热返矿工,热矿输送工,一、二次混合工,热矿缓冷工,竖窑司窑、链板机工,混合料工,抽风机工。

　　2. 炼铁。包括高炉炉前工,铸铁机工,热料秤量车工,煤粉喷吹工,热风炉工,高炉配管工。

　　3. 炼钢。包括平炉、转炉、三吨以上电炉炼钢工,注锭工,炉衬工,整、脱模工,砌接出钢槽工,平炉装料工,转炉炉前行车(吊车)及领行工,注锭行车工,热钢锭整理工,炼钢吹风抹缝工,熔铁炉工、混铁炉工,储存保温铁水包工,泥芯杆工,炉前快速分析工,平炉开炉门工,合金料烘烤工,平炉汽化冷却工,炼钢测温工,烘包工。

4. 轧钢。包括热轧钢工,热精整工,加热炉工,热钢材缓冷床工,热钢材剪切工,火焰处理工,热钢材手工打印工。

5. 炼焦。包括炼焦工,拦焦、装煤机工,推焦机工、热焦消火工,测温调火工,炉门修理工。

6. 铁合金。包括铁合金电炉炉前工,炉台上料工,热硅铁破碎工,电炉配电工。

7. 铸造。包括轧辊、钢锭模铸造工,熔铁炉工,铸管工。

8. 通用工种。包括热修瓦工,钢铁、有色热炉渣工,热区跟班维修工,热区行车(吊车)工,热区除尘工,热区检验工,煤气发生炉工。

(二)国家干部阶层

干部的概念是比较宽泛的。上至党和国家主席、国务院总理,下至工厂车间主任、农村生产队队长,皆可称之为干部。知识分子中的科技人员、教师、医生等也具有干部的身份。但是这里所称的国家干部,仍指的是在共产党各级组织、各级政府机关、社会团体与群众组织、国营企业和集体企业、行政事业单位中任职,并被列入干部编制的各种管理人员、办事人员。这类人员不是从生产领域的角度来划分的,从政治上来看也不被认为是一个阶层,但是在现实生活中由于这类人员多是担任领导职务,在政治待遇以及住房、工资、福利等生活待遇方面优于其他阶层,因此比较引人注意。在"文化大革命"前的1965年,全国各级国家机关干部人数为293万人,仅比1957年增加14万人。这表明这个阶层是相对稳定的。"文革"开始后,受政治运动的影响,一大批干部被戴上"走资本主义道路当权派"的帽子受到冲击,有些人甚至被迫害致死。他们成了工人阶级的对立面。为了强调工农的领导地位,"文革"期间从工人农民中选调了一批干部。这批人虽然担任了一定的干部职务,但其原有的工人农民的身份却一直保留,这称之为"以工代干"。例如山西大寨的陈永贵,虽然担任了国务院副总理的职务,但还是农民身份。

国家干部的行政级别划分是明确的。20 世纪 50 年代中期确定了 30 级的干部等级。这个制度包括了上至国家主席,下至基层乡镇勤杂人员在内各级干部。① 其中 14 级以上的干部属于高级干部,15—17 级干部属于中级干部,18 级以下的干部属于低级干部。国家主席、副主席为 1 级干部;全国人大常委会委员长、副委员长为 1—3 级干部;国务院总理、副总理为 1—3 级干部;国务院各部部长、副部长,各委员会主任、副主任,秘书长、副秘书长,办公室主任、副主任为 4—8 级干部;省长、副省长,自治区主席、副主席,直辖市市长、副市长为 5—9 级干部;省辖市市长、副市长为 7—12 级干部;地区级市市长、副市长,自治州州长、副州长,地区专员、副专员为 10—14 级干部;县长、副县长,市长、副市长为 13—18 级干部;区长、副区长为 18—22 级干部;乡长、副乡长,镇长、副镇长为 21—27 级干部等。

(三)知识分子阶层

这个时期我国知识分子阶层主要分布在科学研究、文化教育、卫生、广播电视、新闻出版、体育及社会福利部门。其人员绝对数字有较大的增长,1957 年为 392 万人,1965 年为 651 万人,1978 年为 1069 万人。② 知识分子作为一个阶层被社会所认同。毛泽东在 1957 年《关于正确处理人民内部矛盾的问题》一文中专门提及知识分子问题,认为"我国知识分子的大多数,在过去七年中已经有了显著的进步。他们表示赞成社会主义制度。"社会主义建设事业"需要尽可能多的知识分子为它服务"。③ 但是,时隔不久开展的反右派斗争扩大化,使大批知识分子被错划成"右派",知识分子的社会地位大大跌落。知识分子头

---

① 勤杂人员系指通讯员、勤务员(服务员)、饲养员、清洁员等人员。他们不能算作干部身份,但纳入到国家机关工作人员系列中。

② 国家统计局编:《中国统计年鉴1984》,中国统计出版社1984年版,第113页。

③ 《毛泽东文集》第7卷,人民出版社1999年版,第224—225页。

上被加上了"资产阶级"的帽子,长期得不到社会的公正对待,在"文革"中更是成为改造的对象。知识分子的社会作用没有得到有效地发挥。

(四)农民

这个时期的农民在经历了农业合作化以后不久便在人民公社化运动中成为了人民公社社员。在人民公社体制下,农民从事集体劳动,很难从农村转向其他行业。这时期严格的户籍制度使得农业户口要转成非农业户口是非常困难的事情。1958年在"大跃进"中,为了大炼钢铁,近3000万农民来到城市从事工业生产活动,他们及其家属成为了城市居民。但是,随着"大跃进"造成的国民经济困难局面的出现,在国家统筹安排下,这些农民及其家属又回到农村。从劳动分工的角度来看,这个时期农民的劳动分工产生的变化很小。

四、改革开放和社会主义现代化建设新时期(1979—2000年)

改革开放的20年是我国社会阶层在新的观念、新的体制下发生巨大变化的时期。它所产生的影响在中国历史上将留下很深的痕迹。

学术界对于改革开放时期我国社会阶级阶层的变动非常关注,提出了许多有见地的观点。如朱光磊等著的《当代中国社会各阶层分析》把现阶段我国社会分为四种基本阶层类型:一是基本阶层,包括属于工人阶级范畴的产业工人阶层、知识分子阶层、官员阶层和属于农民阶级范畴的农业劳动者阶层;二是新兴阶层,包括乡镇企业职工、企业家、"三资"企业职工、第三产业职工;三是复新阶层,包括个体劳动者、私营企业主、失业者阶层;四是"边缘阶层",包括过渡性阶层,如军人、大学生等,交叉性阶层,如乡村知识分子、乡村干部等,边缘性群体,如游民、食利者、乞丐、娼妓等。①

---

① 朱光磊等著:《当代中国社会各阶层分析》,天津人民出版社1998年版,第22—29页。

阎志民主编的《中国现阶段阶级阶层研究》一书认为,我国两大阶级,即工人阶级和农民阶级的基本格局未变,但每个阶级内部发生了重大变化。他们认为,工人阶级内部大体可以分为五个阶层:体力劳动工人;办公室工作人员;文化教育和体育卫生工作者;科学技术人员;党政机关和国有企事业单位领导干部。农民阶级分成与过去不同的七个阶层:农业劳动者;林牧渔业劳动者;农民企业家;乡镇企业(包括集体、私营、个体企业)工人;外出打工农民;农村知识分子;农村党政干部。与此同时,出现了若干新的社会阶层,如:民营科技企业的创业人员和科技人员;受聘于外资企业的管理技术人员;个体户;私营企业主;中介组织的从业人员(会计师、审计师、律师等);自由职业者。[①]

陆学艺主编的《当代中国社会阶层研究报告》则把我国当代社会划分为十个阶层,即:国家与社会的管理者阶层;经理人员阶层;私营企业主阶层;专业技术人员阶层;办事人员阶层;个体工商户阶层、商业服务业员工阶层;产业工人阶层;农业劳动者阶层;城市无业失业半失业阶层。[②]

改革开放以来我国社会阶层发生的新的变动具有政治、经济、社会多方面的根源。首先,邓小平提出的改革开放政策彻底摒弃了长期"左"的思想的干扰,破除了人们头脑中的传统观念,使得我国社会不再完全以政治态度作为划分阶级和阶层的标准。其次,我国确立社会主义市场经济体制改变了原有计划经济体制,为社会经济的发展和生产力水平的提高提供了条件。现阶段我国社会多阶层现象的出现正是生产力不断发展的体现。第三,改革开放以来我国经济的快速发展,带

---

① 阎志民主编:《中国现阶段阶级阶层研究》,中共中央党校出版社2002年版,第26—28页。

② 陆学艺主编:《当代中国社会阶层研究报告》,社会科学文献出版社2002年版,第10—23页。

动了产业结构的调整,促进了社会新阶层的不断出现。在计划经济时期,我国主要发展第一、第二产业,第三产业发展迟缓。改革开放后,在传统的第一、第二产业继续得到发展的同时,第三产业有了突飞猛进的发展。到 2000 年年底,全国城乡 71150 万从业人员中,从事第一产业的为 35575 万人,占 50%;从事第二产业的为 16009 万人,占 22.5%;从事第三产业的为 19566 万人,占 27.5%。① 社会各阶层中从事第一产业的人数大大减少,而从事第三产业的人数显著增加。第四,科学技术飞速发展的趋势也对我国社会阶层的变化产生一定影响。在科技发展的带动下,我国经济努力实现科技成果的转化,并努力与国际先进技术接轨,从而形成了一批新的行业,产生了新的阶层。近年来,所谓第四产业,即信息产业在我国也有了很大的发展,从而产生了一批从事高科技研制与推广以及从事相关辅助工作的人员,形成了新的阶层。

我国社会阶层的变动使劳动分工更趋细化。1995 年,国家劳动部门用 4 年时间对我国的各行各业重新进行职业分类研究,取得了新成果。按照最新的《中华人民共和国职业分类大典》的划分,我国职业划分为 8 个大类,66 个中类,413 个小类,1838 个细类(职业)。其中第一大类为国家机关、党群组织、企业、事业单位负责人,含 5 个中类,16 个小类,25 个细类(职业);第二大类为专业技术人员,含 14 个中类,115个小类,379 个细类(职业);第三大类为办事人员和有关人员,含 4 个中类,12 个小类,45 个细类(职业);第四大类为商业、服务业人员,含 8个中类,43 个小类,147 个细类(职业);第五大类为农、林、牧、渔、水利业生产人员,含 6 个中类,30 个小类,121 个细类(职业);第六大类为生产、运输设备操作人员及有关人员,含 27 个中类,195 个小类,1119个细类(职业);第七大类为军人,含 1 个中类,1 个小类,1 个细类(职

---

① 刘永富主编:《中国劳动和社会保障年鉴 2001》,中国劳动社会保障出版社 2001 年版,第 261 页。

业);第八大类为不便分类的其他从业人员,含 1 个中类,1 个小类,1 个细类(职业)。①

总之,20 世纪的后 20 年里,我国社会阶层的新变动既体现了社会经济发展的要求,同时也给我们传统的观念带来冲击,带来诸多的问题。认真研究社会阶层的变动以及各阶层相互之间的关系,将使我们更好地把握社会发展的脉搏,促进社会的不断进步。

第二节　劳动强度和劳动时间

一、劳动强度

劳动强度是指劳动的繁重和紧张程度,或指单位时间内劳动力消耗的程度。劳动强度高,单位时间内劳动消耗就多;劳动强度低,单位时间内劳动消耗就少。提高劳动强度可以在单位时间内生产出更多的产品,从而创造更多的价值。但是,劳动强度过高也会侵害劳动者的身心健康。新中国成立后,劳动者的社会地位有了很大的提高,国家对于尊重劳动者的权益,保护劳动者的切身利益的问题是比较重视的。然而,劳动强度高低的界定却是一个科学的问题。新中国成立后劳动部门对劳动强度问题的认识以及对劳动强度的界定经历了一个过程。

从 1949 年到 1978 年的近 30 年间,党和政府对劳动者切身利益比较关注。国家劳动部门和工会组织从维护劳动者劳动权益的角度出发,制定了一系列规章制度,给予劳动者以劳动保护,其中降低劳动强度要求、对劳动强度大的工种予以特殊照顾是这个时期惯常的做法。20 世纪 50 年代,由于国民经济恢复和大规模经济建设的展开,各地工

---

① 国家职业分类大典和职业资格工作委员会编:《中华人民共和国职业分类大典》,中国劳动出版社 1999 年版,第 9—10 页。

农业部门开展了各种劳动生产竞赛,这一方面促进了生产的发展,但另一方面也带来了劳动强度过大造成劳动者发病率增高的现象。1952年10月,全国总工会在一份报告中提出个别企业在生产中规定过高的生产额和重罚轻奖制度,使得工人疲劳过度、发病率高。如石家庄纺织公司病号达全厂工人总数的50%;锦州陶瓷厂1400人中,在6月20日就有104人患肠炎。① 对此,中共中央要求厂矿负责人和工会部门注意职工的安全卫生问题。对于一些劳动强度大的生产部门,像矿山企业,国家要求降低工人的劳动强度,井下作业工人采用6小时工作制,以便使身体得到休息。1958年2月,国务院公布施行《国务院关于工人、职员退休处理的暂行规定》,其第二条第一项规定:"男工人、职员年满六十周岁,连续工龄满五年,一般工龄(包括连续工龄)满二十年的;女工人年满五十周岁、女职员年满五十五周岁,连续工龄满五年,一般工龄满十五年的"应该退休。第二项规定:"从事井下、高空、高温、特别繁重体力劳动或者其他有损身体健康工作的工人、职员,男年满五十五周岁、女年满四十五周岁,其连续工龄和一般工龄又符合本条(一)项条件的"可以退休。② 这个文件体现了对从事劳动强度大的体力劳动职工的关心。从1957年冬开始,农村广泛开展了农田水利基本建设,大量劳动力投入兴修水渠、翻整土地的劳动。同时工业部门也掀起生产高潮。这期间许多地方的工人农民劳动强度过高,休息时间过少。为此,中共中央于1958年3月31日发出《关于在生产高潮中应当控制劳动强度的通知》,指出:"认为劳动强度可以一直提高下去的想法是不正确的","应当教育工人农民更多地注意改进技术,改进工具,改进操作方法,以求生产的跃进,而不要单纯地、过分地依靠提高劳动

---

① 中华全国总工会办公厅编:《建国以来中共中央关于工人运动文件选编》,上册,中国工人出版社1989年版,第41页。

② 中共中央文献研究室编:《建国以来重要文献选编》,第十一册,中央文献出版社1995年版,第159页。

强度来达到目的"。① 这个意见是正确的。可惜在"大跃进"运动的高潮中,这种任意提高劳动强度的现象普遍存在。

在国民经济调整时期以及此后一个时期,国家对于劳动者中劳动强度大,特别是从事繁重体力劳动以及特殊行业的人员,采取提前退休的办法对待。例如,1962 年 7 月 25 日劳动部复函水利电力部,同意电力工业企业中从事杆上操作的线路架设工、线路检修工,水利电力工地的专业架子工属于高空作业的工种;同意发电厂的人力卸煤工和人力除灰工,从事主要依靠人力的起重工(从事指挥起重工作的除外),水利水电工地的风钻工属于特别繁重体力劳动的工种。② 从事上述各类工作的工人,可以按照《国务院关于工人、职员退休处理的暂行规定》提前退休。此后,国家劳动部门又确定许多工种为井下、高空、高温和特别繁重体力劳动工种,如林业企业中的木材人力装卸工和水上人力搬运工;交通航运部门所属的各个港口的体力装卸工、潜水员,蒸汽船舶的生火员;在生产用锅炉上工作,从事人力投煤的锅炉工,在火车、轮船上工作的锅炉工等等。

总之,改革开放前的 30 年,我国劳动者劳动强度的问题引起了国家的重视。但是却始终缺乏一个科学的界定标准。而且,讲劳动强度往往局限在工矿企业体力劳动方面,对于农民劳动强度、从事脑力劳动人员的劳动强度等问题,很少涉及。

1978 年以后,劳动法规的制定逐渐规范化。对劳动强度的科学分级是实施劳动保护的科学依据。1983 年,《中华人民共和国国家标准体力劳动强度分级》制定并颁布施行。该标准将体力劳动强度按劳动强度指数大小分为四级。(见表 2—1)

---

① 中华全国总工会办公厅编:《建国以来中共中央关于工人运动文件选编》上册,中国工人出版社 1989 年版,第 646 页。
② 劳动人事部政策研究室编:《劳动人事法规规章文件汇编(1949—1983)》,劳动人事出版社 1987 年版,第 877 页。

表2—1　　　　　　　　　体力劳动强度分级表

体力劳动强度级别	劳动强度指数
Ⅰ	≤15
Ⅱ	~20
Ⅲ	~25
Ⅳ	>25

资料来源:杨体仁、祁光华主编:《劳动与人力资源管理总览》,中国人民大学出版社1999年版,第343页。

按照标准规定:Ⅰ级体力劳动指8小时工作日平均耗能值为850大卡/人,劳动时间率为61%,即净劳动时间①为293分钟,相当于轻劳动。Ⅱ级体力劳动指8小时工作日平均耗能值为1328大卡/人,劳动时间率为67%,即净劳动时间为322分钟,相当于中等强度劳动。Ⅲ级体力劳动指8小时工作日平均耗能值为1746大卡/人,劳动时间率为73%,即净劳动时间为350分钟,相当于重强度劳动。Ⅳ级体力劳动指8小时工作日平均耗能值为2700大卡/人,劳动时间率为77%,即净劳动时间为370分钟,相当于"很重"强度劳动。标准中劳动强度指数的计算公式为:

$I = 3T + 7M$。式中:

I——劳动强度指数;

T——劳动时间率 = 工作日内净劳动时间(分)/工作日总工时(分)(%);

M——8小时工作日能量代谢率(大卡/分·米²);

3——劳动时间率的计算系数;

7——能量代谢率的计算系数。②

---

① 净劳动时间指的是,一个工作日除去休息及工作中间暂停的全部时间。

② 杨体仁、祁光华主编:《劳动与人力资源管理总览》,中国人民大学出版社1999年版,第344页。

此外,高处作业分级的国家标准和高温作业分级的高价标准先后制定出台。我国劳动强度界定具有了科学的标准,使职工劳动保护的工作更加趋向科学化、法制化,大大地提高了职工的劳动生活质量。

二、劳动时间和休假制度

劳动者(这里主要指职工)劳动时间的长短直接影响到劳动者的根本利益。《共同纲领》明确规定:"公私企业目前一般应实行八小时至十小时的工作制,特殊情况得斟酌办理。"①这个时期提出 8 小时至 10 小时工作制,是根据当时的具体情况确定的。新中国成立初期,经济凋敝,人民生活十分困难。摆在党和人民政府面前的最紧迫的问题,就是要迅速恢复生产,发展经济。因此,当时没有明确提出实行 8 小时工作制,而是采取了较为灵活的规定。政务院总理周恩来在 1949 年 12 月的一次讲话中涉及劳资关系时指出:"工人的劳动是应该实行八小时工作制的,但现在一般还得工作八个多小时到十个小时。工人的生活水准应该同中国的现有情况相适应。今天的主要问题,是先做到不失业、不饥饿。"②

鉴于国民经济恢复时期处于经济恢复的特殊时期,各个地区、各种不同性质的企业实际执行的劳动时间的长短有很大差别。据劳动部 1951 年 5 月提出的《各地工作时间情况》的报告,截至 1950 年 10 月初,对全国 92 个城市(其中华北区 13 个,东北区 34 个,华东区 16 个,中南区 17 个,西南区 5 个,西北区 7 个),1376 个企业单位(其中 500 人以上的大型企业占 13%,100 至 499 人的中小型企业占 26%,50 至 99 人的中小型企业占 14%,49 人以下的小型企业占 47%),548314 名

---

① 中共中央文献研究室编:《建国以来重要文献选编》第 1 册,中央文献出版社 1992 年版,第 8 页。

② 《周恩来选集》下卷,人民出版社 1984 年 11 月版,第 13 页。

职工(其中大型企业职工占 80%,中型企业职工占 15%,中小型企业职工占 3%,小型企业职工占 2%)的调查统计,结果显示:(1)从地区企业单位平均工时看:东北区为 8 小时 49 分,中南区为 9 小时 25 分,华北区为 9 小时 37 分,西北区为 9 小时 45 分;(2)从企业单位看:实行 8 小时制的企业占 26%,8 小时半至 9 小时半制的占 24%,10 小时制的占 29%,10 小时半至 11 小时半制的占 5%,11 小时半至 12 小时制的占 11%,12 小时半至 17 小时制的占 4%;(3)从职工人数看:实行 8 小时制的职工占 61%,8 小时半至 9 小时半的占 15%,10 小时的占 15%,10 小时半至 11 小时半的占 1%,11 小时半至 12 小时的占 5%,12 小时半至 17 小时的占 0.2%;(4)从产业业别看:实行 4 小时半至 7 小时半制的主要是部分市政公用企业、电信邮政业、榨油业、交通运输业和化学工业等,基本上实行 8 小时制的主要是电力工业、煤矿工业、铁道及其他运输业、电信邮政业和市政公用业等,大多数实行 8 小时半至 9 小时半制的为机器及金属品制造工业、机器修配业、橡胶工业、木材加工业、印刷业等,实行 10 小时制的主要为棉纺织工业、毛麻丝纺织工业、针织工业、缝纫工业、印染工业、烟草工业、火柴工业等,实行 12 小时半至 17 小时的有 44% 的中西药商业、33% 的食品商业、19% 的百货商业、22% 的其他商业等。① 从以上资料可以看出,建国初期随着地区、行业和企业的不同,劳动时间也不同。大体上看,61% 的职工能够按照 8 小时工作制从事生产劳动。如果按 10 小时工作制算,所占职工比例为 91%。这说明建国之初《共同纲领》确定的"实行 8 至 10 小时工作制度"在大多数职工身上得到了体现。

为了进一步保护职工的切身利益,1952 年 8 月 6 日,政务院公布《关于劳动就业问题的决定》,其中规定:"一切较大的工矿交通运输企

① 中国社会科学院、中央档案馆编:《中华人民共和国经济档案资料选编·劳动工资和职工福利卷 1949—1952》,中国社会科学出版社 1994 年版,第 741—743 页。

业均应尽可能实行八小时工作制";有害健康的工作,每日工作的时间还应短于 8 小时。政务院制定的这项主要企业实行"八小时工作制"的决定在大多数国营企业中得以落实。但由于国民经济恢复时期存在着多种经济成分共存的实际情况,尤其是私人资本的存在,造成实际生产活动中劳动时间的差异。总体上讲,国营企业职工劳动时间要少于私营企业职工劳动时间。

表 2—2　　　　国营和私营工矿企业每日工作时间按
企业职工人数统计表

按企业职工人数分类(42 个城市)	调查范围		实行各种工作时间的人数百分比						
	户数	职工人数	8 小时以下	8 小时	超过 8 小时到 9 小时	超过 9 小时到 10 小时	超过 10 小时到 11 小时	超过 11 小时到 12 小时	12 小时以上
国营	1024	406118	7.5	70.9	17.5	3.3	0.3	0.4	0.1
私营	25114	498092	3.4	14.0	24.4	49.5	5.1	3.3	0.3

资料来源:劳动部《三年来劳动统计参考资料(1950—1952)》,见中国社会科学院、中央档案馆编:《中华人民共和国经济档案资料选编·劳动工资和职工福利卷 1949—1952》,中国社会科学出版社 1994 年版,第 745 页。

1956 年全行业公私合营在全国大中城市先后实现,标志着对资本主义工商业的社会主义改造基本完成,中国进入社会主义社会。中共中央和国务院对劳动保护问题更为关注。1960 年 12 月 21 日,中共中央发出《关于在城市坚持八小时工作的通知》,明确提出:"全国各城市的一切单位,一切部门,在一般情况下,无例外地必须实行八小时工作制"。此后,我国工矿企业和所有行政事业单位一律把劳动时间确定为 8 小时工作制。但是对于特别繁重的或有害健康的工作,如矿山、化工等,则实行 7 小时或 6 小时工作制。从建国初期开始,我国实行每周 6 天工作制,按照每天工作 8 小时计,每周工作时间为 48 小时。这一做法一直保持到 90 年代初。

随着改革开放的不断发展,到90年代初我国社会经济发生很大的变化。企业改革的进行,要求加强科学管理,努力提高劳动生产率,提高劳动者的生产积极性和生产技能。但是,长期计划经济体制下,许多企业管理松弛,机构臃肿,职工生产积极性没有得到最大限度的发挥。同时,每周6天工作制,使职工用于培训、调理生活,包括子女教育、照顾老人、娱乐和人际交往的时间感到不足。针对上述情况,参考国外的经验和国内部分企业的做法,1994年2月3日,国务院发布《关于职工工作时间的规定》,指出:为了合理安排职工的工作和休息时间,维护职工的休息权利,调动职工的积极性,促进社会主义现代化建设事业的发展,根据宪法的有关规定,制定本规定。"国家实行职工每日工作8小时,平均每周工作44小时的工时制度。因工作性质和工作职责的限制,需要实行不定时工作制的,职工平均每周工作时间不得超过44小时。"规定还确定:国家机关、事业单位实行统一的工作时间,自本规定实施之日起,第一周星期六和星期日为休息日,第二周星期日为休息日,依此循环。这个规定自1994年3月1日起在全国实行。这种新的工作制的实行得到广大职工的欢迎。人们把星期六和星期日两天休息日称为"大礼拜",把星期日一天休息日称为"小礼拜"。从这个规定实行的效果看,调动了职工的生产积极性,改善了职工的闲暇生活,也促进了消费市场的活跃。但是,隔周一次双休日,也给人们的工作和生活带来不便。

自1995年5月1日起,实行了两年的职工平均每周工作44小时的制度被每周工作40小时、每周工作5天的工时制度所替代。新的工时制度的实施提高了企事业单位的工作效率,改善了企业的优化管理,促进了第三产业的发展,为企业分流富余人员和再就业工程创造了条件。

除了职工正常的工作时间外,社会生产活动中还存在加班加点现象。所谓加班指的是职工在法定节日和公休日从事生产活动。所谓加点指的是职工在正常工作日延长时间从事生产活动。为了保护职工的身体健康,提高生产效率,促进生产中的组织性与计划性,国家从法律法规上对企业加班加点做出限制。1951 年 9 月 15 日,第一次全国劳动保护工作会议通过了《限制工厂矿场加班加点办法(草案)》,规定:"厂矿中的生产任务,应在正常工作时间内完成,一般不准加班加点。"遇有下列情况之一者,经工会基层组织同意,厂矿方始得加班加点:1.为了国防紧急任务必须于短期内完成者;2. 公用事业发生意外故障,必须及时修复者;3. 因机械设备发生故障或其他事故,影响多数职工工作,须及时修复者;4. 因意外事故,致使某项工作未能在正常工作时间内完成,更以技术条件必须技术继续工作,否则将使材料和机器受到损坏者;5. 厂矿遇有特殊紧急生产任务,必须于短期内完成者。《办法》还规定由于第 2、3、4 三款原因从事加班加点者,其每人每月加班加点总数,不得超过 32 小时。由于第 5 款原因从事加班加点者,一天内加点时间最多不得超过 3 小时,连同正常工作时间在内,不得超过12 小时。加班时间应不超过普通工作日的工作时间,连续加班加点不得超过 3 次。全月加班加点总数,不得超过 32 小时。危害身体健康的工作部门,其加班加点时间与次数均应少于本条的规定,特别是危害身体健康的工作部门,禁止加班加点。① 这个《办法》由于是在国民经济恢复时期制定的,难于在全国统一实行,只是部分地区参照这个《办法》的规定执行。各地厂矿企业中加班加点现象仍很普遍。尤其是在1953 年 9 月开展增产节约竞赛后,各地发动群众超额完成各项生产计划,随便加班加点的现象很严重。据全国总工会华北工作委员会于1954 年 3 月提交的一份《关于增产节约竞赛运动中加班加点情况的报告》显示,天津市地方工业局所属第五机器厂等 6 个单位,仅在 1953 年10 月下旬加班加点时间,即相当于 350 名工人作一天工;唐山开滦、唐

① 中国社会科学院、中央档案馆编:《中华人民共和国经济档案资料选编·劳动工资和职工福利卷 1949—1952》,中国社会科学出版社 1994 年版,第 751—752 页。

家庄、林西等三个煤矿,从1953年9月25日起至11月份,加班加点即达163015个小时;石家庄新建纺织厂第一工区,9月1日至19日,加班加点达5779个小时,相当于642个工作日。这些现象影响了劳动生产率的提高,更造成机器、人身事故,导致生产秩序紊乱。1955年8月10日,国务院发布《关于限制公私企业加班加点的暂行规定(草案)》,其中关于加班加点的特殊情况,这个草案删除了《办法》中的"厂矿遇有特殊紧急生产任务,必须于短期内完成者"一项,同时,将职工每人每月加班加点总数由前述的32小时改为24小时,全年不得超过160小时。[①] 尽管政府有关部门制定了相关的法规,但是在实际中,加班加点现象仍然是影响职工利益的问题。1958年"大跃进"时期,全国大搞农田水利基础设施建设和大炼钢铁,动用劳动力数以亿计。高潮期间,人们昼夜劳动,大大超过正常的工作时间的规定。例如:秦皇岛港口的装卸工人自"大跃进"开始后,把三班作业制改为两班作业制。一般工人每班作业12小时,加上班前班后准备工作的时间,达14—15小时。这种情况使工人处在高度紧张的劳动状态之中,实际上是"装船卫星上了天,职工体力疲惫不堪"。[②] 高强度的劳动使得工人农民群众的身体受到损害,影响了人们的生产积极性。对此,中共中央曾提出要控制劳动强度,在生产高潮经过一个适当的时间以后,需要转入巩固和休整一个短时间,然后再进入第二个高潮。

关于休假制度,新中国成立初期在实行6天工作制以外,全国性节假日亦放假休息。1949年12月23日,政务院公布了《全国年节及纪念日放假办法》,规定全体劳动者全年公共假日为7天,即:

"一、新年　放假一日　一月一日

---

① 中国社会科学院、中央档案馆编:《中华人民共和国经济档案资料选编·劳动工资和职工福利卷1949—1952》,中国社会科学出版社1994年版,第777页。

② 中华全国总工会本书编写组编:《新中国工运大事记》,中共中央党校出版社1993年4月版,第258页。

二、春节 放假三日 夏历正月初一日、初二日、初三日

三、劳动节 放假一日 五月一日

四、国庆纪念日 放假二日 十月一日、二日"。①

此外,属于部分人民群众的节日放假半天,或只其中一部分人放假,如:妇女节(限于妇女)3月8日、青年节(限于中等学校以上的学生)5月4日、儿童节6月1日、人民解放军建军纪念日(限于军队及军事机关)8月1日。少数民族传统的节日则根据各个民族的习惯由各少数民族地区的人民政府规定放假日期。

这个涉及全体劳动者的全国性的休假制度在新中国成立后实行了50年之久。1999年9月18日,国务院修订发布了《全国年节及纪念日放假办法》,其中规定:全体公民放假的节日:

(1)新年,放假1天(1月1日);

(2)春节,放假3天(农历正月初一、初二、初三);

(3)劳动节,放假3天(5月1日、2日、3日);

(4)国庆节,放假3天(10月1日、2日、3日)。

此外,部分公民放假的节日和纪念日有:妇女节(3月8日),妇女放假半天;青年节(5月4日),14周岁以上的青年放假半天;儿童节(6月1日),13周岁以下的少年儿童放假1天;中国人民解放军建军纪念日(8月1日),现役军人放假1天。少数民族习惯的节日,由各少数民族聚居地区的地方人民政府,按照各该民族习惯,规定放假日期。其他节日、纪念日如:二七纪念日、五卅纪念日、七七抗战纪念日、九三抗战胜利纪念日、九一八纪念日、教师节、护士节、记者节、植树节等,均不放假。《办法》还规定,全体公民放假的假日,如果适逢星期六、星期日,应当在工作日补假。部分公民放假的假日,如果适逢星期六、星期日,

---

① 劳动人事部政策研究室编:《劳动人事法规规章文件汇编1949—1983》,劳动人事出版社1987年版,第829页。

则不补假。①《办法》自发布之日起实施。这样,全国公众放假日由原来的每年7天增加到10天。由于春节、劳动节、国庆节放假3天,加之前后的星期六和星期日,这三个节日成为人们所说的"黄金周"。新的放假办法的出台,是我国社会经济得到一定发展的产物,它体现了对劳动者自身权益的关怀,使劳动者能够有更多的时间调理生活,同时也带动了与假日相关产业的发展。

休假制度还包括探亲休假和带薪年休假。探亲休假指职工探望与自己分居两地的配偶和父母而享受的休息时间。根据国务院1981年3月发布的《关于职工探亲假的规定》,凡在国家机关、人民团体和全民所有制企业、事业单位工作满一年的固定职工,与配偶不在一起,又不能在公休日团聚的,可以享受探望配偶的休息待遇;与父母亲不在一地,又不能在公休日团聚的,可以享受探望父母的休息待遇。探亲假的具体规定为:职工探望配偶的,每年给一方探亲假一次,假期为30天;未婚职工探望父母,原则上每年给假一次,假期20天。如因工作需要,当年单位不能给予假期的,或者职工自愿两年探亲一次的,可以两年给假一次,假期45天;已婚职工探望父母,每四年给假一次,假期20天;凡是实行休假制度的职工(如学校教师)应在休假期间探亲,休假期较短的,单位适当安排补足其探亲假的天数。规定还指出:劳动合同制工人同固定工一样享有探亲假待遇。带薪年休假制度是西方发达国家通常的做法。我国长期以来并没有这方面的具体规定。改革开放以后,社会经济的发展,尤其是劳动保护观念的增强,使得这一制度开始浮出水面。1994年制定的《中华人民共和国劳动法》明文规定:"国家实行带薪年休假制度。劳动者连续工作一年以上的,享受带薪年休假。"现实生活中,已经有部分企业和单位开始实行职工带薪年休假制度。

---

① 《人民日报》1999年9月21日。

第三节 职工的劳动保护

劳动保护是指国家为了保障劳动者在生产劳动过程中的安全和健康,在法律、技术、设备、教育及组织制度等方面所采取的一整套综合措施。新中国成立后,工人、农民等普通劳动者成为了国家的主人。保障劳动者在生产中的安全和健康是共产党和人民政府历来十分重视的问题。早在1949年9月,第一届全国政协一次会议通过的《共同纲领》第三十二条明文规定:"逐步实行劳动保险制度。保护青工女工的特殊利益。实行工矿检查制度,以改进工矿的安全和卫生设备。"[①]1954年通过的第一部《中华人民共和国宪法》,在确认公民有劳动的权利的同时,规定"中华人民共和国劳动者有休息的权利。国家规定工人和职员的工作时间和休假制度,逐步扩充劳动者休息和修养的物质条件,以保证劳动者享受这种权利。"从这个时候开始,国家相继出台了一系列有关劳动保护的法规和条例,使劳动者的劳动保护不断得以加强。

一、安全技术工作

安全技术是指为了预防和消除生产劳动过程中各种不安全因素,防止发生人身伤亡事故所采取的技术组织措施。由于各行业、各工种的性质特点不同,其相应的安全技术要求也不同。根据各行业的性质和机器设备的不同,安全技术可分为矿山安全技术、冶金安全技术、化工安全技术、建筑安全技术、交通运输安全技术、电气安全技术、起重安全技术、锅炉与受压容器安全技术、焊接安全技术、机器安全技术等。建国初期,人民政府对企业安全生产非常重视,相继出台了一些政策法

---

① 中共中央文献研究室编:《建国以来重要文献选编》第1册,中央文献出版社1992年版,第8页。

规。1950年9月19日,东北人民政府制定了《东北公营工厂、矿山安全责任制度暂行规定》,要求各公营厂矿必须建立安全生产制度,如机械运转检修制度、对危险品管制制度、检查制度、天灾预防制度等,建立救护组织。同年10月,燃料工业部制定了《公私营煤矿安全生产管理要点》,对煤矿安全生产作出具体规定。此外,重工业部出台了《工厂安全管理制度》,铁道部出台了《铁道技术管理规程》、《铁路工厂技术安全暂行规程》,纺织工业部制定了《关于降低车间温湿度的指示》等。这些政策法规的颁布实施,对改善以往比较落后的厂矿安全生产起了很大的推动作用。

随着国民经济恢复任务的完成,"一五"计划从1953年起开始实施,大规模的经济建设拉开了帷幕。在开展经济建设的同时,注意改善劳动者的劳动条件,保护劳动者在生产中的安全和健康,是国家的一项重要政策。到1955年,尽管与劳动保护和安全生产相关的各地区、各部委的政策法规多有出台,一定程度上改变了工矿企业不注重安全生产,伤亡事故、职业疾病发生率高的状况,但是,仍有一些企业和企业主管部门对安全生产重视不够,职工因工伤亡情况十分严重。全国总工会劳动保护部1955年2月的一份报告称,据不完全统计,从1950年5月至1954年8月底,全国因工伤亡职工总数达983500人,其中因工死亡14033人,重伤29645人,轻伤939822人。[①] 1954年重大伤亡事故特别严重,一次死亡10人以上的重大伤亡事故发生了13次,死亡312人。其中有5次重大伤亡事故:交通部重庆港务局江岳轮2月25日起卸汽油时,油舱内汽油燃烧爆炸,死亡26人,伤28人;四川省地方国营曾家山煤矿4月29日发生瓦斯爆炸,死亡26人,轻伤5人;铁道部新建铁路工程总局第四工程局沙丰线7月6日大雨后发生渡船倾覆事故,淹死27人,轻重伤32人;河北省地方国营下花园煤矿7月28日发

---

① 中国社会科学院、中央档案馆编:《中华人民共和国经济档案资料选编 劳动工资和职工福利卷1953—1957》,中国物价出版社1998年版,第789页。

生瓦斯爆炸,死 38 人,伤 8 人;内蒙古地方国营大发煤矿 12 月 6 日发生瓦斯爆炸事故,死亡 104 人,伤 18 人。①

这个时期导致安全事故发生的原因,除了安全技术设备落后、企业管理者和工人安全生产意识淡薄等因素外,主要的是安全技术规程和制度不健全。为此,1956 年 5 月 25 日国务院全体会议第 29 次会议讨论通过了有关劳动保护和安全生产的 3 个规程:《工厂安全卫生规程》、《建筑安装工程技术规程》和《工人职员伤亡事故报告规程》,并于发布之日起施行。《工厂安全卫生规程》的主要内容是,对工厂的厂院、工作场所、机械设备、电气设备、锅炉、气瓶、气体、粉尘、危险物品、供水、生产辅助设施以及个人防护用品等有关安全技术和工业卫生的组织与技术措施作出具体规定。《建筑安装工程安全技术规程》的主要内容是,对工业与民用建筑(不包括铁路、公路、水利、航道、矿井和港口建设工程)的施工提出一般安全要求,对施工现场、脚手架、土石方工程、机电设备安装、拆除工程的安全技术设施、防护用品标准等作出具体规定。《工人职员伤亡事故报告规程》规定了实施的范围、报告的程序,对伤亡事故调查处理组织的组成和任务做出了规定。规程要求发生多人事故、重伤事故或者死亡事故的工厂厂长,立即将事故概况用电报、电话或者其他快速办法报告企业主管部门、当地劳动部门和工会组织。规程特别强调:"企业对于职工伤亡事故,如果有隐瞒不报、虚报或者故意延迟报告的情况,除责成补报外,责任人应该受纪律处分;情节严重的,应该受刑事处分"。② 这三个规程是新中国成立后首次以国务院的名义发布关于职工安全生产的文件。它集中了建国后几年劳动保护方面的经验,对于进一步改善劳动条件,加强劳动保护工作,有重大的意义。

---

① 中国社会科学院、中央档案馆编:《中华人民共和国经济档案资料选编·劳动工资和职工福利卷 1953—1957》,中国物价出版社 1998 年版,第 791 页。

② 中国社会科学院、中央档案馆编:《中华人民共和国经济档案资料选编·劳动工资和职工福利卷 1953—1957》,中国物价出版社 1998 年版,第 766 页。

这以后,国家有关部门又先后制定了相关的政策和法规。1961年1月28日,国务院批转国家计委、化工部、铁道部、商业部、公安部"关于全国化工产品安全管理问题座谈会的报告"及其4个附件。其中对易燃、易爆危险品在生产、包装、运输、储存保管方面都做了详细规定。劳动部还公布了《起重机械管理办法》、《锅炉监察规程》和《气瓶安全监察规程》等等。1963年3月30日,国务院颁布了《关于加强企业生产中安全工作的几项规定》,对建立安全生产责任制,编制安全技术措施计划,加强安全生产教育,搞好安全生产的定期检查,关于伤亡事故的调查处理,做出了明确规定。规定要求:"企业单位的各级领导人员在管理生产的同时必须负责管理安全工作,认真贯彻执行国家有关劳动保护的法令、规章制度。"规程还具体规定了企业行政安全部门"遇有特别紧急的不安全情况时,有权指令先行停止生产,并且立即报告领导上研究处理。"

"文化大革命"结束后,国家逐渐走上健康发展的轨道,生产领域混乱的情况被纠正。企业安全生产问题引起从上到下各个部门的高度重视。1978年10月21日,中共中央发出《关于认真做好劳动保护工作的通知》,提出:"加强劳动保护工作,搞好安全生产、保护职工的安全健康,是我们党的一贯方针,是社会主义企业管理的一项基本原则。"通知要求各级领导和工会,要加强群众劳动保护工作,加强安全生产教育,落实劳动保护的各项规定。1982年12月,全国人大五届五次会议审议通过的"六五"计划中特别强调了"加强劳动保护"问题,要求"认真解决安全技术、劳动卫生方面的突出问题,有效地改善劳动条件,健全并严格执行劳动保护法规和制度,严格执行矿山、锅炉和压力容器等国家安全监督制度,努力防止伤亡事故,并使职业病发病率降到历史最低水平以下"。① 特别应该指出的是1994年7月5日通过的

---

① 中共中央文献研究室等编:《新时期劳动和社会保障重要文献选编》,中国劳动社会保障出版社、中央文献出版社2002年版,第50页。

《中华人民共和国劳动法》,明确规定"用人单位必须建立、健全劳动安全卫生制度,严格执行国家安全劳动卫生规程和标准,对劳动者进行劳动安全卫生教育,防止劳动过程中的事故,减少职业危害";"劳动者在劳动过程中必须严格遵守安全操作规程";"国家建立伤亡事故和职业病统计报告和处理制度"。①

在厂矿安全生产方面,蒸汽锅炉压力容器安全和矿山安全是各项安全生产中的重中之重。国务院和相关部委非常重视这方面的安全技术问题,制定了大量安全监察的规程和文件。从1957年至1983年间,关于蒸汽锅炉压力容器安全监察的文件有35项之多。主要有:《劳动部锅炉检查总局关于锅炉运行应注意事项的通知》(1957年12月2日)、《蒸汽锅炉安全监察规程》(1980年7月11日)、《压力容器安全监察规程》(1981年5月4日)、《溶解乙炔气瓶安全监察规程》(1981年6月4日)等。矿山安全方面,1982年2月13日,国务院发布实施《矿山安全条例》和《矿山安全监察条例》。国务院在通知中指出:"凡新建、改建、扩建的矿山,其劳动条件和安全卫生设施都必须符合条例的规定,否则不准投产。"②条例对各个国营矿山安全生产作出严格要求外,对集体所有制的社队矿山的安全同样作出要求,责成县、市矿山主管部门必须加强对社队矿山的管理,帮助这些矿山建立安全生产制度,组织职工的技术培训和安全生产教育。

二、劳动卫生

劳动卫生是指在工业生产中为了改善劳动条件,保护劳动者健康,避免有毒有害物质危害,防止发生职工中毒和职业病而采取的技术组

---

① 中共中央文献研究室等编:《新时期劳动和社会保障重要文献选编》,中国劳动社会保障出版社、中央文献出版社2002年版,第149—150页。

② 劳动人事部政策研究室编:《劳动人事法规规章文件汇编(1949—1983)》,劳动人事出版社1987年版,第1515—1516页。

织措施,又称工业卫生。劳动者在从事生产活动中对其健康产生不良影响的因素,可称之为职业危害因素。职业危害因素很多,主要有以下三类:(1)与生产过程有关的因素。主要有:化学性因素,包括金属化合物,如铅、汞、镉、氧化锌等;有机化合物,如苯、汽油、沥青等;生产性粉尘,如矽尘、石棉尘等;刺激性及窒息性气体,如氨、硫酸、一氧化碳、化学农药等。化学性因素是引起职业中毒和职业病最常见的有害因素。物理性因素,包括高温、高湿、强烈热辐射、高气压、低气压、无线电辐射、红外线辐射、紫外线辐射、振动和生产性噪音等。生物性因素,包括各种病原微生物、寄生虫等的侵袭和感染。(2)与劳动过程有关的因素。主要包括作业时间过长、劳动强度过大、劳动组织不合理、长时间处于某种不良体位或使用不合理的工具等等。(3)与作业场所的一般卫生条件、卫生技术、生产工艺设备的缺陷有关的因素。主要包括厂房低矮、狭小,位置不合理,缺少通风、采暖设备,缺少防尘、防毒、防暑设备,照明有缺陷,缺乏防护设施等。职业病指劳动者在劳动过程中接触一种或几种职业性有害因素而引起的疾病。按1957年2月卫生部制定的《职业病范围和职业病患者处理办法的规定》,职业病共分14类,主要是:职业中毒、尘肺、热射病和热痉挛、日射病、职业性皮肤病、电光性眼炎、职业性难听、职业性白内障、潜函病、高山病和航空病、振动性疾病、放射性疾病、职业性炭疽和职业性森林脑炎。1987年卫生部再次颁布的《职业病范围和职业病患者处理办法的规定》,将职业病分为9大类99种。这9大类分别是:职业中毒、尘肺、物理因素职业病、职业性传染病、职业性皮肤病、职业性眼病、职业性耳鼻喉病、职业性肿瘤和其他职业病。

为了保障劳动者的健康,新中国成立以来制定了一批法规和相关的制度。1950年5月31日劳动部制定了新中国第一个有关工业卫生的法规《工厂卫生暂行条例草案》。该草案有66条,分总则、环境卫生、工作场所、生活需要之房屋(食堂、浴室、盥洗所、厕所等)设备等4章。其主要条款有:工厂内应经常打扫,保持清洁;一切工作房、机器设备及其他工作场地,均应保持清洁整齐;对工人应供给清洁开水,盛水及饮水用具应加盖,并应每天洗涤;照明装置(电门、电灯、电线等)应保持清洁完好,按照具体情况,规定清拭期限,每月不得少于四次,并应定期检查电线线路;工作时散放有害健康的蒸汽、气体与灰尘之机器,应经常检查及修理,以保持密闭;每一工厂企业,均应设有食堂、浴室、盥洗所、更衣室、厕所等生活需要之房屋设备,应每日打扫,定期消毒(洒石灰酸水,开水洗涤等),并经常通风,必要时应设机械通风之装置等等。

经过几年的实践,1956 年 5 月 25 日国务院通过的《工厂安全卫生规程》,对工矿企业劳动卫生又作出更具权威、更具体的规定。该规程有 89 条,11 章,具体是:总则、厂院、工作场所、机械设备、电气设备、锅炉和气瓶、气体粉尘和危险物品、供水、生产辅助设施、个人防护用品和附则。

关于厂院,规程规定:人行道和车行道应该平坦、畅通;为生产需要所设的坑、壕和池,应该有围栏或者盖板;厂院应该保持清洁;建筑物必须坚固安全;电网内外都应该有护网和明显的警告标志等。

关于工作场所,规程规定:机器和工作台等设备的布置应该便于工人安全操作;原材料、成品和半成品的堆放要不妨碍操作和通行;工作场所的光线应该充足;室内工作地点的温度经常高于摄氏 32 度的时候,应该采取降温措施;低于摄氏 10 度的时候,应该设置取暖设备;在高温条件下操作的工人,应该由工厂供给盐汽水等清凉饮料;工作场所应该备有急救箱等。

关于机械设备,规程规定:传送带、明齿轮、砂轮、电锯、接近于地面的联轴节、转轴、皮带轮和飞轮等危险部分,都要安设防护装置;压延机、冲压机、碾压机、压印机等压力机械的施压部分都要有安全装置;起重机应该标明起重吨位,并且要有信号装置等。

关于电气设备,规程规定:电气设备和线路的绝缘必须良好;电气设备必须设有可熔保险器或者自动开关;行灯的电压不能超过 36 伏特,在金属容器内或者潮湿处所不能超过 12 伏特等。

关于供水,规程规定:工厂应该保证生活用水和工业用水的充分供给;饮水非经当地卫生部门检验许可,不许使用等。

关于生产辅助设施,规程规定:工厂应该为自带饭食的工人,设置饭食的加热设备;工厂应该根据需要,设置浴室、厕所、更衣室、休息室、妇女卫生室等生产辅助设施,并经常保持完好和清洁等。

关于个人防护用品,规程规定:工厂应该供给工人工作服或者围裙,并根据需要分别供给工作帽、口罩、手套、护腿和鞋盖等防护用品;根据需要由工厂给在相关场所工作的工人供给防护眼镜、防毒面具、防护药膏、护耳器、帽盔、防水靴、安全带、绝缘靴、绝缘手套等防护用具等。①

进入改革开放新时期以后,为了加强劳动卫生工作,国家出台相关劳动卫生标准。1979 年 9 月,国家卫生部、国家基建委员会、国家计划委员会、国家经济委员会和国家劳动总局联合颁布《工业企业设计卫生标准》。标准对工厂的厂址选择、生产区和居民区的布置,居住区大气中、地面水中、车间空气中的有害物质的最高容许浓度,废气、废水、废渣的处理,防暑、防寒、防湿的要求,医疗和辅助卫生设施等,都作了明确的规定。

此外,国家劳动部门还针对矽尘危害、沥青中毒、噪声危害、电磁辐射等严重影响职工身心健康的安全卫生问题,制定具体的防护要求和生产标准。例如噪声标准,1979 年 8 月卫生部、国家劳动总局在《工业企业噪声卫生标准》中规定,工人工作地点,噪声容许标准为 85 分贝;现有企业暂时达不到标准的,可适当放宽,但不得超过 90 分贝;对于每天接触噪声不到 8 小时的工作,接触时间减半,则标准放宽 3 分贝,但最高不得超过 115 分贝。

---

① 劳动人事部政策研究室编:《劳动人事法规规章文件汇编(1949—1983)》,劳动人事出版社 1987 年版,第 840—847 页。

总起来讲,建国以后各级生产劳动管理部门对职工身心健康是十分关注的。国家为了开展大规模的经济建设,对厂矿企业的管理者以及相应的工会部门提出做好企业卫生医疗工作的要求。这些要求主要反映在以下几个方面:

(1)建立劳动卫生规章制度,改善劳动条件和劳动环境。厂矿企业"必须建立、健全劳动安全卫生制度,严格执行国家劳动安全卫生规程和标准,对劳动者进行劳动安全卫生教育","劳动安全卫生设施必须符合国家规定的标准"。①

(2)加强厂矿企业卫生医疗工作。厂矿企业要根据条件建立医院或医疗室;医务工作者要认真学习先进的医疗理论和医疗经验,订立适合本企业的卫生医疗制度;对有害健康工种的职工以及食品供应部门、食堂、托儿所等部门的职工进行定期的体格检查;设立车间保健站和车间医师。

(3)厂矿企业的卫生医疗部门要做好疾病的防治工作。卫生医疗部门要做好职工食堂、宿舍、浴室、理发室、食物供应部门等有关生活居住方面的清洁卫生工作,制定经常的检查制度;对职工群众进行卫生宣传教育,普及基础卫生常识;在职工中开展广泛的体育运动,以增进职工身体健康,企业和机关要普遍开展工间操活动。

(4)办好职工疗养院。职工疗养院主要解决本企业职工的慢性病疗养问题,疗养工作要学习推广各种先进有效的疗法(包括中医疗法),以提高疗养效果。

但是,应该引起注意的问题是,建国以后在一些时期由于种种原因,一些厂矿对职工安全卫生工作并不重视,造成职工身心受到伤害。例如"大跃进"时期,强调建设速度,导致违背客观经济规律,违背生产安全的事情常常发生。改革开放以后,私营、个体经济的出现为活跃社会主义经济起到了很好的作用,但是,也发生了许多私营企业主在生产

———————————

① 《中华人民共和国劳动法》第52、53条。

活动中不顾工人基本利益,使他们身体受到伤害的情况。一些企业缺乏安全保障措施,安全制度不健全,导致工人职业病发病率增长,甚至伤亡事故发生率也有增长。

三、女职工特殊劳动保护

新中国成立后,国家强调男女平等,在劳动方面实行同工同酬。大量的妇女走出家门,进入企事业单位从事生产管理活动,她们在社会主义建设事业中发挥着重要的作用。

女性有着不同于男性的生理特点。女性的骨盆壁薄,骨盆浅,盆腔大,加之女性盆腔内有生殖器官,使盆腔内韧带的分布、血管、淋巴、神经的走向和分布与男性有很大不同,所以女性不适宜从事承重等重体力劳动。此外,女性在经期、怀孕期、生育期和哺乳期(简称"四期")内机体在作业能力上有所下降,对有毒物质的敏感性高。鉴于女性生理上的特殊性,在社会生产活动中注重对女职工的劳动保护有着特别重要的意义。

新中国成立之初,女职工和未成年工的特殊劳动保护受到国家的重视,并以法律的形式予以保障。前文曾提及《共同纲领》中就有相关的条文规定。此后,国家有关部门相继颁布政策法规保障女职工的劳动保护权利。1951年颁布的《中华人民共和国劳动保险条例》和1953年公布的《劳动保险条例实施细则修正草案》对女职工在"四期"的劳动保护等方面作了具体规定。1951年9月,全国总工会起草了《保护女工暂行条例(草案)》,并经第一次全国劳动保护工作会议修正通过。此后,劳动部、卫生部、全国妇联等部门联合参与对草案的补充修订,经过5年的酝酿于1956年下发至全国各地,为推动女职工劳动保护起了积极的作用。之后,在国家有关部门颁布的劳动保护法规中都有涉及女职工保护的内容。改革开放以后,女职工劳动保护工作走上法制化的轨道。1988年9月1日,国务院颁布了《女职工劳动保护规定》,这是我国第一部女职工劳动保护的法规,其中对保护女职工的劳动权益和特殊利益都做出了具体规定。1990 年 1 月 18 日劳动部颁布了《女职工禁忌劳动范围的规定》,1992 年 10 月 1 日,国务院颁布并实施了《中华人民共和国妇女权益保障法》,更进一步将女职工劳动保护规范化、法制化。

建国以来女职工劳动保护的措施主要有:

(1)根据女工生理特点安排劳动岗位,保护女工的合法劳动权益。《保护女工暂行条例(草案)》规定,禁止虐待、打骂、侮辱或歧视女工;女工与男工的工作技术和效能相等时,应得到同等报酬。[①]《女职工劳动保护规定》明确指出:不得在女职工怀孕期、产期、哺乳期降低其基本工资,或者解除劳动合同。[②] 女工不得从事过重及有害生理健康之工作,如直接从事能使身体机能及对生殖系统起毒害作用的工作;18岁以上妇女搬运重量不得超过规定。[③]

(2)女工怀孕期间,不能胜任原工作时,应调换轻工作,或减轻工作量。《保护女工暂行条例(草案)》规定,怀孕满六个月的女工,如体力对原工作不能胜任时,或原工作有碍胎儿健康者,均应调换或减轻工作;如遇特殊情况,其调换或减轻工作的日期,应适当提前。[④] 不许指派怀孕妇女从事有害健康的工作,如登高作业、非正常姿势的工作(跪着、弯着身体工作等)、笨重和紧张的体力劳动、较大震动的工作(汽锤工、铆工等),以防流产、早产、妊娠中毒等,以保证胎儿的正常发育。怀孕有 7 个月和哺乳未满 1 周岁婴儿的女工,可以不上或少上夜班,并

---

① 中国社会科学院、中央档案馆编:《中华人民共和国经济档案资料选编·劳动工资和职工福利卷 1949—1952》,中国社会科学出版社 1994 年版,第 738 页。

② 本书编写组编:《女职工劳动保护工作手册》,工人出版社 2001 年版,第49 页。

③ 中国社会科学院、中央档案馆编:《中华人民共和国经济档案资料选编·劳动工资和职工保险福利卷 1953—1957》,中国物价出版社 1998 年版,第 979 页。

④ 中国社会科学院、中央档案馆编:《中华人民共和国经济档案资料选编·劳动工资和职工福利卷 1949—1952》,中国社会科学出版社 1994 年版,第 738 页。

且禁止加班加点。

(3)女工在产前产后,企事业单位应按国家规定给予产假,保证她们有充分的休息时间。1951年2月政务院颁布的《中华人民共和国劳动保险条例》第16条规定:"女工人与女职员生育,产前产后共给假五十六天,产假期间,工资照发"。"女工人与女职员怀孕不满七个月小产时,得根据医师的意见给予三十日以内的产假,产假期间,工资照发"。① 这个规定实行了近40年。1988年颁布实施的《女职工劳动保护规定》第8条将女职工产假规定为90天②,其中产前休假15天;难产的,增加产假15天;多胞胎生育的,每多生育一个婴儿,增加产假15天;女职工怀孕流产的,其所在单位应当根据医务部门的证明,给予一定时间的产假。

(4)对于哺乳女工,应在工作时间内给予哺乳时间。50年代初规定,对有未满一周岁婴儿的哺乳女工,每隔3至4小时给予哺乳时间20至30分钟,多胞胎给予30至40分钟。往返路程另加时间。哺乳时间应按工作时间论。《女职工劳动保护规定》指出:有不满一周岁婴儿的女职工,其所在单位应当在每班劳动时间内给予其两次哺乳(含人工喂养)时间,每次30分钟。多胞胎生育的,每多哺乳一个婴儿,每次哺乳时间增加30分钟。

(5)女工多的企业、机关、学校,应设置女工卫生室、哺乳室等设施。《保护女工暂行条例(草案)》规定,凡有哺乳女工的单位应根据情况设置托儿所、有必要设备的哺乳室。1956年颁布的《工厂安全卫生规程》提出工厂应根据需要设置妇女卫生室,室内要备有温水箱、喷水冲洗器、洗涤池、污物桶等。1979年制定的《工业企业设计卫生标准》

---

① 劳动人事部政策研究室编:《劳动人事法规规章文件汇编(1949—1983)》,劳动人事出版社1987年版,第1562页。

② 1994年7月颁布的《中华人民共和国劳动法》第62条明确规定:女职工生育享受不少于90天的产假。

要求最大班在 100 人以上的工业企业,应设女工卫生室。女工卫生室由等候间和处理间组成。等候间应设洗手设备及洗涤池;处理间内应设温水箱及冲洗器。冲洗器按最大班女工数,100 至 200 名时,应设一具,大于 200 名时每增加 200 名应增设一具。

(6)对月经期内的女工,给予适当照顾。1990 年 1 月劳动部发布《女职工禁忌劳动范围的规定》,其中确定女职工在月经期间禁忌从事的劳动范围是:食品冷冻库内及冷水等低温作业;《体力劳动强度分级》标准中的第Ⅲ级体力劳动强度的作业;《高处作业分级》标准中第Ⅱ级(含Ⅱ级)以上的作业。①

总之,关于女职工劳动保护工作已经出台了许多相应的规章制度,总体上来看,女职工的基本劳动权益得到了保障。但是,应该注意到的是,国有企事业单位在保障女职工劳动权益方面做得比较好。而一些个体企业、私营企业则在利益驱动下忽视甚至无视女工的劳动保护。他们一般从农村招收青年妇女,使之在恶劣的环境中从事有害的劳动,严重威胁到这些女工的身心健康。有些女工因为从事有毒的工作,导致不孕、胎儿畸形等问题的发生,有的甚至患上重病危及生命。这是我们应该注意的问题。

第四节 社会各阶层的劳动培训

劳动培训,又可称为职业技能培训和职业培训,指的是按照社会的需要,有目的、有计划、有组织地对处于不同普通教育水平上的劳动者,

---

① 高处作业分为 4 级。高处作业高度在 2 米至 5 米时,称Ⅰ级高处作业;高处作业高度在 5 米以上至 15 米时,称Ⅱ高处作业;高处作业高度在 15 米以上至 30 米时,称Ⅲ级高处作业;高处作业高度在 30 米以上时,称特级高处作业。见本书编写组编:《女职工劳动保护工作手册》,工人出版社 2001 年版,第 77—78 页。

进行生产劳动技能、技巧、专业知识和管理知识培训和教育的活动。建国初期,为了适应建设一个新中国需要大量有文化的干部和劳动者的要求,国家很重视对工农群众和干部进行文化教育的问题,曾开展"扫除文盲"活动,兴办一批工农速成中学、工农文化补习学校。此后,国家对于不同社会阶层的劳动培训加强了人力、物力方面的投入。经过50年的努力,到20世纪末我国已经建立起一套有中国特色的劳动培训体系和制度,培训了大量的劳动者。劳动培训的类型主要有职工培训、农民培训、干部培训、军地两用人才培训等。

一、职工培训

建国初,培养大量技术人才是完成国民经济恢复任务以及进行大规模经济建设的当务之急。职工教育自然成为政府关注的重要问题之一。1950年6月,政务院发出《关于开展职工业余教育的指示》,对职工教育的对象、内容、学习年限、组织领导、教师、教材、经费设备等事项做出了规定。其中就职工技术教育问题,提出:"应动员工厂、企业的技术员工,负起为国家培养技术工人的光荣任务,自愿地担任技术教员";"进行技术教育的方式,可按不同的要求与条件,采用技术训练班、技术研究班或订立师徒合同等形式";"应定期举行考试,成绩优良者,提升其技术等级"。[①] 为了解决国家建设所迫切需要的中级和初级技术干部问题,政务院于1951年10月26日发出指示,要求各级人民政府应领导各有关部门共同积极整顿与发展中等技术教育。1951年10月1日政务院公布《关于改革学制的决定》,明确规定了中等技术学校在学校系统中的地位,并确定其任务为培养工业、农业、交通、运输等方面的中级和初级技术人才,按程度分为技术学校(相当高级中学程度)和初级技术学校(相当初级中学程度),并分别规定其修业年限和

---

① 中国社会科学院、中央档案馆编:《中华人民共和国经济档案资料选编·劳动工资和职工福利卷 1949—1952》,中国社会科学出版社1994年版,第384页。

招生条件。到 1952 年底,全国职工业余学校总数达 16277 所,参加学习的人数达到 3087595 人,其中脱离生产学习的人数为 56558 人,业余学习的人数为 422492 人,订立师徒合同 35890 份。①

师傅带徒弟的培训方式在 50 年代职业技术教育尚不普及的情况下是一种重要的渠道。这种培训方式的具体做法有多样。据国家计委劳动工资局、经委干部局和劳动部培训局对天津 6 家工厂的调查显示,做法基本分两种:一是先理论后实习操作。"学徒进厂后先在训练班进行三个月至半年的技术理论学习,理论结束后即下车间以师带徒的方法进行实习操作,一般经九个月至一年的实习,培养期满后考工出徒。"二是边理论边学习。"学徒进厂,进行几天安全技术和厂规等一般常识教育后,即下车间采取师带徒的培养方法,在培养期间进行理论学习。"②

50 年代中期,随着经济建设的不断发展,职工教育向着高层次发展。1955 年,国家教育部门和劳动部门决定从当年起停止工农速成中学的招生;采用函授或夜大学等办法吸收工矿干部、技术人员和熟练工人进行在职学习。职工业余高等教育逐渐开展起来。

1958 年 5 月,刘少奇提出我国应有两种教育制度、两种劳动制度的观点,认为除了全日制的学校制度和工厂里的八小时工作的劳动制度,还可以采用"半工半读的学校制度和半工半读的劳动制度",并把这一制度看做是"多快好省地培养工人阶级和劳动人民的知识分子的一种方法"。③ 天津市国棉一厂率先办起了第一所半工半读学校。到1965 年,全国约有半工半读学校 4000 余所,学员 80 多万人。

从 1949 年到 1965 年,职工教育由低到高,有了很大发展。据资料

---

① 中国社会科学院、中央档案馆编:《中华人民共和国经济档案资料选编·劳动工资和职工福利卷 1949—1952》,中国社会科学出版社 1994 年版,第 391 页。

② 中国社会科学院、中央档案馆编:《中华人民共和国经济档案资料选编·劳动工资和职工保险福利卷 1953—1957》,中国物价出版社 1998 年版,第 391 页。

③ 《刘少奇选集》下卷,人民出版社 1985 年版,第 324、326 页。

显示,这个期间有 280 多万职工提高到小学毕业程度,96 万职工达到初中或高中毕业程度,近 20 万职工从业余高等学校毕业。1965 年,各级各类职工学校在学人数达到 1717 万人,其中业余小学 823 万人,业余中学 502 万人,业余中专 351 万人,业余高等学校 41 万人。①

“文革”中受极“左”思潮的影响,通过理工科大学培养专业技术人员的做法被否定,相反却片面强调工厂培养技术人员的做法。1968 年 7 月 21 日,毛泽东在一个批示中肯定了上海机床厂从工人中培养技术人员的道路,被称作“七·二一”指示。之后,全国各地出现几十所“七·二一”大学。这类学校没有完整的教学内容,缺乏必要的师资和设备,根本达不到培训职工的目的。

“文革”结束后,职工教育走上正轨。职工参加各类培训的积极性非常高,尤其是在 80 年代初,大批青年职工由于“文革”的原因荒废了学业,而面对国家经济建设快速发展的形势,他们迫切希望得到文化知识和职业技能的培训。为适应社会的需要,各类业余大学、全日制大学的函授教育和夜大学、广播电视大学以及各类中等职业学校纷纷恢复或创办起来,为培训大批职工创造了条件。1980 年,作为国务院指导全国职工教育工作的机关,全国职工教育管理委员会正式成立。各省市自治区相应建立职工教育管理委员会办公室,负责日常工作。各个国营企业单位由行政负责、工会协助,开展本单位的职工培训工作。(见图 2—3)

据 1983 年对 8738 万职工的统计,参加技术、业务、文化学习累计在 100 学时以上的 2247 万人,占统计职工总数的 25.1%。1984 年对 9322 万职工统计,参加学习的职工 2525.1 万余人,占统计职工总数的 27.1%,其中:高等教育在学 171.8 万余人,毕(结)业 29.19 万人;中等专业教育在学 82.9 万余人,毕(结)业 18.16 万余人;高中文

①　《中国教育年鉴》编辑部编:《中国教育年鉴(1949—1981)》,中国大百科全书出版社 1984 年版,第 587 页。

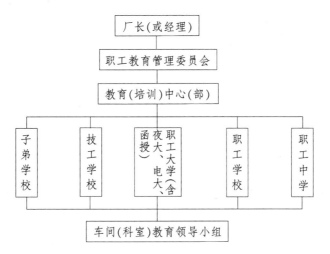

图2—3　　　　　　企业职工教育领导机构示意图

化教育在学 147.6 万余人,毕业 39.5 万余人;初中文化教育在学 884.9 万余人,毕业 512.4 万余人;小学文化教育在学 40.9 万余人, 毕业 9.1 万余人;扫盲 18.9 万余人。此外还有 1151.6 万余人接受 了 100 学时以上的专业技术培训,比 1983 年的 863 万人增加 288 万 人,增长 33%。[1]

　　进入 90 年代,科技进步和知识更新异常加快,我国传统产业面临 着一场新的革命。这当中职工知识水平、综合技能的高低与企业的发 展密切相关,由此导致新一轮的职工培训热潮。全社会高度重视职业 教育,形成了各部门、企事业单位和社会各界多形式、多层次办学的局 面。截至 1997 年年底,全国有中等职业学校 17180 所,当年招生 418.35 万人,在校生近 1090 万人,招生和在校生数分别占高中阶段的 56.27% 和 56.02%,与 1992 年相比增长了 74% 和 60%。1997 年,培 训职工人数达数千万人次。从 1992 年到 1997 年,参加各类岗位培训

① 《中国教育年鉴》编辑部编:《中国教育年鉴(1982—1984)》,湖南教育出 版社 1986 年版,第 318 页。

及继续教育的职工、干部累计达 2.1 亿人次。① 到 2000 年年底,全国共有技工学校 3792 所,其中国家级重点技工学校 332 所,高级技工学校 165 所,在校学生总数 140 万人。②

与此同时,为了配合国有企业下岗职工的再就业工作,各级劳动部门组织开展再就业培训,采取企业和培训机构联合培训的多种形式,将培训和再就业有机结合。2000 年全年,累计培训下岗职工 358 万人,其中有 226 万人实现了再就业,占培训人员总数的 63%。③ 此外,为鼓励下岗人员自主创业,劳动部门开展创业培训工作,通过有针对性的创业能力培训和创业知识教育,辅助以必要的创业技能培训等,为解决下岗、失业问题提供了新的途径。截至 2000 年年底,全国有就业培训中心 3751 所,社会培训机构 1.5 万所。当年全国有 30 万人参加了创业指导和创业培训,71.7 万城镇未能继续升学的初高中毕业生参加了预备制培训。④

我国职工培训教育是一项正规化的教育,是我国学制体系中的重要组成部分。50 年的职工培训教育的发展使我国形成一套完整的体系。它分为就业前的劳动准备教育和就业后的职业培训教育两大类。属于前一类的有职业高中教育或职业学校、技工学校、中等专业学校等。属于后一类的有企业、教育部门、群众团体及个人举办的各级各类职工学校或培训班等。按时间划分,培训形式有业余、半脱产、脱产三种。按教学方式、手段划分,又可分为面授、函授、刊授、电视教授,有课

① 中国国情研究会编:《中国国情报告:1998》,中国统计出版社 1998 年版,第 261 页。

② 刘永富主编:《中国劳动和社会保障年鉴 2001》,中国劳动社会保障出版社 2001 年版,第 400 页。

③ 刘永富主编:《中国劳动和社会保障年鉴 2001》,中国劳动社会保障出版社 2001 年版,第 264 页。

④ 刘永富主编:《中国劳动和社会保障年鉴 2001》,中国劳动社会保障出版社 2001 年版,第 400 页。

堂教学、短训班和讲座、现场教学、巡回教学、岗位练兵、师授徒、技艺传授、操作表演及自学等等。

二、农民培训

我国是一个农业人口占绝大多数的国家。提高农民的知识文化素质和农业生产技能对于改变农村的落后面貌、大力发展农业经济,有着重要的意义。新中国成立后的 50 年里,我国对农民进行的业余教育主要走的是依靠群众、农村基层组织和社会力量,举办冬学、民校和各种形式的文化技术培训的道路。

建国初期,我国农民中存在大量文盲,这与农业经济的发展极不相称。鉴于此,1950 年 12 月,经政务院批准的《关于开展农民业余教育的指示》提出:有计划有步骤地开展农民业余教育,提高农民的文化水平,是当前我国文化建设的重大任务。1954 年召开了第一次全国农民业余文化教育会议,确定农民教育的方针任务是:"紧紧跟随和密切结合农业互助合作运动和农业生产的发展,积极地有计划地扫除农民中的文盲,逐步提高农民的文化水平,有效地为农业社会主义改造和发展农业生产服务。"[①]在农业合作化运动中,合作社肩负着动员、组织和帮助社员扫除文盲,学习文化和科学知识的任务。1955 年,由毛泽东主持编选的《中国农村的社会主义高潮》一书介绍了山东省莒南县高家柳沟村青年团支部组织青年学习文化的经验。毛泽东为此所写的按语中肯定了他们的做法,并指出:我国文盲多的问题"必须在农业合作化的过程中加以解决"。[②] 1956 年 3 月 29 日,中共中央、国务院通过《关于扫除文盲的决定》,其中对于农村扫盲工作尤为重视。《决定》提出:

---

① 《中国教育年鉴》编辑部编:《中国教育年鉴(1949—1981)》,中国大百科全书出版社 1984 年版,第 595 页。

② 中共中央办公厅编:《中国农村的社会主义高潮》中册,人民出版社 1956 年版,第 507 页。

农村扫盲"教学内容应该由近及远","第一步,应该适应当前农业合作化最迫切的需要,即记工的需要,教学本村本乡的人名、地名、合作社名、工具名、农活名、庄稼名、数词、量词和其他急切需用的语词";"第二步,把教学内容扩大到本县或者本专区的常见事物和常用语词,加上一些本省和全国性的常见事物和常用语词";"第三步,再把教学内容扩大到以本省常见事物和常用语词作中心,加上一部分全国性的常见事物和常用语词"。① 1958年人民公社化运动中,"工、农、商、学、兵"五位一体的人民公社肩负着对农民进行业余文化教育的重要任务。《嵖岈山卫星人民公社试行简章》中规定:"公社实行与劳动密切结合的普通义务教育","要普通的设立小学和业余的补习学校,逐步做到所有的学龄儿童都能够入学,所有的青壮年都能够补习到高小程度"。规定还要求"要逐步做到每一个大队建立一个业余农业中学,使所有的青壮年都能够补习到高中程度。在条件具备的时候,建立适合公社需要的专科学校或者大学。"②上述做法尽管体现了农民希望尽快摆脱文化落后的愿望,但在实际中却又难以实行,以至于一些地方在这方面大搞浮夸,造成了负面的影响。1962年12月,教育部发出《关于农村业余教育工作的通知》,要求各地从具体情况出发,紧密地同当地农业生产、技术改革和群众学习要求相结合,量力而行,不要勉强。

到"文革"前,我国农村教育有了一定的发展。1965年,全国有农业中学及其他职业中学61626所,当年在校学生有443.34万人,其中农业中学54332所,在校学生316.69万人,其他职业中学7294所,在校学生126.65万人。③

① 《中国教育年鉴》编辑部编:《中国教育年鉴(1949—1981)》,中国大百科全书出版社1984年版,第896页。

② 中华人民共和国国家农业委员会办公厅编:《农业集体化重要文件汇编(1958—1981)》,中共中央党校出版社1981年版,第96页。

③ 《中国教育年鉴》编辑部编:《中国教育年鉴(1949—1981)》,中国大百科全书出版社1984年版,第1017—1018页。

"文化大革命"中,农村教育工作受不断的政治运动影响而停顿。农村业余教育由扫盲和技术培训转向举办政治夜校,结合当时形势组织农民进行政治学习。

1978 年以后,农民教育和培训工作引起国家的重视。从全国农村的情况来看,我国农民的文化素质仍然偏低,文盲大部分在农村。据1982 年人口普查资料显示,农村劳动力占全国就业人口的 72%,其中文盲半文盲高达 36.53%。这种状况直接影响到农业先进技术的推广,也加大了贫困地区农村的扶贫脱贫。为此,1979 年 9 月,中共中央提出:"实现农业现代化,迫切需要用现代化科学技术知识来武装我们的农村工作干部和农业技术人员,需要有大批掌握现代农业科学技术的专家,需要有一支庞大的农业科技队伍,需要有数量充足、质量合格的农业院校来培养农业科技人才和经营管理人才。""同时,要极大地提高广大农民首先是青年农民的科学技术文化水平。"①1980 年召开了第二次全国农民教育工作会议。会议认为,除了继续抓扫盲工作以外,还要大力发展业余初等教育、积极举办业余初中、广泛开展农业技术教育。党和国家对农业科技发展和农民专业技术水平提高的关注,促进了农村教育及农民专业技术培训的发展。随着农村改革的深入,特别是实行家庭联产承包责任制以后,农民积极学习农业技术的热情很高。到 1981 年,很多县试办了县级农民技术学校,有 310 多万农民参加各种文化技术学校的学习。1983 年 5 月,中共中央、国务院作出《关于加强和改革农村学校教育若干问题的通知》,认为加强和改革农村基础教育,发展职业技术教育,是振兴农村经济,加速农业现代化建设的一项战略措施。《通知》要求:各地要根据本地区的实际需要与可能,统筹规划,有步骤地增加一批农业高中和其他职业学校。除在普通

---

① 《中共中央关于加快农业发展若干问题的决定》(1979 年 9 月 28 日),《中国教育年鉴》编辑部编:《中国教育年鉴(1949—1981)》,中国大百科全书出版社 1984 年版,第 705 页。

高中增设职业技术课,开办职业技术班,把一部分普通高中改办为农业中学或其他职业学校外,还要根据可能,新办一些各类职业学校。经过几年的努力,农村教育有了改善,到1989年,农村职业中学达6600多所,在校生188万人,分别是1981年的3倍和7倍。

　　进入90年代,农业向着追求科技兴农方向发展的趋势日趋明显。通过组织开展农民教育培训,不断提高广大农民的素质,不仅可以促进农村经济的快速发展,还可以缓解农村劳动力的就业,对农村劳动力的有序转移和社会稳定都有积极的作用。然而,在科学发展日新月异的时代,每隔一两年就应当对劳动者进行一遍较为系统的技术、理论培训。至于实用性的科技培训,应该是年年都要进行,对于文化素质偏低的我国农民而言,尤其应该这样。但是当前我国现有的农业技术教育培训体系是很难胜任这一任务的。为此,国家主要从以下几个方面加强农村技术培训工作:

　　1. 实施"星火计划"、"丰收计划"、和"燎原计划"。"星火计划"起始于1985年,主要是把科学技术直接运用于中小企业,特别是乡镇企业和农业生产。实行过程中注重对农村干部和青年进行短期培训,使之掌握专项技术。"丰收计划"由农牧渔业部和财政部于1987年提出,主旨是通过在农业生产中推广应用综合配套技术来提高农业产量。其技术开发与应用推广领域重点是种植业和养殖业。"燎原计划"是1988年国家教育委员会制定的一项以教育要为农村经济建设及农村社会发展服务的总体方针为指导,通过综合配套改革和多种措施实现农村经济、科技、教育协调发展的社会工程计划。其主要措施是在做好普及义务教育的基础上,充分发挥农村各类学校的相对优势,开展与当地生产密切结合的实用技术和管理知识教育,提高农村基层干部、技术人员和广大农民的科学文化水平。

　　2. 开展"绿色证书工程"。1994年农业部门在全国农村开展绿色证书工程,目的是对农村具有初中文化以上的农民进行农业基础技术培训,通过考核取得绿色证书,以此提高农民的科学文化素质,广泛推广应用农业科技成果。"绿色证书工程"效益显著,到 2000 年已培养的 1000 多万骨干农民,成为各地农业产业化进程中的核心骨干。这些骨干农民,使每 20 户农村人口中有 1 名骨干农民得到有效的培训,逐步成为支撑当地农业的中坚农户。

3. 组织实施"跨世纪青年农民培训工程"。由中央财政支持,农业部、财政部、共青团中央联合发起的"跨世纪青年农民培训工程",是在"绿色证书工程"的基础上,为培养跨世纪青年农民接班人而实施的,计划在 7 年时间内培养 500 万骨干青年农民,使每个村民小组有 1 名青年骨干农民。通过制定一系列激励、扶持政策和措施,使青年骨干农民成为农村先进生产力和先进思想的代表,成为支撑社区农业的中坚(核心)农户。经 1999—2000 年两年在全国 198 个县试点、推广,已初见成效。

4. 组织实施农村科技"电波入户"计划。这项计划是利用县(市)级有线广播电视网络系统、热线科技咨询电话和计算机网络系统,把农民最需要的农村科技、市场信息、致富经验以简明扼要、通俗易懂的形式传送给农民和乡村基层干部,使他们一看就懂、一学就会、一干就灵。农民对这项计划非常称赞,称之为"致富快车道",是把农村、农民最需要的科技知识、技术与信息及时送到农民的炕头和餐桌上,可谓"网络入乡、电波入户"。

上述几项措施的实施一定程度上促进了我国农村职业技术培训工作的开展,为新世纪农业的持续发展奠定了基础。

三、干部培训

如本章前面所述,这里所称的干部指的是共产党各级组织、各级政府机关、社会团体与群众组织、国营企业和集体企业、行政事业单位中任职,并被列入干部编制的各种管理人员、办事人员。新中国成立以来,在共产党的领导下,干部教育问题被放到一个重要的位置上,得到迅速的发展。

建国初期,干部队伍中面临着一个严峻的问题,即大量干部文化水平偏低。因而,在建国初期干部教育的主要内容是干部文化教育。1953 年 4 月,中共中央在《关于 1953—1954 年干部理论教育的指示》中指出:"文化程度不到初中毕业的工农干部的文化学习是一个重大问题,各地必须认真加强对于机关工作人员文化学习的领导"。① 1953 年 9 月,政务院文化教育委员会在北京召开第一次全国文化教育工作会议。会议讨论了《中共中央关于加强干部文化教育工作的指示》的初稿。同年 12 月 24 日,中共中央正式下发这个文件,要求"县以上各级机关,应根据具体条件,有步骤地开办干部业余文化补习学校或文化补习班",并对干部业余文化补习学校或文化补习班的学制、课程、教学时间、教师和制度等,作了具体规定。如学制:高小班大约二年,初中班大约三年,个别有条件的地方和单位可重点试办高中班和夜大学;课程:高小班设语文、算术二科,初中班一般可设语文、代数、历史、地理、自然常识五科,如因工作需要必须学习其他课程(几何、物理、化学、生物、生理卫生等)时,可开办选修班;教学时间:每年分两学期,每学期授课时间,应保证 20 周,每周上课时间一般应不少于 6 小时,各科教学时间可订为,高小语文算术各 240 小时,初中语文 300 小时,代数 120 小时,历史 100 小时,地理 80 小时,自然 120 小时;教师从机关团体工作人员中聘请兼职教员任课,并适当配备一定数量的专职教员;建立请假、补课、升级、考试、毕业等项制度,以保证教学工作的正常进行。② 此后,干部文化教育工作逐步走上正轨,并有了进一步发展。1954 年全国参加各类文化学习的干部有 86 万余人,比上年增加了 33%。到 1955 年下半年,全国干部业余文化学校达 3546 所,在校人数为

① 中共中央文献研究室编:《建国以来重要文献选编》第 4 册,中央文献出版社 1993 年版,第 144 页。
② 中共中央文献研究室编:《建国以来重要文献选编》第 4 册,中央文献出版社 1993 年版,第 686—687 页。

1308900 人；干部离职文化学校 256 所，在校学员 84729 人。① 1956 年，社会主义改造基本完成后，广大干部以极大的热情投入到社会主义建设中。结合当年在全国兴起的学习科学文化的热潮，干部学习文化的人数迅速增长。全国绝大部分县以上的机关、团体建立了干部业余文化学校。一批干部从基层进入高等学校深造，使得干部队伍的知识文化水平总体上有了提高。但是，从 1957 年反右派斗争扩大化以后，党内"左"倾错误不断发展，尤其是忽视知识、轻视知识分子的倾向有了滋长，造成了到 1978 年以前的 20 年间干部文化教育方面的工作长期停滞。

改革开放以后，在新的历史条件下对干部政治素质、文化素质的要求愈来愈高。实现干部的"革命化、年轻化、知识化和专业化"成为培养干部的基本要求。因而，干部教育与培训开始进入到一个新的阶段。1982 年 10 月，中共中央、国务院作出《关于中央党政机关干部教育工作的决定》，提出干部教育工作的基本任务"是使全体干部在马克思主义理论、专业知识、科学文化水平和领导管理能力等方面都得到提高，成为坚持社会主义道路的、具有必备的专业知识的党和国家的合格工作人员。"②《决定》还提出具体要求：干部教育应纳入国民教育计划，要有长远规划和年度计划；中央党政机关的所有干部，都要分批分期参加轮训；干部的培训和干部的任用要结合起来；要发挥现有党校、干校的作用，开办学制一二年干部培训班和学制半年的干部进修班；实行干部每三年离职学习半年的制度等等。这个文件为新时期干部培训制度和体系的确立奠定了基础。1984 年 12 月，中共中央批转中央组织部、中央宣传部《关于加强干部培训工作的报告》，提出要"大规模地、正规

---

① 《中国教育年鉴》编辑部编：《中国教育年鉴（1949—1981）》，中国大百科全书出版社 1984 年版，第 583 页。

② 中共中央文献研究室编：《十二大以来重要文献选编》上册，人民出版社 1986 年版，第 105 页。

化地培训在职干部,提高干部队伍的政治、业务素质和经营管理水平"。并指出:培训干部的内容要以过去以马列主义理论和党的方针、政策为主要培训内容,发展为以马列主义理论、党的方针政策和科学文化知识、业务知识为内容的综合培训;培训的对象要以过去着重于在职党政领导干部,发展为以在职领导干部、后备干部为重点的各级各类干部的整体培训;培训的方式要以过去主要依靠党校和干部学校,发展为采用多种形式的,集中与分散相结合的方法培训干部。① 此后,各级干部培训走上了正规化、制度化的道路。

　　1989年中共十三届四中全会以来,以江泽民为核心的中央领导集体,特别重视干部的理论学习和培训。各级党校和干校通过多种形式在干部中进行马克思主义、毛泽东思想,特别是邓小平理论的学习教育工作。至2000年,中央党校先后举办省部级主要领导干部学习《邓小平文选》第三卷研讨班、十五大新进中央委员学习邓小平理论研究班和一系列省部级主要领导干部专题研究班。1995年中央还颁发了《中国共产党党校工作暂行条例》,使党校工作进一步走上规范化、制度化的轨道。2000年6月5日,中共中央作出《关于面向二十一世纪加强和改进党校工作的决定》。《决定》要求加大各级领导干部特别是跨世纪中青年领导干部的培训轮训力量,适度扩大党校办学规模。《决定》要求:"中央党校要进一步落实好现职省部级领导干部和地厅级主要领导干部的轮训任务";"省级党校要进一步落实好地厅级副职和县处级领导干部的轮训任务";"地、县级党校要进一步落实好县处级副职、乡(镇)科级和基层党员干部的轮训任务"。鉴于县(市)一级在党的组织结构和国家政权结构中处于直接面向城乡基层的重要地位,《决定》提出,要把全国县(市)委书记纳入中央党校的培训轮训范围,以保证他们能够受到更高质量的教育;中央党校要在国民经济和社会发展

---

　　① 《干部教育手册》编委会编:《干部教育手册》,中共中央党校出版社1990年版,第76页。

"十五"计划期间,基本上做到对全国县(市)委书记培训轮训一遍。①

到 2000 年底,各地各部门加大干部教育培训改革力度,初步形成了适应建立社会主义市场经济体制需要的、有中国特色的干部培训体系的基本框架。各地普遍建立了干部教育培训工作领导小组或干部教育联席会议制度,形成了在党委统一领导下,由组织部门主管,有关部门分工负责,中央、地方和部门分级分类管理的管理体制。初步形成了以需求为导向,实行组织按计划调训与干部自主参训相结合的充满活力的干部教育培训运行机制。随着制度化建设的进一步加强,许多地方和部门不断完善了领导干部脱产进修制度;制定了《关于建立县级以上党政领导干部理论学习考核制度的若干意见》和《关于加强和改进党委(党组)中心组学习的意见》;逐步探索建立县级以上党政领导干部政治理论水平任职资格考试制度,使得干部教育培训的激励和约束力进一步增强。

与此同时,基层干部的培训工作也引起各级领导的重视。在农村流传着这样一句话:"农民富,靠支部"。农村基层组织建设的加强和基层干部素质的提高,直接关系到农村各项工作的好坏。各地在努力做到选好农村基层领导班子的同时,注意加大对基层干部的培训力度。从 1994—2000 年,全国共培训村党支部书记和村委员会主任 559.1 万人次,轮训农村基层干部和党员 7905.6 万人次。培训中在抓好政治理论和党在农村的方针政策培训的同时,强化市场经济知识、农业科技知识和对外经贸知识的培训。许多地方建立起了一套行之有效的规章制度,有的地方实施了农村基层干部"素质工程",使农村干部培训制度化、规范化。

四、军地两用人才培训

这里所说的军地两用人才,指的是中国人民解放军中同时具有保

---

① 《人民日报》2000 年 6 月 27 日。

卫祖国和建设祖国的本领,能适应军队和地方双重需要的人才。

新中国成立以后,军队在完成保卫祖国的重要任务的同时,在不同的历史阶段都注重参与国家的经济建设,完成过很多重要建设项目。但是在改革开放前的 30 年,主要强调的是军队作为一个整体参与经济建设,而不突出军队官兵个人的作用。"文革"结束后,邓小平率先提出注重培养军地两用人才的要求。这个时期,经济建设蓬勃开展,地方上需要大量具备专业技术的有用人才。军队的各方面工作和国家建设有密切的关系,军队"要考虑如何支援和积极参加国家建设"。培养军地两用人才正是按照这个思路进行的一种新的尝试。1977 年 12 月,他提出:军队干部既能在军队建设中发挥作用,到地方上也能发挥作用,打起仗来,又可以在战争中发挥作用,就能成为军队和地方都合用的干部。随即,各部队根据军官和士兵的实际和需要,开展了军地两用人才培训工作。

1982 年 11 月,解放军总政治部推广了南京军区某师培养军地两用人才的经验。次年 3 月,又在江苏南京和浙江金华召开了第一次全军性的学习科学文化知识、培养军地两用人才经验交流会。1985 年 10 月,总政治部和国家民政部联合召开全国开发使用退伍军人两用人才经验交流会,使培养军地两用人才工作形成军队和地方密切协作,培养和使用相互衔接、相互促进的新局面。

军地两用人才培养的要求是:以军队建设需要为主,兼顾国家经济建设需要,把军队官兵的个人前途同国家和军队建设的需要结合起来;以干部为重点,根据部队任务、驻地条件、社会对人才的需求和自身的实际情况,确定培训的内容和形式;从实际出发,针对官兵所担负的任务,主要采取自学为主,业余为主,适当控制脱产学习人数。军地两用人才培训,除了学习现代技术条件特别是高技术条件下的战争知识和军事技能外,对军官来说,要结合社会主义市场经济的需要学习工业、农业和企业管理等方面的科学知识,学习历史、地理、外语、法律等方面的知识;对士兵来说,要学习数学、物理、化学,学习工农业知识,有条件的还要学习专业知识和技能,如汽车驾驶、汽车维修、无线电技术、微机应用、办公自动化、烹饪,还有农业养殖、农机技术等等。《中国人民解放军内务条令》专门规定,部队每周六可用于集体组织两用人才培训和科学文化学习。培训的途径既有部队自己举办各种培训班,也有借助社会力量开办培训班。

军地两用人才培养一方面使军队的有用人才转业或复员到地方,可以支持地方的经济建设,为经济建设造就和输送合格人才;另一方面也解决了部队官兵转业或复员后的就业问题。为此,自开展培养军地两用人才工作以来至 1995 年底,共培养军地两用人才 900 多万人,其中 50 多万人走上村、乡(镇)乃至县、市以上领导岗位。退伍回农村的军地两用人才中涌现出 70 多万个专业户、科技户、个体户,成为中国的一代新型农民。[①] 全军共有近百万名军官通过在职学习获得大专以上学历;85% 以上的士兵在服役期间接受了多种民用技术培训,其中近半数获得技术等级证书。[②] 他们在退役后,成为加强国家经济建设和促进社会全面进步的一支重要力量。

第五节 各个时期民众劳动收入的变化

1949 年中华人民共和国成立以后,中国社会性质发生变化,由半殖民地半封建社会进入新民主主义社会,之后随着社会主义改造的完成,社会主义制度在中国确立。1978 年实行改革开放以后,建设有中国特色社会主义事业全面展开。在这 50 年的历史发展进程中,社会各个阶层的劳动收入情况呈现出曲折的变化过程。大体说来可以分为三

---

① 中国军事百科全书编审委员会编:《中国军事百科全书》(4),军事科学出版社 1997 年版,第 121 页。

② 《中国的国防》(白皮书),1998 年 7 月。

个时期:(1)新民主主义社会时期(1949—1956年);(2)社会主义建设道路探索时期(1957—1978年);(3)改革开放和社会主义现代化建设新时期(1979—2000年)。

一、新民主主义社会时期(1949—1956年)

(一)农业劳动者的收入

新中国成立时,广大农民的生活是很贫困的。全国来看,有3亿农业人口的地区尚未进行土地改革,农民继续受地主的封建剥削,其一年收成中有一半以上要交给地主。到1952年底,全国除台湾地区外都完成了土地改革。农民在土地改革中分得土地达7亿亩,从土改中获得经济利益的农民占农业人口的60%—70%。在新中国成立后进行的土改中,农民还分得了大量的生产资料,主要有耕畜297万头,农具3954万件,房屋3807万间,粮食105亿斤。[①] 农民可以按照自己的意愿耕种土地,所获得的收成除了上缴国家农业税外,其余均为自己所有。这极大地调动了农民的生产积极性,农业生产有了较大的提高。同时农民的收入也得以增加。1949年农村住户人均年纯收入[②]为43.8元,1952年增加到57元。[③]

土改完成以后,国家推行农业合作化运动,鼓励农民先后组建由互助组、初级农业合作社到高级农业合作社的合作组织,以促进生产的发展。这样,到1956年底参加初级社和高级社的农户达到总农户的96.3%,其中参加高级社的农户达到87.8%。农业社会主义改造基本完成。这当中农民的劳动收入有了一定的增长。据各地典型调查显示,参加合作社的社员中约70%—75%的社员增加了收入;约有

---

① 马洪等主编:《当代中国经济》,中国社会科学出版社1987年版,第79页。

② 这里的纯收入指农民全年总收入扣除费用性支出后可以直接用于进行生产和非生产性建设投资、改善生活的那部分收入。

③ 国家统计局农村社会经济调查总队编:《中国农村统计年鉴1999》,中国统计出版社1999年版,第241页。

10%—15%的社员收入不增不减或增减不多;约有10%的社员由于多种原因而减少了收入。① 从全国情况来看,1956年农村人均年纯收入为72.92元,比1952年增长27.92%。其中劳动者的报酬收入为45.47元,占纯收入的62.35%。②

值得注意的是,由于农业合作化运动中的急躁冒进倾向和认识上的偏差,在一定程度上妨碍了农民收入的增加。一些地方的农村干部只抓粮食生产,不注意发展多种经济,限制合作社发展副业生产,影响到农民的实际收入。据1956年对全国20个省564个合作社的调查,有28.09%的农户减少了收入。③ 1956年5月,福建省委在闽侯、建阳和福州市郊等地的7个合作社进行了调查。福州市郊的黎明社652户,当年总收入402727元,其中粮食收入占总收入的43.3%,经济作物和副业收入占总收入的56.7%。其收入分配是:国家农业税收占农业收入的7.19%,副业税收占副业收入的10%,农副业税收合计占农副业总收入的6.2%;公共积累和行政管理费用占总收入5.67%;生产费用占总收入21.23%;社员个人收入占总收入的66.9%。全社农户中增加收入的占96.27%,减少收入的占37.3%。闽侯的荆溪社641户,当年总收入158415元,其中粮食收入占总收入的90.06%,副业收入占总收入的9.94%。其收入分配是:国家农业税收占总收入的11.1%;公共积累和行政管理费占总收入5.59%;生产费用占总收入的25.51%;社员个人收入占57.8%。全社农户中增加收入的占81.31%,不增不减的占4.62%,减少收入的占14.05%。④

从上述两个合作社的情况看,注重多种经营的黎明社,社员个人收

---

① 高化民:《农业合作化运动始末》,中国青年出版社1999年版,第293页。

② 国家统计局农村社会经济调查总队编:《中国农村统计年鉴1999》,中国统计出版社1999年版,第241页。

③ 苏星:《我国农业的社会主义改造》,人民出版社1980年版,第151页。

④ 中华人民共和国国家农业委员会办公厅编:《农业集体化重要文件汇编(1949—1957)》,中共中央党校出版社1981年版,第596—597页。

入部分达到总收入的 66.9%,有 96.27% 的农户增加了收入。而只注重粮食生产的荆溪社,社员个人收入部分只占总收入的 57.8%,只有 81.31% 的农户增加了收入。像荆溪社这样的合作社在福建省还是办得比较好的社。所以,总体上看,以粮食生产为主的农业合作社在增加农民收入上幅度是有限的。

(二)职工的收入

这个时期的职工指的是国营企业和私营企业的工人和各级党政机关、文教事业单位的工作人员。他们的劳动收入呈现一种复杂多样的情况。

首先,工人的工资收入。

解放战争后期随着人民解放军向全国进军,对官僚资本企业实现没收的政策,将其所有制改变为国有性质。但对于这些企业的管理仍实行"原职原薪原制度"的做法。这里所谓的"原薪"指的是企业的管理人员和工人基本上按原有的标准领取薪金。但各地多是采用以实物折抵薪金的办法。如天津,是按解放前三个月的平均物价折算;武汉则是发放维持费,分别为 5、8、10 元三个标准按人民银行公布的银元牌价发放。建国初,物价不稳,投机资本家乘机囤积居奇,哄抬物价。为保证职工的收入不因物价因素而受损,各地多以实物作为计算工资的单位,如北京用"小米",天津用"小米"和"玉米面",上海用"折实单位"(每个折实单位代表:中白粳米 1.56 市斤、十二磅龙头细布 1 市尺、生油 1 两、煤球 12 两),还有一些地区用"工资分"等。东北地区在解放后在职工实行了 13 等 39 级的"一条龙"工资等级制度,另有等外 5 级。这个工资制度最高为 630 分,最低为 40 分。后东北学习苏联于 1950 年 6 月对工资制度进行了改革,将工人中实行的 13 等工资制改为 8 级工资制,只分重工业和轻工业两种标准。这是当时全国唯一的有统一的工资制度的地区。其他地区在工资问题上尚存在诸多问题,如计算单位不统一,工资级差小,轻工业部门工资高于重工业部门,沿海地区高于内地等。因此,进行工资改革势在必行。

1951 年至 1953 年,第一次工资改革在全国各地区先后展开。主要有三个步骤,一是进行地区调整,二是实行 8 级工资制,三是实行计件工资制。按照部署,各地首先统一以"工资分"为计算工资的单位。"工资分"所含的实物品种和数量是统一的。每一"工资分"包括粮食0.8 市斤、棉布 0.2 市尺、食油 0.05 市斤、食盐 0.02 市斤、煤 2 市斤(不烧煤的地区折成 2.5 市斤或 3 市斤木柴)。职工的货币工资是以上述五种实物的国营牌价计算出每月的平均分值,再乘以职工的工资分标准。在企业内部普遍建立 8 级工资制。重工业全部实行 8 级工资制,只有少数轻工业企业、国营农牧场实行 7 级或 6 级工资制。8 级工资制的标准见表 2—4。同时,在企业内部实行计件工资制。新的计件工资制既体现了计件的单价,又规定了计件的劳动定额。劳动部 1952 年11 月的报告称,据不完全统计,华东区(不包括上海)计件工人占职工总数的 28.8%,中南区占 33%,东北区占 46.14%,上海占 28%。[1]

表 2—4　　　　　　　　部分企业生产工人工资标准表　　　单位:工资分

	一级	二级	三级	四级	五级	六级	七级	八级
北京仪表厂	133	154	178	206	238	275	318	368
天津钢厂	145	172	200	230	262	296	332	380
天津自行车厂	131	154	182	212	243	275	310	355
广州造船厂	132	153	177	206	238	276	320	371
南京汽车制配厂	128	149	173	202	235	274	319	371
芜湖造船厂	129	150	174	202	235	275	317	369
兰州石油机械厂	120	140	163	191	222	260	303	354
天津造纸厂	121	136	154	177	204	240	281	333
津南制革厂	120	139	160	185	214	247	285	—

资料来源:李唯一:《中国工资制度》,中国劳动出版社 1991 年版,第 79 页。

---

[1]　中国社会科学院、中央档案馆编:《中华人民共和国经济档案资料选编·劳动工资和职工福利卷 1949—1952》,中国社会科学出版社 1994 年版,第 520 页。

上述工资改革实行后,职工工资水平有了提高,1953年全国货币平均工资比1950年增长了80%。但是也存在一些问题,工资增长超过劳动生产率,各地区在工资标准上不统一,工资分的分值混乱等。为此1954年到1955年进行了全国范围工资改革的前期准备工作。1955年8月31日,国务院发布命令,决定自1955年7月份起国家机关实行供给(包干)制的人员,一律改为工资待遇。之后,企业单位随之改行货币工资制。

1956年6月16日,国务院通过《关于工资改革的决定》。《决定》根据按劳取酬的原则,对企业(包括国营企业、供销合作社企业、全行业公私合营前的公私合营企业)、事业和国家机关的工资制度进行了一次全国性的改革,规定从1956年4月1日起实行新的工资标准。职工工资根据工业农业生产的发展确定1956年企业、事业和国家机关职工的平均工资提高14.5%。这次工资改革的主要内容有:

1. 取消工资分和物价津贴制度,实行直接用货币规定工资标准。根据各地区发展生产的需要、物价水平的高低和现实工资状况,确定了不同的工资区类别和货币工资标准。对于物价高的地区,为了避免出现过高的工资标准,可以采取在工资标准以外另加生活费补贴的办法。生活费的补贴应该随着物价的调整而调整。

2. 改进工人的工资等级制度,使熟练劳动和不熟练劳动,繁重劳动和轻易劳动,在工资标准上有比较明显的差别。工人仍然实行八级工资制,适当地扩大高等级工人和低等级工人之间工资标准,做到高温工作工人的工资标准高于常温工作工人的工资标准,井下工作工人的工资标准高于井上工作工人的工资标准,计件工资标准高于计时工资标准。同时,各产业部门要根据实际情况制定和修订工人的技术等级标准。

3. 改进企业职员和技术人员的工资制度。企业职员和技术人员的工资标准,应该根据其所担任的职务进行统一规定。每个职务的工资可以分为若干等级,高一级职务和低一级职务的工资等级线,可以交叉。对其中技术水平较高的,应该加发技术津贴;对企业有重要贡献的高级技术人员,应该加发特定津贴。

4. 推广和改进计件工资制。各产业部门应制定切实可行的计件工资制计划,凡是能够计件的工作,应该在 1957 年全部或大部实行计件工资制。计件工资标准比计时工资标准高 3%—10%。同时,建立和健全定期(一般为一年)审查和修改定额的制度。

5. 改进企业奖励工资制度。各主管部门应根据生产的需要制定统一的奖励办法,积极建立和改进新产品试制、节约原材料、节约燃料或者电力、提高产品质量以及超额完成任务等奖励制度。

6. 改进津贴制度。各部门、各地区应按照他们主管的业务分别提出改进津贴制度的方案。

7. 地方国营企业的工人和职员的工资标准和工资制度,根据企业的规模、设备、技术水平和现在的工资情况等条件,参照中央国营企业的工人和职员的工资标准和工资制度制定。

8. 全行业公私合营以前实行了公私合营的企业一般地应该与国营企业同时进行工资改革,使它们的工资标准和工资制度与同一地区性质相同、规模相近的国营企业大致相同。现行工资标准高于当地同类性质国营企业的,一律不予降低。①

在这次工资改革中确定的全国职工工资区类别有 16 种:1. 国家机关、事业单位、商业单位、内河航运企业的陆上职员分 11 类;2. 邮电企业的行政人员分 11 类;3. 邮电企业的技术人员分 11 类(与职员不同);4. 铁路职员分 8 类;5. 铁路工人分 8 类;6. 建筑企业职员分 7 类;7. 建筑工人分 9 类;8. 地质勘探工人分 10 类;9. 地质勘探职员分 10 类(与工人不同);10. 林业事业工人分 6 类;11. 水利水文测量工人分 8 类;12. 农业工人分 5 类;13. 农业拖拉机驾驶员分 3 类;14. 船员

---

① 中共中央文献研究室编:《建国以来重要文献选编》第 8 册,中央文献出版社 1994 年版,第 374—376 页。

按渤海、黄海、东海、南海和长江、黄河、珠江、黑龙江水域分类;15.工业职员分7类(与建筑企业职员的分类不同);16.工业企业的工人没有明确的工资区类别,当时是按企业规定的工资标准。

为配合1956年的工资改革,国务院参考了各地的物价、生活水平,以一个地区当时的物价津贴为基础,把全国国家机关、事业单位的工资标准统一划分为11类工资区,即各地区使用的工资标准种类。(见表2—5)

表2—5　　各地区使用工资标准种类和生活费补贴表

省市地区 ＼ 标准种类	1	2	3	4	5	6	7	8	9	10	11
北京市						北京区					
天津市						天津区					
上海市								上海区			
河北省			河北区	保定区	唐山区	张北区					
山西省			山西区	阳泉区	太原区						
内蒙古自治区				通辽区	集宁区	呼和浩特区	锡林浩特区				巴彦淖尔区
辽宁省				辽宁区	锦州区	沈阳区	长海区				
吉林省				吉林区	四平区	长春区			长白区		
黑龙江省				龙江区	抚远区	哈尔滨区			黑河区		
陕西省	汉印区		安康区			延汉区	渭南区	西安区		延长区	
甘肃省							庆阳区	平凉区	张掖区		甘肃区
青海省											青海区
新疆维吾尔自治区							且末区	绥定区	尉犁区	库尔勒区	新疆区
山东省				山东区	济南区	长岛区					

省市地区\标准种类地区	1	2	3	4	5	6	7	8	9	10	11
江苏省			淮北区	南京区	松江区						
安徽省		安庆区	蚌埠区	合肥区							
浙江省		温州区		杭州区			舟山区				
福建省				福安区	建阳区	闽清区	福州区				
河南省		豫南区	开封区	郑洛区							
湖北省		湖北区		武汉区							
湖南省		湖南区	长沙区								
江西省		江西区	南昌区								
广东省				北海区	韶关区		汕头区			广州区	海南区
广西省			广西区	柳州区	南宁区						
四川省	内江区	成都区	雅安区	雷波区	木里区	普雄区	昭觉区	理县区	美姑区		甘孜区
贵州省	兴义区	贵定区	贵阳区								
云南省	昭通区		下关区			昆明区				个旧区	西双区
西藏地区											

资料来源:么树本编著:《三十五年职工工资发展概述》,劳动人事出版社1986年版,第185—186页。

上表中反映的每类工资区的工资标准相差幅度在3%左右。对于物价、生活水平高而物价津贴低的地区,给予了适当提高;对于物价、生活水平低而物价津贴高的地区,作了适当地降低;对于在一个省、自治区内的各物价区的物价津贴差额不大的,尽量予以合并。对新疆、青海、甘肃、四川、广东、内蒙古等边远地区另行生活费补贴,但津贴的数额多少不等。如青海全省都有补贴,数额在6%—97%之间不等;新疆除个别地区外,大多数地区都有补贴,数额在10%—84%之间;甘肃同样是大多数地区有补贴,数额在4%—50%之间;四川只有甘孜区有补贴,数额在 10%—50% 之间;广东只有海南区有补贴,数额在 2%—8% 之间;内蒙古只有巴彦淖尔区有补贴,数额在 8%—46% 之间。

经过 1956 年全国范围的工资改革,统一了全国的工资制度,职工工资有了一定的提高。1955 年全国职工有 1571 万人,工资总额 86.53 亿元,每人月平均工资 45.9 元。1956 年这部分原有职工新增工资 12.55 亿元,工资总额达 99 亿元,每人每月平均增加工资 6.65 元,月平均工资达 52.55 元,平均工资增长 14.5%。这其中,工业、基本建设、交通运输部门 1955 年有职工 757 万人,1956 年每人每月平均增加工资 7.1 元,月平均工资达 59.3 亿元,平均工资增长 13.5%。非工业部门事业、企业单位(不包括教育部门、供销合作社)1955 年有职工 273.5 万人,1956 年每人每月增加工资 4.9 元,月平均工资达 49.23 元,平均工资增长 10.94%。包括小学教职员在内的教育部门 1955 年有职工 197 万人,1956 年每人每月增加工资 7.3 元,月平均工资达 41.24 元,平均工资增长 21.54%。供销合作社 1955 年有职工 109.5 万人,1956 年每人每月增加工资 6.4 元,月平均工资达 39.6 元,平均工资增长 19.4%。国家机关(不包括乡干部)1955 年有职工 165 万人,1956 年每人每月平均增加工资 5.2 元,月平均工资达 57.2 元,平均工资增长 10%。此外,1956 年新增职工 84 万人,工资总额 5.1 亿元,月平均工资 50.6 元。1956 年新合营企业职工 195.5 万人,工资总额 11.7 亿元,月平均工资 49.87 亿元。以上 1955 年原有职工和 1956 年新增职工和新合营企业职工,总计 1851 万人,工资总额 115.88 亿元,比 1955 年工资总额增加 17.64 亿元,每人月平均工资达 52.17 元。[①]从全国各个部门和地区来看,工资改革后工资增长幅度也很大。(见表 2—6 和表 2—7)

---

① 中国社会科学院、中央档案馆编:《中华人民共和国经济档案资料选编·劳动工资和职工保险福利卷 1953—1957》,中国物价出版社 1998 年版,第 486 页

表2—6 　　　全国各部门工资改革后工资总额增长表　　　单位:千元

	月工资总额		改革后较改革前增长	
	改革前	改革后	绝对数	%
全国总计	714873	993801	278927	39.0
工业	215087	277023	61936	28.8
农、林、水、气	18394	29557	11162	60.7
基本建设、地质勘探、勘察设计	91969	162513	70544	76.7
交通运输及邮电	55279	74152	18873	34.1
商业、公共饮食业、物资技术供应	97938	140093	42155	43.0
文教卫生、科学研究	108120	148942	40822	37.8
银行及保险	15004	17761	2757	18.4
公用事业及服务业	8138	11306	3168	38.9
国家机关及党派团体	104944	132454	27510	26.2

　　资料来源:国家统计局编:《1956年全国工资调查资料》,见中国社会科学院、中央档案馆编:《中华人民共和国经济档案资料选编·劳动工资和职工保险福利卷1953—1957》,中国物价出版社1998年版,第568页。

表2—7 　　　全国各地区工资改革后工资总额增长表　　　单位:千元

	工资总额		改革后较改革前增长	
	改革前	改革后	绝对数	%
全国总计	714873	993801	278927	39.0
北京市	35492	47708	12216	34.4
天津市	21702	26950	5248	24.2
上海市	46374	56139	9765	21.1
河北省	32303	43640	11337	35.1
山西省	26076	39129	13054	50.1
内蒙古自治区	15432	23503	8070	52.3

	工资总额		改革后较改革前增长	
	改革前	改革后	绝对数	%
辽宁省	81726	109801	28075	34.4
吉林省	29357	40741	11384	38.8
黑龙江省	45859	66582	20723	45.2
陕西省	26638	34986	8348	31.3
甘肃省	19549	31665	12116	62.0
青海省	4132	10305	6173	149.4
新疆维吾尔自治区	6289	9296	3007	47.8
山东省	38424	52516	14092	36.7
江苏省	33631	44670	11039	32.8
安徽省	17980	26497	8517	47.4
浙江省	17867	24670	6803	38.1
福建省	11393	16588	5195	45.6
河南省	27255	39488	12233	44.9
湖北省	27371	39869	12498	45.7
湖南省	22931	33524	10593	46.2
江西省	15549	22528	6979	44.9
广东省	33556	43580	10024	29.9
广西省	12227	18049	5822	47.6
四川省	43536	59689	16153	37.1
贵州省	7749	11542	3793	49.0
云南省	14470	20146	5676	39.2

资料来源:国家统计局编:《1956年全国工资调查资料》,见中国社会科学院、中央档案馆编:《中华人民共和国经济档案资料选编·劳动工资和职工保险福利卷1953—1957》,中国物价出版社1998年版,第569—570页。

1956 年进行的工资改革在普遍较大幅度的提高了职工工资的基础上,确定了我国在计划经济体制下一套比较系统的工资制度。这个制度主要参考借鉴了苏联的经验,对于国民经济各部门以及教科文卫和国家机关社会团体的各类人员的工资标准做出了具体的规定,纠正了此前存在的工资制度混乱和不合理的状况。在这一工资制度下,我国城镇所有劳动者按照按劳分配的原则,能够得到比较有保障的劳动报酬。

二、社会主义建设道路探索时期(1957—1978 年)

(一)农业劳动者的收入

1957 年冬天至 1958 年春天在全国农村开展的大规模农田水利基础设施建设,使中央的一些领导人认为原有的高级社规模过小,遂提出办大社的主张。到 1958 年夏天又进一步提出建立人民公社。在短短的两三个月的时间里,全国绝大部分农村实现了人民公社化。农民在集体加入人民公社后,原有的自留地、牲畜、林木等统统归人民公社所有,个人财产所剩无几。人民公社的分配制度"在条件成熟的地方,可以改行工资制;在条件还不成熟的地方,也可以暂时仍然采用原有的三包一奖或者以产定工制等等按劳动日计酬的制度"。① 在全国较早成立的河南嵖岈山卫星人民公社,规定实行工资制,按照劳动力所参加工作的繁重和复杂程度以及本人的体力强弱、技术高低和劳动态度好坏,评定工资等级,按月发给不同的一定的工资。对于工作积极、完成任务很好的,发给奖励工资。与此同时,人民公社还实行供给制,主要是粮食供给,兼有医疗、学习、娱乐和婚丧嫁娶等方面的供给。很多人民公社口粮依人定量,副食人均分配,由公社供给,不计价格,搞"吃饭不要

---

① 《中共中央关于在农村建立人民公社问题的决议》(1958 年 8 月 29 日),中共中央文献研究室编:《建国以来重要文献选编》第 11 册,中央文献出版社 1995 年版,第 450 页。

钱"。人民公社化高潮时,社员分配中,供给部分一般占 70%—80% 左右,工资比例较小。这种分配制度带有很浓重的平均主义色彩。一些富队和劳动力多的农户在收入分配上就会吃亏,从而严重影响到他们的生产积极性。据新华社 1959 年 1 月 18 日报道,广东新会县人民公社的社员和部分基层干部在发放第一次工资后,普遍出现了出勤率、劳动效率和劳动质量显著下降的现象,出现了"四多四少":吃饭的人多,出勤的人少;装病的人多,吃药的人少;学懒的人多,学勤的人少;读书的人多,劳动的人少。[①]

"大跃进"和人民公社化运动的错误给我国经济建设带来损害,造成三年经济严重困难。特别是农业的严重减产,使得农村普遍发生饥荒,受灾地区的农民生活更为困难,非正常死亡人数陡然上升。1960年,全国人口死亡率由 1959 年的 14.59‰ 上升到 25.43‰,比 1957 年的 10.8‰ 增加了 14.63‰。[②] 在这种情况下,农民的收入出现了下降趋势。统计资料表明,1958 年全国农村人民公社纯收入为 300.9 亿元,扣除国家税收和集体提留,社员分得 214.5 亿元;1959 年纯收入为 281.2 亿元,社员分得 194.7 亿元;1960 年纯收入 261.2 亿元,社员分得 208.6 亿元;1961 年纯收入为 302.2 亿元,社员分得 247.8 亿元。[③]

1961 年以后,国家首先在农业领域进行政策调整的工作,纠正"大跃进"和人民公社化运动中的偏向。在人民公社基本核算单位问题上强调以生产大队,后又以生产小队为基本核算单位,取消了公共食堂等供给制的做法,允许保留自留地和农村集市等等。在分配形式上,取消

①　中华人民共和国国家农业委员会办公厅编:《农业集体化重要文件汇编(1958—1981)》,中共中央党校出版社 1981 年版,第 127—128 页。

②　朱荣、郑重等主编:《当代中国的农业》,当代中国出版社 1992 年版,第189—190 页。

③　国家统计局编:《中国统计年鉴 1981》,中国统计出版社 1982 年版,第 195页。

了工资制的做法,普遍采用劳动日工分制,即根据社员劳动情况,评定劳动日工分,再依据工分年终计酬。上述政策调整使农业形势渐趋好转,农民收入也在逐步提高。1962 年全国农村人均年纯收入为 99.09元,比 1957 年 72.95 元增长了 35.83%。1965 年人均纯收入达到107.20 元,比 1957 年增长了 46.94%。①

"文化大革命"的十年,农业生产虽然有一定的发展,但受极左思想的影响,人民公社体制仍然继续维持,农民实际收入增加得并不多。1976 年农村人均年纯收入是 113.05 元,比 1965 年的 107.20 元,仅仅增加了 5.85 元。全国 6 亿—7 亿农村人口②仍未摆脱贫困的局面。

(二)职工的收入

1956 年在全国进行的工资制度改革是有成绩的,但是也存在缺点,主要表现是:企业工人的八级工资制,级别少,级差大,工资标准偏低,而企业干部实行职务工资制,分类过多,工资标准过高。针对这种情况,从 1957 年以后到 1978 年改革开放前的 20 年,对工资制度进行过一些调整和改进。但其中明显反映了当时领导人对我国经济建设的一些思考,有失误,也有可资借鉴的经验。总起来看,这 20 年我国职工工资收入呈现一种起伏的状况。

首先,"大跃进"期间职工工资水平呈下降趋势。

1958 年开始的"大跃进"运动是一场在"左"倾思想指导下进行的错误实践,它在工资问题上的表现就是实行"供给制"和"半供给、半工资"的制度。供给制原本已经在 1955 年取消。但"大跃进"期间,在"破除资产阶级法权"思想的直接影响下,供给制在一些地方又重新出现。1958 年 11 月,劳动部起草了《关于企业实行部分供给部分工资制

---

① 国家统计局农村社会经济调查总队编:《中国农村统计年鉴1999》,中国统计出版社 1999 年版,第 241 页。

② 1966 年"文革"开始时,我国农村总人口为 6 亿 1229 万人,1976 年增加到7 亿 7376 万人。见国家统计局编:《中国统计年鉴1984》,中国统计出版社 1984 年版,第 81 页。

的初步意见(草案)》。一些地方开始试行"半供给、半工资"制。如江苏无锡利民瓷厂实行这一制度,半供给部分有15种,包括粮食、菜金、医疗、教育、生育、结婚、丧葬、理发、洗澡、过节费等;半工资部分分6个档次,有:7元、10元、13元、16元、20元、25元。伙食标准,职工本人每月12元,家属大人10元、儿童8元。

"供给制"和"半供给、半工资"制是典型的吃"大锅饭",它造成多劳未必多得,少劳未必少得,完全违背了按劳分配的原则,严重挫伤了职工的生产和工作的积极性。这项制度只实行了半年即告夭折。同时,在"大跃进"期间,许多企业实行的、被认为行之有效的计件工资制和奖励制度被错误地批判。1958年11月,北京市大部分实行计件工资制的企业取消了这一工资制。上海、天津、辽宁、黑龙江、内蒙古、陕西等省市区也随之纷纷取消了计件工资制。到1960年底,国营企业中实行计件工资制的工人占生产工人的比重不足5%。① 取消计件工资制使企业工人的实际收入减少。据调查,工业部门的工人的收入下降了7.7%,基本建设部门的工人的收入下降了14.5%。取消奖励制度使得全国职工的奖金减少了70%—90%。② 1958年至1960年的三年间全国全民所有制单位和城镇集体所有制单位的工资总额增长了105.9亿元,但是这期间职工人数增加了2868万人,特别是工业部门1958年较之1957年净增3015万人。③ 这样,工资总额虽然增加了,却被激增的新职工冲掉了。职工个人平均工资反而有了下降。(见表2—8)

---

① 转引自庄启东等著:《新中国工资史稿》,中国财政经济出版社1986年版,第87页。

② 转引自庄启东等著:《新中国工资史稿》,中国财政经济出版社1986年版,第91页。

③ 国家统计局社会统计司编:《中国劳动工资统计资料1949—1985》,中国统计出版社1987年版,第115、5、6页。

表 2—8　　　　　　1957—1961 年国民经济各部门
职工平均工资变化表

单位:元

年份	合计	工业	建筑业和资源勘探	农、林、水利、气象	运输和邮电	商业、饮食业、服务业和物资供销	科学、文教、卫生	管理部门	其他
1957	624	650	730	497	746	524	564	632	624
1958	536	519	595	420	658	476	534	634	592
1959	512	507	554	373	621	449	522	622	550
1960	511	525	579	343	608	440	501	603	519
1961	510	535	591	333	596	438	493	595	520

资料来源:国家统计局社会统计司编:《中国劳动工资统计资料 1949—1985》,中国统计出版社 1987 年版,第 153 页。

其次,国民经济调整期间对职工工资进行了一定的调整。

在"大跃进"后期对于一度受到批判的企业职工奖励制度进行了调整,恢复了奖励制度。1959 年 12 月,劳动部发出《关于建立和改进综合奖励制度的意见》,确定在企业中实行综合奖,范围暂限于工人,实行季奖,不搞月奖。奖励面一般可以达到生产工人的80%左右。奖金额度一般不超过实行这种奖励制度的工人的月标准工资的15%。以后奖励范围又有了扩大,奖金额度也扩大到职工月标准工资的20%。在调整期间,计件工资制也得以恢复。1961 年 9 月,由邓小平主持起草的《国营工业企业条例(草案)》(简称"工业七十条")明确肯定了计件工资制,提出:凡是需要和可能实行计件的,就应当实行计件工资制。在保证劳动定额先进合理的前提下,不限制工人的工资。1964 年 4 月,劳动部进一步制定了《企业计件工资暂行条例(草案)》。这样,全民所有制工业企业中计件工资在工资总额中的比例逐步上升。1961 年为 1.5%,1962 年为 6.3%,1963 年为 13.9%。[①]

---

① 国家统计局社会统计司编:《中国劳动工资统计资料 1949—1985》,中国统计出版社 1987 年版,第 132 页。

1959 年、1961 年和 1963 年,国家先后为部分行业的部分职工调整了工资,涉及工业、交通、基本建设、邮电、公用事业单位、农林、水利、商业饮食业、矿山的工人以及高等学校和中等专业学校教学人员、卫生技术人员、运动员等。1963 年在进行全国工资调整时,对原来执行的 11 类工资区做了调整,取消了第 1、2 类工资区,将第 1、2 类工资区提高到 3 类;3 类工资区的少数城市和工矿区提高到 4 类;4 类和 4 类以上的基本不动,只对个别不合理的做了调整。① 调整工资区类别的地方的职工,其工资标准也相应做了调整。

国民经济调整期间,对于 1956 年形成的工资制度中的问题,如工资标准过多过乱、工资差别过大、地区工资差别过细等问题,国家给予了重视。1963 年 9 月,劳动部发出试行工龄津贴试点的通知,在全国 10 余个省市近 10 个部门 200 多个单位的 40 多万职工中进行试点。1964 年劳动部统一拟定了全国职工,包括企业、事业和国家机关工作人员的工资标准方案,当时称之为"一条龙"工资标准方案,并于 1964 年下半年至 1966 年上半年在一些单位进行试点。但是由于"一条龙"工资标准的级差比原有的 8 级工资制级差小,所以这个标准并未在全国全面推开。

再次,"文化大革命"中工资制度产生混乱,职工工资长期在低水平上徘徊。

"文化大革命"开始后,对建国以来 17 年我国社会主义革命和建设的许多成绩和经验一概予以否定。按劳分配被说成是"资本主义因素",是"产生资产阶级的基础"。实行奖励制度被批判为"搞物质刺激"、"奖金挂帅",实行计件工资制被批判为"钞票挂帅"。因此,

---

① 1965 年 11 月 18 日劳动部下发了经审核定稿的《全国各地区现行工资区类别和生活费补贴表》。该表将当时全国 28 个省、市、自治区(台湾省除外;天津市当时为河北省会)所属的市、专区、县以及矿区的工资区类别和生活费补贴(%)一一列出。见《劳动人事法规规章文件选编 1949—1983》,第 573—627 页。

奖励制度和计件工资制被迫停止执行。但是,"文革"初期,一些造反派组织冲击党政机关,造成各级党政部门无法正常工作。这种情况下,造反派提出补发工资、奖金、津贴的要求。一些地方按人头将奖金和计件工资作为"附加工资"平均发放,造成了工资制度的混乱。

1967 年 12 月,针对现实生活中的实际问题,如各类人员的转正定级和职工调动工作后的工资问题,国务院下达《关于职工转正定级问题的通知》,规定转正定级基本上按原来的规定执行;除个别情况调动工作增减工资外,大部分情况下调动工作,工资一律不动。对于工资待遇中存在的一系列问题,通知提出"待运动后期统一研究解决"。这种做法造成一些"大跃进"期间参加工作的职工经过十多年后工资待遇仍是最低的。对此,1971 年 11 月,国务院发出通知,调整低工资职工的工资,以解决他们的生活困难。

"文革"十年动乱给国家经济造成极大损害,经济发展迟缓,这必然严重影响了劳动者的劳动收入。我国职工在此期间长期处于低工资收入状态,生活水平也是在低位徘徊。据统计资料显示,"文革"期间全民所有制和集体所有制单位职工年平均工资呈走低的态势。(见表2—9)

表 2—9　　　**1966—1976 年全民所有制与集体所有制单位职工年平均工资表**　　　单位:元

年份	全民所有制单位							城镇集体所有制单位				
	合计	工业	农林水利气象	运输邮电	商业饮食服务业	科学文教卫生	机关团体	合计	工业	农林水利气象	运输邮电	商业饮食服务业
1966	636	702	435	771	578	595	674	423	418	292	552	383
1967	630	701	426	754	563	578	681	455	448	302	591	412
1968	621	689	419	740	561	577	681	441	430	301	569	396

年份	全民所有制单位							城镇集体所有制单位				
	合计	工业	农林水利气象	运输邮电	商业饮食服务业	科学文教卫生	机关团体	合计	工业	农林水利气象	运输邮电	商业饮食服务业
1969	618	688	418	734	561	564	680	439	429	299	563	393
1970	609	661	419	709	553	555	678	405	395	264	526	363
1971	597	635	426	709	539	554	668	429	419	296	554	382
1972	622	650	423	723	585	598	679	465	455	309	603	419
1973	614	640	436	714	568	582	659	489	479	333	633	441
1974	622	648	483	713	571	582	661	441	433	289	574	395
1975	613	644	460	699	562	574	652	453	443	316	584	404
1976	605	634	459	684	555	566	636	464	452	313	598	415

资料来源:国家统计局社会统计司编:《中国劳动工资统计资料1949—1985》,中国统计出版社1987年版,第157、179页。

"文革"结束后,在拨乱反正的过程中,对于坚持按劳分配原则,恢复奖励制度和计件工资制等问题,得到人们的认同。1978年5月,国务院发出通知,明确提出恢复、改进奖励和计件工资制。1977年和1978年国家调整部分职工工资。1977年40%的职工工资升级;1978年奖励优秀职工,涉及职工2%。1978年9月,中共中央发出《关于做好改革工资制度调查研究工作的通知》,提出了对工资制度进行改革的意见,为下一步改革开放时期工资制度改革以及整个在社会主义市场经济条件下更好地解决劳动者劳动分配问题,打下一个基础。

三、改革开放和社会主义现代化建设新时期(1979—2000年)

1978年12月中共十一届三中全会以后,我国进入改革开放新的历史时期。在逐步破除长期"左"的思想的束缚的基础上,对社会主义有了新的认识,从经济体制上来看,实现了由社会主义就是搞计划经济,到有计划的商品经济,最终确立社会主义市场经济的转变。在这一过程中,我国广大劳动者的劳动生活发生了极大的变化,劳动分配的方式逐渐建立起与市场经济体制相适应的一套制度,调动了劳动者的生产积极性,极大地提高了劳动者的劳动收入。据统计,1978—1989 年,全国职工年货币平均工资从 615 元增长到 1935 元,年平均增长 11%,实际工资年平均增长 3.2%;1990—1998 年,全国职工年货币平均工资从 2140 元增长到 7479 元,年平均增长 16.9%,实际工资年平均增长 6.3%。[1] 这个时期是建国以来我国劳动者劳动收入增长幅度最高的时期。同时,这个时期又是劳动群体产生较大变动、用工制度进一步改革的时期。除了原有的农业劳动者、国有企事业单位职工、城镇集体所有制单位职工外,还有在各种形式的合资、合营、外商独资、华侨或港澳台独资,以及私营、个体企业中工作的职工等。他们的劳动收入情况呈现出一种更为复杂的情况。

(一)农村劳动者的收入

1978 年中共十一届三中全会以后,我国改革开放事业逐步展开,农村率先进行了以家庭承包为主的多种形式的联产承包责任制改革。这项改革的推行结束了实行了 20 年的人民公社体制,农民的生产积极性得以最大限度地发挥,有力地促进了农业生产的发展。一些农民从事工商业经营,成为个体工商户,并进一步发展成为私人企业。同时,乡镇企业异军突起,不仅促进了农村经济的发展,而且带动了整个国民经济的发展。在社会主义市场经济的框架下,农村多种经营形式共同发展,极大地改变了我国农村的面貌,农民的劳动收入呈现前所未有的增长态势。(见表2—10)

---

① 国家统计局编:《中国统计年鉴1999》,中国统计出版社1999年版,第160页。

表2—10　　　　1978—1998 年农村住户人均纯收入表　　　单位:元

年份	纯收入合计	一、基本收入	1. 劳动者报酬收入	2. 家庭纯收入	二、转移性和财产性收入
1978	133.57	124.05	88.26	35.79	9.52
1979	160.17	144.67	100.67	44.00	15.50
1980	191.33	168.93	106.38	62.55	22.40
1981	223.44	201.90	117.38	84.52	21.54
1982	270.11	245.65	142.85	102.80	24.46
1983	309.77	285.21	53.86	231.35	24.56
1984	355.33	328.15	63.64	264.51	27.18
1985	397.60	367.69	71.71	295.98	29.91
1986	423.76	394.86	81.58	313.28	28.90
1987	462.55	440.97	95.47	345.50	21.58
1988	544.94	520.94	117.77	403.17	24.00
1989	601.51	571.02	136.46	434.56	30.49
1990	686.31	657.35	138.80	518.55	28.96
1991	708.55	675.51	151.92	523.59	33.04
1992	783.99	745.95	184.38	561.57	38.04
1993	921.62	872.99	194.51	678.48	48.63
1994	1220.98	1144.84	262.98	881.86	76.14
1995	1577.74	1479.49	353.70	1125.79	98.25
1996	1926.07	1813.29	450.84	1362.45	112.78
1997	2090.13	1987.28	514.56	1472.72	102.85
1998	2161.98	2039.58	573.58	1466.00	122.40

资料来源:国家统计局农村社会经济调查总队编:《中国农业统计年鉴1999》,中国统计出版社1999 年版,第241 页。

　　从表2—10 中可见,1998 年农民人均收入为 2161.98 元,比 1978年的 133.57 元增加了 15.18 倍,扣除价格的因素仍增长三倍多。从农民劳动收入的构成看,二十年来也发生了很大变化。在农户人均基本收入中,1982 年前劳动者的报酬收入要大于劳动者家庭经营纯收入。

自 1983 年起,家庭经营收入大大超过了劳动者的报酬收入。这反映了农村实行家庭联产承包责任制改革的成效。但同时,1983 年以来劳动者家庭经营收入与劳动者报酬收入之比呈逐年下降的趋势,1983 年为 4.29 倍,1986 年为 3.84 倍,1990 年为 3.73 倍,1995 年为 3.18 倍,1998 年为 2.55 倍。这也反映了农村经济体制改革中适度规模经营和乡镇企业的发展。在家庭经营收入中,原有的以农牧渔业为主的收入渠道被逐步拓宽,工业、建筑业、运输业、商业和服务业等行业成为农村家庭收入的主要行业。(见表 2—11)

表 2—11 **1978—1998 年农村家庭经营人均纯收入明细表** 单位:元

项目	1978	1980	1985	1990	1995	1998
家庭经营纯收入	35.79	62.55	295.98	518.55	1125.79	1466.00
农业收入	15.15	21.93	191.46	330.11	775.12	927.25
林业收入			6.16	7.53	13.52	18.67
牧业收入	12.01	25.71	44.36	86.04	111.76	167.85
渔业收入	1.42		3.59	7.11	15.69	22.44
手工业收入	5.19	2.87	8.11	10.89	18.97	28.62
采集、捕猎收入		5.80	10.13	14.36	21.40	27.57
工业收入			2.18	9.15	13.63	27.32
建筑业收入			7.41	12.18	34.53	52.78
运输业收入		6.24	8.47	13.45	27.76	50.24
商业收入				10.75	30.21	54.60
饮食业收入			6.13	1.94	4.05	7.73
服务业收入			3.25	6.77	17.18	30.02
其他收入			4.73	8.27	41.97	50.91

资料来源:国家统计局编:《中国统计年鉴 1998》,中国统计出版社 1998 年版,第 345 页;国家统计局农村社会经济调查总队编:《中国农村统计年鉴 1999》,中国统计出版社 1999 年版,第 246 页。

农村劳动者劳动收入在不断提高的同时,也存在地区差别加大、产业抗风险能力不强、富余劳动力过多等制约劳动收入提高的因素。解决这些问题还在于通过深化改革来逐步实现农村劳动者收入的进一步提高。

(二)全民所有制单位和城镇集体所有制单位职工的收入

改革开放初期,国家在全面恢复奖励制度和计件工资制的同时,几次比较大范围的调整职工工资。1979年国务院明令调整原有的工资区,将3、4类工资区相应调整为4、5类。同年全国有40%的职工调整了工资;1981年进行工资"普调";1982年国家机关、科研文教卫生体育等事业单位职工普调一级工资;1983年企业职工按照"两挂钩"、"一浮动"①的原则调整工资。

1985年国家先后进行了企业和国家机关、事业单位的工资改革。1月初,国务院发出通知,明确提出:企业职工工资的增长应依靠本企业经济效益的提高。随之在一些企业进行企业工资总额同经济效益挂钩的试点,并逐步在全国推广。至1999年底,全国有近10万家国有企业、4000多万职工实行了这种工资分配方法。这项改革逐步摈弃了计划经济体制下实行了多年的由国家规定工资区和8级工资制,企业吃国家的"大锅饭"、职工吃企业的"大锅饭"的弊病,促使企业努力提高经济效益,适应市场的需求,促进生产的发展,最终提高职工的劳动收入。在企业工资制度改革中各地试行了多种不同的做法,如岗位工资制、结构工资制、岗位技能工资制、岗位薪级工资制、岗位薪点工资制等。在一些企业的经营管理者中还试行了年薪制。在企业工资改革中,工资形式也多样化,有计时工资、计件工资、

---

① 所谓"两挂钩"指的是企业工资调整要和企业经济效益挂钩,职工升级调资要和本人贡献挂钩。所谓"一浮动"指的是职工考核升级后,所升的级暂不固定,经过两三年考核合格后,才能固定,考核不合格所升的级还要降下来。

定额工资、浮动工资、奖金制、津贴制等。1997 年中共十五大提出："继续坚持按劳分配为主体,把按劳分配和按生产要素分配结合起来,实行多种分配方式并存的制度。"之后,企业工资改革进一步引向深入。在企业自身改革不断加深的同时,也有一些企业由于经济效益大幅度下降,造成企业职工工资水平随之大幅度下降,甚至一些企业濒临破产倒闭,职工处于待业状态。为了解决这个问题,国家除了进一步做好社会保障制度改革工作以外,在工资问题上通过立法来保障那些企业职工的基本权益。1994 年颁布的《劳动法》对工资问题有具体规定。同年,劳动部发出《关于实施最低工资保障制度的通知》,对《劳动法》的相关规定予以细化,要求各地逐步落实职工最低工资保障制度。这项工作是一项长期的任务,国家始终把它作为重大问题来抓。

1985 年 6 月,中共中央、国务院发出通知对国家机关、事业单位进行工资改革。其主要内容是建立以职务工资为主要内容的结构工资制。结构工资制分为基础工资、职务工资、工龄工资和奖励工资四部分。基础工资是按大体维持职工本人基本生活所需费用计算,不同的工资区标准不同;职务工资是按职务确定工资,随着职务的变动,工资也变动;工龄工资是按每个职工每工作一年每月增加 0.5 元工资,工作年限的计算最多不超过 40 年;奖励工资是用于奖励工作中做出显著成绩的人员。此外,对事业单位中的中小学教师、幼儿教师、中专和技校教师,实行教龄津贴;对医院护士实行护士工龄津贴。1985 年工资改革以后,国家针对国家机关和事业单位职工工资普遍偏低的现状,多次调整工资。1986 年至 1989 年的 4 年间,每年都出台相关的政策增加工资。1993 年 10 月,伴随着国家机关公务员制度的出台,国家机关和事业单位的工资制度又做了相应改革。国家机关实行职级工资制,按不同职能分为职务工资、级别工资、基础工资和工龄工资。事业单位实行与国家机关不同的工资制度,为职务工资加津贴的制度。在事业单位中,专业技术人员分 5 种不同类型的工资制度,管理人员实行职员职务等级工资制,技术工人实行技术等级工资制,普通工人实行等级工资制。另外,在国家机关和事业单位中都建立了奖励制度和定期升级制度。一般是年终增发一个月的工资作为奖励,每两年晋升一级工资。

1978年以后开始的改革开放是逐步由传统的计划经济体制向社会主义市场经济体制转变的过程。这期间不可避免会出现一些转型时期的问题,在劳动收入分配上有比较明显地体现。

(1)全社会范围内的平均主义分配基本被打破,但"制度内"的平均主义仍然存在。前文已提及,改革开放以来,党和国家提出劳动工资制度改革,在一定程度上破除了企业吃国家的"大锅饭"和职工吃企业的"大锅饭"的平均主义现象。但是,在工资收入的分配上,多数国有企业,以及机关事业单位等,实际上差距仍很小。据调查,许多企业基本工资最高与最低标准相比,仅为三倍左右;机关单位最高工资仅为最低工资的4.28倍(不含工龄工资);事业单位基本工资最高与最低标准相比只有2.81倍(不含工龄工资)。[①]

(2)职工"制度外"收入增大,造成收入差距拉大。"制度外"收入主要来源有:企业或事业单位等依靠自身资源创收而未按规定申报,擅自截留分发;某些个人在制度外的合法劳动收入;某些个人在经营活动中获取的各类回扣(这部分收入称作"灰色收入");某些个人通过非法手段获取的非法收入(这部分收入称作"黑色收入")等等。这种"制度外"收入从各种统计数据中很难反映出来。它的大量存在造成了职工的"制度内"工资不能反映劳动力市场价格,职工工作行为的扭曲,也加大了社会不同阶层之间的收入差距。

(3)脑力劳动和体力劳动在收入分配上出现"脑体倒挂"。这个问题实际上在1978年以前就存在。从前面表2—8和表2—9可见,1957

---

① 苏海南、徐振斌:《我国城镇居民收入分配基本分析及对策建议》,《中国经济时报》2001年4月3日。

年至1976年间,作为脑力劳动者聚集的科学教育文化部门,其职工年平均工资水平低于全民所有制的工业、建筑业和运输邮电业的职工年平均工资水平,只是大体与商业饮食服务业持平,高于农业。此种现象在1978年以后仍然持续了一段时间(见表2—12)。社会上流传这样的说法"搞原子弹的不如卖茶叶蛋的"(指科技工作者的收入不如小商贩)、"开颅的不如剃头的"(指脑外科医生的收入不如理发师)。这种情况随着党和国家强调"科教兴国"政策而逐步加以改变。到20世纪90年代中期,"脑体倒挂"问题已经得到基本解决。据有的学者1994年的调查(见表2—13),脑力劳动者的收入已高于体力劳动者。

表2—12　　　**1978—1998年部分国有单位分行业**
职工平均工资表　　　　单位:元

年份	采掘业	制造业	电力、煤气及水的生产和供应业	建筑业	卫生体育和社会福利业	教育、文化艺术和广播电影电视业	科学研究和综合技术服务业	国家机关、政党机关和社会团体
1978	704	663	873	760	605	566	670	661
1980	891	821	1073	924	751	722	853	807
1985	1384	1190	1272	1532	1164	1184	1268	1133
1988	2038	1872	1994	2192	1793	1764	1935	1709
1992	3239	2889	3354	3406	2883	2732	3130	2774
1995	5944	5352	7734	6512	6009	5457	6835	5528
1997	7091	6008	9541	7388	7794	6810	8974	6985
1998	7499	6981	10324	8171	8704	7537	10146	7776

资料来源:国家统计局编:《中国统计年鉴1999》,中国统计出版社1999年版,第164—165页。

表 2—13　　　　　**1994 年底北京市脑力、体力劳动者**

人均月收入（指数）比较表

年龄（岁）	大学（包括大专）文化程度的脑力劳动者人均月收入（指数）	中小学（包括中专、职高）文化程度的体力劳动者的人均月收入（指数）	脑力劳动者人均月收入比体力劳动者人均月收入高出的百分比
30 岁以下	5.711	4.906	+16.4
31—35	5.252	4.361	+20.4
36—40	5.260	4.298	+22.4
41—45	4.808	4.225	+13.8
46—50	5.000	4.700	+6.4
51—60	5.344	4.657	+14.8
61 岁以上	5.173	4.143	+24.9

资料来源:《社会学研究》1996 年第 6 期,第 7 页。

（三）各种形式的合资、独资以及私营、个体企业中职工的收入

这里所涉及的职工指的是在全民与集体合营、全民与私人合营、集体与私人合营、中外合营、华侨或港澳台工商业者经营、外资经营的企业和事业单位中工作的,并领取工资的人员。这部分人员在改革开放后较早脱离了原有计划经济体制下的等级工资制度,采用多种工资制度。如有的企业采用岗位技能工资制,其中包括岗位工资、技能工资、津贴补助和奖金;有的企业采用岗位工资制,其中包括岗位工资、工龄工资、津贴补助和奖金等。这种灵活的工资分配制度使这部分职工的劳动收入呈现一种增长的势头。1984 年,上述职工年平均工资为 1048元,到 1998 年达到 8972 元,增长了 7.56 倍。与此同时,他们的工资收入都超过同期全民所有制单位职工和集体所有制单位职工的工资收入。造成这一现象的原因是多方面的。其一,这些企业内部经营灵活,工资分配与劳动效率紧密挂钩;其二,这些企业大多以高薪从社会上吸引人才,为其创造较好的效益;其三,这些企业在一个时期内享有国家

某些政策上的优惠待遇,特别是税收方面。据统计资料显示,1985 年各种形式的合资、独资以及私营、个体企业中职工的收入分别超过全民所有制单位职工和集体所有制单位职工工资的 18.38% 和 48.50%,1998 年则为 17% 和 68.29%。

第三章　物质生活

　　1949 年中华人民共和国的成立,昭示了中国社会发展、民生改善有了极大的可能。大规模的战争渐告停息,广大农民通过土地制度的变更第一次拥有了土地和其上的大多数收益,以改善生活水平为主要目的的生产积极性空前提高,由此而带来的粮食增产也确实改善了他们的生活。贫雇农的物质生活水平提高得最明显,除生产收益外,他们还分得了地主的财富,而后者的生活因之窘迫、清俭起来,农村原来巨大的贫富差距基本消失了。与此同时,在城市地区,由于党对民族资本"今天中国资本主义是在年轻时代,正是发展它的历史作用,积极作用,建立功劳的时候,应赶紧努力,不要错过。今天资本主义剥削是合法的,愈多愈好"①的认识和对其发展的鼓励,由于新民主主义政策的实施,民族资本家的财产得到了保护,其生活水准也在一定时期内在物质上得以维持和保证,只是由于消费环境的改变,一些老的生活习惯不得不加以调整。工人们政治地位大大提高,工资也较前有所增加,所能购买的日用消费品增多,生活向好的方向转变。随着就业率的提高和政府各种体恤保障措施的落实,城市无业贫民的境遇也得到了改善,在这方面,北京龙须沟地区的居民生活的变化是典型的例证。城市中原有的另两个富裕阶层——中上层官僚和外国有钱人,大部分都陆续离

---

　　① 刘少奇:《在工商业家座谈会上的讲话》,见解放军国防大学党史党建教研室编:《中共党史教学参考资料》第 19 册,第 69 页。

开了中国大陆,个别留下来的人物质享受也大不如前。从总体上说,列强百年来剥夺中国人民累积起来的在华财富回到了人民的手中,中国官僚资本也被收归国有,其中有相当一部分被用来改善民众的生活。

第一节 财富再分配和政府改善 民众生活条件的努力

总的说来,1949 年 10 月以后,随着共产党很快统一全国大陆地区及实施新政,原有的各种社会阶层划分均被打破,就以物质多寡为标准划分的各阶层而言,在经济收入、财富分配、物质消费等方面,日益趋向均平,而不是像过去那样贫富分化明显,差异巨大。民众物质生活的这一特点一直保持至改革开放,而这一局面的产生,有着复杂的政治、社会、经济原因。既与当政者政治实践、治国理念有关,也与当时社会价值观念和国家经济发展政策、经济发展水平有关。

就执政党而言,从 1949 年至 1966 年"文化大革命"发动以前,在一定时期内一定程度上还是比较重视提高人民的物质生活水平的,1956年社会主义改造基本完成、社会主义制度在中国已经基本建立起来以后,党在 9 月召开第八次全国代表大会,认为"国内主要矛盾已经不再是工人阶级和资产阶级的矛盾,而是人民对于经济文化迅速发展的需要同当前经济文化不能满足人民需要的状况之间的矛盾;全国人民的主要任务是集中力量发展社会生产力,实现国家工业化,逐步满足人民日益增长的物质和文化需要"。大会指出"虽然还有阶级斗争,还要加强人民民主专政,但其根本任务已经是在新的生产关系下面保护和发展生产力"。[①] 只是这样清醒的认识一再被阶级斗争、路线斗争等政治

---

① 《关于建国以来党的若干历史问题的决议》,人民出版社 1983 年版,第19—20 页。

意识所打断,而未能坚持贯彻。而在像 1958—1959 年大跃进这样高度重视经济发展并全力推进的时期,又因不熟悉经济规律而大犯错误,其后果之严重导致饥馑流行,人民物质生活水平大幅下降,1962 年以后虽有所好转,但民众物质消费匮乏、生活俭约的状况一直维持到 70 年代末期。

从 1949 年至 70 年代末,政府主要把增加工农业生产总值、实行工业化作为提高人民生活水准的重要措施,这是实行计划经济、传统社会主义体制的国家的基本治国理念,也是基于当时中国基本国情的一个考虑。在这方面也取得了一定的成绩。

举例而言,关于当时农民物质生活的一些重要指标,拿 1956 年与 1950 年相比,都有了大幅度的提高。农业生产总值达到 583 亿元,比 1950 年增长 79%;农民购买力为 191 亿元,比 1950 年增长 136%。在国家供应给农民的消费资料中,1956 年比 1950 年,棉布供应增加了 2 倍,胶鞋增加了 1.9 倍,食盐增加了近 1 倍,糖增加了 2.3 倍,煤油增加了 11 倍,香烟增加了 1.4 倍。[①] 农民有 20%—30% 过上了略有积余的生活,有 60% 过上了有吃有穿的生活,虽然仍有 10%—15% 的农民过着少吃少穿的生活,但总体上较之解放前广大贫苦农民所过的衣不蔽体、食不果腹、半年糠菜半年粮的生活还是改善了许多。全国平均起来,每个农民一年的净收入约有 70 元,每户约有 300 元。

就实行工业化的国策来讲,也取得了很大成绩,"1957 年全国工业总产值达到 783.9 亿元,比 1952 年增长 128.3%……重工业生产在工业总产值中的比重,由 1952 年的 35.5% 提高到 45%,旧中国重工业过分落后的面貌有所改变。从几种主要工业产品的产量来说,1957 年钢产量达到 535 万吨,比 1952 年增长 296%,为建国前最高年产量的 5.8 倍。原煤产量达到 1.3 亿吨,比 1952 年增长 96%,为建国前最高年产

---

① 周恩来:《政府工作报告》,见解放军国防大学党史党建教研室编:《中共党史教学参考资料》第 22 册,第 216 页。

量的 2.1 倍。发电量达到 193.4 亿度,比 1952 年增长 166%,为建国前最高年发电量的 3.2 倍……'一五'期间工业生产所取得的成就,远远超过了旧中国的一百年。同世界其他国家工业起飞时期的增长速度相比,也是名列前茅的。"①城镇职工的生活较之农民有了更大的提高②,一是商品供应更多,二是收入较高。1957 年,每名职工的年平均工资为 600 元以上,比 1952 年的 460 元提高了 37%。几乎是同时期每个农民年均收入的 9 倍。尽管当时一个农民一个月的吃穿开支为 5 元,而城市居民为 10 元,但双方的生活差距仍很大。

这种情况直到党的十一届三中全会以后,党真正以发展城乡经济为中心,并首先改革农村经济后才有所好转。1978—1985 年,中国城乡居民收入和生活消费水平的差距呈现较明显的缩小趋势。现列表说明:

表 3—1　　1978—1985 年农民和城镇职工收入比例

1978	1980	1983	1984	1985
1:2.37	1:2.30	1:1.70	1:1.72	1:1.73

资料来源:马国强等:《中国农民收入问题研究》,贵州人民出版社 1994 年版。

从表 3—1 可知,改革开放初期,农民与城镇职工的收入迅速接近。

表 3—2　　1978—1985 年农民和城镇职工生活消费比例

1978	1980	1983	1984	1985
1:2.36	1:2.29	1:1.69	1:1.71	1:1.72

---

①　胡绳主编:《中国共产党的七十年》,中共党史出版社 1991 年版,第 326 页。

②　1949 年,城镇职工有 800 万人,1957 年就增加到 2400 万人。这里的城镇职工,指国家机关、国营和公私合营企业、事业单位的人员,含乡镇干部。

　　从表3—2可知,由于改革开放后农民收入增加了,他们的消费能力也得到了提高,与城镇居民的消费水平也日益接近。

　　这一时期,由于党的政策是"必须首先调动我国几亿农民的社会主义积极性,必须在经济上充分关心他们的物质利益"①,家庭联产承包责任制发挥了巨大作用,农民的收入确实增长很快,1978年人均年收入为133.57元,1985年达到了397.6元。衣、食、住、行、用、医等消费水平都有了较大提高。1978年,农民家庭生活恩格尔系数为0.677,1985年就降为0.568,说明很多农民已经解决了温饱问题,往小康消费方向发展。

表3—3　　农村每百户家庭拥有小康消费品情况(以当时标准)

项目	自行车	缝纫机	手表	收音机	电风扇	洗衣机	电视机	收录机
1978	30.7	19.8	27.4	17.4	NA	NA	NA	NA
1985	82.6	43.2	136.3	54.2	9.7	1.9	11.7	4.3

　　从上表可以看出,1978年的时候,像电风扇、洗衣机、电视机、收录机等稍微高档一些的耐用消费品,在农村还根本无人敢问津,或者多数农民见所未见、闻所未闻,但7年以后,农民消费这些商品,就不再是稀罕的事了。

　　1986年以后,中国改革重心移向城市,政府政策利益重点也向城市倾斜,农村经济虽仍继续发展,但速度、力度都减缓。城乡居民的收入和消费差距又有拉大的趋势。(请看表3—4)

----

　　①　《中国共产党第十一届中央委员会第三次全体会议公报》(1978年12月22日),转引自中央文献研究室等编:《新时期农业和农村工作重要文献选编》,中央文献出版社1992年版,第10页。

表3—4 **1986—1993年农民和城镇居民收入差距** 单位:人民币元

年份	农民实际收入	城镇居民实际收入	差距指数
1986	1068.69	410.32	1:2.60
1987	1174.68	445.97	1:2.64
1988	1224.27	491.69	1:2.49
1989	1465.76	536.22	1:2.73
1990	1897.29	667.62	1:2.84
1991	2044.26	700.04	1:2.92
1992	2287.52	750.35	1:3.05
1993	2645.05	809.08	1:3.27

到了1996年,城乡居民收入差距比例达到了1:4.8,由于消费与收入是密切联系的,是呈正比例变化的,因此双方的物质生活的差距又拉大了。

在这种情况下,乡村都市化,变乡村为城市、变农民为城镇居民就成为拉近城乡居民物质生活差异,尽快改善原乡村居民物质生活状况的一个现实办法。从建国初期到现在,它经历了不同的发展道路,功效和结果也不太相同。

第二节 乡村都市化及对民众物质生活的影响

中华人民共和国成立不久,政府即把依托城市发展工业,再向乡村辐射,最终实现国家工业化,变农业国为工业国作为国策。在其影响之下,一些城市附近的乡村地区成为轻重工业区和家属生活区所在地,并因此很快成为城市的一部分。离城市较远的很多乡村地区,也因为采矿、采油、军工、修水库等建设活动而日益繁荣,达到一定规模与程度后成为了新兴城市。与此同时,作为乡村主体的农民,其青壮年中有相当一批人被招进工厂当了工人,这其中又有很多人安家于城市,逐渐成为都市居民,物质生活条件得到了改善。从建国到70年代末,上述两种模式是大陆乡村都市化的最主要的模式,他们具有以下特点:一、依托工业化进程、政府控制严密、计划性强;二、都市人口增多,但都市人口占总人口的比重增长不大,而且不稳定。(参见表3—5)

表3—5　　　　1950—1980年主要年份城镇人口比重

年份	总人口(万人)	市镇人口(万人)	百分比	世界平均百分比
1950	55196	6169	11.2	28.8
1960	66207	13073	19.7	33.9
1970	82992	14424	17.4	37.5
1980	98705	19140	19.4	38.2

资料来源:苏少之:《1949—1978年中国城市化分析》,《当代中国史研究》1999年第2期。

从上表可以看出,经过建国以后30年的发展,虽然取得了一定成就,但由于在全国范围内农村人口仍占绝对多数,所以在整体上,人民的物质生活水平仍很难得到很大提高。传统的乡村都市化的模式也由于问题太多,已不再适应时代发展的潮流,而日益趋向衰落。

一些学者把这一时期大陆的城市化分为两个阶段,认为"第一个阶段,从1949—1960年,是城市化迅速发展的阶段,城镇人口占全国人口的比重从1949年的10.6%提高到19.7%",城市数量也从138个增加到199个。"第二个阶段是1961—1978年,特点是城市化长期停滞不前,并间歇性发生逆转",城镇人口占全国人口的比重1978年为17.9%,较之1960年反而下降了1.8个百分点,城市数量也减少到191个。对于这30年来大陆城市化的进展和功效,受到制约和阻碍的原因,人们也进行了探讨。但仍有许多重要的问题无法解答,而相关史料的缺乏是其中很重要的原因,一些史料仍未解密,一些史料为人们所忽视,而未去做细致的调查挖掘工作。

1978年至今,随着各方面的改革开放、乡村都市化呈现出蓬勃发展的势头,具有自主性强、变化快、依托商品经济发展等特点。其模式也变得多种多样,主要的有以下两种:

一是农民不离本土,就近发展乡镇企业,建设"乡村中的都市",变农村为微小城市或准城市,其趋向则是连成规模,成为正式都市。或者是向城市方向延展,并最终成为某个城市的一部分。目前中国大陆具有代表性的这类"乡村都市",在华北地区有北京的韩村河、天津的大邱庄;中原地区有京华村、南街村;东南地区有华西村等等。这里居民生活的条件、方式已与多数城市居民相同,甚至要大大好过后者。其物质消费可以用超前、丰裕来形容。

二是乡村中的主体,也即农民离开本乡本土,在一些大城市城乡结合部以亲戚、同族、同乡为纽带,以商业活动为中心,结合在一起半自然半有意识地形成一个较为独立的社区。这种被冠以"都市乡村"名称的社区,最有代表性的是北京的"浙江村"。名虽如此,其实质却是连同其中的一些经商居民都成为大都市的一部分,与真正的城市居民在日常生活、物质消费方面并无什么不同。

下面我们就展开个案的研究,以"京华村"为例,尝试分析改革开放以来乡村都市化的具体情况,及对原乡村居民包括其物质消费在内的生活的全方位影响。

京华村原为河南省新乡县小冀镇东街村第五村民小组,是中国行政建制中最小的单位,1999年刚刚升级为村。早在1987年,这个村民小组就在刘志华女士的带领下创办了农工商联合企业——京华食品开发公司,后更名为河南京华实业公司,1990年以后,因其乡村都市化的显赫成绩而闻名全国。从其发展历程上看,颇具传奇色彩。1972年,这个当时名为新乡县小冀公社一大队第五生产队的单位,共有72户人家,353人,"当时的全部家当是三间破房,四头瘦牛,一辆破马车,8000

元内外债"①,村民生活更是困苦不堪,一年到头难得吃上一回白面。历经苦难而仍理想、志向不泯的高中毕业生刘志华被选为队长,在当时仍以"阶级斗争为纲"的环境下,坚信"饥饿和贫穷绝不是社会主义",并以其勇气和智慧带领村民走上了一条先温饱、再集体致富、最后营建乡村都市的道路。

1972—1975年,京华村比周围农村率先解决了温饱问题,村民有白面吃,冬天有新棉衣穿了。1978—1983年按当时的贫富标准实现了脱贫致富;1983年至今全力营建乡村都市且成效卓著,以其实绩名扬海内外。下面我们就抽取一些年份,列表来说明。

表3—6　　　**1988—1998年京华村抽样年份调查**　单位:人民币元

指标 年份	社会总产值	人均产值	衣食住行医教等福利外的人均收入	固定产值	其　他
1988	1250万	3.4万	0.34万	470万	社会总产值比1979年增长138倍
1990	1460万	4万	0.38万	1300万	村民生活已达到小康,完全赶超了城市居民的平均物质生活水平
1992	3100万	8.6万	0.48万	3700万	村民全部迁入欧美式两层公寓,人均30平方米
1998	6688万	17.6万	0.6万	2亿	第三产业已较发达。人均产值和物质生活水准已经赶上欧美发达国家

资料来源:此数据系作者实地调查统计得来。

这些数字还只是京华村发展成绩的一部分。而且该村农业产值的比重早在10年前就已降到村总产值的2%以下,村民绝大多数都成了工人和企业管理者。目前京华公司已拥有副食品加工、机械、化工、商

---

① 刘志华:《"京华"感情管理学初探》,《平原大学学报》1990年第3期。

品、房地产、旅游、矿泉疗养等13个经济实体,为国家二级企业。自80年代末以来,中央电视台和《人民日报》、《中国青年报》、《北京日报》等全国二十多家报刊都对其进行了详细的报道。应该说,农村地区和农民的这种变化才是一种最彻底的变化,在这种情况下,在生活条件、物质消费等诸多方面的城乡差别才真正地不存在了。不仅如此,一些都市化了的原乡村地区还后来居上,在物质方面大大超前了。①

京华村的乡村都市化,有着自己鲜明的特征,其中有些在全国范围内具有代表性,有些确实只有京华村才有。什么是乡村都市?按刘志华的说法,"就是要农村城市化,农民工人化、知识化,农村既有田园风光,又有现代化的工厂。使农村社会、经济、文化三位一体协调向前发展"。② 这样,京华村的乡村都市化就是一种多因素相结合的全方位的质的变化。而刘志华的参照标准,现在已不再以国内城市为主了。在笔者对刘志华最近一次的采访中,她很明确地讲到了现代城市化的标准问题,"第一,物质生活非常富有,而且是共同富有,没有悬殊的贫富分化。第二,人的精神文明、思想境界、知识都非常高。第三,高度现代化的管理。这样才是城市化"。就目前的情况来看,京华村的乡村都市化,是一个三结合的范式:集体所有制、集体意识与市场经济的结合。刘志华认为两者的结合并不矛盾,"集体所有共同致富和市场经济结合的模式,经过我们二十多年的实践,恰恰证实了它是符合中国国情的。为什么? 因为中国的国民素质比较低,当然最低的还是农民。只有农村进行现代化的革命,发展经济,解放生产力,共同致富,取消了城乡差别,农民的小农经济意识、封建意识才有可能逐步没有了。用什么来代替呢? 用文化知识,用科技,用文明的行为来代替"。③

对于在市场经济中坚持集体所有,共同致富,刘志华认为这是在坚

---

① 根据1999年5月李少兵在京华村对刘志华的采访录音整理。

② 根据1999年5月李少兵在京华村对刘志华的采访录音整理。

③ 根据1999年5月李少兵在京华村对刘志华的采访录音整理。

持社会主义性质。当笔者问她如何看待社会主义时,她很坦率地讲:
"我只要我的乡亲,我的村民生活各个方面非常现代化,非常富有,知
识又非常富有,精神又非常富有,(成为)平等、团结、幸福的一个大家
庭,我认为这就是我们的社会主义"。刘志华的社会主义观,无疑颇符
合邓小平的社会主义的真精神。

在京华村,各种建筑都颇具异国风情,尤以欧美风格的建筑居多。
在被问到如何看待上述这些中西物质文明融合的现象时,刘志华答道:
"我不管什么中西,也不管是哪一个国家的东西,只要是正确的我就应
该学。把别人的优点、长处集于我们一身,我们就会更完善"。她已十
几次出国考察学习,视野的确很开阔。京华村较之我考察过的其他乡
村都市,很明显具有一种高层次的现代超前意味。至于发展的趋向,京
华村的可行性发展规划已由刘志华、黄岩等人制定完毕。过去,是由
70年代的第一产业促进80年代的第二产业,80年代的第二产业促进
90年代的第三产业。未来,则要通过90年代的第三产业反过来促进
21世纪第一个十年的高科技、规模化的第二产业的发展,并推进规模
化、集约化、现代化、机械化的第一产业向外扩展。三种产业互促互进,
使京华村成为更富裕、高科技、现代化的文明企业和乡村都市。刘志华
和黄岩合写了一篇文章《乡村都市论》,文中谈到乡村都市应当具备五
大功能,第一个就是乡村都市应满足人民衣食住行这些生存的基本欲
望。衣,四季免费发放四套,并配给人们不同场合穿用的衣物,以美观、
实用、赶潮流为标准。食,2000年前,建一个村民食堂,改善大家的饮
食结构,使人们科学进食。住,重新装修农民公寓,达到三星级宾馆水
平。行,2000年前,让村民家庭拥有小汽车。

从全国的情况看,改革开放二十年来,乡村都市化的进程大大加
快。除了像京华村这样"一不等,二不靠,三不伸手向上要",独立自主
发展乡村都市的情况外,政府也采取了一系列措施,从宏观上来调控、
推动城市化的发展。

截止到1997年,我国已设市671个,其中直辖市4个,地级市225

个,县级市 442 个。全国总人口 12 亿 3600 万人中,城镇人口有 3 亿
6900 万人,占总人口数的 29.9%,城市化的水平在世界上比较偏低。
但大、中、小城市齐头发展的总的趋向是明显的。这些对改变原乡村地
区的面貌、促使其日益现代化,改变原乡村居民的物质生活条件,大大
提高其收入和物质乃至精神消费水平都起到了巨大的作用。

第三节 从消费俭省到物质消费的极大丰富

从建国初期直到 70 年代末,由于中国的农村人口居多,而城镇人
口比重偏低,经济总量也有限,因此民众的收入始终保持在一个低水平
的状态。再加上轻工业生产,也即人民物质消费资料的生产并非国家
工业发展的重心,其生产的商品总量远称不上丰富,这些都使民众的物
质消费呈现出俭省的特点。

城乡人民日常生活消费的物质资料,主要指粮食和轻工业部门生
产的产品。

当时,人们认为粮食是指"稻(水、旱)、小麦、大豆(黄、黑、青)、杂
粮(玉米、高粱、粟、大麦、青稞、荞麦、黍、蚕豆、豌豆等)、薯类(红或白
薯俗称地瓜,马铃薯俗称土豆或山药蛋,及其他薯类)"。[1] 还把 4 斤薯
类折合成一斤麦子来计算。

而轻工业,"一般是指制造生活资料的工业。它的产品一般地用
于满足人民生活的需要。工业中属于轻工业范围的有:纺织、医药、食
品(面粉、碾米、卷烟、酿酒等)、生活用品和文教用品等部门"。[2] 这里
的生活用品部门,主要的指生产锅碗瓢盆、暖水瓶、电灯手电筒电器用
品、衣服鞋帽等的工厂。

---

① 《第一个五年计划名词简释》,见《工人日报》1955 年 9 月 11 日。
② 《第一个五年计划名词简释》,见《工人日报》1955 年 9 月 6 日。

那一时期中国民众收入的偏低可通过表 3—7 显示：

表 3—7　　　1950—1980 年重要年份人均国民收入表（元／人）

年份	1950	1955	1960	1965	1970	1975	1980
人均国民收入	77	129	183	194	235	273	376

注：人均国民收入按当年价格指数计算。

资料来源：国家统计局编：《中国统计年鉴1985》，中国统计出版社1985年版，第 33 页。

但从表中可以看出，1950—1955 年乃至 1958 年，人民的收入是增长较快的。如果以 1952 年城镇职工和乡村农民的收入为 100 的话，到了"大跃进"刚开始的 1958 年，几年间增长幅度还是很大的，大大超过了这一基数。参见图 3—1。

图 3—1　　**1952—1958 年职工工资的增长、农民收入的增长**

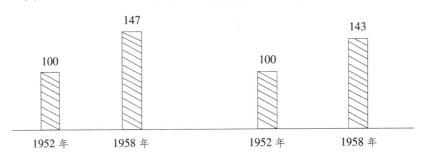

由于城乡居民收入增加较大，就使得这一时期社会商品零售额的增长也较大，按当时国家统计局的标准，具有代表性的社会商品主要有粮食、布匹、鞋、家具、自行车、缝纫机、收音机、锅、盆、暖瓶、伞、凉席等。其增长情况见图 3—2。

1958—1960 年的"大跃进"，除重工业得到了发展外，农业和轻工业都受到了破坏，人民的生活水平从 1959 年开始，直到 1962 年，大幅度地下降。

图 3—2　　　　**1950—1958 年社会商品零售额的增长**

（以 1950 年为 100）

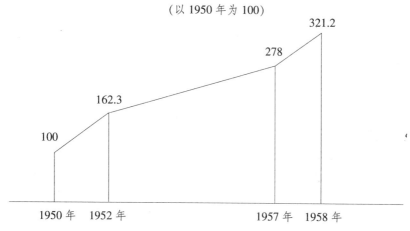

资料来源：国家统计局编：《伟大的十年——中华人民共和国经济和文化建设成就的统计》，人民出版社 1959 年版，图表部分。

1959 年，全国农业总产值较之 1958 年下降了 13.6%，为建国以来首次下降。主要农产品大量减产，粮食只有 3400 亿斤，减产 600 亿斤，减幅达 15%；棉花 3418 万担，减产 520 万担；畜禽、烤烟、油料、糖料等则分别减产 13%—22%。而高征购却继续进行，征购额还增加了 14.7%，农民口粮急剧减少，每人每年由 1958 年的 402 斤下降到 366 斤。农民一年平均消费水平由 83 元降到 65 元，降幅达 22%。

1960 年的情况更糟，3 月 18 日中央发出指示，要求普遍推行农村公共食堂，到食堂吃饭的人要由上年的 72% 增加到 90% 以上。这更加重了农民的困窘。这一年农业继续大幅度减产，总产值较之 1959 年又下降了 12.6%，粮食只有 2870 亿斤，减产 530 亿斤，减幅 15.6%；棉花 2126 万担，减产 1292 万担，减幅 37.8%；油料减幅达 52.7%，总产量比 1949 年还低 24%。轻工业总产值建国十年来首次下降，较之 1959 年下跌 9.8 个百分点。布匹、食糖、卷烟等主要产品都大幅度减产。这就使市场供应十分紧张，城乡人民的生活十分困难。零售商品货源减少了8.5%,与社会购买力之间出现了74亿多元的差额。主要商品特别是农副产品的供应严重不足。每人每年的粮食消费降为327斤,食油消费量只有3.7斤,猪肉消费3.1斤。① 由于营养不良,这一年的人口非正常死亡率增高,一些农村地区甚至有饿死人的现象发生,当年农村人口减少了1702万人。②

到了1961年,"大跃进"开始"刹车",但当年人民的生活没有丝毫改善。以猪肉消费而言,与1957年相比,减少了80.6%,北京是首都,市民每人全年才供应2.1斤。武汉为2斤,天津和广州为1.7斤,西安为1.3斤,沈阳才0.6斤。就更不用说其他中小城市了。食糖,上海、北京每人一年3.5斤;天津、武汉、沈阳都在2斤以下,西安老百姓每人一年能买到的糖还不到7两。布匹,一人一年才能消费8尺多。人们为了买到一点点日用品,常常不得不排长队。由于商品日益紧缺,只能凭票限量供应。此时各种各样的票证已达到60多种。但很多情况下,是有票无货。如鸡蛋,在天津、广州、沈阳基本无货可供,全国每人一年鸡蛋的供应还不到半斤。

直到1962年经济调整初见成效,情况才稍有好转。每人年均消费的粮食增加了11斤,猪肉增加了4.4斤,布匹增加了2.5尺。但食用油减少了,只供应2.2斤。全国社会商品零售总额继续减少,减幅达9.3%。

总的说来,从1959年到1962年,人民的物质消费日益匮乏,生活水平明显下降。这主要是由三方面因素造成的。除了我们前面提到的商品供应急剧减少外,还有民众收入下降和物价上涨两大因素。下面我们以全民所有制职工为例,列表说明。

---

① 房维中主编:《中华人民共和国经济大事记》,中国社会科学出版社1984年版,第262—292页。

② 国家统计局编:《中国统计年鉴1983》,中国统计出版社1983年版,第103页。

表 3—8　　　**1959—1962 年全民所有制职工工资及**

同期物价变化情况

指标＼年份	1959	1960	1961	1962
年平均工资(元)	524	528	537	592
实际平均工资(元)	516.7	500.5	399	406.7
与 1957 年相比照	−18.9%	−21.4%	−37.4%	−36.2%
物价上涨(以 1950 年为 100)	122.7	126.5	147	152.6

资料来源:国家统计局编:《中国统计年鉴 1981》,中国统计出版社 1982 年版。

从上表中可以看出,1960—1962 年物价上涨的幅度较大,主要原因是物资缺乏。此次上涨是建国以来的第二次大涨,而同期职工工资却提高有限,扣除物价上涨的因素,职工的实际平均工资较之 1959 年是下降了,1961 和 1962 年的降幅特别明显。

同时期农民的收入更低。1962 年农村人民公社社员的人平均收入只有 46.1 元,由于是集体分配,实物占了很大一部分,因此货币收入只有 10 元左右。① 城乡差别已经非常明显。

从 1963 年开始直至 1965 年,国家整体经济形势有了明显的好转,从物质消费的情况看,1963 年全国商品零售物价比上年下降了 9%,而零售总额增加了,达到了 605 亿元。1965 年,全国人均消费粮食 368 斤,比 1962 年多 39 斤,但仍未达到"大跃进"前一年即 1957 年的水平。食油人均消费 3.5 斤,比 1962 年多 1.3 斤,但也未达到 1957 年的水

----

① 以上数字是依照政府统计数据得来的全国性的平均值,实际上从实地调查的结果看,不仅地区差别很大,而且公社与公社之间、生产队与生产队之间差异也很大。当时社员是"按劳取酬",实行"工分制",一个人一天最高可拿 10 个工分,每个工分价值多少,可折合多少粮食、货币则不是固定的,要看当年生产队的总收入。用总收入除以全队社员的总工分就可得到一个工分的价值。用一个工分的收入乘以一个社员的总工分数就得出了该社员的全年总收入。

平。布匹人均消费17.8尺,比1962年多7.2尺,但仍比1957年少1.7
尺。这些都说明,虽然这一段时间人民的生活有了改善,但物质消费仍
较紧张,还有不少困难,等到"文革"爆发,连向良性发展的好势头都停
止了。

这一段时间人民物质生活的改善,在农村体现得最明显。由于国
家政策的调整,农村实行的"三自一包"见了效果,特别是农民有了自
留地增加了收入,物质消费水平较前有了提高。这样,产品为广大农村
迫切需要而又原料较充足的几十个轻工业部门都在努力增产,恢复了
很多农村爱用的传统产品,并增加了新产品。农村畅销品产量上升,适
应农村特殊需要的花色品种规格增加。自行车、缝纫机、火柴、锅碗瓢
盆、胶鞋、手电筒、干电池、纸张、圆珠笔等的产量和销售量都上升了,这
些商品在农村最受欢迎,需求量也最大。其他像铅笔、肥皂、洗涤剂、日
用塑料制品、卷烟、白酒等的产销量也大增。那时,上海、天津、沈阳、青
岛是主要的自行车生产基地,各自行车厂根据农村市场的需求,特别为
北方农村设计了各种可做短途运输用的载重车,为南方水网地区和山
区试制了一种轻便的自行车。市场上也出现了适合农民的劳动特点
和脚型的几十种比较肥大耐穿的力士鞋、解放鞋、元宝雨鞋、长筒球
鞋和适合农村妇女和小孩穿用的中小号胶鞋。各地的陶瓷厂除了大
量增产农村急需的罐、缸外,还恢复了很多农民爱用的传统产品,筒
子壶、油芯壶、五套盆、五彩斗盆、粗陶茶壶和大海碗都陆续上市供应
农民消费。

由于农村市场兴旺,塑料、搪瓷、钟表和造纸等行业还为农民新设
计了一些品种,其中有农民喜爱的色彩鲜艳的大花脸盆,有提环的矮胖
热水瓶,还有价廉耐用的铱金笔。"这些产品在农村市场销售以后,已
受到广大农民的热烈欢迎"。①

少数民族生活用品也得到重视,其产量也日益增多,当时的一则典

---

① 《工人日报》1963年5月4日。

型报道说："乌鲁木齐搪瓷厂领导干部,经常利用节日、假日到少数民族职工家中进行访问,倾听群众对搪瓷产品的意见和要求。现在,这个厂生产的洗手壶、抓肉盘等二十四种新花样,得到农牧民的好评"。①

城市商品的供应和城市居民的消费也有显著的增加,而且情况改善得更快。但舆论显然不鼓励人们多消费,认为应止于吃饱穿暖。因为总体上说来物质远未极大丰富,社会上也流行一些"勤俭谚语"。

"没有勤与俭,哪有甜中甜"。

"坐吃山也空,勤俭永不穷"。

"行船靠撑舵,理家靠节约"。

"大吃大喝顾眼前,省吃俭用乐万年。雪怕太阳草怕霜,过日子就怕瞎铺张。饱备干粮晴备伞,丰年也要防歉年"。

而且多消费也不符合政府一向倡导的"艰苦朴素"的社会价值观念。当时的官方报纸提醒人们,"我们现在的物质生产还不是十分丰富。如果,人人都要买些暂时不用的东西存放起来,那就会人为地造成积压物资,给别人生活带来了不方便"。②

甚至于过年时,政府也不鼓励人们多花钱。当时一个大城市的职工过年,受到大家批评的所谓的"过多花费"是这样的:

花了一百余元买鸡鸭鱼肉、干鲜杂菜、油盐酱醋、糕点糖果、烟酒罐头、鞭炮和其他应时年货。

又花了一百多块钱给亲戚朋友买些年礼,给老人爱人孩子买些鞋帽服装、化妆用品、各种玩具。

报纸把这些在今天看来简单得不能再简单的过年消费说成是"讲排场、摆阔气",也可见当时多数人的生活还比较困难,花几百元过节是不被赞成的。

---

① 《工人日报》1963 年 5 月 14 日。
② 《工人日报》1963 年 1 月 31 日。

报纸批评说："今年我国的经济情况是有好转,市场上的东西日益增多。但是不要忘记,这个成果是我们辛勤劳动得来的,可不能随便糟蹋。古语说'常将有日思无日,莫待无时想有时'。现在经济情况一有好转,就把过去的困难通通忘掉,大吃大喝起来,这是不应该的……我们工人阶级最有远见,看待生活问题,总是从六亿人口出发,从社会主义事业出发的,就是经济情况好转了,市场上东西多了,也要尽可能少消费一点,多积累一点,为将来更幸福的生活打打基础。如果生产多少,消费多少,不留一点积蓄,那我们社会主义的建设资金又从哪里来呢? 再说,目前我国的经济情况虽然已有好转,但生产的东西还不能满足城乡人民的需要,还需要我们继续发扬艰苦朴素、勤俭节约的优良传统。怎么能够在过春节时就铺张浪费呢?"①

1966—1976 年长达十年的"文化大革命",使中国国民经济遭到很大破坏。人民的生活再也没能得到改善,有些年份还下降得很厉害,一直在贫困线上下徘徊。这十年间城乡人民的收入变化见图3—3。

图3—3　**1966—1976 年人均国民收入年增长率变化曲线图**
（按当年价格计算）

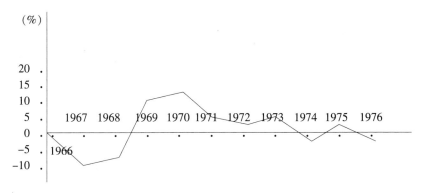

资料来源:根据国家统计局编:《中国统计年鉴 1983》制图。

---

① 《工人日报》1963 年 1 月 24 日。

具体来讲,1966 年人均国民收入 216 元,1967 年降为 198 元,1968 年继续下降为 183 元,1969 年略有提高,为 203 元,1970 年为 235 元,1971 年为 247 元,1972 年为 248 元,1973 年为 263 元,1974 年下降为 261 元,1975 年为 273 元,1976 年又下降,为 261 元。[①] 比较同期各欧美主要国家和日本的人均国民收入的飞速增长,我国的滞后更明显。

人民日用消费品的生产也很不稳定,产量明显减少,还有一段"停产闹革命",市场供应更趋匮乏。1970 年同 1976 年相比,塑料制品、五金制品、皮革制品、木竹藤草制品、服装鞋帽、文教体育用品等日用品的品种减少了三分之一,上海减少 60 余种,内蒙减少 100 种,苏州减少 140 余种,哈尔滨减少 180 余种,福州则减少了 300 种。市场上日用陶瓷、玻璃器皿、饮食用具、文体用品、针线、少数民族日用品都供应紧张,人民生活必不可缺的锅、碗、盆、桶、篮、筷子、杯子、水瓶、扁担、家具、玩具等经常缺货。人们一旦缺少了东西就难买难配,损坏了还难修难补,因为修理服务业作为"资本主义尾巴"已被割光了。

粮食产量在大量"毁林开荒"、"围湖造田"、"滥垦草原"增加了耕地面积的情况下,勉强没有下降,并保持了 3.3% 的增长率,但人均产量低下。与急剧膨胀的人口需求相比,仍显很大的不足。到了"文革"后期,我们已经不得不动用宝贵的一点外汇进口粮食和其他农产品了。1976 年,进口粮食 60.18 万吨,食油 7.93 万吨,糖 57.72 万吨,棉花 18.84 万吨。

粮食紧张,各种肉食供应更是短缺。由于大面积的草原被滥垦成了低质耕地,使得与人民生活息息相关的畜牧业遭到了很大破坏,牲畜出栏数明显下降,有些地方还下降了三分之二[②],这就使城乡肉食市场

---

① 国家统计局编:《中国统计年鉴 1983》,中国统计出版社 1983 年版,第 22 页。

② 《人民日报》1972 年 10 月 27 日。

缺少货源。

收入的低下、物资的缺乏、物价的波动使得这十年间人民的物质消费基本是停滞不前。拿1976年与1966年相比,人均消费粮食仅多了1公斤,从189.5公斤增加到190.5公斤;猪肉仅多了0.2公斤,从7公斤增加到7.2公斤;布匹多了1.24米,从6.63米增加到7.87米;而食用油减少了,从1.75公斤降到了1.6公斤。

日用消费品供应紧张,就使得商店门前总是排着长长的队伍,限制消费即凭票购买的商品越来越多,隐形的通货膨胀日益严重。城乡居民的生活水平明显下降,再加上住宅建设、公共基础设施建设长期停滞不前,就更加重了人民生活的困难。

下面,我们就具体谈一谈这十年间城乡人民的物质生活情况。先从农村居民谈起。

农民的收入方式在"文革"期间又发生了一些变化,虽然仍是以生产队为基本核算单位的集体分配,但由于"大寨模式"①的硬性普及,更加务虚而在实际上鼓励了大锅饭平均主义,使社员避勤趋懒,"出工一窝蜂,干活大呼隆,最后评个'大概(寨)工'"。当时农民的收入主要是实物,在口粮、食油、棉花、柴草、蔬菜、瓜果、肉食等实物的分配上,多数生产队都改变了过去相对合理的"按人劳比例、以人定分、按劳分配"的做法,改取大寨的"无产阶级政治挂帅、按需自报",缩小工分比例、扩大人口比例的办法,分配的重点依据是社员家庭人口的多少。这样,社员基本是干多干少一个样,消费水平平

---

① 大寨的工分制具体做法如下:先确定标准工分,一般是一天男子11分,妇女6分,铁姑娘7分。年终召开社员评议会评定每个社员的全年总工分。社员先自报一天应得的工分,大家发表意见看是否恰当。再用该工分乘以全年的出勤天数(已由记工员登记在案)就得出这名社员全年的总工分。这种工分法主要与主观劳动能力和出勤天数联系,并不反映社员的实际劳动支出。因此社员收入差别不大,基本是平均的。再加上个人思想觉悟等"政治工分"在总工分评定中占有重要地位,就使得这种工分制形式主义、平均主义色彩浓厚。

均化。

从收入的数额看,农民人均从集体分配的年收入十年间只增加了十元左右,至 1976 年才达到 62.8 元,主要的还都是些实物,现金只有12 元。自留地、家庭副业、外出劳务等收入也大为减少,因为这些都被作为"资本主义尾巴"而大割特割。像江西省有三分之二的自留地被收回,一些省虽然还允许农民保留少量自留地,但不允许在上面种商品性经济作物。在一些地区,葱、蒜、辣椒、烟草都在禁种之列,一旦发现自留地里有这些东西就马上割除,还要对种植者进行批斗。农民家庭饲养业、编织业、采集业也受到限制。农户饲养的畜禽数量受到限定,有些地区一户只能养一头猪,一人只能喂一只鸡。农民自己采集、编织的产品往往被拒绝收购,并名之曰"堵资本主义的路"。农村中一些有一技之长的木匠、泥瓦匠、铁匠、篾匠在农闲时外出务工也遭到禁止或限制。1965 年的时候,一户农民非集体性收入在其总收入中的比重,湖北省为 31.15%,河北省为 25.84%,吉林省为 41.42%,到了 1976年,就分别降为 12.4%、16.99%、37.3% 了。[①] 这还不是这十年间的最低值,当时已是"文革"末期了。

从农民的物质消费情况看,十年来基本上没有增加,有些物品由于总量不足,人均消费量还下降了。拿 1976 年与 1956、1966 年相比,农民一年人均消费粮食 186 公斤,分别减少了 0.5 公斤、19 公斤。食油(植物)1 公斤,分别减少了 0.1 公斤、2.2 公斤,甚至低于 1949 年的水平。猪肉 5.8 公斤,也低于 1956、1966 年的消费量。[②] 布匹 6.39 米,比1966 年倒是增加了 0.94 米,但比 1965 年还少 2 米左右;穿衣很简陋,基本是"新三年,旧三年,缝缝补补又三年"。农民其他物质消费情况,

---

① 国家统计局农村抽样调查总队编:《各省、自治区、直辖市农民收入、消费调查研究资料汇编》上册,中国统计出版社 1985 年版。

② 商业部商业经济研究所编:《新中国商业史稿》,中国财政经济出版社1984 年版,第 509—510 页。

可参见表3—9:

表3—9   1966、1976年农民主要日用工业品消费简表

单位:个、块等/每百人

品种 年份	肥皂	火柴	暖瓶	搪瓷盆	手表	自行车	收音机	缝纫机
1966	194	1864	3.91	2.68	0.03	0.14	0.04	0.09
1976	164	1684	2.51	5.83	0.17	0.40	0.53	0.21

资料来源:国家统计局贸易物价统计司编:《中国贸易物价统计资料(1952—1983)》,中国统计出版社1984年版。

从表上可知,虽然"文革"末期农民对搪瓷盆、手表、自行车、收音机、缝纫机的消费较之十年前略有增加,但仍少得可怜。火柴、肥皂由于供应不足,消费量还有所减少。

城市居民物质消费水平在这十年间也几乎没什么提高。

当时的城市居民主要指全民所有制单位和集体所有制单位的职工,包括了工人、办事员等一般工作人员和干部。城市个体劳动者是少之又少,由于在城市里也是连年运动割"资本主义"尾巴,他们所剩无几,1976年全国城镇个体劳动者仅有19万多人。居民不是万不得已,都不愿意去从事风险性高又名誉差的个体劳动。

就城市职工的人均工资来说,1966—1967年,无论是货币工资还是扣除物价上涨部分后的实际工资,都长期停滞不前甚至还有所下降。绝大多数年份都没有增加过工资。只是1971年给国营工厂中1959年底以前参加工作的三级工、1960年底以前参加工作的二级工、1966年底以前参加工作的一级工各长了一级工资,这三类工人数目不小,占全国国营工厂职工总数的30%。1972年,又一次增加了部分职工的工资。以后就再也没有长过工资了,职工的工资收入又呈下降趋势。

表 3—10　　　1967—1976 年国营单位职工工资表

工资＼年份	1967	1968	1969	1970	1971	1972	1973	1974	1975	1976
工资总额(亿元)	250	254	263	278	302	340	353	371	386	406
人均货币工资(元)	630	621	618	609	597	622	614	622	613	605
人均实际工资(元)	533	525	518	510	501	521	514	517	503	500

从城市居民的物质消费情况看,1976 人均总消费 340 元,跟 1966 年的 244 元相比提高了 38.5 个百分点,但这其中包含有居民为他们上山下乡的子女支付的费用。人均消费粮食 212.02 公斤,比 1966 年的 205.76 公斤增加了 6.26 公斤;食用植物油 4.62 公斤,比 1966 年的 5.27 公斤减少了 0.65 公斤;猪肉 13.85 公斤,比 1966 年的 12.88 公斤增加了 0.97 公斤;鸡蛋 1.66 公斤,比 1966 年的 2.13 公斤减少了 0.47 公斤;食糖 5.2 公斤,比 1966 年的 3.81 公斤增加了 1.39 公斤[1],增加幅度非常有限,从数量上还是相当有限,根本无法满足人们的实际需要。

城市居民主要日用工业品的消费变化情况如下表所示:

表 3—11　　　1966、1976 年城市居民主要
日用工业品消费简表　　　单位:每百人

品种＼年份	手表(只)	布匹(米)	煤(公斤)	自行车(辆)	缝纫机(台)	收音机(台)
1966	1.84	12.71	346.57	1.1	0.54	0.64
1976	6.05	15.43	328.08	2.04	1.04	2.82

资料来源:国家统计局贸易物价统计司编:《中国贸易物价统计资料(1952—1983)》,中国统计出版社 1984 年版。

从上表计算可知,1976 年与 1966 年相比,每百人消费手表虽然增加了 4.21 只,但每 16 人才有 1 只手表,数目少得可怜。每百

---

① 国家统计局贸易物价统计司编:《中国贸易物价统计资料(1952—1983)》,中国统计出版社 1984 年版。

人消费的布匹增加了 2.72 米,煤减少了 18.49 公斤,自行车只增加了 0.94 辆,缝纫机增加了 0.47 台,收音机增加了 2.18 台。居民的生活消费仍很低,仍很困窘。

当时城市居民的物质消费生活存在以下几个突出的问题:

首先是物价上涨,商品短缺。1966—1976 年,蔬菜价格上涨了 26.7%。鸡蛋、猪肉等副食品供应紧张。上海作为副食品重点供应城市,一人一年才能买到 2 斤鸡蛋,半只家禽,就更不用说其他城市了。手表、自行车、缝纫机、肥皂、毛线等几十种商品都实行凭票供应,而且还常常有票无货。

其次是商店少,服务网点少,造成城市居民"吃饭难、穿衣难、住店难、乘车难、买东西难"。

最后,由于这十年间生活性基本建设投资比重偏低,人们的住房、城市的公共交通、自来水、生活服务等的建设滞后,城市居民的生活需要远远得不到满足。拿住房来讲,人均面积只有 3 平方米多,很多家庭是三代共住一室,拥挤不堪。

1978 年改革开放以后,随着经济的飞速发展,城乡居民的物质消费水平有了显著的提高。1984 年农民人均消费达到了 268 元,比 1976 年增加 87.41%;城镇居民人均消费达到了 592 元,比 1976 年增加 74%。扣除物价上涨因素,1977—1984 年,农民实际消费水平增长 73.6%,年增长率达 7.1%;城镇居民实际消费水平增长 40.2%,年增长率达 4.3%。

城乡居民消费水平的提高,得益于他们收入的增加。先看城镇全民所有制职工工资的增长情况:

表3—12　　1976—1984 年城镇全民所有制职工工资增长情况表

项目	单位	1976	1977	1978	1979	1980	1981	1982	1983	1984
工资总额	亿元	406	426	468.6	529.4	627.9	660.4	708.9	748.1	875.8
增长率	%	—	4.9	10	13	18.6	5.2	7.3	5.5	17.1
人均工资	元	605	602	644	705	803	812	836	865	1034
增长率	%	—	-0.5	6.9	9.5	13.9	1.1	3	3.5	20.6

资料来源:根据《中国统计年鉴1983》和《中国统计年鉴1985》制表。

农民的收入也有了很大提高。拿 1978 年与 1984 年相比,人均年收入在 200 元以下的贫困户比重由 82.6% 降为 14%;人均 500 元以上的农户则由 2% 增加到 18.2%;人均 400—500 元的由 2% 增加到 14.1%;人均 300—400 元的由 2% 增加到 24.5%;人均 200—300 元的由 15% 增加到 29.2%。[①] 按照 80 年代初中期的标准,人均收入在 1000 元以上的农户是小康户,500—1000 元的是宽裕户,200—500 元的是温饱户,200 元以下的是贫困户。那么,到 80 年代中期,中国多数农民已经过上了温饱的生活。当然,以后随着时代的发展,温饱的标准也在不断提高。

各种物质消费品在改革开放以后变得越来越丰富,供应量日益充足,其人均消费量增长也颇快。

拿食品来说,1977 年与 1984 年相比,人均消费粮食由 192.07 公斤增加到 251.34 公斤,增幅 30.9%;鸡蛋由 1.85 公斤增加到 3.91 公斤,增幅 111.4%;猪肉由 7.25 公斤增加到 13.02 公斤,增幅 79.6%;牛肉羊肉由 0.71 公斤增加到 1.25 公斤,增幅 76.1%;鸡鸭鹅肉由 0.36 公斤增加到 1.35 公斤,增幅 275%;食用植物油由 1.56 公斤增加到 4.7 公斤,增幅 200% 以上;食糖由 2.9 公斤增加到 4.88 公斤,增幅 67%;水产品由 3.23 公斤增加到 4.36 公斤,增幅 35%。其中,肉、蛋、食油的增幅最大,这说明城乡居民的食物结构有了较大的改变,营养有了较大提高。主副食结构也由主食占较高比例变为以肉、蛋、菜为主,双方比例为 1:2.9。

在穿衣方面,人们逐渐由买布做衣服转变为直接买成衣,即便是手工制作,布料也由廉价单调的棉布转向化纤、呢绒、绸缎、毛纺等等。这种转变在农村表现得也很明显。拿 1984 年与 1978 年相比,农民人均

① 国家统计局编:《中国统计年鉴 1986》,中国统计出版社 1986 年版,第 673 页。

棉布消费量减少50%，化纤布的消费量增长了500%，毛纺的消费量增长了125%，呢绒的消费量增长了200%，绸缎的消费量增长了1100%，并且不再只要求"穿暖"，而且讲究着衣的款式、花型，求新求美。至于城市居民，对穿衣的质量要求更高，中青年人很讲究衣服的时髦。"一衣多季"变成了"一季多衣"；衣服色调也由蓝灰绿黑变得"五彩缤纷"。

在住的方面，改革开放以后城市居民的住房条件有所改善，但其方式在整个80年代乃至90年代初中期仍以"公家"福利分房为主，因此改善的速度并不快。举例而言，从1978到1984年，国家共投资740亿元新建职工住宅，占了基建总投资的19%①，新建住房5.1亿平方米，年均7000多万平方米。② 城市居民人均居住面积由4.2平方米增加到了6.3平方米，但仍不能满足人们的需要。80年代中期以后，随着各地各单位投资建房、集资建房的兴起，城市居民的住房条件才有了较大的好转。90年代中期以来，百姓认可了商品房的买卖，买房子住成了时代潮流，也使一些人可以自主提高自己的住房条件了。

至于农民的住房，则改善得较早也较明显。70年代末到80年代中期，是农业生产发展较快、农民生活水平提高较快的一段时期。多数农民都把建新房作为生活提高的头等重要的指标，也由此兴起了建房热。到了1984年，全国有50%以上的农民家庭新建了住房，总面积达34亿平方米，人均住房面积由改革开放初期的八平方米左右增加到了13.6平方米。房子的质量也有了很大变化，由以土木结构的草房、瓦房为主变为以砖木结构的砖房为主，钢筋混凝土的平房也不鲜见。

在用的方面，城乡居民日用品的消费日渐增多，档次也提高很快。80年代，电视机、录音机、电风扇、洗衣机"新四件"代替了手表、自行

---

① 建国初期直至1977年20多年的时间里城市住宅投资占国家基建总投资的平均比重为6%左右。

② 建国初期直至1977年新建住宅年均1700多万平方米。

车、缝纫机、收音机这"老四件",成为人们的最新需求。到了 90 年代,电脑、摩托车、空调、电冰箱又代替了电视机、录音机、电风扇、洗衣机,成为人们的最新需求。在一些大城市和最富裕的农村,汽车消费也成了时尚。

下面,我们就以 80 年代初期的城市居民为例,列表说明每百户家庭日用品的消费情况。

表 3—13　　　**1981—1984 年城市居民每百户**

家庭日用品的消费情况表

日用品名称	单位	1981 年	1982 年	1983 年	1984 年
手表	只	240.76	248.89	268.24	282.95
自行车	辆	135.9	146.65	159.93	162.67
缝纫机	台	70.41	73.6	76.21	77.52
收音机	台	100.52	103.04	104.55	103.11
黑白电视机	台	57.06	72.21	80.58	82.04
彩色电视机	台	0.59	1.10	2.57	5.38
录音机	台	12.97	17.99	27.11	34.17
电风扇	台	42.62	53.17	63.61	66.41
洗衣机	台	6.31	16.09	29.08	40.13
电冰箱	台	0.22	0.67	1.65	3.22
照相机	架	4.29	5.57	7.28	8.92
沙发	个	89.33	109.49	123.77	131.63
大衣柜	个	86.09	94.63	101.48	102.91
写字台	个	55.17	63.37	70.67	74.41

到了 90 年代,家庭日用品的消费重心,日益向电脑、汽车、手机等新的日用品倾斜。每百户家庭中,购买这类日用品的越来越多。

第四节 百姓以衣食住行为代表的
物质生活的个案考察
——以甘肃省兰州市为例

兰州作为甘肃省省会,辖五区三县,即城关区、七里河区、安宁区、西固区、红古区五个城区和永登、皋兰、榆中三个郊县。全市总面积13085.6平方公里,人口290.68万人,其中城区面积153.7平方公里,市区人口181.54万人。城关区是全省行政、商贸、科研、交通和旅游中心;西固区和七里河区是以石油化工、毛纺、机械制造和食品加工为主的工业区;安宁区是文化教育集中区;三个郊县以农业为主。

2001年3月至7月,李少兵指导一个学生科研小组针对建国以来兰州市民的衣、食、住、行等物质生活问题进行了大量的田野调查,并逐字逐句帮助学生完成调查报告,下述内容,为师生合作的产品。[①]

解放前后,兰州经济萧条,工业基础薄弱,城市设施落后,基本上是一幅破败不堪的景色。当时市区面积仅为16平方公里,除厚厚的古城墙外,就是土坯平房和零星的小楼。名噪一时的豪华建筑"西北大厦"也只不过是一座砖木结构的二层楼房。城市园林破败凋零,名胜古迹年久失修,东西长60公里、南北宽5公里的南北两山寸草不生,山体裸露,水土流失严重,一幅"山黄、土黄、水黄"的丑陋面貌。而50年后,市区面积达到了153.7平方公里,与解放初相比扩大了10倍。其实早在80年代,兰州就已楼房林立了。50年来,兰州百姓以衣、食、住、行为代表的物质生活得到了很大改善。

---

① 李少兵指导的科研小组由五位学生组成,他们是西北师范大学历史系2000级的杨永锋、徐杰、徐长恩、吴恭芳、赵静。

一、服饰的变迁

服装的变化与发展在某种程度上体现着一个地区经济的变迁,和该地区百姓的物质生活的提高有着密切的关系。

新中国的建立,给西北重镇——兰州的服饰带来了崭新的气象。50 年代,蓝、黑、黄三色一统天下。男子夏穿中山装,冬天穿列宁服;女性服装主要是一种类似西服的翻领斜口袋外衣,单层,不挂内兜。布料以棉布为主,也有棉线衣,绒衣。中山装、咔叽服、棉花织成的斜纹花大衣,在当时是比较好的。鞋一般是家做的布鞋,穿棉线袜子。衬衣基本上都是没有花纹的粗糙棉布衬衣,还有同学穿的是家里土棉布做的衬衣。60 年代以后,劳动布开始流行,军便服受到青睐。困难时期,凭票购买布料,每人每年最多时 10 尺,最少时 1 尺 6 寸,3 元钱可买一件上衣,两元买一件裤子。最高档的是平布华达呢,四五毛钱一尺,普通居民不敢问津。兰州第一毛纺厂生产的呢料占领了大半个兰州市场,但基本上只有青年人在结婚时才"奢侈"买一点。"在冬天,一般同学穿土棉布做成的棉袄,家里经济状况好一些的买一件棉布做的精细外套套在棉袄外。个别同学有高领的列宁装,大家都穿不起一件毛衣或毛背心,穿的是绒衣,棉花织成的像棉花绒似的。冬天还有穿棉裤的。老师穿得好些,呢绒做的中山装、呢子大衣、皮大衣、皮鞋"。[1] 由此看来,根据家庭情况、职业差异等各方面的因素,服装也会相应的受到一些影响。但穿补丁衣的仍为数不少,"直到 78 年左右家属进城,穿补丁衣服的少了。出去穿的外衣是没有补丁的。"[2]

改革开放以来,不仅经济取得了突飞猛进的发展,而且在服饰方面

[1]　根据 2002 年 4 月 12 日在西北师范大学家属楼 36 栋 404 室对侯丕勋所做的录音采访整理。

[2]　根据 2002 年 4 月 12 日在西北师范大学家属楼 36 栋 404 室对侯丕勋所做的录音采访整理。

也发生了"随风潜入夜,润物细无声"的变化。80年代初,服装店几乎没有,居民一般都是凭票买布后再自己做。90年代后,人们就只穿买的衣服了,而且衣服的颜色、款式很多。高领毛衣不仅保暖而且美观,是男女性在冬天的一致选择;喇叭裤的出现是在款式上的大胆突破;穿皮鞋的人越来越多,不仅注重舒适,更注重美观、大方。对于女性而言,高跟鞋成为女性展示魅力的最爱。纯棉线衣、线袜又重新占据了服装市场,人们越来越多地从舒适、保健方面考虑自己对服装、鞋、袜等的选择。耐磨、耐脏、不拘小节的牛仔装至今引导着时尚潮流。西服、运动服、羊毛衫、风雨衣也很流行。与此相对应的是服装市场的火爆。1985年,在小西湖十字路口试办了服装摊点,连往来于甘南的藏民也被吸引。90年代中期,继羽绒服流行后,皮革装在兰州登陆,时装化的女装更是备受女性青睐。对服装的认识也不单单停留在保暖上,而是力求突出个性美,倾向于做工精细、质量良好、适合自己的品牌产品。现在兰州有低、中、高档各类成衣,选择面广,购买方便。服饰的款式也由单一化向多样化、品牌化、高档化方面发展。满足了不同人群的需要。而且居民的着装观念也发生了巨大的变化,由过去的穿暖向现在的品牌和新潮方面发展。青少年偏爱休闲服、牛仔装;中年人以是否适合自己为首要考虑;而老年人更偏重于实用。款式多样、色彩缤纷的服饰构成了兰州最为靓丽的风景,也是市民现代都市意识的最好体现。

50年来服饰的变化可谓是"没有最好,只有更好",无论是在样式还是在舒适方面,不仅有量的增加更有质的提高。但是与此同时,服饰方面也存在一些问题。

(一)系列产品的缺乏。服装专卖店、各类成衣店的日趋增多,给人们提供了多种选择,对于儿童、大学生、成年人来说,他们比较容易购买到自己喜爱的衣服。但对于初中生、高中生而言,在着装上却存在着问题。一般情况下,初、高中生以穿校服为主,因此,厂商基本上忽视了这个庞大的购买市场,没有根据这类人群的特点而制造出适合他们的衣服。这不仅对厂商来说是一个不小的损失,而且给初、高中生买衣服造成了困难。

（二）"两头大,中间小"。价格与质量是人们在购买任何物品时都会注意的,在衣服的购买上也不例外。而兰州服装市场的情况是:质量好的服装在价格上也很贵,质量次一些的价格也相应便宜一些,而质量较好的、价位也合理的服装在市场上比例太小。单就兰州居民的消费水平来看,中间的需求量反而是最大的。因此在服装购买上显现出一种"两头大,中间小"的怪现象。

（三）着装观念。随着服装品种的增加,样式的繁多,人们在着装方面就更应该注重场合与搭配。比如,在上班时应穿职业装;娱乐休闲时的着装应以运动、舒适、休闲为主。而在兰州,着装不合适的现象处处可见。因此,人们在穿衣时应学会合理搭配,与场合适应。

虽然存在着种种不足,但服装与文化的良性结合在兰州已逐步显现出来,从2002年开始,市场上的服装大多以仿古的形式出现。唐装、华服等具有浓厚中国文化色彩的服装在兰州市场上销量极佳,上至七八十岁的老人,下到二三岁的孩童,都喜欢穿这种很有喜庆气息的服装。

二、饮食的变化

"国以民为本,民以食为天。"食品是人们最基本的生活资料,它在居民生活费用支出中占有很大比重,所以人们把饮食作为生活中的头等大事来对待。

随着社会的发展和时代的进步,兰州市居民近50年的饮食状况发生了巨大变化。无论在食品种类、食品质量还是在饮食结构等各个方面都有显著提高,这种提高是渐进式的,主要表现在以下三个阶段:

（一）建国初期至60年代初期

建国初期,由于我国综合国力和经济基础都十分薄弱,各项事业百废待兴,所以当时食品供应较为紧张,实行限量供应,只能基本维持生存,食品质量不高,种类单一,更谈不上饮食结构是否合理。当时工人每月发粮票26斤,有津贴可达51斤,干部每月只21斤,饮食主要以粗粮为主,主要是玉米面,而且不够食用,必须精打细算。只有到春节时才能改善一下生活,凭票购买一些肉及细粮。"凭票购粮,每人每月限量供应27.5斤大豆面、玉米面和高粱米。大豆面和玉米面的价格每斤一毛五,白面50斤9元,油的价格是每斤6—7元,每人每月半斤油"。① 1949年—1952年间,兰州市的蔬菜生产得到了初步发展,1952年全市蔬菜种植面积由1949年的1.63万亩增加到1.7万亩,蔬菜总产量由1925万公斤增加到2652万公斤,分别比1949年增长4.29%和39.8%,基本保证了市民需求。1954年兰州市建立起了三个蔬菜批发站,20个蔬菜零售门市部。②

50年代到60年代初,由于天灾人祸,粮产量下降,粮食供应紧张,给居民带来了很大灾难。粮食实行定量供应,并有具体划分,"干重活的每月五十几斤,干轻活的三十几斤,在学校,男生二十几斤,女生十几斤,中学老师由于经常带学生劳动,每月三十几斤。在黑市上,一张饼(周围厚,中间薄)一元,饼干一斤四、五元。粮食按七分细粮,三分粗粮分,去食堂打饭也不例外"。③ 1956—1961年,我国国民经济发生严重困难,蔬菜供应紧张。1960—1963年,每月7两油,肉票初为每月1斤,后两斤,逢年过节时会多加一些供应量。家常菜主要为马铃薯、大白菜、红萝卜,夏天辣子、茄子、西红柿居多。

(二)60年代中期至改革开放前夕

1964年,三年自然灾害已过,对苏债务也基本还清,国家经济好

---

① 根据2002年4月12日在西北师范大学家属楼36栋404室对侯丕勋所做的录音采访整理。

② 兰州蔬菜志编撰委员会编:《兰州市志·蔬菜志》第27卷。

③ 根据2002年4月14日在西北师范大学家属楼16栋101室对赵维新所作调查访问整理。

转。1962 年实行包产到户,1963 年可以说生活就基本好了,能吃到肉,杂粮减少,总的来说生活还是不错的。"到 1964、1965 年肉就多了,有的同学把吃剩的往地上扔,感觉天天像过年"。①

"文革"时期社会动乱,兰州市各种供应都十分紧张。当时每月只有 26 斤粮票,你要多吃必须有国家粮票,粮票可以买,但不能公开交易,否则就是投机倒把。

(三)改革开放至今

1981 年以后,细粮多了,饮食结构无明显变化。土地承包后,吃粮不成问题,80 年代以后做生意的多了,私人开始倒卖面粉,国家售粮市场供应虽充足。但价格开始上涨。一些市民就开始多买粮食存起来,西固有一位市民前后买了一千多斤,居然把阳台压塌了。②

1983 年,兰州市蔬菜市场逐步取消统购统销,开放了蔬菜价格。1986 年兰州市平均每人每月食品支出为 35.69 元,1987 年为 39.52 元,1988 年为 49.41 元,1989 年为 57.80 元,到 1990 年为 58.64 元,这其中买蔬菜的花销占了较大比重。1990 年全市蔬菜产量比 1978 年增长 84.5%,蔬菜品种增加到 13 大类,359 个品种。1990 年,全市拱棚栽培蔬菜面积 23157 亩,地膜覆盖面积 25251 亩,分别占蔬菜总面积的 32.34% 和 35.27%。这项技术的推广使居民能吃到反季节的蔬菜,如冬季能吃到本地新鲜番茄、番瓜、黄瓜等。1990 年全市有国营蔬菜公司 9 个,大型集贸市场 67 个,集市 101 个,分布于大街小巷。1990 年,全市每人日平均蔬菜消费量 517 克,比 1978 年实际 427 克增长 9.53%,比 1949 年实际 240 克增长 115.42%。

如今兰州市居民饮食品种繁多,即有传统的兰州美食,如清汤牛肉

---

① 根据 2002 年 4 月 12 日在西北师范大学家属楼 36 栋 404 室对侯丕勋所做的录音采访整理。

② 根据 2002 年 4 月 13 日在铁路局 205 住宅小区对赵某所做调查访问整理。

面,唐汪手抓羊肉,被誉为中华名小吃的陈春麻辣粉、肥肠面,从唐朝
"长寿面"演化来的象征福寿延年的臊子面,消热解暑的夏令佳品浆水
面,70年代前由高三精心卤制的高三酱面,面粉在水中揉搓而调制成
的凉食佳品"酿皮子"和凉粉,卤猪油炒制的油炒粉,被称为周代八珍
品、素有周代"炮豚"之遗风的烤小猪等;又有外省外地的一些名优食
品,如台湾永和豆浆、粤菜、鲁菜等;同时国外快餐也已在兰州登陆如肯
德基。兰州还被美誉为瓜果城,有白兰瓜、醉瓜、冬瓜梨、软儿梨(冻
梨)、蜜桃、百合等。这些都极大地丰富了市民的饮食结构,提高了其
饮食质量。

通过上面的论述可以看出,兰州市居民的饮食状况发生了很大的
变化,最显著的表现是在饮食结构上:由过去的食物品种单调到现在的
品种繁多,由过去重数量到现在重质量。以后随着生活水平的提高,对
饮食的要求也会越来越高,饮食结构也将更趋合理:向营养型、健康型
和绿色食品方向转变。

纵观这50年兰州市居民饮食状况变迁,从建国初期的定日定量供
应到如今的食品极大丰富、按需所取,可以看出变化是十分巨大的。但
并不意味着今天兰州居民的饮食没有问题,食品支出比例过高,生活水
平有待改善。

图3—4　　　　食品支出占总支出的比例图

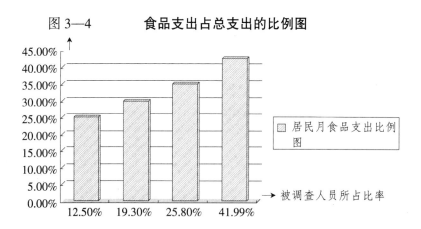

图 3—5 　　　　　　　　**居民日常消费支出图**

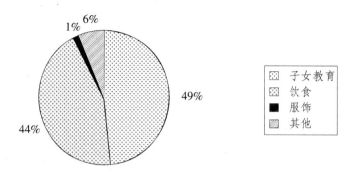

　　图 3—4 反映了有 41.1% 的家庭月食品支出超过总支出的 40% ，从图 3—5 可以看出除子女教育外,饮食支出是居民的第二大支出。两图整体上反映了居民的食品支出比例过高。根据恩格尔系数,一个国家居民的食品支出占总支出的比例越小,说明这个国家居民的生活水平越高。而从目前居民食品支出与主要支出状况看,兰州市居民生活水平还有待提高。

　　目前,兰州居民饮食方面存在的问题是:

　　1. 食品种类繁多,但质量亟待提高。随着食品市场的极大丰富,各种食品琳琅满目,蔬菜、水果、熟食制品一应俱全。但是普遍存在着抽样合格率不高、添加剂超标等问题,严重危害居民健康。

　　2. 街头小吃摊点及地下食品加工厂屡禁不止。由于某些不法商贩的私欲、居民的警惕性不高和政府的管理不善,造成了许多起食物中毒案。如 2001 年一年就有两起因食用街头"酿皮子"而致中毒的事件。同时地下食品加工厂层出不穷,街头、校门口的私人摊点生意红火,这些劣质食品不仅影响了人民的生活,而且威胁着人民生命的安全。

　　3. 饮食结构不合理,影响身体健康。随着生活水平的提高,居民可以自由地选择食品。但就目前状况来看,因一些居民饮食不合理,肥胖症、高血压、骨质疏松等疾病高居不下。因此要加强健康饮食宣传,提倡科学饮食,改善饮食结构,注重营养搭配。

另外,兰州风味小吃品种繁多,特色突出,应提高质量、注重包装、加强宣传、推向全国,来作为提高兰州知名度和美誉度的有力措施之一。

三、住房的变迁

住房是人民生活必不可缺的组成部分,安居方能乐业,有一套住房是许多人一生的梦想。从兰州解放前仅有几栋 2—3 层木式小楼发展到今天的高楼林立,就可见百姓居住条件的日益提高。并且大量的绿化工程、美观的园林设计也为日常生活增添了色彩。

住房建设。建国前兰州住房面积 75. 68 万平方米,以平房为主,也有一些 2—3 层砖木混合小楼。[1] 房屋形式一般为歇山式:木扣斗拱大屋顶、出檐瓦顶面、砖砌清水墙(大多为土坯墙)、泥瓦顶的土木结构和砖木结构。如官署、商店是砖石木结合的平房。一般居民多住四合院。地主、官僚则有一进、两进四合院,每院间隔处盖"过厅",整体房院坐北向南,房间数目以单数为准。

这一时期居民的住房主要有窑洞、堡墩、庭院和平房四种建筑形式。下面重点介绍具有代表性的庭院和平房建筑。

庭院建筑是多数兰州居民采用的住房形式,因地区差异分城区、近郊和远郊。城区院落以马福祥公馆和通渭路 53 号庭院为代表。马福祥公馆坐落在永昌路北段路面,民国初建成,占地 2960 平方米,有南北两侧十一进院,房屋是砖砌,两流水屋顶,房内是木地板,院内是方砖,东北部是花园。通渭路 53 号庭院建筑(见图 3—6)占地 450 平方米,建筑面积 280 平方米,其中砖木结构占地 200 平方米,其余为土木。大门高 4.8 米、宽 3 米,二门高 4.5 米、宽 3 米,通道长 5 米,屏风分 5 格,

---

[1]　兰州市建筑业志编纂委员会编纂:《兰州市志·建筑业志》,兰州大学出版社 1998 年版,第 123 页。

是木雕花卉,上房檐下虎抱头,门板上有匾额。可惜的是这类建筑在八九十年代多被拆除或另作他用。近郊庭院建筑离城区较远多依山而建,一般为土木式砖混结构四合院,青瓦屋顶,房屋由土木柱和砖柱支撑,有堂屋、平房、陪房、影壁和下门组成,堂屋前有走廊,天井的空间大,院后有花园、果园。

图 3—6　　　　通渭路 53 号庭院建筑平面图

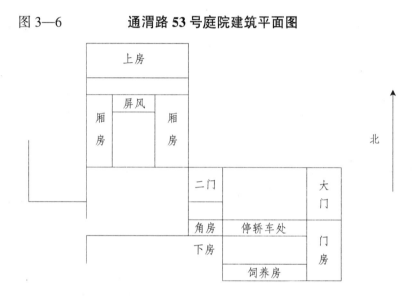

平房建筑是住房建筑中的主体。建国初期,兰州为缓解居民的住房困难,对旧城区平房进行大量翻建和维修,并且修建了一批砖木结构和土木结构的平房,到 1952 年新建住宅竣工面积 9.88 万平方米。"一五"期间,随着兰州工业建设的发展,支兰人员大量增加,为解决住房困境,兰州陆续新建了一批以土木结构平房和 2—3 层砖木结构楼房,如铁路新村、建兰新村等。此时开始重视公共服务设施的配套建设,解决住宅区供水、排水问题,一改兰州人过去到黄河边汲水的历史。还建了市场、商店和学校,使兰州居民的生活居住条件有所改善。"二五"期间,全市进入大规模的工业建设时期,与此相伴建成了一批住宅区和楼房。

到 1962 年全市住房面积达到 92.08 万平方米,但由于人口过多,人均居住面积仅为 2.94 平方米。这一时期住宅建设被纳入城市总体规划之中。在工业区周围兴建了职工住宅区和福利区,实行统一规划、统一设计、合理布局、沿街成片的建设。50 年代中期到 60 年代中期,兰州新型工业区开始大量建设职工福利房,多为土木砖式,也有简易平房。列表说明如下:

表 3—14　　　50—60 年代兰州新型工业建房一览表

年代＼内容	单位	建房位置	面积	对象	式样
50 年代初	兰州化学工业公司	西固西路平房建筑群	约 10 万平方米	职工	小平房
55—65 年	兰州通用机器厂	南湾厂区附近	15 万平方米	职工	
58—65 年	兰州石化机械厂	西站敦煌路	13 万平方米	职工	砖木结构平房
60 年代	兰州炼油厂	福利区东段	约 14 万平方米	职工	砖混结构木制门窗青瓦,红瓦顶

从表 3—14 可知,居民的住房标准和住房质量都有所提高,楼房以 3—4 层砖混结构为主,住宅建筑与市政建筑、公共服务设施同步配套建设。

总体上,住房面积与新中国成立时相比有大幅度的上升,1950 年兰州市居民住房面积为 144.32 万平方米,1965 年就上升到 387.08 万平方米。但由于人口增长速度过快,人均住房面积却没有大的增加,甚至一度低于解放初期。

“文革”期间在“重精神、轻生活”的思想指导下全市住宅建设缓慢。其中 1966—1974 年住宅建设基本停滞,新建成住宅面积共 38 万平方米。同时由于规划、设计、施工等管理不配套,边施工边设计,推行“干打垒”简易住宅,导致市政和公共设施滞后。1976 年粉碎“四人帮"后,国家对住房建设投资不断增加,1978年达1.39亿元,新建住宅建筑面积84万平方米,为"文革"时期建成住宅面积的69%。

1978年开始大规模建设住房,到1979年底住房面积已达330.52万平方米,但人均居住面积与1949年相同,为每人3.79平方米。随着国民经济的调整,国家开始大幅度增加住宅建设投资。70年末至80年末是迅速发展时期,1979年投资38280万元,到1984年已增加到94058万元。80年代末,住房面积达到804万平方米,人均居住面积为6.8平方米。① 并且这时的住房建设已由零星建设转向成街、成片地按规划建设。

从设备、质量方面来说,这一时期住宅建设情况是:全部是成套单元房,以砖混结构和钢筋混凝框架结构为主。如1985年楼房主要以7—8层钢筋混凝框架结构为主,建筑面积每套在35平方米—55平方米之间,有1.5间或2间房屋。1988年住宅设计开始多样化,除单元住宅外,也有部分点式住宅,并向高层发展,1989年已有27幢高层住宅楼房,面积约有20万平方米。80年代以后,在兰州的近郊,雁滩、青白石等地区也有一些自建的房屋。以雁滩别墅型庭院建筑为例,两层砖混小楼,楼梯露天,走廊外设,朱漆大门,楼外部马赛克贴面。上西园也有多处农舍型庭院建筑,以石山半坡建房自然形成院落,院外周围有果树,树下种菜。

住宅建设形式主要有统建、联建、商品房建设和房地产开发四类。其中统建始于1978年,由兰州市住宅统建办公室将规划、投资、设计、施工、分配、管理归于统一,组织建设。联建由几个单位集资共同开发建设住房,竣工后按投入多少分配住房。商品房建设起步于1980年,由商品房屋开发经营企业向规划土地部门申请征用土地,进行统一设计、施工,竣工后向单位、个人出售。房地产综合开发是在"统建"基础

---

① 兰州市建筑业志编纂委员会编纂:《兰州市志·建筑业志》,兰州大学出版社1998年版,第123页。

上发展起来的,由房地产综合开发企业按规划设计、征地拆迁、组织施工、竣工验收和经营管理五个阶段,进行综合开发和配套建设。

除住宅建设多种多样外,住房配套设备也不断完善。1979—1989年全市集中建设了一批配套设备齐全、服务功能完善的住宅小区,如南河新村住宅区、红山西村住宅小区、付家巷楼区等。1986—1989年,按政府成片开发建设旧城区的方针,采取划地段统一开发的办法对庆阳路东段北侧、中山路南侧、磨沿沟等十多个居住区进行大规模改造,使市容得到改观,市民居住条件得以改善。

90年代以后全市经济得到发展,住房建设取得了历史性的发展。下面介绍近十年来的住房建设,并重点介绍商品房建设。

90年代,国家拨款、地方自筹、企业集资和私人自筹等多渠道投资使全市住宅建设迅速发展起来。到1993年底实用住宅面积为1270万平方米,人均居住面积7.11平方米。1997年随着住房建设投资逐年增加(1997年全市投资21.33亿元)和房改政策的出台,调动了集体和个人建、购房的积极性,加快了居民住房建设的步伐,居住条件明显得到改善,1997年底人均居住面积达到8.87平方米。

1995年全国实行安居工程,兰州被列为全国首批试点城市之一。1996年兰州开始全面实施,政府选金富花园、拱星墩、雁滩三个市区作为建设主体。到年底,建成2800多套住房,可解决一万多人的住房问题。①

随着经济体制的不断深化,住房情况不可避免地出现了变化。一开始,职工单位自建或购买新建住房时,原则上只售不租,统一执行市政府规定的折扣政策。在此基础上,首先满足具备分房条件的职工中有购房能力的人,对无力购买的和不愿购买的,实行新房出租,对有条件的单位不再直接建设或购买职工住房,而是在规定的住房控制标准内换算出成本价和购房的工龄折扣金额一次性补给职工,由职工自由

---

① 《甘肃日报》,1997年10月4日。

选择住房。等到 1997 年,住房的标准价是 1996 年房屋的成本价,最终取消了"福利分房",住房消费进入市场轨道。1998 年 1 月 1 日又取消标准价,实行成本价售房。

鉴于商品房在今天的住房建设中越来越重要,下面重点介绍商品房。

1984 年兰州市的商品房开发建设正式开始,针对商品房市场,政府专门制定了一系列相关法律,使之规范、健全。

商品房开发建设发展迅速,1990 年仅有 35 家房地产企业,1994 年已超过 170 家,总计开发 599 万平方米。

由于材料价格上扬和各种税收造成房价过高,以及房价的上涨幅度超过了同期居民人均收入的增加,因此商品房销售状况不佳,这直接影响了居民住房条件的改善。据调查,有 36% 的家庭目前住房面积不超过 50 平方米,有 51% 的家庭对目前住房状况不满意,而且还造成"栋栋空荡高楼,家家几代同斗室"的尴尬局面,以及大量房产积压的严重后果。同时也造成相关行业疲软。政府取消 48 项不合理收费后,房价稍有降低。1997 年兰州较好地段房价为每平方米 2200—2500元,如秦安路的华富大厦每平方米 2320—2400 元,双城门附近 2000—2380 元。一些不好的地段因受地理位置、交通、配套建设的限制价格较低,如黄河北面九州开发区的商品房,每平方米 980 元。

以上是兰州居民住房变迁状况,随着居民生活水平的提高,人们更加重视住房的装修,以获得更好的物质与精神享受。

四、兰州市民出行方式的变化

建国以来,兰州的交通事业取得了较大发展,为广大市民出行创造了便利条件。

建国初期,兰州继承了旧中国留下的交通烂摊子,市区道路狭窄,主要街道为砂砾路面,小街背巷则是黄土路,"无风三尺土,有雨一街泥"。穿城而过的黄河把兰州城分割开来,两岸的联系仅靠黄河铁桥

(今中山桥)和羊皮筏子。通往外地的仅有由碎石,砂砾筑成的西兰、甘新、甘青、甘川、兰宁5条主干线公路,而且缺少桥梁,到了雨季交通就被阻断。

进入50年代后,兰州公路事业的发展揭开了新的一页。1953年兰州被国家列为"一五"计划首批建设的四个城市之一,一大批大型骨干企业先后在兰州落成,为保证工业建设,拓建了通往工业区的西津东、西路。由于交通量的日益增加和过境车辆对市区交通的压力,扩建了东郊林萌大道(今东岗东、西路)重建了张掖路、秦安路、中山路、庆阳路。1954年,拓建了与西津路相接的西固东、中、西路。至此,黄河南岸相对独立的三区连在了一起,兰州条块分割的"小交通"格局被打破。同时,新建了长达百余公里的滨河观光路,改建、扩建了安宁东、西路、白银路、民主东、西路、定西路、西固福利路、天水路、平凉路等,并且修建了陇西路人行过街天桥,西关什字人行过街地道等立体交叉设施。这一时期的建设,改善了市区交通状况,方便了过境交通,市区道路框架基本形成,增强了兰州对西北乃至全国的辐射力。

1958年,对人民路、中华路、中山路、西津路、东岗东西路进行了沥青表面铺筑,并修筑了兰州第一条沥青混凝土路——富强(今通渭路)。

同年,全国掀起了"大跃进"运动。兰州也出现了轰轰烈烈的以道路建设为主的市政建设的高潮,道路建设从大面积提高路面等级,埋设部分地下设施为主。在修建全市第一条沥青混凝土主干道——白银路的工地上写着"晴天无灰尘,下雨无泥泞"的标语,这一标语也说明了当时兰州市区道路的状况。仅一个多月时间,兰州完成了平凉路、天水路、庆阳路等地下水管道的安装及高级路面的修筑工程。据当时统计,1958年6—9月,全市完成各种民办(市民义务劳动)道路527条,铺设低级路面573.28平方米,兴建中等街巷17条。同年底,修县乡公路32条。1959年,铺筑沥青混凝土路面514,111平方米,沥青表面处理16,000多平方米。但由于1958—1959年的道路建设片面追求数量,忽视质量,所修公路标准低劣,质量差,有的闲置不能使用,造成了大量的人力、物力浪费。如使用1—2年的从安宁区费家营到西关什字的主干道到1961年时已坑坑洼洼。自1960年1月,兰州市政建设步伐放缓。1962—1965年,由于市政府大幅减少市政建设投资,道路建设近于停滞。

"文革"时期,兰州道路建设不可避免地受到了较大的干扰。由于市区道路的使用超过设计年限,严重破损,影响了城市交通,制约着兰州的城市建设和经济发展。1971年,兰州市首次铺筑了用水泥混凝土铺设的滨河路、天水路,并扩建、改建了南昌路、庆阳路、平凉路东段、白银路。1972年后,兰州先后翻建和补修了中山路、西津东西路等几十条主次干道路,并于1974年修成了西沙黄河大桥。

1976年后,在"全面规划,加强养护,积极改善,重点发展,科学管理,保证畅通"方针指导下,兰州公路建设将重点放在了主干线公路技术等级的提高上,投资大幅增加,市区道路建设也相应有了发展。

1976年,市政建设为重点解决"东西拥挤,南北不畅"[1]的问题,打通了东西主干道瓶颈地带,修建了第二条东西主干道,先后改建了定西北路、西固环形路,建成了城关黄河大桥。这一时期虽然未完全摆脱"左"倾思想影响,但兰州市政道路建设已步入正常发展轨道,并为以后道路建设奠定了基础。

1980年,市政建设一改以往单一政府投资方式,采取集资办法,先后改建、扩建了安宁西路、滨河路、金昌路,新修道路伴有绿化带,显得格外宽阔整洁。而经西固黄河大桥可达西固区,经七里河黄河大桥,可抵七里河区。这一时期改、扩建的道路还有西固路、金昌路、牌坊路、临洮街,修建街心花园1.28万平方米,改造街巷25条,埋设雨水、排水管道22.5公里,完成道路改造和其他设施工程31项。

90年代以来,又扩建了静宁路、庆阳路、张掖路、秦安路、武威路

---

[1] 兰州市政工程处编:《兰州市政建设与管理》,第44页。

等,加宽了五里铺桥,建成了铁路局东侧人行天桥,改造了西新线南山公路,延长了滨河西路,建成了兰州至中川的亚高速公路,并加大市容执法力度,清理了永昌路北段等 7 条"马路市场",拆除了一批违章建筑。

到目前为止,兰州的城市道路分为主干道(40 米—50 米宽)、次干道(26 米—40 米宽)、支路(17 米—26 米宽)、小街巷(17 米宽以内)四级。依城市的自然地形,横贯东西,纵连南北,形成四通八达的道路网络。如滨河路,将雁滩、北童、北塔山、小西湖四个公园及"平沙落雁"、丝绸古道,城关黄河大桥、"北塔远眺"、中山铁桥、白云观、"绿色希望"、"黄河母亲"等景点有机地连接在一起,形成了点、线、面结合的旅游线。如果按规划全部建成将成为我国城市道路中最长的滨河风景路。

就市民的交通工具来讲,1950 年,兰州利用接管的两辆旧轿车开辟了市区第一条公交线路——中央广场到小西湖。由于缺少桥梁,市民到黄河对岸只能经中山桥或乘羊皮筏子渡河。公交车辆少、线路少,乘马车、人力车或步行成为市民别无选择的出行方式。1953 年兰州市人民政府建设局交通汽车管理所成立,共有 8 辆公交车,开辟了 3 条线路。1954 年至 1956 年兰州新增公交车 39 辆,大大改进了兰州市的公共交通状况。1957 年,又购进解放牌大轿车 30 辆,至此公交车已增至62 辆,线路增至 15 条。在这一时期,由于公交车辆少、维护不及时,加之不能按时发车,乘客等上半个小时甚至一个小时,有时却挤不上车。工人上下班主要骑自行车,马车仍穿梭于市区大街小巷。

随着兰州市规模的扩大和人口的增加,公共交通也相应加快了发展步伐。到 1958 年,公共交通车增至 88 辆,并开始架设电车线路。1964 年 7 月,兰州市公共交通公司成立,统一领导兰州的公交事业。公共交通在"文革"期间发展缓慢,不能正点运营的现象很普遍,工人仍骑自行车上下班。甘肃师范大学的学生,往往结伴经中山桥到市中心去,老师则经常乘马车进城。

　　1976 年后,兰州公共交通公司开始在大客车出租的基础上增加小轿车出租。1980 年市公共交通公司下设"兰州出租汽车公司"有出租小汽车 68 辆,奔驰于兰州的大街小巷。并继续购置车辆,新增运营线路,但仍不能满足市民上下班的需要,加之交通设施的滞后,兰州出现了和同期全国许多大城市一样的交通拥挤现象,机动车辆几乎无法正常行驶。市民自行车的拥有量剧增,职工上班迟到成为普遍现象。市民中出现了"买摩托车热"。为解决市区交通难的问题,市政府加大了公共交通事业的投入。至 1985 年,全市共有公交车 475 辆。同时,出租车业务也得到了显著发展。

　　至 1995 年,兰州市共有运营公共汽车、电车 464 辆。各企事业单位鉴于交通难的状况,也为保证职工准时上下班购置了大型客车,骑自行车上下班的职工数量显著减少,摩托车拥有量大幅上升。

　　1995 年后,兰州市公交车辆数目继续增加,公交行业内部的竞争,公交与出租车的竞争,为市民外出创造了良好条件。市民自行车、摩托车的拥有量不断下降。据调查,兰州市民认为交通方面的重大变化主要表现在道路的拓宽、交通工具的改进和公交线路的增多上,现有约 83% 的市民乘公交车外出,有不到 17% 的居民以自行车为主要交通工具。有 67% 的居民认为兰州交通还有待进一步改善。

第四章 精神生活

　　1949年以来，中国普通百姓的精神生活经历了很大的变化，从建国初期的昂扬奋进，到1957年后政治运动连番兴起的压抑、泛政治化，再到改革开放后的轻松、个性化、多元化。基本上随着时代主题的变化而变化。

第一节　农民精神生活的变迁
——以安徽农村为例

　　50年代至60年代末，在日常生活中，看戏(主要是传统戏曲和八大样板戏)、一些传统节日节庆和娱乐成了农村老百姓的主要精神活动。

　　70年代末至80年代中期，人们主要为收音机所吸引，大家最感兴趣的莫过于单田芳的评书。一到评书开始，大家会围着收音机边听边忙农活。每年也会来几次唱戏的，内容大多是批判封建家长制度，提倡善的一面。拉着板车、玩把戏的也会偶尔光临。农民都会跑去凑热闹。有的生产队还会包几次露天电影，人们带着小板凳扶老携幼去看，即使要跑几里路也不介意。有些根本看不懂，但只要是打仗打得一塌糊涂，人们就认为好看。随着生活的改善，病态的娱乐活动——赌博又在农村盛行。虽然赌的钱不多，但也因此吵得全家不得安宁。

80年代后期,电视开始出现。那时由于不通电,都用电瓶,要到十几公里外的镇上才能充一次电。人们对它特别好奇,所以到一个村庄放几天电视可以换取一定数量的稻谷。一般都像露天电影一样在外面放,前面放上几排小板凳,后面放大板凳,人最后只能站在板凳上了。有的人怕挤,甚至会爬到树上去。但这样的机会也是很难得的,一年看不上几回。

1993年,各村基本都通上了电,多数人家都买了电视机,从此人们的空闲时间几乎全都被它占据了。由于农民平时较忙,空闲时间并不多,所以更加"珍惜"看电视的时间,几乎都不看新闻、广告,最爱看电视剧。人们确实从电视上获得不少知识,但并没有使它发挥最大的作用。

青年农民从学校毕业后,几乎从未摸过书本。镇上没有图书馆,农民也没钱买书买报纸,无法再从书中汲取宝贵的精神食粮。

自从有了电视,也不再有人放露天电影,也没人愿意去看。而玩把戏、变魔术的内容往往骇人听闻,如2001年年前的一个节目是把一个人的头、胳膊都拆开,只剩下皮相连,被拆的人痛苦不堪。这种节目不仅不能为人们带来娱乐和教育,只能换取人们的同情或愤怒。现在的两大娱乐主要是电视节目和赌博。由于人们缺乏辨别力和自控力,电视在带给人们愉悦的同时,也教坏了一些人,耽误了孩子们的学习。赌钱的金额不断增加,特别在村干部中盛行。办完事,总是几个人聚在某家赌个通宵。村民中因赌博闹得夫妻不和的大有人在,围观的孩子也受其影响。赌博占用了时间,家长不能辅导孩子学习,严重的甚至贻误农时。

基督教在农村中发展很快。每到星期天,无论天气如何,虔诚的信徒都要赶去做礼拜。除星期天外,还有特定的讲道日子。下面是安徽六安市金安区东桥镇潘店教堂在2001年大年初一举行的一次基督教礼拜活动。

教堂共有6间砖瓦房,中间没有隔墙。在北面墙上的正中间是个醒目的十字架,十字架上面贴着用毛笔写的"神爱世人"几个字,十字架两边分别是"福路全凭神子通"、"天门久为初人闲"。在十字架下方是块长黑板,与一般教室用的差不多,上面写着歌谱、歌词。黑板两边贴着基督教年历表,墙的右边挂着一个钟和一个匾。匾上用红字写着"蒙恩得救"。黑板的前方是讲台。讲台的正上方与十字架平行的有一盏荧光灯,荧光灯旁边有一台吊扇。讲台前方有两个大灯笼,左边有一红色讲桌,上方有一麦克风,右边放着一架电子琴。由于那天举行联欢,在讲台前拉了布帘子,两边墙上各挂一个音箱和四幅字。教堂里摆了三排共21条长凳,每条长凳能坐5人。凳子上几乎坐满了人,多为老人,约占80%,中年人占了12%,年轻人占了8%(其中有凑热闹的),还有20多个小孩是来看热闹的。其中有些是残疾人。

上午传道、教唱歌、复习学过的歌、祷告。中午集体聚餐,吃得很简单,黄豆、汤泡饭。传道时,大家都低着头,不时地说"阿门"。唱歌时,很多人都不会,嘴巴一张一合,跟着别人哼,有看着别人的,有的呆呆的低着头。大多数都是虔诚的信徒,也不乏打瞌睡的,有几位老人拉起了家常,有些老人一边听一边不时地望望窗外,看看同来的孙子、孙女在做什么,有没有淘气、吵架等。

下午的节目主要是歌曲、舞蹈,都是有关基督教内容的。主持人是一位中年妇女,表演采取自动报名的方式,参加唱歌的有老人、妇女,女性较活跃。表演舞蹈的主要是姑娘们,也有个别节目由儿童表演。道具只有扇子和花篮。

人们相互间都以兄弟姐妹相称。

在基督徒家里,挂有《基督教年历表》、《十条诫》。识字的教徒每人一本《圣经》。如果教徒在家地位较高,对联上会写满对"主"的颂词。真正虔诚的基督教徒以传道为己任,他们讲道主要是讲解《圣经》的内容,除此之外,基本上都是劝说人要与人为善、不喝酒、不骂人等。

农村中其他的精神活动,就很少了。这跟农民的文化素质有一定关系。下面我们以安徽六安市金安区东桥镇的方郢、塘坊、双塘、更楼等村村民为例,列表说明这一问题。

表4—1　　　　　　方郢村村民文化程度表

年龄段	人数	不识字	小学	百分比	初中	百分比	高中	百分比
1—5	4							
6—10	6		5	83.30%	1	16.70%		
11—15	6		3	50%	2	33.30%	1	16.70%
16—20	7				3	42.90%	4	57.10%
21—25	8		1	12.50%	6	75%	1	12.50%
26—30	6		3	50%	3	50%		
31—40	9		7	77.80%	2	50%		
41—50	7		4	57.10%	2	28.60%	1	14.30%
51—60	3		2	66.70%	1	33.30%		
61—70	3							
70以上		3						
总计	59	3	25	42.40%	20	33.90%	7	11.90%

表4—2　　　　　　塘坊村村民文化程度表

年龄段	人数	不识字	小学	百分比	初中	百分比	高中	百分比
1—5	7	7						
6—10	13	4	8	61.50%	1	7.70%		
11—15	12		6	50%	6	50%		
16—20	7				6	85.70%	1	14.30%
21—25	9		1	11.10%	8	88.90%		
26—30	9		5	55.60%	4	44.40%		
31—40	19		10	52.60%	9	47.40%		
41—50	9	3	6	66.70%				
51—60	5	4	1	20%				
61—70	6	6				0		
70以上	4	3	1	25%		0		
总计	100	27	38	38%	34	34%	1	1%

表4—3 　　　　　　　**双塘村村民文化程度表**

年龄段	人数	不识字	小学	百分比	初中	百分比	高中	百分比
1—5	8							
6—10	10	3	7	70%				
11—15	2		1	50%	1	50%		
16—20	8				7	87.50%	1	12.50%
21—25	7		2	28.60%	5	71.40%		
26—30	18		6	33.30%	12	66.70%		
31—40	10		2	20%	6	60%	2	20%
41—50	8		6	75%	2	25%		
51—60	5	2	2	40%	1	20%		
61—70	5	4			1	20%		
70以上	1	1						
总计	82	10	26	31.70%	35	42.70%	3	3.70%

表4—4 　　　　　　　**更楼村村民文化程度表**

年龄段	人数	不识字	小学	百分比	初中	百分比	高中	百分比
1—5	1							
6—10	5		5	100%				
11—15	8		3	37.50%	5	62.50%		
16—20	6		1	16.70%	5	83.30%		
21—25	3		2	66.70%	1	33.30%		
26—30	3				3	100%		
31—40	11	1	5	45.50%	3	27.30%	2	18.20%
41—50	6		6	100%				
51—60	9	3	3	33.30%	4	44.40%		
61—70	2		1	50%	1	50%		
70以上	2		2	100%				
总计	56	4	28	50%	22	48.20%	2	3.60%

资料来源：根据1998年7月25日当地的人口普查有关数据制表。

从上表可知,村民的文化程度是偏低的。村里的高中毕业生即使没考上大学,也会外出学技术或打工,所以参加农业生产的主要是初中以下文化水平的人。不识字的人平均占总人口的11.4%,小学文化程度约占40.5%,初中文化程度约占39.2%。文化素质低为以后自学农业技术带来了很大困难。而且学校教育与农业生产几乎没有什么直接关系,人们从事农业生产的技术主要是从父母和邻居那里获取的。因此很多人认为,对于那些上大学无望的人,读书除了识字之外几乎没有什么用处,这也在一定程度上对农民文化素质的提高产生了不良影响。农民文化素质低,导致他们的精神生活贫乏。他们不知把眼光向外看,却在邻里之间斤斤计较。

要解决农民精神生活贫乏的问题,首先要大力发展农村教育事业。国家要增加对教育的投入,增加教师工资,改善教师待遇。现在农村小学、初中教师工资每月仅仅三四百元,还经常被拖欠。教师工资不高,勉强维持家庭生活,只比一般农户要好些,还不如外出打工的人。这就必然导致教师工作积极性不高,乱收费现象严重。

其次,要开展丰富多彩的文化活动,禁止赌博,破除迷信,解放思想。要从思想上改变农民,除了要进行宣传外,还要靠人们自己提高,因此,建立乡村图书馆显得尤为重要。农闲时,还可以由农民自编自导自演一些娱乐节目,在健康的娱乐活动中增加对生活的热爱,提高精神修养。

第二节　城市市民的主要精神生活
——以福建漳州和北京的娱乐文化为例

改革开放以前,构成城市市民主要精神生活的文化娱乐活动,很是单调,以看电影和逛公园为主。"文革"前尚有一些单位组织集体舞和交谊舞活动,而在"文革"中这也当成资本主义生活方式被取消了。

改革开放以来,中国经济的进步,城市日新月异的发展,给市民生活注入了无穷的活力。娱乐文化也呈现出一系列鲜明的变化。

娱乐文化市场正在形成和繁荣。在福建漳州,既有政府举办的文化事业,也有集体、个体、外商、台商、港商兴办的文化娱乐活动,如录像放映厅、舞厅、音乐茶座、书摊、台球、保龄球、游乐场等经营场所。表4—5是漳州娱乐文化市场的基本情况。

这些娱乐活动,都有群众的广泛参与。同时,漳州的文化生活正在悄悄地向家庭型过渡。家庭娱乐文化正在成为大多数漳州人的娱乐方式之一。

传统的娱乐活动也正在被继承和发掘。漳州现在颇为流行的民间文艺有:以民间故事、民间歌谣、民间谜语为代表的民间文学;以民歌、大鼓吹等民间器乐,佛曲等宗教音乐为内容的民间音乐;以锦歌、答嘴鼓等为主导的民间曲艺;还有大车鼓、竹马灯等民间舞蹈,很受群众喜欢。

区域化娱乐文化格局日渐明显起来。文化部群文司于1989年1月命名龙海市为"中国现代民间绘画之乡",于1993年11月命名诏安市为"中国书画艺术之乡";同月,授予漳浦县"中国民间艺术之乡(剪纸)"。1996年11月,文化部社文司命名东山县为"中国民间艺术之乡(民间音乐)"。

"走出去"的文化理念为越来越多的人所接受,漳州人追求着一种热情的开放,"走出去"就是要走出漳州,走出福建,走向全国,走向世界。以漳州的戏剧艺术为例,在全面革新的情况下,许多剧目在福建省、华东地区乃至全国、国际的会演和比赛中获了奖。

与此同时,娱乐文化也出现了扭曲现象。近几年,随着漳州娱乐文化的发展,一些娱乐场所的经营方式和行为发生了偏差,"小姐陪侍"现象和比阔斗富行为不断滋长。这对刚富起来的漳州人民的思想产生了不好的影响,也不利于青少年身心的健康发展。

表4—5　　　　　漳州市娱乐文化市场基本情况表

	歌舞厅卡拉OK厅	台球	书摊	民间职业剧团	电子游戏机	音像			保龄球	备 注
						发行	出租	放映		
龙海	96	25	36	43	89		16	30		
漳浦	34	36	27	14	24		4	12		
云霄	8	20	13	9			10			
东山	55	5	22	7	51			2		
诏安	12	5	12	16	30	1		10		
南靖	15	1	14	11	24			4		
平和	10	31	18	8	30			12		
长泰	30	6	11	9	8	1		2		
华安	4	7	5	3	3			3		
芗城	132	7	82	3	83	2		10	3	
合计	396	143	240	123	342	4	30	85	3	

　　北京市民的精神文化生活丰富多彩,在全国城市中首屈一指。这其中,又以休闲娱乐为主。

表4—6　　　　　北京市民精神文化生活情况表

(**2002** 年 **10** 月 **20** 日调查)

类别及总人数	分项目及人数					
健身类43	爬山12	游泳10	远足10	按摩3	室内攀岩3	壁球5
休闲类70	酒吧17	蹦迪11	陶吧9	水吧11	私车郊游17	农家乐5
高雅文化41	茶艺9	画展7	音乐会15	话剧10		
伦理生活21	交网友10	网恋2	男女合租7	丁克家族2		
中西文化差异5	做弥撒1	过西方节日4(反对1人)				
娱乐49	卡丁车10	蹦极11	旱冰8	保龄球10	上网游戏10	
特殊类5	文身5					
环保5	CDMA 手机5					

　　这说明北京市民已经在向小康迈进了,在解决了日常的吃穿住行后,人们开始重视精神生活,关注生活的情趣。

　　在北京市民的精神生活中,更多是休闲、娱乐,健身和高雅文化也很常见。

　　酒吧、咖啡厅、茶馆是休闲场所的代表,北京三里屯的酒吧一条街在全国都是比较有名的。在对几十位北京市民的问卷调查中,当问到"是否常去酒吧、咖啡厅、茶馆等娱乐场所"时,回答"从不"的只有22%,而14%的人是"经常"去,62%的人"偶尔"去。(如图4—1)

　　图4—1　　**是否常去酒吧、咖啡厅、茶馆等休闲场所?**

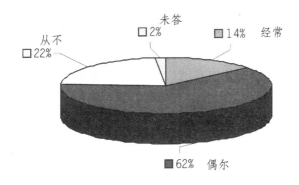

　　这表明不管是体现传统文化的茶馆,还是表现外来文化的酒吧、咖啡厅,都是北京市民休闲娱乐的好去处。这些活动都受到北京市民的欢迎和喜爱。这说明北京市民的精神是比较开放、新潮的。

　　另一个值得注意的现象是,高雅文化在人们心目中的地位逐渐上升。这是北京市民文化素质提高的一个表现。"高雅"不再是普通市民望而生畏的东西了,人们开始喜欢、亲近这种文化。在关于市民是否有意识地参与高雅文化活动时,回答"从不"的,只有19%。(如图4—2)这说明人们的精神境界开始提高,注重陶冶自己的情操,不再整天在名利场中沉浮,体现了北京市民的素养。

图 4—2　　　　　　**是否有意识参与高雅文化活动**

（如听歌剧、看话剧、听音乐会）

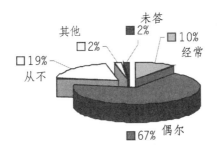

除此之外,北京市民的精神文化生活还有另外一个特点,就是受国家政令的影响较小,这在作为政治中心的北京来说是难能可贵的。这种现象有利于市民精神文化的自由发展。

第三节　外来文化对民众精神生活的影响

改革开放以前,由于闭关锁国,不和外界交流,中国老百姓的精神处于盲目自大的状态,几乎不受外面的影响。改革开放以后,中外交流越来越广泛,人们的精神生活受外来文化的影响越来越大。

人们通过电影电视、书报杂志、网络、广播、各种展览会、演唱会、研讨会,都可以了解外来文化。李少兵、戚梅等人所进行的问卷调查结果显示,在被调查的 61 人中,选择采用"电影电视"这种方式的有 44 人,占总人数的 72%;选择"书报杂志"的有 28 人,占总人数的 46%;选择"网络"的有 20 人,占总人数的 33%;选择"广播"的有 17 人,占总人数的 28%。可见观看电影电视这种方式成为人们了解外国文化的主要途径。其次为阅读书报杂志,再次为通过网络、广播的方式(见图 4—3,A 为电影电视,B 为书报杂志,C 为网络,D 为广播,E 为展览会,F 为研讨会)。

图4—3　　　　　北京市民了解外来文化方式图

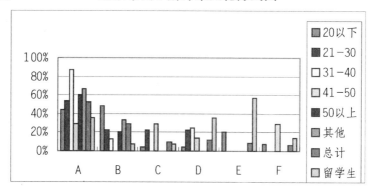

资料来源:根据2002年10月对61位北京市民问卷调查数据制图。

　　从图中可知,北京市民了解外来文化的方式,在不同年龄的人群中存在着明显的差别。30岁以下的人选择网络的比例明显高于其他年龄段的人,50岁以上的人群,几乎无人使用这种方式。这与他们的知识水平和电脑技能有关。我们还可以看到越是年轻的人群使用的方式越多样化,这与他们的生活圈和多元个性密切相关。表4—7可以更清楚地说明这一问题。

表4—7　　　　北京市民了解外来文化方式表

年龄	人数	A	B	C	D	E	F	A	B	C	D	E	F
20以下	25	11	12	1	1	5	2	44%	48%	4%	4%	20%	8%
21—30	13	7	3	3	3			54%	23%	23%	23%	0%	0%
31—40	8	7	1		2			88%	13%	0%	25%	0%	0%
41—50	7	2		2	1		2	29%	0%	29%	14%	0%	29%
50以上	5	3	1					60%	20%	0%	0%	0%	0%
其他	3	2	1					67%	33%	0%	0%	0%	0%
总计	61	32	18	6	7	5	4	52%	30%	10%	11%	8%	7%
留学生	14	5	1	1	5	8	2	36%	7%	7%	36%	57%	14%

外来文化对北京市民的精神生活产生了较大的影响,这也是这个城市日益国际化的一个表现。

比如北京的时尚文化,就与国际流行文化有着紧密的联系,受到后者的显著影响。在我们做的调查中,认为北京的时尚受国际流行文化影响的人占统计总人数的69%(见图4—4),在这些人中,18—25岁的人占了75%,他们当中有相当一部分人认为北京的时尚是落后于世界潮流的,只能被动地受后者的影响。另外,喜欢中外结合的时尚类型的人也占有一定的比例,再加上喜欢复古时尚的人,就形成了三足鼎立的局面。

图4—4　　北京时尚文化与国际流行文化的关系

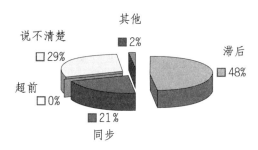

西方节日,如圣诞节、情人节,已在很多人群中被广为接受;其次是母亲节、父亲节、感恩节、万圣节、愚人节等等也都不同程度地为人们所接受。北京大学的一位学生说:"万圣节不过,感恩节不过,剩下的我都过。(过圣诞节)气氛很热闹,多一个节总比少一个节好啊,很好玩。"这代表了很多人的观点,过这些节日是为了增添"生活乐趣"。也有一些人是"因为大家都过"自己也随大流的。

外来文化对北京市民的心理,也产生了影响。

在我们的调查中,当问到"子女为父母做事,父母是否应该为其付报酬"时,46%的市民认为"不应该,子女为父母做事天经地义",但也有32%的人认为"无所谓",其实就是默认了这种行为。还有人持赞成态度,一位被采访者就说:"我觉着这挺好的、挺合理的,从实利上讲,你给他一点东西,是他劳动的报酬,我以前跟他(指孩子)弄过这事,他愣不干。"①

从调查材料看,在养老方式的选择上,选择"养儿防老"的只占
11%;"买养老保险"的占了51%;"自己存钱养老"的占24%。其中有
些人选择了一种以上养老方式。在被采访的人中,有几位选择去"养
老院",因为"独生子女也(指望)养儿防老啊?以后社会竞争这么激
烈,还指他们养老啊?人家还自己忙不过来自己的事业呢!"②

由以上几点可以看出,在外来文化的影响下,中国人的心理、价值
观念都发生了明显的变化。不再是轻私利、贬竞争,而是讲能力、重竞
争;不再是家长制,而是实现了家庭民主;不再是"父母在,不远游",而
是由于工作的关系,可以不与父母一起生活。虽然如此,中国人"人情
浓郁"等一些传统还是保留了下来,人们在许多方面借鉴了西方文化
的某些形式,如养老保险、养老院等,但还是加进了感情的因素,形成了
自己的特色。

第四节 民众的道德与信仰

1949年以来,经过急风暴雨的历次政治运动,中国文化中高尚典
雅的东西被破坏不少,这不可避免地对老百姓的道德与信仰产生不良
影响,有些恶果迄今仍存。改革开放以后,国家全面进步,"仓廪实,知
礼节",人们的道德水准有所回升,信仰也趋于多元化。

在我们做的有关北京市民道德情况的调查材料中,也可以说明这
一点。(参见图4—5,其中A1是很高,B1是较高,C1是一般,D1是不
太好,E1是很差,F1是不清楚)

———————————

① 来自于2002年11月1日在北京北太平庄某印刷厂对该印刷厂员工苏先
生的调查访问。

② 来自于2002年10月31日在北京西直门对王女士的调查访问。

图 4—5　　　　　　北京市民基本道德水平调查图

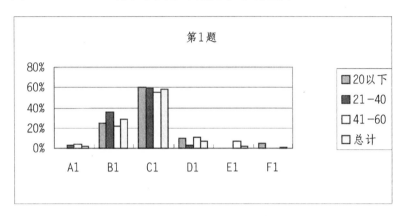

图中数据并不令人乐观,首都是"首善之区",市民的道德水平多数为"一般",其他城市的问题可能就更多了。40 岁以上的人对当前社会的道德水准更不满意。

从调查材料中,我们还可以看出人们对建国以来各历史时期的社会道德的评价。(见图 4—6,其中 A1 是 50 年代,B1 是六七十年代,C1 是 80 年代,D1 是 90 年代,E1 是现在,F1 是不清楚)

图 4—6　　　建国 50 年来各历史时期民众道德水准图

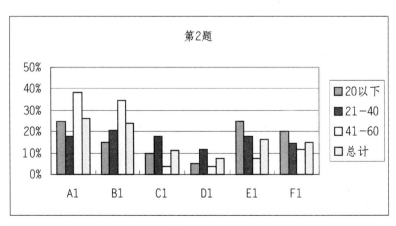

　　从图中可以看出,不论哪个年龄段的人都认为50年代中国人的道德水平最高,而在被调查者的心目中,90年代的人的道德水平还低于包括了十年"文革"在内的六七十年代,就不能不令人警惕和反思了。

　　出现这种评价,说明今天的百姓在道德问题上确实还存在很多不足,原因有很多,其中很重要的一个是人们对道德细节的漠视,比如对乱扔垃圾的行为(参看图4—7,A1是"太不讲道德",B1是"随手为之,可以理解",C1是"找不到垃圾筒,可以理解",D1是"属于正常行为",E1是"其他")

图4—7　　　　　　百姓对乱扔垃圾行为的道德反映

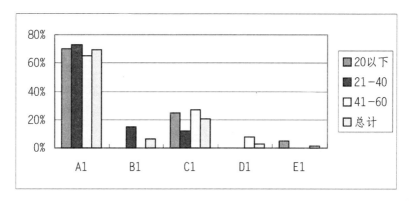

　　对于乱扔垃圾这么一个很浅显但却很有害处的道德问题,竟有15%以上的人认为"随手为之,可以理解",20%以上的人认为"一时找不到垃圾筒,可以理解",更有10%左右的人认为"属于正常行为"。那么道德问题的解决,就不是一朝一夕的事了,它需要全社会的人长期的艰苦的努力,而只有解决这一问题,我们才能真正跨入文明社会的行列。

　　对于建国以来民众的信仰,我们就以北京佛教的变迁为个案,来尝试说明这一问题。1949年,北平和平解放,文化古都的名胜古迹得以完整地保存下来。在 1949 年 9 月的人民政协会议上通过了《共同纲领》,其中对保护公民的宗教信仰自由作了明确的规定。新中国成立后宗教工作受到重视,1954 年 9 月,第一届全国人民代表大会通过了我国第一部《宪法》,其中也明确规定:中华人民共和国公民有宗教信仰的自由。同时,党和政府的主要领导人曾多次接见宗教界人士,了解各自的情况和疾苦,以正确处理所面临的问题。宗教界人士成了祖国大家庭中的一员,成了统一战线的组成部分,不少人还当上了各级政协委员。

寺庙被政府接受过来,寺中的僧人翻身做主人,不再有旧社会的剥削与压迫,有了宗教信仰的自由,僧人可以根据自己的意愿选择去留。以前因为家贫或别的特殊原因而出家的僧人此时可以自由还俗,参与到社会生活当中去。"解放前夕,广化寺中住有僧侣 30 余人,其中青年僧侣居多。解放后,绝大部分考入了普通中学,有的走上了不同的工作岗位"。①

当时,北京的佛教寺庙经历战火,而且年久失修,很多都破败不堪。比如雍和宫,"四十年来,未曾修理过,所以剥落凋残,有些殿堂也快倾倒了"。②"1950 年重新翻修了天王殿,1952 年政府又拨款 84 万元对全宫进行整修,同年还整修了宏慈广济寺、通教寺"。对于各寺庙的重要文物,加以特殊精心的修护,如:法海寺的明代壁画,虽经历了四五百年,但画色依然很鲜明。经过修整后的寺庙焕然一新,恢复了旧有的面貌。随着北京市绿化建设的配套完成,各个寺庙也种上了树木花草。有些年久失修的寺庙早已没有僧人居住,修缮后就作为公园开放,为人们生活提供了休闲的去处。在建国几年的时间里,北京范围内的寺庙都得到了合理的安排。

---

① 祥慧、志山:《解放前后的广化寺》,《文史资料选辑》第 20 辑,中国文史出版社 1990 年版,第 190 页。

② 张恨水:《雍和宫》,见《北京日报》1956 年 7 月 14 日。

建国初期,佛教流弊或者说旧社会遗留下来的宗教杂乱局面是很严重的。但在政府的治理下,更为重要的是在一些佛教有识之士的努力下,佛教界混乱的状况有了较大的改变,有了革新求变的要求。早在政协召开前夕,在巨赞法师和周叔迦居士的倡导下,北京佛教界人士曾就佛教界的革新上书中央,信中谈到:"最近四五十年,全国各大小寺院,由于封建地主而商店化、家庭化,格外加强了迷信与没落的倾向,使佛教受尽了社会的揶揄与轻亵。我们觉得非常痛心,也曾做过一点改进的工作。但是佛教这一个阶层,和整个社会是分不开的,整个社会没有革命,佛教内部的革新也无法进行。"①于是他们提出了"生产化"、"学术化"两个口号,作为改革佛教一切制度的目标。这一举动得到了中央统战部部长李维汉的鼓励。建国后,他们就立即开始行动起来,在广泛听取了叶恭焯、梁漱溟等民主人士的意见后,明确了改革的内容是改变现行落后的佛教制度和形式。他们写了《中国佛教教务改革意见》,提出"真正发扬释迦牟尼的革命精神,真正的从事生产,为社会为人民服务",以此作为各寺庙工作的指导。

于是北京佛教界首先行动起来。先从思想上入手实现观念的转变。1949年12月在贤良寺成立了"佛教徒学习会",1950年2月在极乐庵成立了"佛教徒僧尼学习班",学习国家的最新政策以及社会发展史等基本社会常识。各寺庙的僧人也成立了许多学习小组或读报小组,学习革命史、政治常识以及时事政策等,以此提高自己的水平,以能分清邪正,团结一致。这既保证了佛教的弃旧趋新,又提高了教徒对新社会的认识,改变了他们过去不问世事的消极态度,使其中的一些人积极投身到新中国的建设中去。

50年代后期中国政治上出现了"左"的倾向,反右斗争扩大化,阶级斗争的弦也越绷越紧,政治、经济生活开始出现不正常的现象,佛教界也受到了影响。在反右派运动中,北京各寺庙的僧尼也举行了各种

---

① 巨赞:《一年来工作的自白》,《现代佛学》第1卷第1期,1950年9月。

座谈会,进行大鸣大放,批判佛教徒中的右派分子。当时北京主要批判的是陈铭枢居士,他曾为中国佛协的创始人,此时被认为是隐藏在佛教徒中的右派分子,受到了不公正的对待。在接下来的大跃进、人民公社化运动中,僧尼们也得加入各种工农业劳动合作社。拿通教寺来说,"1958 年合作化运动后,大雄麻袋厂停办后,该寺便成立十八缝纫合作社。由于生产的发展,以后又在羊管胡同 25 号建立生产车间,部分人参加了农业劳动生产"。①

受社会环境的影响,人们在信仰上产生了浮躁倾向,此时的宗教被视为"鸦片",信教群众在各种政治运动中都成了怀疑的对象,宗教生活有了紧张的气氛,正常的宗教活动被打乱了,进寺庙的人开始少起来。"文革"以"无产阶级专政下继续革命"为口号,要"横扫一切牛鬼蛇神",宗教被认为是"资产阶级的思想"、"剥削阶级的意识",开始受到严重冲击,成为"文革"中的"重灾区"。

林彪在"八·一八"会议上,为"大破一切剥削阶级的旧思想、旧文化、旧风俗、旧习惯"作了煽动性号召。从 8 月 20 日起,首都一些红卫兵走上街头,张贴大字报,集会演说,拉开了北京"破四旧"的序幕。他们毁坏文物、焚烧字画,从城市赶走"牛鬼蛇神",勒令政协、民主党派解散,宗教职业者还俗。

流传了两千多年的佛教自然成了冲击的目标。各种寺庙、佛像、经书都成了"封建社会遗留下来的产物",成了破除的对象。"1966 年 8 月 23 日北京体育学院八·一八红卫兵和教职工家属共 273 人,到颐和园佛香阁砸碎了释迦牟尼的塑像,有两座小佛像被红卫兵抢走。丰台区大井村延寿寺中保存的明初遗物千手千眼菩萨铜像被红卫兵拉倒,佛身断为三截,两手全部断残,成了一堆废铜。1300 多年历史的古刹戒台寺内,戒台上的数千个大佛和守卫的小佛像全部被红卫兵砸光,为

① 密然、又然、正义:《通教寺》,《文史资料选辑》第 20 辑,中国文史出版社 1990 年版,第 218 页。

人熟知的白塔寺、潭柘寺等也遭到不同程度的破坏"。① 在广化寺，"藏经阁内珍藏的绝版佛经，除七部《大藏经》得以幸免外，其他均被拉到造纸厂化浆造纸，寺内的明代香炉和蜡扦等法物，被砸成一堆废铜烂铁，卖给了废品收购站"。

寺庙被破坏以后，寺中的僧人也被赶走，强令回乡还俗，不少人被抓起来，成了批斗的对象，强令其交代思想，反省对人民的剥削，其中有佛教界知名人士周叔迦居士和喜饶嘉措大师。还有不少僧尼被下放到地方劳动改造。中国佛学院的教学从1966年就开始终止了，"任职、执教的法师、学者、居士遭到批斗，离校改造，学院陷于瘫痪解散的状态"。② 在失去理智的疯狂年代，社会一片混乱，连寺庙这方净土也早已是面目全非，古刹一片凄凉。被砸毁后的寺庙，有的还有一两个僧人留守，有的就完全荒芜了。

在这一史无前例的历史时期，国家政治、经济陷于瘫痪状态，对宗教的摧残严重地伤害了宗教人士的心，给社会民众的心理也带来了深层次的影响。人们变得多疑，惶惑不安。而宗教以它的超凡脱俗精神，以它对人苦难的关怀，以它劝人向善的道德说教，成为人们精神上的避难所。对于这十年动荡岁月中的遭遇，很多人无从得到解释，宗教就成为他们求助的对象。从"文革"后期开始，信教人数开始增加。

十一届三中全会后，国家开始拨乱反正。1980年，全国各宗教组织都召开了代表会议，恢复了各项工作。1982年中共中央制定了19号文件，即《关于我国社会主义时期宗教问题的基本观点和态度》，再一次本着实事求是的态度，强调了宗教信仰自由的政策，这为新时期的宗教工作奠定了基础。

在80年代，佛教提出了"自养"的口号，即"以寺养僧，以僧管寺"。

---

① 李松晨等：《"文革"档案（1966—1976）》（上卷），当代中国出版社1999年版，第130页。

② 赵朴初：《中国佛学院的四十年》，《法音》，1996年10月。

地租、房租早已不存在了,现在寺庙主要的经济来源是功德钱,香客在进香的时候往往也向功德箱里投一定的钱。随着社会的发展,富裕的人增多,功德箱里的钱也随着增多。各个寺庙都有流通处,出售香蜡,佛珠、佛像等纪念品,这也是寺庙收入的一部分。随着社会生活水平的提高,物价的上涨,社会资助在寺庙经济中的比重增加了。中国佛学院每年能从国家的拨款中得到30多万元,而实际每年的支出为160多万元,主要来自于国内、国际的资助。当然随着市场经济的影响,各寺庙也会提高自己的适应能力,创收的方式也多起来。拿广济寺来说,在圆通殿供奉着几千个牌位,这是一些人为求得自己或父母的平安而在此花钱安放的,再加上寺院为一些人做超度法会,由此每年可收入70多万元,这对于寺院经济是相当重要的。

现在,进入寺庙的人越来越多了,其中很大一部分是在家修行的居士。据笔者所观察,在北京各个寺庙都有自己的一个居士服务团体。信徒经过一定的程序后成为居士,其中的一部分人自愿定期到一个寺庙里做些义务劳动,主要是打扫卫生和做好古建筑的防火安全。他们大多为退休的老人,男女都有,但女的偏多,通常早上来,晚上回去,午饭也是自己带来。在广济寺里,这样义务劳动的居士有40多位。这些在寺内劳动的居士,大多因为生活的闲暇,皈依佛门,以解除心灵的空寂,为自己的晚年生活寻求新的精神寄托。另外,一般烧香拜佛的人也开始增多了,而且年龄开始年轻化。一般说来在每月初一、十五有法会的日子里人比较多,要是再赶上周末,那人就更多了。当然,现在不少人也把寺庙作为休闲的好去处,"曲径通幽处,禅房花木深",点缀在北京现代都市中的幽静的寺庙,是一处难得的安静场所。

第五章　社会风俗

　　中国传统上是一个"礼"、"法"兼治的国家，"礼"又往往体现于"风俗"中，故"礼俗"、"风俗"有时实为一体。"礼"与"法"这两种社会规范各司其职又紧密配合，有时是"外礼内法"，多数时候则是"礼在法中"或"法在礼中"，因之典籍中常有"礼法"之称谓。但在社会的中下层，"礼"的作用一直更突出更明显，这成为中国民间风俗文化源远流长的主因。风俗较之礼法，是一种不太正式的社会规范，并没有长期的太强的约束力，随着时代、社会、民族的变迁而改变是其一大特性，在某一历史时期在较大的范围内被突破也属司空见惯。1949 年以来的中国，社会变迁的步伐较快，风俗文化也就处在吐故纳新的阶段，新旧交锋虽然造成传统风俗不断被民众突破、违反，但后果并不像今天的人想象的那么严重。一方面，多数违反者并未受特定的惩罚，毕竟中国有了现代法律，"法"对"礼"的影响有了正面意义，而"法"、"礼"还被逐渐剥离，"礼"的作用已大大削弱；另一方面，社会风俗变动的最终结果并非传统终绝而是新旧并呈。

　　建国以来风俗文化的内容丰富多彩，一些保存下来的传统风俗甚至在经历了急风暴雨的"文革"摧残后仍气息尚存，改革开放以来还有部分恢复，仍对人们的生活产生着影响。这就不是一句"社会变迁"或"政治影响"所能完全说明了的，只要不是全社会所有人的交流方式都变得"革命化"，传统风俗就有生存的空间，从文化社会学的角度讲，这是社会、文化本身的特性及互动实质使然。

第一节 传统风俗的由繁趋俭、吐故纳新

建国以来,各地编辑了不少地方志,记载了不少当地的风俗,其中又以记录仍沿用的传统风俗文化为主,传统风俗仍在人们生活的很多方面发挥着作用,但其精神内涵多多少少发生了一些改变。由于地方志的相关记载多为较笼统的"平铺直叙",而且各种地方志在记载同一种风俗时又多有重复内容,因此仅从地方志的角度来研究建国以来风俗文化的问题就存在着大而空泛的不足,这就需要结合田野调查来进行综合考察。

从地方志的记载看,建国以来的社会风俗仍然主要表现在年节、婚丧、生育、居家、社交礼仪等方面。

一、年节风俗

年节风俗主要是指在农历四季的各主要节气中遵循的风俗,比如在春节、清明、端午、中秋、重阳等节日中遵行的风俗。建国以后,人们所过的传统节日日趋减少,上述节日并非中国传统节日的全部,但即使是在今天,它们仍超越了时空、地域的限制,成为全国各地的人们普遍都过的节日,只是内容已经由繁趋简了。

春节风俗。序幕是大年三十,人们在这一天已有各种活动。正式仪式先由"开春"开始。正月初一这一天,一家人男女老幼都要早起,认真洗漱,穿新衣、新鞋、戴新帽。然后晚辈在厅堂中排列整齐,向长辈或磕头或鞠躬拜年。"开春"仪式一结束,就要放鞭炮,表示去旧迎新,黄昏时再放一次,造成热闹的气氛。放鞭炮一般持续到初五。大年初一就开始的"拜年"礼俗是非常重要的,亲戚朋友之间互相拜会,互相祝福,说些吉祥话,如"新年好"、"贺喜"、"新年大吉大利"等,近年则流行说"恭喜发财"。而拜祖宗、神灵等原属于"拜年"范畴的事宜已少

有人去做了。"春节"民间又称"大年",此外还有"小年",即阴历腊月廿三,这一天对灶王爷的敬拜已多是停留在口头上了。

清明节"扫墓野祭,哭焚纸钱"的风俗,建国以来仍有保留,它表达的是后代对祖先和已逝亲人的"孝思"。清明风俗在中国的大江南北大同小异,主要有两项内容:一是"焚纸",另一个是"培坟"。人们在阴历四月五日这一天早早来到亲人的墓前,先动手把坟墓上的野草除去,然后把纸钱放在墓前焚烧,希望亲人在阴间使用。"培坟"是指给坟添新土和拜祭亲人。拜祭的时候,要呈上水果、糕点等供品,再下跪磕头哀哭。清明的风俗,在一些南方地区还多了一层意义。人们把它与后代的兴旺发达联系在一起,因此祭拜起来更隆重一些,仪式也更繁多。

端午节的风俗,主要是赛龙舟,吃粽子。人们仍把纪念屈原作为这一节日的由来,因此端午礼俗具有"礼"文化的内涵,表达了民众对于忠、义的景仰。另一个含义则是驱邪除魔,保障身体健康。因此,各家还要插菖蒲、艾草于门上,但近几十年来,喝雄黄酒以"辟邪"的风俗已少有人遵行了。

中秋节赏月的风俗最富有诗情画意,人们用圆月来象征人间的团圆美好,所以中秋节又叫"团圆节"。阴历八月十五这一天,家家都摆上瓜果赏月,并用月饼、瓜果相互馈赠。这一天必吃的月饼也象征团圆之意,代表人生圆满无缺的意境。

重阳节的礼俗,人们在这一天要上山进香、焚纸祭祖,表达的是孝思不匮和慎终追远之意。老人、文人墨客也在这一天登高望远,聚会咏诗作画。因此,其礼俗也有娱乐之意,不乏温情和诗意。

上述节日风俗,各地方志材料中多有记载,不同地区地方志的描述并不完全相同,同一地区不同县市的节日礼俗也有个别差异,但上述节日风俗中蕴含的文化内涵还是基本相同的。

也有一些民国时期仍很有名的节日,如三月三、四月八、七夕,1949年以后就很少有人过了。

二、婚丧、生育风俗

50 年代,在广大农村地区,还有人遵循着传统的婚丧、生育风俗,都市中也有一些人遵行。中国传统婚俗,主要是"六礼",即"纳采"、"问名"、"纳吉"、"纳征"、"请期"、"迎亲"等六项礼仪。男家提议结为亲家,并问询女方家长是否同意,就是"纳采"。如获女方家长同意,并把欲娶女子的名姓、生辰拿回来进行占卜,就叫"问名"。如果占卜的结果是吉利,就把这一消息通告女方,此谓之"纳吉"。然后就是男家向女方家送聘礼,就是"纳征"。男方父母选择好良辰吉日,确定了结婚日期,就到女方家征求同意,就是"请期"。"迎亲"则是男方家届时迎娶女子到家。

由于政府不断地进行反封建、反迷信的教育,"问名"、"纳吉"的风俗已少有人认真遵行了。

婚俗较大的变革是在新的婚姻法颁布之后。由于以法律条文的形式明确规定了夫妻的基本权利与义务,旧婚姻中的童婚、一夫多妻、近亲婚配、买卖婚姻皆因违法而被革除,自由恋爱也受到了法律的保护,婚俗文化的面貌大为改观了。下列图表可说明早婚现象在新中国确实在减少。

表 5—1　　　　　城市居民婚龄统计表

	40 岁以下	40—50 岁	50—60 岁	60—70 岁	70—80 岁
14—18	0%	25%	0%	33%	67%
18—22	27%	42%	63%	33%	33%
22—26	33%	25%	25%	0%	0%
26 以上	33%	8%	0%	0%	0%

资料来源:根据在北京、兰州的实际调查统计数据制表。余下图、表同。

图 5—1　　　　　　　　城市居民婚龄统计图

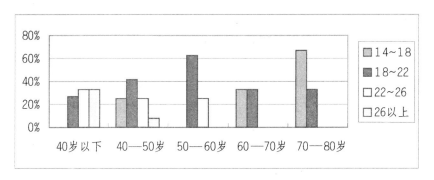

从以上图表中可知,随着被访人年龄的下降,结婚年龄在提高。民间婚俗的文明化进程向前迈了一大步。

除一些明显的陈规陋习外,其他一些婚俗,如纳采、纳征、宴请等还是被保存了下来。城市市民大多有工作在身,"黄道吉日"就多选择双号的星期天,农村的人们则仍然选择在农闲时间操办儿女的婚礼。人们的经济地位日渐平等,封建的桎梏也得到了冲破,此时的婚俗文化,显得平静而祥和。

50年代末至60年代,随着政治、经济的剧烈变化,婚俗又一次发生较大改变。大跃进运动以后,人们的生活变得拮据起来,婚礼中的礼品变得简单了(见表5—2)。

表5—2　　　　　　　　婚礼期间亲友馈赠礼品表

礼品	40 岁以下	40—50 岁	50—60 岁	60—70 岁	70—80 岁
副食	40%	25%	13%	33%	0%
布匹	20%	0%	0%	33%	33%
服饰	60%	50%	25%	0%	50%
首饰	73%	8%	0%	0%	33%
日用	40%	42%	25%	67%	67%

礼品	40 岁以下	40—50 岁	50—60 岁	60—70 岁	70—80 岁
禽畜	7%	0%	13%	0%	0%
现金	60%	58%	38%	0%	17%
其他	0%	8%	0%	0%	17%

看上表,年龄在50—70岁之间的两栏,送首饰的人减少了,尤其在50—60岁这一栏,连副食品的馈赠也下降,馈赠中,只有日用品的馈赠保持得比较好,但种类也是比较少的,多为脸盆、床单、帐子一类的东西。

"文革"开始以后,人们日常生活中所带的政治色彩越来越浓,婚事中的政治因素大大超过以往。首先是看男女双方的家庭出身。家庭出身一定要"革命",女方以嫁给干部、工人为最好的选择,再就是贫下中农,而对旧职员、资本家、地主富农等出身不好的人很少考虑。至于"黑五类"、"走资派"等的子女就更不用说了。社会无形中形成了新的"门第观念"。[①] 这种择偶观念虽然能保证新婚家庭免于遭受政治上的不公正待遇,但对于大量的所谓"出身不好"的青年来说,却是很不公平的。

由于受"破四旧"的影响,传统的婚礼程序几乎无人讲求。50年代,有些结婚礼俗就被废除了,甚至连鞠躬也不要了。"文革"时代的婚礼就更以"简"字为特点。不送礼,没有详细的规矩。场面通常也简单,有的人在单位找个会议室,大家坐一坐,吃些糖、花生,领导讲话,新人讲话,跟毛主席表个态,表示今后会继续革命,就完了。甚至有人连婚礼也不办,填了证书,直接回农村老家去。在那个政治神经极度紧张的年代,传统的东西很容易戴上"四旧"的帽子,很多原本礼节性的、具

---

① 甘肃省地方史志编纂委员会编:《甘肃省志》,甘肃人民出版社1992年版。

有一定内涵的婚俗被突然废除,以致日后想要再度恢复,就很困难了,因为人们已经习惯新风俗了。"文革"中,婚事中准备的各种物品也有明显变化,馈赠首饰的现象绝无仅有,而除了赠送日用品之外,赠送毛选、毛主席语录、毛主席像章倒成为一大特点。在婚礼服饰上,人们也不再穿红戴绿,一身军便装就是最体面的服饰了。当时的陪嫁,流行"三个轮子几条腿儿",即缝纫机一个轮子,自行车两个轮子,大立柜、椅子、桌子、双人床的"几条腿"。凑足了这些"轮子"和"腿儿",就是条件不错的一门婚事了。婚俗较之50年代,是大大简约了。

改革开放以后,人们的思想日益解放,生活水平也大大提高,但生活节奏日益加快,婚俗也逐渐体现出这一特征。首先在程序上大大地简化了,婚礼通常不再严格地按照"六礼"的程序一步步地行礼、送礼,而是由双方长辈见过几次面后就大致商定了。双方都同意即可着手准备,准备时间也大为缩短,通常不超过半年。举办婚礼时请宾客、主婚人、证婚人、介绍人及双方亲友出席。由于交通便利,迎亲成为一种象征性的活动;宴请也改在饭馆中进行,自家不再费事准备。整个婚礼不到一天就办完了。由于经济条件日渐宽裕,婚礼的物质准备明显转好。在彩礼和嫁妆方面,由70年代的"三转"(自行车、缝纫机、录音机),到80年代的三大件(电视机、电冰箱、洗衣机)、三金(金戒指、金项链、金耳环),再到今日的微波炉、电脑等家电以及铂金首饰。婚礼礼品的种类也大大丰富了。结婚乘坐的交通工具也由马拉的"轿车"、自行车,转为今天的汽车。随着商品经济的发展,连婚礼服务也出现商品化趋势,从饭店包餐、租婚礼彩车、照成套的婚纱摄影,只要个人经济条件允许,商家可以提供周到的服务。

婚俗发展到今天,受政治环境的影响越来越少,在这个相对宽松的环境下,它的发展是与时俱进的。从根本上来说,人们经济地位的独立导致了人身依附关系的松弛,子女有各自的工作,有自己的收入,不再依靠家长的援助也一样可以建立各自的小家庭,而且小家庭可以脱离家族的庇护而存在,那么在婚姻恋爱问题上,家长可以插手的余地就越来越少。因此,"纳采"也好,"纳征"也好,它们的意义从约束转向单纯的礼节,人们对它们的重视程度自然会越来越低。至于婚姻关系,制约它的合理性的力量是法律而不是乡规民约,只要有合法的证书,那么仪式是否需要那么隆重,那么大张旗鼓,也就可以再议了。也因为经济的独立,女子的社会地位得到了提高。女子有了自己的经济收入,就不再是男子的附属品,她们真正发挥着"半边天"的作用,人身自由得到了全面保证,可以独立地参与各种社会活动。如果今天仍有人非常在意一位妇女是否经常独自出门,是否一个人回娘家,并以此来评价这位妇女的作风,那就成为咄咄怪事了。

中国婚俗走到今天,经历了一个较为漫长的过程。这个过程不是一帆风顺的。在这中间,依然存在着一些问题,值得人们一同思考。

首先,由于人群不同,地区不同,人们对传统婚俗的认识和对现代婚俗的接受程度有差异。在城市里,生活节奏快,人际关系较为独立,婚俗中传统的东西保留的就比较少。越是偏远的地区,越与外界交流少,传统的东西保留得就越完整。今天,在一部分较偏远的地区,民间广泛地认同明媒正娶,对有无结婚证并不重视,对形式的认可远远超过了对法律的尊重,就为不合法的婚姻埋下了隐患。由于经济不发达,婚俗中的一些陋习,如重索彩礼等等往往得不到有效的遏制。另外,由于法律、教育的力度不够,还出现了近亲结婚、不到法定年龄就结婚等现象。因此,在发展城乡经济的同时,加强教育力度,加强法律宣传并完善法律制度,也成为革除婚俗中陋习的当务之急。只有提高了人们的认识水平,让人们切实感受到合法婚姻的益处和非法婚姻的不良后果,才能从根本上实现移风易俗的目标。

其次,由于十年"文革"对传统婚俗的否定,今天人们对传统婚俗的认识出现了一些偏差。在现实生活中,人们通常更易于接受传统婚俗中的重礼金、讲排场等风习。(见图5—2)

图 5—2　　　　城市居民对于婚礼"排场"问题态度图示

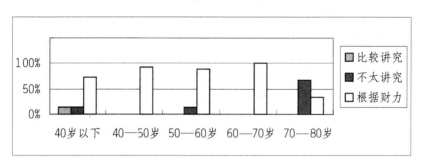

从上图可见,"比较讲究排场"这一项,在 40—80 岁的人中间都没有出现,但在 40 岁以下的人中间却出现了,这说明年轻人开始在意这一问题,事实上在他们中间,也已经出现了互相攀比现象。

另外,今天青年人的婚礼,在独立操办问题上,反而有不如前代人的趋势。以前父母只需要为年轻夫妇提供合住房屋和少许必备家具,其他全凭夫妇双方以后创业,自行添置。但今天新人的家电、住房、婚礼、车队甚至摄影的开销,都要由家长负担,并且"父母无怨言"。这已成了新风俗。

最后,一些乡村地区的婚俗,仍需进一步改良,使其文明进步。改革开放以前,乡村地区仍盛行媒人介绍、父母包办的婚姻。至 80 年代,婚俗发展为由媒人介绍,再征求自己同意。但这种同意并没有建立在相互了解的基础上,感性认识的成分较大。90 年代由于农村青年外出打工的增多,婚俗有了新变化,出现了新的婚姻形式。即青年小伙与在外打工的女子相爱,把她带回来结婚。但是人们在观念上仍有矛盾,绝大多数人能够接受外省的女孩做儿媳,甚至很多人以此为荣,认为是儿子本事大。但是几乎有 90% 以上的人不同意女儿嫁得太远,理由是"远了,不能经常回家","离家太远不放心","舍不得"。

丧葬风俗。建国后很长一段时间,传统丧葬风俗都在农村存留。但其精神内涵已经发生很大的变化,变得日益简约,以致这种存留更多地是一种约定俗成的形式了。1949年以前,传统丧俗遵循的是儒家礼仪,杂糅佛道之教。其中一些礼俗如停尸三日方行大殓,其意为"以俟其生",即希望死者能复活,或希望死者的灵魂能得到安息。丧仪中的祭礼表示生者认为死者已成鬼神,具有带给子孙福祸的能力,对其祭拜可以祈福避祸。1949年以后,上述精神内涵日益不彰,最后已很少被人所知了。

"土葬"的传统习俗,仍在乡村地区被延续下来,直到近几年,才在一些发达地区出现松动迹象。像北京的农村,农民去世后也被要求火葬,埋在地里的已是骨灰。"土葬"的主要内容是"入殓"、"报庙"、"过七"、"开吊"、"出殡"、"下葬"、"圆坟"等,其中"出殡"最隆重。但对"报庙",今天的人已不熟悉了。

"土葬"的具体内容,大体如下:

"入殓"。死者气绝前后,亲属就给他换上新衣、新裤、新袜、新鞋,气绝后则以绸或布盖面。棺材停于正堂中,家人在棺前设灵堂,焚烧纸钱并燃香,全家举哀,穿孝服,赴亲友家报丧。亲友接报后陆续来吊唁。1949年以前,吊唁的人要携带纸钱、锡箔;丧家则约请鼓乐、僧道,设坛做法事。1949年以后,这两项内容就逐渐没有了。

"报庙"。孝子到庙中,向神灵通告亲人死亡之事。庙宇多为城隍或五道庙。这种丧俗在建国后更是销声匿迹。

"过七"。人死后第七天,叫做"头七",亲人供奉食物,焚香点纸,叩头举哀,以后每过七日,照此办理,直到四十九天后才止。1949年以后,"过七"的时间大大缩短,多则一周,少则两三天。

"开吊"。亲戚朋友获知下丧日期后,即送来祭礼,这些祭礼过去是馒头等食品,今天更多的是现金,丧家则设宴款待,然后就是辞灵遣棺。

"出殡"。其过程为移棺、撒路钱、安神。

"下葬"。丧家将死者入土,并添土掩埋成坟丘,摆上食品,烧纸钱纸人,叩头举哀,事毕则返。但进入90年代以来,烧给死者的东西中也出现了纸质电冰箱、电视机、轿车和手机。这些新用品的诞生,一方面说明了人们物质水平的提高,另一方面,也为丧俗文化增添了一些现代气息。

"圆坟",下葬后三天,丧者亲属齐到坟地,叩头祭拜,并在坟上添些新土,并焚香烧纸,然后痛哭而返。

最后,在死者一周年的时候,亲属要去上坟。

上述丧俗的名称,有些人已经不太熟悉,但其内容,有很多仍存留至今。以致很多人仍觉得它们烦琐,应该进一步改革。(见表5—3)

表5—3　　　　　　丧仪"烦琐"问题调查表

	40 岁以下	40—50 岁	50—60 岁	60—70 岁	70—80 岁
是	47%	50%	13%	0%	0%
否	27%	0%	13%	100%	83%
有待改革	33%	50%	63%	0%	17%

另外,看风水、看阴阳、请僧道做法事的习俗曾受"文革"冲击而消失,但近十年又有复活的趋势。(见图5—3)

图5—3　　　　丧仪中"延请僧道做法事"情况图

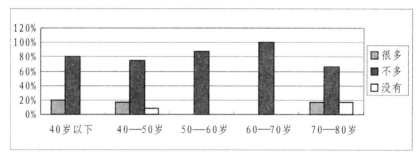

从图中可知,40岁以下的人,请僧道做法事的反多于前辈。这也跟目前国家实行宽松的宗教政策和信宗教的人增多有关。

关于火葬与土葬的问题,我们在调查中发现,主张火葬的人略高,有55%；倾向于土葬的人则占总调查人数的45%。在政府的大力宣传下，人们的思想观念有了较大变化，不再像以前那样排斥火葬了。调查表数据显示了一个很独特的现象。（见图5—4）

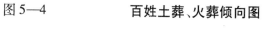

图5—4　　　　　　　**百姓土葬、火葬倾向图**

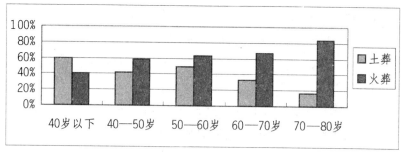

从图中可知，人们对火葬的倾向性随着年龄的升高有上升的趋势。40岁以下的人群对土葬的倾向度反而高居榜首，倒是70—80岁的老年人更偏向火葬。这是因为随着年龄的增长，人们对事物的看法更现实，再加上老年人的心态已趋于平和。

生育习俗表达的是人们对传宗接代的重视及望子成龙的企盼和心愿。民国时代，人们仍遵循着传统的生育习俗。孩子出生后，如果是男孩，仍叫"弄璋"；如果是女孩，还称"弄瓦"。除夫家、娘家亲戚送来衣物、首饰、喜饼、点心祝贺外，"各亲友均赠送礼物，如红糖、风糕、面条之类"。到了第十二天，也就是"小满月"，亲友们也来庆贺。第三十天是"大满月"，亲友们给小孩送金银锁、帽子、花衣服等物品。有的人家还雇请人奏乐、唱戏，很是热闹。小孩满一周岁时，"戚友馈以布物。主人以笔墨、算盘、玩物等置儿前，观其发志所取，古谓之'试儿'"。①

新中国成立以后，"抓周"、"贺喜"等生育风俗仍得以保留，但由于国家实行男女平等政策并大力宣传，"弄璋"、"弄瓦"的说法就销声匿

①　《上杭县志》，上杭启文书局1939年铅印本。

迹了。

三、居家风俗

传统居家风俗,往往以家规、族规等形式表现出来,体现的是"三纲五常"、上下长幼尊卑等思想内涵。

在民国的乡村地区,多数人仍遵循着传统家礼。一个家族有其族长,一个家庭也必有其家长,大都以年龄大、威望高的人来担任,并主持家族、家庭的事务。一个家庭之内,"子必从父、妇必从夫、弟必从兄、以数世同居为美谈"。①

每到年节或家族中年长者的生日,族人就相约聚集在一起,向祖先牌位或年长者跪拜,跪拜时讲究长幼尊卑的排列秩序。

家族中有人娶亲或生子抱孙,家族的人就会拿着贺礼去庆祝,并帮忙筹办筵席。筵席的座位也很有讲究,一张八仙桌,最尊贵者要面南背北,其他人按长幼尊卑依次就坐,主人必须坐主宾对面的下位。

在一个家庭中,父母与子女间的仪礼,仍居人伦规范的首位,孝在两者的关系中仍占有最重要的位置。儿女早上起来后都及时到父母住所问候,请示一天家中诸事的安排并遵照执行。父母生了病,子女亲奉汤药服侍,并取消娱乐活动。另外,为父母报仇,也还是家礼的重要内容,如施剑翘枪杀孙传芳,目的就是为被孙杀害的父亲施从滨报仇。事后社会舆论一片颂扬声,可见传统家礼在民国社会仍具有较强的影响力。

上述居家礼俗,有些在城镇地区也得到保留。但也有一些传统家礼,即使在乡村地区也出现了松动现象,如媳妇必须敬服婆婆的礼俗,在一些地方一些家庭里已不被严格遵行。当时流传的一些民间谚语、歌谣对这一现象有所反映。"花野鹊,尾巴长,娶了媳妇忘了娘,连娘扔在山头(沟里),媳妇搁在炕头上。他娘要吃干烧饼,没有闲钱还窟

---

① 《新河县志》,1929年铅印本。

窿;媳妇要吃大甜梨,赶明就是城里集"。即使如此,从整体而言,当时媳妇仍不能与婆婆平起平坐。

中华人民共和国建立后,随着时代的进步,上述充满了传统儒家伦理思想的居家风俗已荡然无存,新型的家庭关系代替了旧风俗。父母与子女、丈夫与妻子、婆婆与媳妇的关系已经很平等了,甚至于出现了向后者倾斜的趋势。

四、交际风俗

在日常生活中,交际风俗对人们的影响最大,传统交际风俗已大为简化。

首先是迎客送客礼俗。客人敲门进入,主人一般在客厅迎接客人,见面后先握手,再请客人入客厅就坐。客人坐上座,主人坐左首陪座的习俗已经没有了。客人不说告辞,主人不能送客;客人说要告辞,主人要先挽留;客人一定要走,主人等客人起身后再起身,送客要送至客厅门外。

其次是人们之间的问候礼。通常都是点头的同时说"你好",或握手的时候说"你好"。

至于结拜兄弟的礼俗,已被人们淡忘了。结拜兄弟一般是在神案前立誓,互换庚帖,以后就互称兄弟了。

认干亲的风俗1949年后一直保留了下来,儿女小的时候,其亲生父母让他们拜别人为干爹、干娘,过去认干亲一般要举行正式的仪式,干儿子或干女儿跪地向干爸干妈磕头,干爸干妈回赠重礼。双方亲戚朋友齐来庆贺,还要摆宴席。以后逢年过节互相走动,干爹干妈在他们有困难时要给予帮助。但现在,认干亲多限于口头上说定,逢年过节时来往了。

第二节　建国以来社会风俗研究中田野调查的必要性

中华人民共和国刚成立半个多世纪,一些历史见证人、历史实物尚在,且不说文化社会学的科学规范,即便从历史学对资料完整性的要求看,学者们也必须掌握两手资料,一是书面资料,另一个就是田野调查资料,涉及社会史文化史的问题时,更应如此。这种田野调查,与口述历史不完全相同,它更多地借鉴了社会学的方法,除面对面访谈、录音、整理外,还有调查问卷、实地拍摄、实物寻访,等等。

为了对建国以来的社会风俗有更准确的把握,笔者多年来在全国各地选取了6个点进行田野调查,这些丰富的具体的田野调查材料,在很大程度上弥补了书面材料大而空泛的不足,可以使我们对现代社会风俗有更直接、更细致生动、更深入的认识。毕竟人是文化的主体,文化在本质上是人类群体或人类社会的共享成果;礼俗文化则是代代相传的社会中的人群的整体生活方式,是其日常生活中的约定俗成的交流交往规范。地方志材料很少记录当时具体的人及特定的人群,而田野调查材料可以弥补这方面的不足。

甘肃省兰州市(含榆中、皋兰等县)是作者于2002年3—7月集中进行田野调查的一个点,它偏僻的地势使它具有一大优势,由于交流不畅、变迁较慢,这里的汉族原生态文化在全国各地区相对说来保存较好,自1949年流传下来的风俗文化也保留得较多。就兰州市本身而言,城区由于越来越现代化,传统的东西也就流失得很快,但远郊区县还较古朴,传统文化的一些形式和内容至今仍存。有鉴于此,本文就举兰州作为田野调查的个案。

作者就1949年以来风俗文化的问题,对该地区60多位不同性别、不同职业、不同年龄段的人做了访谈,并进行了问卷调查。

就调查的材料看,1949年以后,一些传统婚姻礼俗仍得到了保留。一般说来,男女青年到20岁左右即可谈婚论嫁。媒人说亲、自由恋爱的婚姻各占了一部分,但越到后来,自由恋爱的婚姻越多。人们对"门当户对"不很看重,但一些老人则认为"男女双方婚前无法充分了解,'门当户对'有一定的道理,可以在一定程度上保证男女双方在经济上和思想上相近"①,婚事的结果也更让两家欢喜。提亲时,女方请来自家的男性长辈(如父、舅、叔等)共同把关,男方则在媒人陪同下,提上礼品前往女家。女家在此之前也往往会打听到男方的一些状况,如果同意亲事,就会做出一些特殊的表示,比如请提亲人吃顿臊子面,或者将男方提来的礼品当面打开,或者将礼品安放三日,等等。如果没有这些特殊表示,就意味着女方不同意婚事,或者婚事中还有一些问题有待商量。如果提亲顺利,下一步就是"开庚"、"小八字"。女方将女孩的生辰八字写成庚帖送与男方,同时设宴款待男方家来的宾客。拿到女方生辰八字,由男方合定二人生辰,判定两人属相是否相合。当地有歌谣称,"鼠牛合,虎猪乐,兔狗最相悦;龙鸡通,蛇猴宁,牛马配成群"。属相不合,则婚姻会不利,是不能成婚的,"鼠羊相逢一旦休,兔子见龙不长久,不叫白马见青龙,虎见蛇象如刀断,金鸡不与犬相见,猿猴见猪泪交流"。② 如果属相相合,年龄相称,男方会将合定的结果及银饰等礼物送到女家,也称"回庚"、"回小八字"。此后,男女双方开始通过媒人正式商量彩礼。彩礼谈妥,进行下一步订婚的工作,这是很重要的,男女双方都会请来亲友长辈做证,此时男方会将商定的彩礼交给女方,女方也会还礼,以表示有来有往。随后,由男方选定吉日,并通报女家。在婚礼的前一天,女方会在自家宴请本家的亲戚。男方来迎娶时,新娘要由已婚的、家中平安的妇女陪同。男家迎亲,有新郎亲自去的,也有请亲友前去迎娶的。迎亲须在白天出发,女家若远,可提前一天出门,新娘到达男家要在正午前,意在"正大光明"。

婚礼之后三天,新娘不干活;三日后,下厨亲手做"试刀面",请亲友来尝。新郎新娘也于这一天拜家中先祖。新郎新娘于婚后第一天或第三天到岳父岳母家参拜,但要赶在日落前回家,称"回门"或"会亲"。

接受调查的多数老人都表示,民国时当地的传统婚姻礼俗在本意

① 根据笔者于2002年5月12日在兰州对杨光汉先生的录音采访整理。
② 根据笔者于2002年4月9日在兰州对赵玉山先生的录音采访整理。

上"较少论财,犹有古风",认为传统婚俗中礼尚往来、仪式繁多的本意乃是表达对长辈、对祖先、对舆论的尊重和对婚姻本身的庄重态度。今天的人们则看重传统婚俗中礼金、婚礼排场等东西,而对于传统婚俗中所蕴涵的真义却缺乏正确的认识。

另外,笔者所做的问卷调查,也补充了不少有益的材料,根据这些材料得出的结论,可以更直接地说明问题。问卷中有一项,是关于被调查者本人结婚当年,自己的婚姻中传统婚俗留存状况的,下列图表即根据对这一问题的调查统计制成。(被调查者共 66 人,三个年龄段各 22人)

表 5—4　　　　　　　结婚时传统婚俗留存状况调查表

传统婚俗　　　年龄段	50—60 岁	60—70 岁	70—80 岁
纳采	55%	59%	91%
问名	0%	55%	77%
纳吉	0%	50%	77%
纳征	23%	64%	100%
请期	32%	68%	100%
迎亲	45%	82%	100%

分析上表,70—80 岁的人,是在民国年间结的婚,他们的婚事基本保留了传统的"六礼",即纳采、问名、纳吉、纳征、请期、迎亲的传统婚俗。他们中有 23% 的人没有遵行"问名"、"纳吉"的风俗,笔者曾就此事专门相问,有的是因为男方是新派人士,不迷信"八字"这一套;有的是男家不富裕,没有多少选择余地。60—70 岁的人,多是中华人民共和国成立前后结的婚,因处于新旧交替时期,其婚事中传统婚俗还保留不少。到了 50—60 岁的人结婚的六七十年代,"破四旧"和"文化大革命"荡涤了传统风俗,人们恋爱结婚就较少遵循"六礼"了。这也说明婚俗发展到后来,家长可以插手的余地越来越少。因此,纳采也好,纳

征也好,就失去了传统的约束意义而转向了单纯的礼节,人们对它们也就越来越不重视。至于婚姻关系,制约它的力量已是法律而不是民俗,只要有合法的证书,那么仪式是否需要那么隆重,那么大张旗鼓,也就不一定了,再加上官方对简朴婚姻的大力宣传,就更使得结婚简约化了。

问卷调查中与婚俗有关的问题还有不少,其中一个是被调查者本人遵行的新婚礼俗,下表即依据与该问题有关的问卷数据制成。

表5—5 　　　　　　　　　　**新婚礼俗调查表**

新婚礼俗　　　　年龄段	50—60 岁	60—70 岁	70—80 岁
拜天地、祖先	0%	27%	82%
闹洞房	73%	100%	100%
回门	64%	68%	100%
见舅姑	0%	32%	77%
下厨	23%	59%	91%
贺喜	55%	82%	95%

从上表可知,古代流传下来的"拜天地"、"拜祖先"、"闹洞房"、"回门"、"见舅姑"、"下厨"、"贺喜"等新婚礼俗,在民国民间基本上得到了保留。1949 年以后,随着新社会对封建礼法制度的批判,含有这方面内容的"拜天地"、"拜祖宗"、"见舅姑"等礼俗就渐趋衰落了。"闹洞房"、"回门"、"贺喜"的礼俗,因系人之常情而得以保留。

至于节日、丧葬、生育等礼俗的情况,我们通过田野调查也补充了不少有益的材料。比如当地百姓丧事中有"领羊"的丧俗,长辈去世,所有的儿女都必须牵一头羊到灵前,洒少许水至羊头,哪个儿女的羊抖了抖,就说明死者对这个儿女没意见,领受了供奉。所牵的羊没抖,就说明这个子女在老人生前不孝顺,大家就要腹诽他(她)了。"领羊"这一丧葬礼俗,蕴涵的其实是儒家"孝"的思想,意在提醒子女在老人生前要尽孝心。有意思的是,这一丧俗完整地保留到了今天,使笔者得以摄下了它的全过程。

另外,笔者也在安徽农村做了调查,现把它作为另一个与丧俗有关的个案摘要写出。

地点是安徽省六安市的东桥镇。1995年以来,国家提倡在农村实行火葬,但这项政策在这里一直到1999年才开始施行,虽引起了人们的注意,却设法抗拒。以前人死后,要在家里"平三"①,但现在为了减少风声,常常连夜抬出去偷埋,并用草、玉米秆加以覆盖。左邻右舍都知道,但谁也不去汇报,因为这是百姓眼里最"缺德"的事,"会断子绝孙"的。只有当某人被揭露出来时,他的亲人才会"咬"出很多人来。2000年殡葬改革问题更加成为人们注目的焦点。按规定,所有去世的人都应实行火葬,但由于东桥镇欠债太多,所以决定只要交2000—4000元钱,就可以实行土葬,交钱数目按家庭经济情况而定。但这种做法引起人们的不满。有一户全村最穷的农户,没有房子,靠借粮度日,家里5口人,4个大人1个孩子。1999年12月,老母亲去世,家人不愿实行火葬,但又交不起钱,只好偷埋。但不知由于什么原因,镇里知道了这件事,决定罚款。镇里规定交2000—4000元,村干部见其家境确实困难,为他说情,最后决定交300元,可是仍然交不起,村干部也很无奈。镇民政办和镇政府领导们带人把棺材扒出来,浇上柴油,付之一炬。家人哭天喊地,说:"富人交得起钱,可以土葬,穷人只能挨烧。"领导们一方面显示了坚决执行火葬政策的姿态,一方面也暗示人们还是自动交钱的好。乡亲们民怨沸腾,特别是老人们既对其深深的同情,

---

① 即棺材在家放三天。棺材放在堂屋的正中间,棺材一头放一碗饭,叫"倒头饭";放一个煮熟的鸡蛋,表示去阴间的路上打狗用;放一盏煤油灯,表示去阴间引路用的;放一个火盆烧纸,烧的纸表示去阴间用的钱。亲人中的女性坐在棺材边的地上,邻居来了就要哭喊,表示有礼貌,不用再招呼人。邻居女的来看望也要哭,表示哀悼。

也发泄着对火葬政策的不满。针对殡葬问题,我们在一些群众中做了调查,情况如下表:

表5—6 农村丧葬问题调查表

姓名	年龄	性别	殡葬	理由
汪某	39	女	火	俭省开支,花销少。
戚某	61	男	土	土葬省钱,火葬也同样占地,花钱多。早就想了,选择一个公共地作为公墓,集中葬,不许乱葬。
付某	38	男	土	火葬也占土地,忙了一辈子,老人愿意。
许某	47	男	土	活活人烧难看,后生(即后代)心里不忍,过意不去。
沈某	59	男	火	土葬罚款,除非家里钱多。
孙某	38	男	土	现在必须服从政策。
王某	58	男	火	政策规定。若没有政策就土葬。
许某	42	女	火	现在必须服从政策。
杨某	60	男	火/土	政策规定。若没有政策就土葬。

表5—6中显示,主张火葬的有2人,占22.2%;主张土葬的有4人,占44.4%;认为应该土葬,但迫于政策只好火葬的有3人,占33.3%。可见主张土葬的人数仍占相当的比例。这一方面是受传统观念的影响,另一方面也与实行的政策有关,如土、火葬占用土地面积是相同的。火葬之后,埋骨灰盒占用的土地等于或大于土葬坟堆,这使政府号召的"节省土地"成为一句空话,没有说服力。政府实行的"罚款可以土葬"的政策,不能一视同仁,引起人们不满。同时这也与这里土地利用率不高,节省土地的重要性不能得到人们的重视有关。但火葬毕竟是大势所趋,而且年轻人对自己将来是土葬还是火葬并不是很在意,殡葬改革的情况会逐步好转。

根据田野调查的材料,我们还可以知道今天中国城市居民对西方节日和中国传统节日的看法。(见图5—5)

图5—5   **当今城市居民对西方节日态度图示**

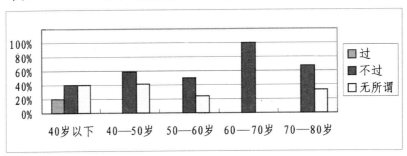

从图示可知,40岁以下的人群是过"洋节"的主力,40岁以上的人群根本就不过西方节日。对于中国传统节日,情况就不太一样了,60岁以上的人过节的兴趣最大。(见图5—6)

图5—6   **当今城市居民对传统节日兴趣图示**

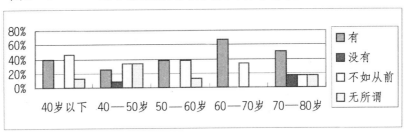

总的说来,对于建国以来的社会风俗,必须结合书面材料和田野调查材料进行综合性研究,前者为基础,后者使研究生动具体深入。从研究结果看,虽然中国老百姓几十年来遭遇了众多的政治运动,甚至身处"文革"那样的乱世,日常生活不时受到打扰,这对人们保持原有的生活状态不利,但是在日常生活中人与人交往的实质内容和其中蕴涵的一些精神并未完全变异,因此,一些传统风俗得以存留,和新社会的新风尚交相辉映。

第六章　家庭生活

　　家庭是社会生活的基本组织单位。两千多年来,中国传统家庭与社会一直是一个同构体,封闭的农业社会和传统家庭共处于一种超稳定状态。尽管在中国近代,这层坚冰开始松动和消融,但封建的婚姻家庭制度仍然是社会的主流,并严重地束缚着我国社会、经济的发展。这一局面,直到20世纪下半叶才得到了根本的改观。新中国的建立,消灭了封建婚姻家庭制度的基础,从而为建立新型的社会主义家庭制度创造了条件。从此,我国的家庭结构、家庭职能、家庭关系以及人们的家庭观念都发生了深刻的变化。当然,这种变化不是匀速、单向进行的。它不仅仅取决于社会经济关系的变更,同时还受到政治、法律、道德等多方面因素的影响,因此,我国家庭生活的发展呈现出明显的阶段性。在这50年当中,有两个时间值得特别关注,一个以新中国的建立为标志,另一个以改革开放为标志。

第一节　家庭婚姻观念的演变

　　在中国人眼里,传统的婚姻家庭是以父权、夫权、男尊女卑为特点的。近代以来,在历次思想改革运动中,这种观念以无视人权与女权而遭到进步知识分子的猛烈抨击。新中国成立后,传统的婚姻家庭制度被彻底改变。从此,国人的婚姻家庭观念也为之一新,并随着社会的变化而体现出不同的时代特点。总的来说,主要表现在以下几个方面。

一、男女平等

对于中国的家庭而言,夫妻平等在更大意义上表现为妻子地位的提升。在我国历史上,从来都是夫权决定着夫妻关系的一切,妇女处于受支配的依附地位。妇女没有独立的人格,出生后没有正式的名字,女子出嫁后,必须姓前冠以丈夫的姓。妇女出嫁后属于丈夫,必须从夫,即"妻受命于夫","夫为妻纲"。在班固的《白虎通·嫁娶》中,对"夫妇"的解释是:"夫者,扶也;妇者,服也,以礼屈服也。"在"从夫"的前提下,妇女必须"事夫"。在封建礼教中,对妇事夫有十分具体的规定:"妇事夫有四礼,鸡初鸣,淑而朝,君臣之道也;恻隐之恩,父子之道也;会计有无,兄弟之道也;闺阁之内,衽席之上,朋友之道也",妇对夫要尽君臣、父子、兄弟、朋友之道。因而,在封建家庭里,妻子的地位是低下的,她们仅仅是生儿育女的工具,围着锅台转的家庭奴隶,或者是受人摆布的玩物。

建国后,妇女在家庭中的地位迅速提升,全社会对妇女的价值有了一个全新的认识。中国的家庭也由男子为中心的家长制走向男女平权制,夫妻平等成为家庭生活的发展趋势。

1950年,新中国颁布了自建立以后的第一部法律——《中华人民共和国婚姻法》。它明确宣布"实行男女婚姻自由,一夫一妻,男女平等,保护妇女和子女合法利益的新民主主义婚姻制度",彻底否定了封建主义的婚姻家庭制度,确立了新型的社会主义婚姻家庭关系。1954年,中华人民共和国颁布第一部宪法,在法律上进一步确立了男女平等的社会公民权利和政治权利。宪法规定:"中华人民共和国妇女在政治的、经济的、文化的、社会的和家庭的生活等各方面享有同男子平等的权利。"男女平等原则的确立,为实现妇女社会地位的提高,家庭关系的平等,提供了法律的依据。

尽管法律上的规定为男女平等奠定了坚实的基础,但法律上的平等并不等于事实上的平等。妇女只有打破丈夫对经济来源的垄断,摆脱对丈夫的经济依附关系,才能获得相对的独立。建国后,广大普通妇女参加了生产劳动,并且随着社会的发展,家庭中从业妇女的比例越来越高。根据中国社科院社会学研究所主持的五城市(北京、天津、上海、南京、成都)家庭调查显示,建国后夫妻双方都有职业的家庭的比重大幅度上升。其中南京抽样调查资料表明,在所调查的1949年以前结婚的夫妻中,新婚时丈夫有职业而妻子无业的占70.93%,也就是说,在70%以上的家庭里,妻子完全依赖丈夫挣钱生活。而1950年以后,夫妻双方结婚时夫有职业妻无业的比重大幅度下降,夫妻都有职业的比重急剧上升。1950—1965年间,前者下降到27.61%,后者上升到69.94%。而到1977—1982年间,夫妻都有职业的比重高达99.22%,也就是几乎所有的妻子都有独立的经济来源。而据五城市调查汇总资料表明,在近4000对夫妻中,丈夫、妻子双方都有职业的占85.56%,丈夫有业而妻子无业的仅占9.45%。这一现象说明,在中国的城市家庭中,绝大部分的妇女经济上已不必依赖丈夫。而在农村,从土改到人民公社再到家庭联产承包责任制,广大妇女一直是重要的生产力量。近20年来,越来越多的农村妇女走出田间地头,纷纷走向工厂,走向社会,成为家庭经济收入的重要力量。

与此同时,妇女也打破教育领域几乎为男子所独占的局面。"女子无才便是德"的道德标准被彻底抛弃,妇女因愚昧无知而受制于丈夫的状况得到根本的改观。根据1982年五城市家庭调查,当时在70岁以上的老年妇女中,文盲占了71.96%,而1946年以后出生的妇女中,文盲只有0.45%。南京家庭调查显示,49年以前结婚的夫妻中,夫妻文化程度相当的只占39.38%,到1977—1982年结婚的夫妻,双方文化程度相当的占到了47.66%,接近半数。另有21.09%的家庭中,妻子的文化程度高于丈夫。也就是说,到80年代初,在近70%的家庭中,妻子的文化程度高于或等于丈夫。

妻子文化程度的迅速提高,是她们家庭地位提高的重要标志,也是她们家庭地位得以提高的有力保障,这意味着她们可以不再受家庭的桎梏。她们完全可以像男人一样走向社会,去实现自己的价值。

由于妇女在社会舞台上能扮演和男人相似的角色,在家庭中她们也是财富的重要创造者,这就注定了那些过去纯属于丈夫的"责、权、利"必定会部分地向妻子转移,男主女从,夫唱妇随的局面必然被打破,家庭权力结构逐渐趋向于夫妻平等、共同决定。在家庭经济、消费方式等家政大事的决定上,丈夫不再说了算,妻子的意见越来越受到重视。80年代初期的调查资料显示,在关于"家里的事由谁做主"的答案中,丈夫做主的占11.62%,妻子做主的占15.81%,夫妻协商、共同做主的占72.57%。① 在90年代的城市家庭中,有关购买电视机、电冰箱等高档家电的问题,基本上是由夫妻共同提出(分别为43.62%和35.97%),共同决定(分别为66.72%和54.50%)。在农村中,一些重要问题基本上也是由夫妻双方共同决定,其中盖房子占76.25%,买家庭耐用消费品占66.96%,过年过节赠钱送礼占73.35%。②

男女平等不仅仅表现在家庭权力结构上,同时也体现在家庭义务上。长期以来,家务劳动几乎全部压在妻子肩上,"家庭妇女"是她们一生的角色定位,干家务和带孩子是她们一生价值的体现,丈夫们是不干这种"见不得人的事的"。而自新中国成立后,尤其是实行计划生育以来,妇女们生育数量减少,生育时间大大缩短,客观上减少了妇女们的家务劳动;而紧张的工作也让她们从事家务劳动的时间锐减。同时大多数妇女主观上也不再把家庭主妇作为她们的唯一目标,她们开始注重自我价值的其他体现,妇女们已不再也不可能像过去那样把所有的家务劳动都包下来,夫妻分担家务成为一种必然。根据1993年组织

① 刘英、薛素珍主编:《中国婚姻家庭研究》,社会科学文献出版社1987年版,第252—253、255—257页。

② 沙吉才主编:《当代中国妇女家庭地位研究》,天津人民出版社1995年版,第356—357页。

的全国七城市家庭调查显示,尽管就做家务的比例而言,妻子仍是家务的主要承担者,但综合考察不同结婚年代下的家务劳动承担情况显示,妻子家务做的多的比例随结婚年代的推移而逐步下降。1958年前结婚的妻子多做家务的比例为77.03%,76年前结婚的为67.94%,84年以后结婚的为60.43%。在妻子家务做的多的比例下降的同时,夫妻差不多的比例却逐步上升,具体数字由17.94%到24.33%,到29.90%。这一比例的上升意味着夫妻同做家务正在逐步成为重要的家务分工模式。①

随着社会的发展,在许多家庭尤其是城市家庭里,家务劳动逐渐趋向机械化和社会化,家务劳动强度和时间不断下降,这样,家务劳动不仅不是负担,而是密切家庭人际关系的纽带。

二、婚姻自由

(一)结婚自由

中国的传统婚姻最为讲究的是"父母之命,媒妁之言"。在这种婚姻制度下,男女的婚姻是谈不上自由的,服从父母是他们的义务。在这样的婚姻中,个人情感和心理需求不占重要位置,婚姻的功能更多的是满足世系的延续和维持经济生活的需要。

新中国诞生后,国家于1950年颁布的婚姻法明确规定:实行婚姻自由,禁止包办、买卖和其他干涉婚姻自由的行为。这一规定保证了男女双方在婚姻中的主导地位,消解了传统的封建家长制,父母包办婚姻的比例在婚姻结合途径中逐年下降。根据五城市家庭调查报告,1937年以前的婚姻结合途径中,父母包办占54.72%,1946—1949年结婚人数中,有31.37%是父母包办的,而到了50年代中期,这一数字降到了11.72%,在极短的时间里,我们便改变了传统的结婚模式。

---

① 沈崇麟、杨善华主编:《当代中国城市家庭研究》,中国社会科学出版社1995年版,第70页。

但模式的改变并不意味着真正实现了婚姻的自由。在改革开放前的30年里,人们对婚姻的选择并不能完全取决于自己的意志,相反婚姻的缔结更多的取决于外部因素。一方面较低的生产力水平,造成了人们生活的巨大困难,衣食住行都无法解决,对情感生活就更谈不上刻意追求了。另一方面僵化的计划经济体制,限制了跨行业、跨区域的社会互动,城乡差别、地域差别、脑体差别几乎成了青年男女不可逾越的鸿沟。除此,政治生活也明显影响着众多人的命运,长期的以"阶级斗争为纲"的社会环境,形成一张以阶级划分为基础的人际关系潜网,造成了人们社交中的政治禁区和心理戒备。青年男女在择偶过程中,不得不更多地考虑对方的政治背景、家庭出身。据调查,在1966年以前以及1966—1976年间结婚的夫妻中,对学历重视程度为10%和14.1%,对职业重视程度为11.4%和12.5%,而对家庭出身重视程度则分别为21.9%和26.1%,对本人成分、政治面貌重视程度达到30.9%和32.6%,而对海外关系重视程度无一例外的都为0。① 对政治背景、家庭出身和社会关系的重视,造成当时出身论、成分论的泛滥。在那个年代里,贫下中农和革命干部的儿女是绝不会同黑五类子弟成婚的。至于黑五类内部也不能自主通婚,否则就会被视为结伙成帮、搞反革命活动。青年男女结婚要通过组织建议、批准,甚至组织分配都是很常见的事情。在这30年里,许多婚姻并没有尊重当事人的权利与自由,构成了典型的牺牲型婚姻。

自80年代以来,政治的变革和文化的碰撞,对人们的婚姻观念带来了巨大的冲击。改革一方面凸显了人的价值,另一方面拓展了个人的生存空间。这让国人尤其是年轻人个人独立性和自主性极大增强。他们希望自己把握自己的婚姻,而尽可能地摆脱外界影响与干涉。随着经济的发展,家庭的共同体功能日益被削弱,子女在物质上对父母的依赖越来越少,因而他们的行为方式及价值观念也随着经济的自主而

---

① 田晓虹:《转型期择偶模式的实态与变化》,《社会学》1997年第4期。

具主体性。不仅如此,他们对婚姻的目的和意义的理解也大为改观。人们已不满足于"凑合型"婚姻,不再把白头偕老作为婚姻的理想境界。人们越来越多地注重婚姻的质量,注重婚姻关系中爱情陪伴与支持。1989 年北京市婚姻家庭研究会的调查结果显示,在所调查的青年男女中,把"寻求感情伴侣"作为婚姻的第一动机者占 80% 以上。[①] 这一转变意味着现代青年男女更多地是从自己喜好出发,而大大地淡化了婚姻中的非个人因素。其中,长期以来在择偶标准中占举足轻重位置的"本人成分、家庭出身以及社会关系"等政治条件,已退居极为次要的位置。相对于改革开放前对此项标准 30% 以上的重视程度,到 80 年代已降至 15% 左右,而到 90 年代,已降至 7.5% 以下。可以说,近十多年来结婚的一代青年夫妻,对政治因素几乎不屑一顾。与此同时,城乡差别、地域差别也不再是青年男女中不可逾越的鸿沟,农男城女、城男农女已成为新的动向。1995 年,择偶者要求对方是城市户口的已由 1985 年的 10.3% 下降为 5.5%,有跨地域要求的已达到 52.56%,地域不限或未提出地域要求的占 47.56%。[②]

随着改革的深入以及思想的不断解放,人们的择偶标准趋向多样化。90 年代后的年轻人越来越关心个人的自我生存、自我发展和自我实现,因而择偶标准也日益务实和功利化。人们不再只关心对方的道德因素,同时对住房、职业、收入、学历、能力、胆识等物质条件和个人因素的重视程度和期望值大幅上升。其中对经济条件的要求上升最快、幅度最大。以住房为例,妻子择偶时对住房条件的重视程度,1966 年以前为 12.1%,1967—1976 年为 30.1%,而 1987—1996 年则上升到 41.7%。在日益注重经济条件的同时,人们对道德水准的要求却一路下滑,资料表明,1966—1976 年,妻子择偶时对人品的重视程度为

---

① 陈一筠编著:《现代婚姻与性科学》,社会科学文献出版社 1997 年版,第 4—5 页。

② 陈功:《家庭革命》,中国社会科学出版社 2000 年版,第 91 页。

72%,到1987—1996年,这个数字已跌至48%。[1]

(二)离婚自由

我国是一个家庭观念很强的国家,在漫长的封建社会里,历朝历代都崇尚家庭稳定,主张夫妻结合后从一而终,白头偕老,离婚则被看作是婚姻的病态。虽然社会也存在相应的离婚制度,但这种制度只是男性霸权的体现,并且男性的休妻权力,也受到社会的种种限制;至于地位低下的妇女,则干脆取消了她们离婚的权力。这就造成在封建社会里根本谈不上离婚自由,离婚水平也一直很低下。

建国以来,我国政府一直致力于建立和健全新型的婚姻家庭制度。1950年,新婚姻法颁布执行,它规定取缔强迫、包办、买卖婚姻,并保障离婚自由。这一规定极大地解放了女性,赋予了她们离婚的权力,并由此导致中国第一次离婚高潮的出现。1953年,法院受理的离婚案件总数由1950年的18.6万件猛升至1953年的117万件,初离婚率首次突破1‰,高达9‰。但这一次离婚高潮的出现并不意味着中国离婚自由的到来,也并未实现离婚观念由传统到现代的转型,它更多的只是表现为对过去封建包办婚姻的一次大清算。在此后长达近30年的时间里,社会的封闭使各种传统观念仍牢牢地控制着人们的思想和行为,离婚在人们头脑中仍是极不光彩或丢人的事情;生产力水平的相对低下,使家庭的功能更突出地是作为"生育合作社"与"经济共同体"的形式出现,个人的情感和心理需求在婚姻中并不占重要位置,同时政治生活影响着众多人的命运,使民众的私生活与政治缠结在一起,婚姻关系被视为同志加夫妻的关系,如果不涉及"阶级矛盾"或"根本利害冲突",夫妻一般不得离异。婚姻法的法律实践对离异的判定也一般实行有错判决,即主要对有罪错、有生理缺陷的实行判决,对一般感情破裂以及婚外恋则视为不道德行为,采取拖而不判的方针。在这种僵化、封闭、落后的社会条件下,试图离婚的人们除了考虑感情因素外,不得不更多地

---

①　田晓虹:《转型期择偶模式的实态与变化》,《社会学》1997年第4期。

考虑社会舆论的道德批判、机关单位的行政干预、自身的事业前途等外部因素。这造成从建国到 70 年代末的三十年间,我国城乡婚姻基本上处于一种"低质量超稳定"状态。许多无爱情的夫妻因为离婚难,宁可备受精神的折磨而懒得离婚。据统计,到 70 年代末,我国的婚姻家庭约有 60% 是凑合型家庭。1979 年我国的初离婚率只有 0.06‰,[①]而同时期的美国却高达 20‰,说中国的婚姻处于超稳定状态是不错的,我国长期以来也一直以低离婚率引以自豪。

自改革开放以来我国社会进入一个转型时期,社会的深刻变化冲击着人们的婚姻家庭观念。在当今社会里,家庭的生产和生育功能被极大地削弱,家庭成员之间过去那种为生存保障而密切联系、相互依存、风雨同舟的感情淡化了;教育养育子女社会化程度的提高以及家务劳动的电气化,使夫妻之间必须合作奋斗和相依为命的程度降低了。总之,作为维系婚姻和家庭的传统纽带日益松弛,中国人的结婚不再是为了生孩子、过日子,人们的婚姻观由重义务向重爱情转变。在现代婚姻里,爱情不仅是婚姻缔结的基础,而且也成为婚姻延续的基础。

但相对于物质和法规等传统纽带而言,精神心理纽带有时显得无比的脆弱。一旦夫妻双方感情出现矛盾,其结果势必引发婚姻关系的危机。同时,广大妇女由于就业机会的增多,经济上日益独立,平等与自主意识也进一步增强,这大大改变了传统家庭中妇女对男人的依附,婚姻类型也由过去的"依附婚"向今天的"平衡婚"方向发展,家庭多中心的出现也带来了婚姻的不稳定。另外,个人中心主义价值观的滋长蔓延,让许多青年男女对在家庭纵横关系中的位置和心里感觉予以更多的关注和提出更高的要求,人们愈发不情愿通过委曲求全或牺牲自己去保护家庭婚姻的稳定和完整。1980 年政府颁布的新婚姻法放宽了对离婚的限制,新婚姻法重申婚姻的维系"应当以感情为基础,解除无爱情的婚姻是社会主义法律和道德的双重要求",并明确规定以"感

---

① 陈功:《家庭革命》,中国社会科学出版社 2000 年版,第 101—102 页。

情确已破裂"作为准予离婚的唯一条件。这一规定使离婚的法律程序较前简化,结案速度大为加快。同时,社会大众舆论对离婚现象越来越宽容、开明,从而大大减轻了当事人的心理压力与社会压力。

正是一系列的历史性变革,解放了一批在无爱情的婚姻中痛苦生活的人们,使许多感情破裂的夫妻选择了离婚,这也就造成了80年代以来离婚率的日益上升,中国再次进入离婚高峰期。据统计,从1981—1991年,我国特定离婚率(指某一特定年代离婚对数与当年的结婚对数的比率)从3.7%上升到8.7%,而五年后的1996年,这一比率又上升到12%。在大城市,这一趋势更为明显,以北京为例,1981年的特定离婚率为2.5%,至1996年,这一比率上升到24%,即15年间增长了将近10倍。[1] 在20世纪最后20年中,我国的离婚率一路上扬,以每年5%的速度增长。到90年代中后期,平均每年有超过一百万对的夫妻办了离婚手续,其中,1997年为1197759对,1998年为1190214对,1999年为1201541对,而1985年,全国离婚对数仅为457938对。[2]

与此同时,人们对离婚的态度和方式方法也有较大转变,人们能以更理性、更宽容的精神对待离婚。现代离婚开始走出"分清是非"、"打个你死我活"或者"不成婚便成仇"的传统模式,向"友好分手"、文明离异的模式转化。90年代以后,协议离婚的比例在我国逐渐提高,采取协议离婚与法院判离的比例已达到1∶3,而在上海这样的大城市,这一比例已变成3∶1。在离婚状况方面,女方主动提出离婚的日益增加,约占总数的70%,在70%中,知识女性提出离婚的居多,约为86.1%。从地区而言,大城市中夫妻离婚人数比中小城市多,中小城市又比农村

①　陈一筠编著:《现代婚姻与性科学》,社会科学文献出版社1997年版,第237—239页。

②　国家统计局编:《中国统计年鉴2000》,中国统计出版社2000年版,第768页。

多,据统计,城镇妇女的离婚概率比农村妇女高出58%左右。在离婚主体方面,出现了几种增多的新动向:老年离婚者增多,早婚离婚者增多,演艺界人士离婚增多,个体户、承包商因发了财而离婚的人增多,出国留学工作人员离婚的人增多。在离婚原因方面也出现了新的动向,因"第三者"插足而离婚的人数显著增多,全国范围内占离婚总人数的25%左右,在沿海发达地区高达70%左右。[①] 因"性生活不协调"而离婚者增多;因职务升迁、工作调动、异地就读等因素提出离婚的人数日益增多。

应该说,离婚自由是社会进步的一种表现,它表明了个人在婚姻问题上自由选择的权利在现代社会越来越受到重视与保护,允许一些确已死亡的婚姻及时解除,从而避免了一些婚姻家庭悲剧的发生。但又必须看到,离婚对为数众多的当事人来说,毕竟是一种迫不得已的选择,它对当事者,尤其是对下一代的身心健康极为不利。研究表明,在残缺家庭中成长起来的儿童,发生心理变态,行为越轨乃至违法犯罪的几率都比较高。因此,现代社会尽管对离婚采取了比较宽容的态度与做法,但绝不提倡和鼓励离婚;相反,还总是采取种种措施维持婚姻家庭关系的稳定。

三、婚育观念的转变

婚育观念是指人们在世代延续中所形成的对婚姻、生育的看法。在中国传统婚育观念中,婚姻的主要目的是保证种的延续和宗族势力的扩大。传统的生育观念主要体现为三个方面:在生育数量上,追求多生子女;在生育性别上,先是追求多男,其次是儿女双全;在生育时间上,追求早育。总的来说,中国传统婚育观念的特征就是多子多福。这一观念的形成,是与落后的生产力发展水平相适应的。以家庭为单位,

---

① 刘达临等著:《中国婚姻家庭变迁》,中国社会出版社1998年版,第218—219页。

实施集约性劳动方式的小农经济具有产生多子女的内在需求,农业经济本身决定了人口,尤其是男性劳动力是国家、家族和家庭最主要的财富。因此,多子多孙成为多福的前提。

新中国成立后,尽管社会制度发生了根本的改变,但传统婚育观念作为一种思想意识在社会变迁中表现出强大的惰性,长期处于滞后状态;而与此同时,作为决定婚育观念性质和变化方向的婚育政策却在很长时间内出现严重的失误。建国以来,虽然人口增长问题曾一度引起过人们的注意,但"左"倾思想在人口理论领域长期占据统治地位,其主要观点是:将人作为生产者的一面夸大到荒谬的程度,提出越多越好的理论,同时,把主张节制生育、控制人口的议论不加分析的一概斥之为马尔萨斯反动人口理论而大加批判。在社会政策措施上,国家和集体对家庭人口多造成的生活困难给予补助,按人口数量分配住房和自留地,严格限制人工流产,禁止绝育等。这使得在很长一段时间里,人口理论和社会政策措施实际上是鼓励生育的。这种带有鼓励性质的婚育政策与传统婚育观念不谋而合,一方面婚育政策支持着传统婚育观念,另一方面传统婚育观念又通过影响人们的生育行为而实践着生育政策。重数量、轻质量的婚育观念并没有得以较大的改变。在1949年以后的二十几年中,中国的人口始终以年平均3%以上速度迅速增长,从1966—1971年,我国人口平均每年净增2000万人以上。全国的总和生育率相对于解放前而言,不但没有降低,反而有一定幅度的上升,其中1963年的总和生育率高达7.502。

过高的生育率引发人口的极度膨胀,1975年,中国的人口由1964年的7亿增长到9.4亿,这给中国的社会经济发展带来极大的压力。针对这种情况,70年代初,党中央提出了"晚、稀、少"的生育政策和"一个不少,两个正好,三个多了"的宣传口号。1980年国务院正式确立了本世纪末人口控制在12亿内的目标,实行较为严格的一胎化政策,将控制人口总量、提高人口质量列为我国基本国策,在全国形成一种计划生育光荣、超生违法的气氛和压力。这一以计划生育为特征的婚育政策的形成和实施,从根本上打破了长期以来婚育政策和婚育观念的一体化,从而推动了婚育观念的迅速转型。在计划生育政策的严格执行强制性地抑制了人们早生多育的传统观念的同时,社会生产力的发展、社会结构的变革,又从根本上不断弱化传统的婚育观念。市场经济的发展,使人们的价值观念发生了巨大的变化,人们更关注实现自我、完善自我、享受人生,人们渴望有更多的时间和精力实现自己的发展,不愿因为有太多的子女而背上沉重的负担。同时,家族观念进一步被淡化,人们不愿再为家族为社会承担虚妄的责任。再加上独生子女政策的实行,使无男性后代的家庭相当普遍,这让男子嗣系家庭的绵延带有极大的不确定性,因此,许多家庭对于唯一的子或女,不再存有性别歧视和差别对待,而更关注他们的健康成长与全面发展。总的来说,改革开放后,人们的生育意愿主要表现为:倾向于少生,重视子女质量,性别偏好减弱。这种生育观念的转变直接带来的后果就是人口质量的提高和人口自然增长率的下降。1981—1982 年,人口自然增长率降低到了 1.5%,1983 年又降至 1.2%。而全国总和生育率 1983 年降低到了 2.42,1992 年降至 2.00。[①] 从 70 年代中国开始实行计划生育起,20 年间少出生约 2 亿人口。

但具体而言,婚育观念的转变在速度上和规模上并不一致,差异的存在与地区经济发展速度,与个人文化水平高低基本上呈正相关系,即经济发展越快,文化水平越高,婚育观念转变越快。就全国各地而言,经济越发达的地区,越倾向于少生。第四次全国人口普查资料显示,经济发达的东部地区,生育率低,以接近更替水平即总和生育率低于 2.0 或处于 2.0—2.2 之间;经济欠发达的中部地区,生育率较高,总和生育率在 2.2—3.0 之间波动;而在经济落后的西部地区总和生育率为 3.0 以上。其次,文化水平越高的人,越倾向于少生。据统计,育龄妇女文

---

① 姚新武等编:《中国常用人口数据集》,中国人口出版社 1994 年版,第 144 页。

化程度越高,其平均子女数越少。在 35 岁年龄组中,拥有大学文化程度的妇女生育数量为 1.57;初中程度的妇女,生育数量为 3.36;文盲半文盲妇女生育数量为 3.80。在 40 岁年龄组中,拥有大学文化程度的妇女生育数量为 1.98,初中程度的妇女生育数量为 3.36,文盲半文盲生育数量为 4.71。[①] 再次,就城乡而言,婚育观念存在相当大的差别。在中国的城市里,现代化程度较高,宗族势力基本上已消除,这使得城市里的夫妇更倾向于少生或甚至于不生。80 年代的资料显示,在北京城区,女青年婚后希望要一个小孩的占 65.29%,有 8.76% 不希望要小孩。[②] 在生育年龄上,城镇男女青年为了自己的发展,已基本上倾向于晚婚晚育。一次对三千多对新婚夫妇推迟生育原因的调查结果显示,31% 的人的理由就是想轻松一下,有 24.4% 的人是为了工作和学习。[③] 由于计划生育政策对于城市夫妇而言更为严格,因此,在城市里已基本上杜绝多胎生育,城市夫妇也就更注意生育质量,更注意孕妇健康、饮食、环境以及胎教的重要性,更注意对新生儿的哺育和培养。可以说,少生、晚生、优生已成为城市婚育观念中的主流。

而在同时期的农村中,婚育观念的转化相对较慢。家庭联产承包责任制的实行,使农村家庭的生产功能加强;同时,在广大农村,社会化服务体系和社会保障网络极不完善,家族主义观念在一些地方仍然存在,并有扩张的趋势,这让农村夫妇在生育时,更偏重于孩子的经济价值与社会价值。因此,在农村中,传宗接代、多子多福、养儿防老、重男轻女的传统婚育观念还相当严重。在 80 年代初所进行的一项对农民生育观念的调查显示,希望从孩子身上得到乐趣而生育的人只占总数

① 林富德等:《走向二十一世纪的中国人口、环境与发展》,高等教育出版社 1996 年版,第 165—167 页。

② 张子毅等编著:《中国青年的生育意愿》,天津人民出版社 1982 年版,第 38 页。

③ 周惠亮:《社会、家庭和文化因素强烈影响新婚夫妇的生育行为》,《人口研究》1993 年第 3 期。

的 3.46%,20.67%的人的目的是希望传宗接代,24.88%的人认为生育的意义在于劳动力多收入就多,50.99%的人生育的目的就是养儿防老。在对生男生女观念的调查显示,如果国家只许生一个,77.14%的人希望生男孩,只有 7.61%的人希望生女孩。对生育子女数目观念的调查显示,只有 4.81%的人赞成生一个,想生两个的占到 51.24%,想生 3 个的有 28.43%,还有 15.52%的人希望生 4 个或 4 个以上的孩子。① 这些数字表明,尽管国家实行严格的计划生育政策,但农村中婚育观念依然是重男轻女,重数量、轻质量,重孩子的经济价值、社会价值,而轻心理价值。这说明,农村中传统婚育观念的转变还须一个相当长的过程,从根本上说,有赖于农村社会的工业化、现代化以及物质生活社会化的进程,有赖于现代文明的发展。

第二节　家庭结构的变迁

家庭结构是特指家庭成员的构成及相互作用、相互影响的状态,以及由于家庭成员的不同配合和组织的关系而形成的联系模式。它包含了两方面的要素:一是家庭人口要素,二是家庭的代际要素。它涉及家庭规模大小与家庭成员代际分类的问题。以家庭的规模为标准,社会学将家庭分为大家庭与小家庭。按家庭的代际层次和亲属关系划分,则可将家庭分为(1)核心家庭,即由父母及未婚子女组成的家庭;(2)主干家庭,即有两代或两代以上夫妻组成,每代不超过一对夫妻,且中间无断代的家庭;(3)联合家庭,指家庭中任何一代会有两代以上夫妻的家庭;(4)其他家庭,即以上三种类型以外的家庭。

我国传统的家庭规模不大,一般为 4—6 人,核心家庭和主干家庭

---

① 范岨华:《社会学与人口问题》,天津人民出版社 1985 年版,第 108—109 页。

是主要形式。中国家庭这一特点延续至今,不同的是,相对于过去家庭而言,当代中国家庭规模日趋小型化,家庭结构日趋核心化。当然,这一趋势并不说明建国后50年家庭的变化是顺利和平稳的。

一、家庭规模

新中国成立后50年间,家庭规模的变化用图像表示的话,明显地呈抛物线形。从建国到1974年(除去三年暂时困难时期),家庭规模不断扩大;从1975年往后,家庭规模日趋缩小。而影响家庭规模的因素主要包括生育率、死亡率和人口政策。其中,人口政策是最为关键的因素。从1949年到70年代初,国家的人口政策带有明显的倾向,放任自流是这一时期人口政策的特点。这一政策几乎给中国带来灾难性的后果。在长达20多年的时间里,中国以年均出生率30‰以上的速度增长,其中1963年更是创下了43.37‰的最高纪录。而同时期的死亡率,由于医疗卫生事业的不断发展而逐年下降。1949年全国死亡率为20‰,到1973年降至7.04‰。逐年降低的死亡率与日益升高的出生率,造成中国人口自然增长率的迅速攀升。1949年,全国的人口自然增长率为16‰,1971年为23.33‰,其中1963年达到33.33‰。[①] 随着人口自然增长率的逐步上升,中国的家庭规模日益扩大。1953年,全国家庭户平均为4.33人,1963年为4.47人,1974年为4.81人。

在这一时期,城镇和农村家庭规模逐年上升,但在大部分的时间里,城镇人口的家庭规模大于农村。1953年,城镇家庭平均规模为4.88人,农村为4.30人;1964年,城镇家庭规模为5.08人,农村为4.39人。[②] 直到70年代初,这一局面才得以改变。之所以出现城镇家

---

① 陈一筠、姚新武等编:《中国常用人口数据集》,中国人口出版社1994年版,第9页。

② 查瑞传等主编:《中国第四次全国人口普查资料分析》(下),高等教育出版社1996年版,第127页。

庭规模大于农村家庭规模这一反常现象,主要原因有:(1)城市的生活条件与医疗水平均高于农村,而死亡率低于农村。(2)建国初期,农村进行土地改革,走互助合作化道路以及办人民公社,扩大了家庭的分化。这些原因致使农村家庭规模低于城镇。

从70年代初期,国家开始实行计划生育政策,提倡晚婚晚育。到80年代初,国家正式把实行计划生育定为基本国策,党中央国务院充分利用多种手段,大力推行计划生育,各级计生委成立并开始工作;各级政府制定本地区的人口规划,实行地方工作评估中的计划生育一票否决权;号召党员带头晚婚晚育;建立健全全国妇幼保健和社会保障体系等等。这样在全国城乡形成了晚婚晚育,少生优生的大环境。同时,改革开放的实行和进一步深化,使人们的生育观念产生了相当大的改变。这样,从70年代中期开始,生育率开始逐年下降。1973年,我国出生率为27.93‰,1974年便降到了24.82‰,1980年,降到了18.21‰,短短7年时间里,出生率便降了近10‰。此后,我国人口出生率便一直保持在20‰左右。① 出生率的下降,直接导致家庭规模的缩小。1974年,我国的家庭规模为4.81人,至1982年,这一数字下降到4.51人,1990年,已缩小到3.97人了。15年之内,户均人口数减少了0.84人。② 导致这一变化的第一位的原因是家庭户内少儿人数的减少。1979年,我国领证的独生子女为610万,到1990年,这一数字猛增到3546.7万,是12年前的5.8倍。③ 大量独生子女家庭的出现,使家庭户规模的分布向三人户、四人户集中。根据1982年和1990年第三、第四次全国人口普查资料显示,1982年,我国三人户、四人户、五人户在总户数中所占比重分别为16.05%、19.54%、18.35%,数字比

① 陈一筠、姚新武等编:《中国常用人口数据集》,中国人口出版社1994年版,第9页。

② 查瑞传等主编:《中国第四次全国人口普查资料分析》(下),高等教育出版社1996年版,第123页。

③ 《中国生育率水平低到什么程度最好》,《人口研究》1997年第1期。

较接近,相对而言,以四人户、五人户居多。1990年,三人户的比重有大幅度的上升,已占到总数的30.82%,四人户占24.61%,三人户、四人户的比重占到总数的55.43%,而六人户、七人户、八人及以上户则分别由1982年的13.11%、7.95%、6.94%,下降到6.08%、2.57%、1.89%。这些数字清楚地表明,规模大的家庭户已大大减少,3—4人户成为家庭规模的普遍模式,中国的家庭变小了。

90年代以来,中国的家庭规模继续缩小。1990年第四次全国人口普查显示,1989年我国总和生育率为2.25,1992年的抽样调查为1.65,1995年全国1%人口抽样调查直接计算的总和生育率为1.46。[①]这一时期,在一些大城市,人口开始出现负增长,即人口死亡率大于出生率。上海1993年的出生率为6.50‰,而死亡率为7.30‰,人口自然增长率为-0.80‰。至1996年,出生率为5.21‰,死亡率为7.50‰,自然增长率为-2.29‰。[②]出生率的下降,使中国的家庭规模继续缩小,2000年,全国第五次人口普查资料显示,全国户平均人口数为3.44,相对于1990年,10年之内,户平均人口数减少0.53人;和1982年相比,则平均每个家庭减少了1.07人。[③]在很多大中城市里,户平均人数要比全国平均数小得多。北京早在1995年,家庭户平均规模只有3.15人,三人户占到了总数的40.70%。上海更低,1997年,平均每个家庭仅2.9人。

从70年代起,除个别年份外,城市和农村家庭规模都在逐年下降。不同于以前的是,农村人口的家庭规模开始大于城镇。1982年,农村家庭平均家庭规模为4.57人,城镇为3.95人。1990年,农村家庭平均规模为4.14人,城镇为3.77人。相对于城镇家庭规模

①　查瑞传等主编:《中国第四次全国人口普查资料分析》(下),高等教育出版社1996年版,第124页。

②　刘永良主编:《上海人口负增长与计划生育》,上海科学技术出版社1999年版,第2页。

③　《中国第五次人口普查公报透视》,《人口研究》2001年第3期。

而言,农村家庭规模缩小的潜力还很大,但要真正实现小型化,还需要一个较长的过程,因为制约它的因素还很多。首先,农村的社会生产力还很低。这一现实决定了强体力劳动的比重和经济作用仍然很突出,男子在农业生产中还占有远比妇女重要的地位,致使祈男多子的倾向仍很普遍。这就造成"超生"、"黑生"、"逃生"现象的经常发生,多胎化使家庭人口规模居高不下。其次,由于家庭的许多功能在农村还无法在短期内社会化,广大老年人口至今仍主要靠家庭供养,这也制约了家庭的小型化。同时,联产承包制实行后,家庭的生产功能得到加强,要求家庭具有劳动集体型的结构,强化了农民多生的愿望。同时,国家在农村执行计划生育政策时,考虑到农村的特殊情况,1984—1990年的计划生育政策开始有所放松,规定:农村凡第一胎生了男孩的就不再允许生二胎;但第一胎生了女孩的,保持一定间隔(如4—6年)可安排二胎生育指标。这样,在中国的农村家庭规模中,四人户所占的比重最大(26.07%),三人户与五人户共居第二,分别为19.87%与19.76%。[①] 相对于城市家庭,农村家庭依然是以四人户为中轴,三人户与五人户对称分布。不过,随着经济的发展,人口迁移流动越来越频繁,大批农村青壮年劳动力向非农产业转移,向城市和集镇迁移,农村家庭的裂变越来越快,家庭户规模也以较快的速度下降。

二、家庭结构

累世同居是传统的理想家庭模式。在中国历代的统计中,四世同堂、五世同堂的家庭并不多,在中国历史上,大家庭占优势的现象从未真正出现过。核心家庭和主干家庭一直是主要的家庭类型。

新中国成立后,人民生活安定,过去由于农村破产流入城市的农民

---

① 查瑞传等主编:《中国第四次全国人口普查资料分析》(下),高等教育出版社1996年版,第128页。

组成的单身家庭大幅度减少。同时,由于家庭平等观念的强化,使一大批年轻的子女摆脱传统大家庭的束缚,独立门户,另立家庭。特别是三大改造以后,城市里许多大资本家成了普通的社会主义劳动者,这使一批大家庭因缺乏雄厚的经济实力而走向分裂。在农村中,由于农村合作社的建立以及随后的人民公社化运动的实行,土地纷纷收归集体所有。家庭不再是直接的生产单位,生产作为家庭的一项职能趋于消失,这使以前劳动集体型的家庭结构因失去存在价值而趋于解体。一系列的社会变革,使中国的家庭走向小型化。根据五城市家庭调查报告显示,在1950—1953年结婚的妇女中,娘家为核心家庭的占总数的48.94%,主干家庭为27.97%;1954—1957年结婚妇女中,娘家为核心家庭的占52.25%,主干家庭为22.51%,联合家庭为6.21%。①

在随后的二三十年中,中国的家庭结构仍朝着核心化方向发展,但变化并不大。至70年代,核心家庭所占比重为58%。

70年代末,中国实行改革开放的政策,社会经济生活发生了深刻的变化,作为社会构成单元的家庭也随之发生了一系列的变化。中国的家庭结构在80年代进一步向核心化方向发展,主干家庭则一直处于相对稳定的状态,联合家庭则日益减少而趋于消失。根据1982年和1990年人口普查资料显示,1982年中国的核心家庭(包括一对夫妇户和两代户)占各类家庭总数的69.5%,1990年,这一数字上升到72.22%。而三代以上户,1980年和1982年分别为17.13%和17.11%。② 到1990年,两代、三代、四代及四代以上的联合家庭仅占总户数的1.15%。

---

① 李东山、沈崇麟主编:《中国城市家庭》,山东人民出版社1985年版,第508页。

② 孙敬之主编:《80年代中国人口变动分析》,中国财政经济出版社1996年版,第274页。

核心家庭的比例之所以上升,原因主要有:50—70年代中国人口的高出生率和高成活率,造成当时家庭普遍多子女,而随着成年子女的离家自立,必然会出现大量的核心家庭;同时,人口流动的加剧,造成单身者大量增多,他们成家后也导致核心家庭比例增高。更为重要的原因是,随着工业化社会的到来,使家庭不再是生产单位,家庭不必集约经营,也不必世代传递,个人完全有能力养活自己。大家庭存在的必然性已经丧失,家庭结构的小型化就成为必然趋势。同时,随着社会的转型,人们头脑中独立、自由的观念得到强化,年轻人普遍希望有自己独立的生活空间,有自己的隐私,不希望自己的生活受到别人的注视,不希望因代沟、婆媳不和等因素而引起人际关系和代际关系的紧张。因此,家庭结构的核心化、小型化已成为必然趋势。

在家庭结构日趋核心化的同时,主干家庭的地位却没有受到太大的影响,始终处于波动徘徊的局面,甚至有局部上升的趋势。就1982年和1992年主干家庭所占比例相比较,在黑龙江、吉林、辽宁、江苏、上海、广东等地还出现不同程度的增长。之所以出现这一现象,原因也是多方面的。其中,传统的伦理理念起着十分重要的作用。中国父慈子孝的传统,在中国形成了父母抚养子女、子女赡养父母的反哺制家庭模式,它不同于西方国家的接力模式,即仅父母承担抚养子女的义务,子女成年独立后,一般不再赡养父母。相对于西方家庭,中国尊老、敬老、养老的观念成为维系传统家庭结构的强大向心力。在主干家庭里,子女能对老年人给予关心和照顾,而老人们因害怕孤独,也乐于和儿孙生活在一起,共享天伦之乐;同时,老人们在经济上能不同程度地给予儿女们一定的支持,在隔代抚育、家务劳动上也能提供一定的帮助。因此,祖孙三代共同生活的主干家庭,在完成赡老抚幼的家庭职能上起了很好的作用,三代人相互依靠、相互扶助,满足了每个成员在人生各阶段的不同需要,因此主干家庭在建国后一直保持稳定,一直是家庭结构的基本类型。并且,当独生子女大量结婚后以及随人口年龄或老龄化程度的提高,主干家庭的比例将还会上升。

与核心家庭、主干家庭相比,联合家庭的减少,已成一种无法逆转的趋向。对经济条件要求的苛刻,家庭内部关系的复杂、矛盾的易发,使联合家庭逐渐失去生命力,而不断分化瓦解。

但就全国而言,各省市家庭类型分布有明显的差异。一般来说,社会经济发展水平越高,核心家庭比重越大,主干家庭比重越低。但家庭结构除了受经济发展水平影响以外,还受许多其他因素的限制。其中社会文化和价值观念、伦理观念还起着十分强大的作用,这使得一些经济发达省市的核心家庭比例并不与其经济发展水平成正比。1990年调查显示,北京、天津、上海、广东等经济发达的省市,其核心家庭的比例比一般省份低10个百分点左右。其中,除西藏外,上海、北京核心家庭的比例为全国最低,和比重较高省份相比,低了20多个百分点。与省市比较中存在大量的不确定因素相比,城乡之间家庭结构存在明显的差异。尽管家庭结构的变化趋势基本相同,但由于农村经济制度不同于城市,加上还没有退休制度和其他相应保障制度,让农村家庭结构的变化与城市相比稍显滞后。这种滞后表现为乡村核心家庭的比重往往低于城市,主干家庭和联合家庭的比重大于城市。据80年代初在四川省进行的两次较大规模的家庭调查显示,当时核心家庭的比重,城市为71.92%,农村59.66%;联合家庭的比重,城市为1.72%,乡村为8.06%,主干家庭的比重,城市为18.91%,乡村为17.40%。[1] 1990年第四次全国人口普查资料显示,农村中的三代直系家庭户的比重为17.69%,城市为15.09%。[2]

中国的家庭结构在演变过程中,随着经济的发展和人们观念的转变,出现了一些新的情况,结构的多样化是最为明显的特征。除传统的

① 袁亚愚:《乡村社会学》,四川大学出版社1990年版,第129页。
② 查瑞传等主编:《中国第四次全国人口普查资料分析》(下),高等教育出版社1996年版,第137页。

家庭结构外,还出现了单身家庭、单亲家庭、空巢家庭、丁克家庭(DINK,即双收入,无子女家庭)等等。如丁克家庭,它虽不是中国家庭的主要的家庭形式,但其比重却在逐年上升。1982 年人口普查资料显示,当时一对夫妇户仅占全国总户数的 4.78%;1990 年的人口普查中,一对夫妇户占 6.5%。在上海,1979—1989 年期间结婚的 113 万对夫妻中,大约有 16 万对夫妇没有生育孩子,占结婚数的 14.3%,减去其中一些再婚不生育的,由于生理原因不能生育的人数,具有生育能力而不愿生育的夫妇占全市家庭夫妇总数的 3%。① 在广州,1986 年,结了婚而不愿要孩子的人数是 3 万,1989 年年底,这一数字猛增到 10 万左右。② 进入 90 年代以来,这样的夫妇人数有增无减。随着婚姻观念的改变,单身家庭降中有升。为了事业和自由,许多人不再把结婚看作是人生任务,而把它视为一种可选择的生活方式。单身贵族已在一批高学历、高收入、高职位的青年中蔓延,其中相当一部分是女性。同时,随着社会的老龄化、家庭规模的缩小、人口流动性的加强,空巢家庭大量增加。据 1992 年中国老龄科研中心对全国 12 个省市的一份调查,老人中一代户的比例,城市达到 41%,农村达到 43%。③ 全国调查表明,子女与老人分居的倾向加大,老年夫妇家庭增加,空巢家庭愈来愈多已成不争的事实。

但这些新的变化,并没有打破现有的家庭结构格局,中国的家庭结构仍然以核心家庭为主体,三代直系家庭也仍然占有重要地位。

三、家庭人际关系的变化

随着家庭规模的缩小和家庭结构的核心化,家庭中人口数、夫妇对数、代际层次越来越少,这使得传统大家庭中复杂的人际关系日趋简

---

① 邓伟志:《当代中国家庭的变动轨迹》,《社会科学》(沪)2000 年第 10 期。
② 北国童:《DINK 家庭在中国》,《南风窗》1992 年第 9 期。
③ 《中国老年人供养体系调查数据汇编》,华龄出版社 1994 年版。

化。在核心家庭里,家庭关系包括夫妻关系和亲子关系,至多还有兄弟姐妹关系,至于其他关系,如祖孙关系、婆媳关系、姑嫂关系、妯娌关系都不存在。同时,由于大家庭的解体,传统封建家长制的消解,家庭关系的重心也由纵向向横向转移,夫妻关系成为家庭关系的基础和核心。在当今夫妻关系中,夫权渐渐衰退,妻子的地位日益得到提升。有些家庭甚至出现了女性主掌大权,丈夫在家庭中处于被动服从的局面,即所谓的"气管炎"(妻管严)现象,女性地位从从属升至平权,又从平权发展到权威地位,这是部分家庭夫妻关系的新特点。当然,在大多数家庭中,还是夫妻共同决定家庭事务。在平等的夫妻关系中,维系夫妻关系的纽带主要是感情。核心家庭中关系的简单化,一方面令家庭中心集中,家庭气氛和谐;另一方面,正是由于关系的简单,使维持家庭的纽带过于单一和脆弱,因此,当夫妻感情一旦破裂,家庭的解体也就在所难免。近年来,婚姻离散趋势持续扩大,1987年,全国离婚总数为28.5万对,1995年达到105.5万对。短短八年中,离婚率增长了2.9倍。①家庭的核心化,犹如一把双刃剑,一方面使家庭生活质量得以提高;另一方面,又让家庭关系的稳定性持续下降。

在核心家庭中,亲子关系是家庭关系中另一条主线。在现代家庭中,由于已基本消除家长制作风,亲子关系也以民主为原则,长辈人对晚辈人负有教育之责,但晚辈人不再是唯命是从。在家庭中,教育是双向的,关心、尊重也是双向的。在大部分时间里,亲子关系体现出和谐的气氛。但由于计划生育政策的实行,独生子女大量出现,这让亲子关系在核心家庭中出现一定的歧变。相对于其他孩子,独生子女一般能得到充分的父爱和母爱,不少独生子女还受到父母的溺爱,这让中国家庭自80年代以来,出现了许多娇生惯养的小皇帝小公主。但同时,又正是由于孩子的减少,使得父母对自己的孩子寄予极大的希

---

① 中华全国妇女联合会妇女研究所、国家统计局社会与科技统计司编:《中国性别统计资料》,中国统计出版社1998年版,第134页。

望,希望他们能功成名就、出人头地。这种动机促使父母加大对子女的投资,加强了对子女的管束和限制。过高的期望值,在一定程度上使父母和孩子都聚集起过多的焦虑、恐惧,导致部分家庭亲子关系十分紧张。同时,由于年龄、文化、道德、价值观等多方面的差异,使亲子关系出现了矛盾和隔阂,即所谓代沟,具体表现在子女不愿向父母吐露心事,认为家长不理解他们的想法,还有一些子女以能与家长抗衡而自豪,不断向父母提出不同的见解,要求独立,要求摆脱父母,与父母产生许多冲突。造成有些家庭子女与父母关系紧张的原因不单是子女单方面的,也有父母方面的。但这些隔阂和矛盾不是什么根本的利害冲突,在加强双方相互的理解、交往后,亲子关系往往会在新的基础上得到巩固。

在主干家庭以及母家庭与子家庭的代际关系中,"孝"、"慈"仍然被当做一种道德规范,为家庭、社会所主张和推崇,父母与子女的相互关心、相互尊重、相互支持的关系模式受到广泛的褒扬。但随着社会的不断现代化,家庭伦理关系的重心已由老一辈下移到子女身上,子女事实上已成为当今家庭生活中的重心。这一转移,一方面是通过消解封建家长制,使得当今的中国家庭更能适应现代化发展的步伐,更好地建设民主、平等的家庭关系;但另一方面,它在一定程度上引发了代际冲突,主要表现为亲子关系的疏远、孝亲观念的淡化,并由此在很大程度上侵犯了高龄、无收入、丧偶、女性老人等社会弱势群体的切身利益。上海市妇联的调查表明,只有 25.55% 的调查对象认同"百善孝为先"的观念。1992 年中国老龄科学研究中心进行的中国老人供养体系调查发现,城镇老人的 77.0%,农村老人的 66.6%,在日常生活照顾方面依靠自己和配偶。城市老人的绝大多数,农村老人的三分之二,在经济供养上依靠自己。无论是城市还是农村的老人,以配偶为心事诉说对象的都高于以子女为对象。

在传统大家庭瓦解后,作为多个核心家庭组成的家庭网的重要性变得较为突出。家庭网为现代人提供了一种扩大的家庭形式,提供各个孤立家庭所没有的功能。它能弥补家庭在抚养儿童、赡养老人等功能发挥中的不足,并为人们之间提供所需要的相互帮助、支援和在理想、态度方面相互交往的机会。在家庭网中,父母家庭往往是网络的中心,已婚子女各自的家庭是网络的外围。感情的纽带维系着主干家庭与各分支家庭,在这种家庭网络中,依然能体会到浓浓的亲情。但随着人口流动性的加大,生活节奏的加快,以及人们功利思想的增强,亲属之间的交往次数和时间较以前大为减少,九十年代的家庭网较六七十年代的家庭网而言,就显得相对松散和无力。

第三节　家庭生活的变化

家庭是社会的基本组织,在人类生活和社会发展方面,它起着多方面的作用。这种作用就是家庭功能。一般而言,家庭功能主要包括生产功能、消费功能、生育功能、性生活功能、赡养功能、教育功能、感情交流功能、闲暇娱乐功能等。

一、生产和消费功能

建国以前,我国是一个半殖民地半封建社会,在汪洋大海般的自然经济中,家庭既是生产者又是消费者,家庭的生产功能和消费功能达到高度的统一。在城市里,除了产业工人家庭和公务员家庭外,大多数家庭也是集消费与生产于一身,他们从事家庭手工业、个体商业和维修服务业等。这一局面在建国后的头几年并无大的改变。

从1953年起,我国开始了对资本主义工商业、个体手工业和农业的三大改造。到1956年年底,全国96.3%的农户,91.7%的手工业者加入了各级合作社;98.7%的私营企业,82.2%的私营工商业实现了社会主义改造。至此,三大改造基本完成,计划经济体制正式确立。从这以后,城市中从事个体手工业和维修业的家庭急剧减少,剩余的在以后也被当作资本主义尾巴而彻底清除。而农村,在实行集体化后,生产功能从家庭中被强制脱离出来。农民不仅丧失了对生产资料的所有权,而且丧失了对自留地、私有林木、私养禽兽的所有权,就连生产活动也由三五十户组成的生产队统一安排。在以后的20多年里,不论是在城市还是在农村,家庭已基本不再具备生产功能。但这种家庭功能的减弱和丧失,仅仅因为受政策的影响,而并不是社会化大生产的结果。在劳动方式未变、技术手段未变的情况下,大规模生产方式并未节约劳动费用和提高劳动生产率。那种带有"共产主义"性质的集体所有制,严重影响了劳动者的生产积极性,也给人民群众生活带来极大的不便,最终不得不改革。

1978年后,中国农村实行了以家庭联产承包责任制为中心的改革。到1983年,全国95%的生产队、97.1%的农户实行了联产承包责任制,其中实行大包干的队和农户分别占97.9%和94.5%。① 这种承包方式利益直接、责任明确,农村家庭再一次作为独立的经济单位来组织生产。直到目前,我国农业大部分仍然停留在自然农业色彩很浓的阶段,家庭经营这一形式在全国极为普遍,农村家庭仍然是稳定的经济实体。但随着商品经济的发展,在沿海一些经济发达地区,传统单一的小农经济逐步向多种经营、集约化、产业化过渡。以上海为例,到1990年,上海郊区各乡已全部建立专业的或综合的农副业公司,80%的农村建立了综合服务组织。这表明,农村家庭生产职能将越来越因离不开社会的协调和支持而趋向于社会化。

城市里,在中共十一届三中全会以后,为了搞活城市经济,安置劳动就业,国家允许和鼓励个体工商业和维修服务业的发展,因而,城市中家庭手工业、个体商业和维修服务业又迅速恢复和发展起来。1978年,城镇个体劳动者只有15万人,1985年增至450.1万人,1993年突

---

① 国家统计局农业统计司编:《中国农村统计年鉴1985》,中国统计出版社1985年版,第3页。

破1000万人大关。90年代后期,城镇私有经济的发展进一步推动了个体企业的发展。截至1998年,个体企业数为603.38万个,占企业单位总数的一半,从业人数3231.9万人。① 大量的夫妻店、家庭小型加工厂以及各类以家庭为单位的饮食、手工业的出现,表明城市中部分家庭又恢复了生产功能。但从总体而言,具有生产功能的家庭还只是极少数,大部分家庭里的家庭成员已不再是家庭内部协调生产中的一员,而是加入到社会化大生产领域中,成为社会化协作生产、协调工作的一分子。各人有自己的职业领域,职业生活与家庭生活彻底分离开来。

在生产功能逐渐从家庭中分离出来的时候,消费功能却得到进一步的强化。在80年代以前的30年里,由于国家一直执行"高积累、低消费"的政策,从生产、分配到消费都由国家统一调配,而且计划消费的范围在总体上一直扩大。在极"左"思潮和不正常的社会环境下,中国家庭的消费能力长期不足,消费自主权严重不够,消费质量极为低下,整个家庭消费生活十分单调、沉闷和乏味。从统计资料来看,1976年与1966年相比,10年间,城乡居民人均粮食仅增加了0.71公斤,猪肉增加0.34公斤,食糖增加0.49公斤,各种布匹增加1.23米。同期食用油由1.76公斤下降到1.595公斤,煤炭由104.38公斤下降到95.58公斤。1976年全国农民人均消费水平为125元,比1966年仅增加了19元,平均每年增加1.72元。全民所有制职工平均货币工资从636元下降到605元,下降了4.9%。②

改革开放后中国的经济持续发展,国家也相应调整了政策,在全部消费基金中,社会消费基金所占的比重逐步上升,这直接带来居民收入

---

① 国家统计局编:《中国统计年鉴1999》,中国统计出版社1999年版,第17、154页。

② 国家统计局编:《中国统计年鉴1984》,中国统计出版社1984年版,第477、454、459页。

的不断增加,从而大大提高了居民的消费能力,也极大地改变了居民的消费结构和消费方式。

就消费水平而言,我国城乡居民在改革开放后的20年当中得到了迅猛的提高。据统计,1978年,我国农村居民家庭人均收入为133.6元,到1990年增至686.3元,1994年突破千元大关达到1222元,1997年,上升到2092.1元。城市居民家庭人均收入1978年为316元,1988年达到1119.4元,1993年达到2336.5元,1997年增至5160.3元。在收入大幅度增长的同时,家庭消费支出也迅猛提升。1978年,农村家庭人均消费支出为138元,1994年为1138元,1997年为1930元。城市家庭人均消费支出增长更为明显,1978年,人均消费支出为405元,1987年为1089元,1997年达到6048元。[①]

家庭生活水平的提高不仅表现为货币收入和支出方面的明显增加,而且还表现为消费品消费量的大幅度增加。单就耐用消费品而言,1985年,农村居民每百户彩电拥有量仅为0.80台,1997年增至27.32台。同期城市每百户彩电拥有量从17.21台迅速增加到100.48台。1985年,城市每百户冰箱拥有量为6.58台,1997年,增至72.98台,同期农村每百户冰箱拥有量也从0.06台增加到8.49台。随着消费水平的迅速提高,家庭的消费结构也发生了很大变化。其主要表现是吃、穿、用的内容发生了变化。从吃来看,人们已从过去吃饱的层次上升到讲究吃好、讲求营养的层次。就日常膳食结构而言,食品支出中粮食支出的比重下降,蔬菜、肉、蛋、家禽、食油等副食品以及烟、酒、茶等食品支出的比重上升。1985年,我国农村居民面和米的消费量为209公斤,到1997年,仍是209公斤;1985年城市居民面、米的人均消费量为135公斤,至1997年,不但没升,反而降至89公斤。而同期家禽人均消费量农村从1.03公斤上升到2.36公斤,城市从18.72公斤上升到

---

① 国家统计局编:《中国统计摘要1998》,中国统计出版社1998年版,第76—78页。

19.04 公斤。烟酒的消费量,农村从 4.37 公斤上升至 7.13 公斤,城市从 7.80 公斤上升至 9.55 公斤。[①] 在穿的方面,现在人们越来越讲究漂亮,越来越注重衣服的质料和式样,高中档衣料和成衣所占的比重大大提高。在用的方面,过去人们选购商品以廉价为原则,现在转向以质量为原则,而且日益向高中档方向发展,耐用消费品所占比重大幅度提高。

在改革开放的 20 年当中,城乡居民的消费都有较大改善,但两者之间存在巨大的差距,并且这一差距还有不断拉大的趋势。在收入上,城市与农村人均收入比率 1978 年为 2.36,1997 年为 2.47;城市与农村消费比率 1978 年为 2.9,1997 年为 3.1。[②] 到 20 世纪末,城市居民生活已接近或达到小康水平,家庭消费趋于高档化、社会化。而农村居民大部分还处于温饱水平,家庭消费质量较低,家庭的消费功能远比城市家庭完整、复杂。在农村中,除经济发达地区外,家庭消费基本上处于一家一户为单位的阶段上,其消费大部分在家里进行。农民家庭的食物,如粮食、蔬菜、油料等,基本上自给;做饭、抚育儿童、洗衣服等家务劳动基本上由家庭自己承担,而上电影院、俱乐部、舞厅,外出旅游等精神文化方面的消费却相当缺乏。

二、赡养功能

在中国,家庭养老既是一种悠久的传统,也是一个古老的制度。在中国的封建社会里。“孝”是一切道德观念和道德行为的起点,在“孝”的规定中,尊重和赡养父母是子女应尽的道德义务。同时,社会赋予老人权利和尊严。在传统家庭中,老人是中心,子女不听老人的话,老人

---

① 国家统计局编:《中国统计年鉴 1998》,中国统计出版社 1998 年版,第 327、353 页。

② 国家统计局编:《中国统计摘要 1998》,中国统计出版社 1998 年版,第 76—78 页。

只要告到官府,就可以定子女"忤逆"之罪。因此,传统的家庭赡养老人除了道德感情使然之外,更主要的是受政治因素的影响。一直以来,赡养老人作为一种制度化的传统,大多数中国人不仅乐于接受,而且习以为常。

新中国成立后,在男女平等、老少平等的基础上,家庭赡养观、赡养方式、赡养内容发生了许多新的变化。如在对老人的赡养问题上,不但儿子负有责任,女儿也负有义不容辞的责任。在城镇家庭里,全民所有制单位和集体所有制企业里的职工实行了退休养老制度和公费医疗待遇,这让城市老人在物质供养和生活照料上不必过分依赖于子女,家庭养老功能开始弱化。

但综观改革开放前的30年,传统家庭养老的模式仍然表现出了极大的稳定性。这主要是因为整个国家的老年人社会保障体系极不完善,在农村尤为突出。农村里,老人几乎不存在退休的问题,也极少享受社会资助,除了没有子女的老人可以由集体提供经费保吃、保穿、保住、保医、保葬外,其他有子女的老人,集体不提供任何供给。社会保障的缺失,让农村老年人晚年的命运维系在家庭成员身上,家庭养老成为农村有子女老人养老的唯一途径。同时,城镇行政管理屏障的设置,限制了人口的流动,绝大多数居民囿于出生地,世代继袭,客观上也维护了传统的家庭养老模式。再加上较高的生育水平导致子女较多,而子女越多,让老年父母得到赡养的机会就越多,赡养父母对于每一个子女而言,压力不是太大,合力承担赡养父母的责任并不是一件很困难的事情。因此,在静态化的社会里,传统几乎没有受到干扰,家庭养老成为主要的养老方式,家庭养老功能也极为完备,家庭赡养不仅供给老人的吃穿住用,而且还给予老人以精神上的欢娱。

改革开放以后,随着现代化的推进和计划生育政策的推行,家庭养老模式受到强烈的冲击。一方面,在城市里,社会养老已成为一种重要的养老模式。退休和退休基金制度逐步推广,制度化的老年人社会保障体系逐步形成。在大多数城市里,老年人退休后有稳定的收入来源,同时各种休闲娱乐和医疗照护体系使老年人独立生活成为可能。因此,城市里传统家庭养老职能逐步为社会养老模式所替代。

另一方面,家庭养老的职能本身也进一步弱化。随着市场经济的发展,人口的流动性越来越大,而中国作为一个大国,人口流动半径相当大,这导致大量子女和父母的地域分离,老年人与子女同住一户的可能性也因此大大降低。同时,在市场经济大潮的冲击下,年轻一代更强调个人利益和个人的独立性,主张与父母分开过。在对我国14省市的一项调查表明,三分之二的农村青年婚后一二年都要建立自己的小家庭。更为重要的是,中国的家庭结构正趋向核心化和小型化,这使空巢家庭的数量越来越多,尤其是计划生育的实行,造成家庭子女的减少,独生子女现象的出现使得独生子女父母的养老变得异常困难。这一系列原因造成纯老年户不断增加。1990年,第四次全国人口普查时,城乡合计60岁以上老年人生活在单身户和一代户中所占的比例为25.6%。老年人与子女的分居,打破了在家养老与子女养老合二为一的传统家庭养老,供养体系不再局限于本户之内。户外子女主要是通过提供经济上的接济、定时的看望和照料来承担养老的责任。这让养老质量大大降低,许多老年人虽然衣食无忧,但生理上和心理上的需求却得不到满足,他们的心情是孤独、痛苦的。

同时,在很多两代人、三代人共居的家庭里,传统的家庭养老功能也有所削弱。一方面,一些子女迫于竞争的巨大压力,整日忙于工作和事业,从而减少了与父母的交流和对父母的照顾。另一方面,老年人的中心地位开始下降,他们已由过去家庭的中心滑落到家庭的边缘。尤其在一些独生子女家庭,青年夫妇较重视子女的教育和成长,有限的时间、精力和财力都向独生子女倾斜,从而产生了“重幼轻老”现象。这对老年父母的心理健康和实际的生活质量都产生了负面影响。另外,还有一些家庭视老年人为累赘和多余,不愿赡养或虐待老人。资料表明,1978年,山东省全省赡养案件为212件,到1985年,全省赡养案件上升到 2436 件。① 在 1992 年中国老年科研中心进行的老年人供养状况调查中,9944 名有子女的农村老年人里,3.8% 的老年人认为子女不孝。另外,在这次调查中,当问及子女是否孝敬时,相当大比例的老年人做出了模棱两可的回答,12.3% 的老年人认为不好。有关的鉴别分析的结果表明,实际的老年人评价子女不孝的比例远远高于 15%。②

尽管家庭养老功能逐渐弱化和外移,尽管现代家庭养老中存在这样或那样的问题,但传统的家庭养老仍十分普遍。据 1987 年 60 岁以上的人口抽样调查资料,全国城乡老年人口家庭类型均以三代户所占比例最大,大约占全部老年人口家庭的 50%。而据 90 年代初的调查,中国约有 70% 的老年人与子女及配偶或其亲属同住。这表明,家庭养老依然是中国目前最主要的养老模式。同时,家庭养老也受到法律的肯定和提倡,1996 年颁布的《中华人民共和国老年人权益保障法》中强调:"老年人养老主要依靠家庭,家庭成员应当关心和照顾老人"。

三、教育功能

教育功能是家庭的一项基本职能。历史上,中国家庭承担着教育的主要责任。"就教育而言,旧时教散馆是在自己家里,教专馆是在人家家里。"③而大量没钱读书的农家孩子,则基本上靠长辈们的言传身教来完成幼年教育。这种家庭教育一方面水平极为低下,培养的目标不过是安分守法、持家立业的农民;另一方面,这种教育又是"百科全书式"的:生产劳动的各种知识和技能、孝亲爱子的伦理道德、纳税守法的政治法律、祭神敬祖的思想观念等,全都靠家庭教育。"童孙未解共耕织,也傍墙阴学种瓜"就是家庭知识技能教育的生动写照。除了普通技能教育外,一些特殊知识与技能也是靠家庭教育代代相传。因

---

① 刘书鹤:《论变革中的农村养老事业》,《人口与经济》1988 年第 9 期。
② 陈功:《孝观念的理论与模型分析》,《人口研究》1999 年增刊。
③ 梁漱溟:《中国文化要义》,商务印书馆 1986 年版,第 12 页。

此,在历史上,存在大量的书香门第、世医、祖传老店、梨园世家等等。

建国以后,中国的教育事业得到迅速发展。1952 年我国小学为 52 万多所,1998 年增至 60 余万所;同期普通中学也由 4298 所增至 77888 所。学龄儿童就学人数逐年增加,1952 年,我国小学在校生为 5110 万人,1998 年增长到 13953.8 万人,同期普通中学就读人数由 2493 万增至 6301 万人。① 生产力的发展和社会的进步,使部分教育职能逐渐从家庭中分离出来,父母不再是全能的教师,转而主要承担儿童入学前的基本教育,在儿童入学后,主要配合学校教育,使其在品德、智力和健康方面得到正常的发展。

但在改革开放前,由于社会垂直流动缓慢,就业渠道不畅通,同时也由于家长文化水平普遍比较低下,因此家庭教育长期侧重于思想教育和生产技能教育。尤其在"文化大革命"十年,教育事业受到严重冲击。学生在校期间,"停课闹革命",批"智育第一",批"师道尊严",造成"读书无用"的不良风气,高等学校从 1966—1969 年停招,以后的招生对象也仅仅局限于一些"根正苗红"的工农兵学员。同时中小学教育受到严重破坏,学龄儿童入学率下降。在社会动荡混乱、无人重视教育的大环境下,作为整个教育事业组成部分的家庭教育也严重倒退,作用日趋微弱。

改革开放后的 20 年里,家庭的建设迈上了健康的轨道,显露出勃勃生机。人的主体价值逐步得到确认,家庭教育的作用也因此重新受到重视。但在这 20 年里,由于一些特殊的原因,中国的家庭教育部分地偏离了正常的轨道,走入功利和极端的误区。一方面,随着家庭生活水平的提高,生活条件的改善,很大一部分家长倾向于娇惯孩子。他们的普遍心态是:过去自己吃了苦,现在条件好了,绝不能再委屈了孩子。正是这种思想导致家长在生活上给予孩子过多的保护和满足。凡是孩

---

① 国家统计局编:《中国统计年鉴 1999》,中国统计年鉴 1999 年版,第 638—641 页。

子想要的,父母尽量提供;而孩子该承担的责任,父母尽可能地承担,在独生子女家庭里,这种宽容甚至是溺爱,表现得尤为明显。以北京为例,进入 90 年代后,幼儿园孩子大约人均月消费已突破双职工户收入的 50%,中学生更是高达 65%。对北京 2290 多名小学生的调查显示,每人每天干家务活仅为 0.2 小时,而同龄的小学生,韩国为 0.7 小时,美国为 1.2 小时。据对天津市 1500 多名中小学生的调查,52% 的学生每天由家长代为整理生活和学习用品,74% 的学生离开家长就束手无策,只有 13% 的学生偶尔做些简单的家务事。①

在对孩子生活上极其宽容的同时,却是父母对孩子教育上的近乎专制。但平心而论,父母对孩子要求的严格是有他们的苦衷的。一方面,"文化大革命"十年,耽误了整整一代人的教育和前程,除了极少数奋斗不止者外,大多数已成为家长的人便将他们年轻时的梦想寄托在子女一代,在孩子身上,这一代父母找到了负重的价值和生存的意义。另一方面,随着市场经济的发展,社会竞争越来越激烈,绝大多数的父母不愿看到自己的子女在这场竞争中成为失败者。身处社会上层的父母希望子女能继续家庭的荣耀;处于弱势群体中的家长则希望子女能改变命运、出人头地。正是出于对子女未来的关心和自身价值的体现,望子成龙成了家长们最大的心愿。根据 80 年代在上海进行的一项有关家庭教育的调查显示,有 67.3% 的家长希望子女能读大学,加上希望子女能读硕士、博士的,这个比例达到 75.5%。在这些家长中,只有 3.7% 的家长认为子女读到什么程度就算什么程度。② 过高的期望值与强烈的成才欲,导致实用主义成为家庭教育的原则;而千军万马共争的升学、高考压力,更是直接造成多数家长片面强调家庭教育中的智力教育,从而导致家庭教育学校化。在家庭教育里,父母越来越多地充当

---

① 易杳:《家庭教育:在缔造中国的未来?》,《瞭望》1996 年第 5 期。

② 刘英、薛素珍主编:《中国婚姻家庭研究》,社会科学文献出版社 1987 年版,第 342 页。

起了教师的角色。在独生子女家庭里,每天都检查孩子功课的家长占70%,经常辅导孩子学习的父母达到60%以上。① 经常性地检查和辅导孩子的功课,几乎成了许多家长每天的一项固定工作。同时,子女在家里除了完成学校布置的家庭作业外,家庭还"开小灶","搞题海战术",机械地搬用学校教育的一套程序,变家庭为"第二课堂"。这种教育造成孩子经常处于一种高负荷的紧张状态。据一项权威调查,一些教育发达的国家一年级儿童每周用于运动和玩乐的时间超过18小时,而中国儿童仅为9小时多一点;中国约有80%的小学生课余时间主要用于学习,而那些教育发达国家90%以上的儿童课余时间用于文体活动以及自己感兴趣的游戏。② 在家庭教育中,父母普遍成了中心和设计师,子女能做的就是按成人既定方向片面发展。正是父母将注意力全部集中在知识的传授上,而忽视孩子个性和能力的发展,导致中国的孩子普遍缺乏独立意识和创新精神。也正是父母对子女过多的干预,造成中国家长与子女代沟的普遍存在。因此,如何科学地实施家庭教育,已成为广大家长面临的共同课题。

而随着市场经济的发展,生活节奏的加快以及享乐主义思想的突出,90年代以后,在一些经济发达的地区,出现家长教育子女责任感的淡化。一些家长只顾赚钱,而无心思关心子女的成长;一些家长则沉迷于打麻将、养宠物、泡酒楼舞厅,对子女放任不管;而婚外情、离婚等现象的蔓延,使家庭环境恶化,父母更是无暇顾及子女的教育。在1995年对深圳市1399名学生家庭教育情况进行的问卷调查结果显示,只有21%的家长经常关心教育子女,而只顾打麻将、只顾自己潇洒的家长占了22%,还有8%的家长经常不在家,3%的家长根本不教育孩子。③

---

① 林崇德主编:《中国独生子女教育百科》,浙江人民出版社1999年版,第45页。

② 易杳:《家庭教育:在缔造中国的未来?》,《瞭望》1996年第5期。

③ 陈克仁:《深圳市家庭教育问题研究》,《广东教育学院学报》1997年第7期。

不过,这些情况在全国范围而言只是极为个别的现象。

四、其他功能的变化

(一)性生活功能。性是人类基本的生物需求,也是婚姻关系中的生理基础。长期以来,家庭一直是法律和习俗所认可的无争议的性生活场所。因此,性生活功能也是家庭的一项重要功能。

人的性生活功能主要表现在三个方面:快乐的功能、健康发展的功能与生育功能。在我国历史上,很长时期都把"万恶淫为首"定为社会信条,片面夸大性的生育功能,而贬低性生活的其他功能。因此,性生活对于人们是不可谈及之事,家庭这一功能也未受到应有的重视。

新中国成立以后,确立了一夫一妻的婚姻家庭制度,肯定了婚姻内性行为的合法性,婚外性行为则被认为是非法的,而一概被斥之为"流氓行为"。因此,在很长一段时期,婚外恋与婚外性行为都是见不得人的事情,一旦查出,便要接受法纪的制裁。但不幸的是,在反对婚外性行为的同时,性生活本身也遭到了否定。在长期浓烈的政治氛围中,人人被号召做高尚的人、纯粹的人,性则一直被认定为丑陋、邪恶、带低级趣味的东西而加以禁锢。特别是"文革"时期,对性的禁锢被推向了极致,甚至到了谈性色变的程度,中国文化进入了"无性化"的时代。

改革开放以后,人们开始正视性在婚姻中的作用,重新审视性在婚姻及人生中的地位。思想的逐步解放,物质生活条件的大幅度改善,使人们对婚姻质量的要求提高了,对性在婚姻生活中的分量看得更重了。特别是实行独生子女政策后,性行为的生育功能被弱化,而快乐的功能、健康发展的功能上升到主要地位。在长期无需生育的夫妻生活中,人们认识到性生活不是为了别的目的,而是为了得到性的快乐。正因为如此,性生活的质量逐渐成为维系婚姻关系的一条重要纽带,因"性生活不协调"而导致的离婚增多了。在全国离婚夫妻中,因"性生活不协调"而离婚的占了34.7%,而实际数字据估计要比这高得多。① 总之,爱情与性的有机结合,已成为理想婚姻的必须。

但对家庭性生活认识的变化,主要反映在城市中青年身上,在广大的农村,性生活观念还比较落后,更多的还是体现为一种生育文化。

同时,人们性观念的变化,也给家庭带来了一些不稳定因素。家庭的性生活屏障作用日益减弱,性关系经常逸出婚姻之外,婚前性行为与婚外性行为已成为很常见的事情。

(二)生育功能。人口的繁衍,是家庭最基本的功能之一。自家庭在人类历史上出现以后,它一直是人们生育子女和繁衍后代的基本单位。在传统中国家庭中,传宗接代、绵延家族是头等大事,家庭的生育功能被强调到无以复加的地步。

新中国成立后,国家凭借其所拥有的经济、社会和政治资源来影响人们的生育行为,从而使生育具有了社会性,而不再仅仅是家庭的私事。但50年代和60年代,国家并没有把人口生产纳入国家计划而加以控制,生育习惯仍得以维持和发展。中国的人口以相当高的速度快速增长。70年代初开始,国家在全社会推行计划生育政策。从此,家庭的生育功能不断被削弱,这种削弱具体而言主要表现在以下几个方面:

(1)生育水平明显下降。生育水平下降可以从总和生育率、终身生育率、人口出生率、自然增长率分别表现出来。1、从总和生育率来看:50年代我国妇女总和生育率平均值高达5.87,60年代为5.68,70年代下降到4.01,80年代继续下降到2.47。80年代同60年代相比,总和生育率下降了57%。2、终身生育率:据1982年全国1‰人口生育率抽样资料,67岁组、60岁组、55岁组、50岁组、45岁组、40岁组、35岁组妇女平均生育子女数分别为5.15、5.42、5.65、5.62、5.08、4.27、

---

① 刘达临等著:《中国婚姻家庭变迁》,中国社会出版社1998年版,第218页。

3.42,35 岁组同 67 岁组比较,平均生育子女数量减少 34%。3、人口出生率:50 年代出生率平均值为 33.24‰,60 年代为 34.93‰,70 年代为 23.03‰,80 年代为 19.76‰。80 年代和 60 年代比较,人口出生率下降了 43%。4、自然增长率:50 年代自然增长率平均值为 17.47‰,60 年代上升到 25.24‰,70 年代下降到 16.04‰,80 年代降至 13.21‰,80 年代同 60 年代比较,下降了 48%。90 年代以后,这一数字继续下降,其中,1993 年为 11.45‰,1994 年为 11.21‰。

(2)计划生育工作逐步推广与落实一胎化政策逐渐为人们接受。改革开放以后,国家加强了计划生育的宣传,大力推广避孕、节育观念,同时为处于育龄期的夫妇尽可能地提供技术指导和物质支持。这一切努力收到了明显的效果。1982 年,全国 1.72 亿已婚育龄妇女中,采用各种避孕节育措施的共有 1.20 亿(包括她们的丈夫)人,节育率为 69.46%。1988 年全国 2.06 亿已婚育龄妇女中,采取各种避孕措施的共有 1.47 亿人,节育率为 71.21%。1992 年,全国已婚育龄妇女的避孕率为 83.5%,这一数字已达到世界高避孕率地区北欧国家的水平。避孕节育观念和措施的推广,又在很大程度上保证了一胎化政策的落实。统计数字显示,一对夫妇拥有一个孩子的比率从 80 年代开始呈逐年增长的态势,1985 年为 50.2%,1988 年为 56.8%,1994 年为 62.8%。

(3)早生儿子早得福的观念改变,初婚初育年龄普遍推迟,生育时间缩短。我国婚姻法关于结婚年龄的规定,1980 年以前为男不早于 20 岁,女不早于 18 岁,1980 年以后改为男不早于 22 周岁,女不早于 20 周岁。这一政策的调整和严格执行,从根本上改变了我国长期以来早婚早育的旧俗,早婚比例从 70 年代开始逐年降低。1970 年,不足 20 周岁初婚者在全部初婚者中的比例为 47.19%,1987 年降至 19.93%,下降幅度为 58%。其中城市街道由 18.94% 下降到 2.52%,下降幅度为 87%,农村乡由 53.99% 降到 25.81%,下降幅度为 52%。与此同时,晚婚晚育的观念为更多的人所接受。女 23 周岁以上,男 25 周岁以上初婚为国家号召的晚婚年龄,在全部初婚者中,晚婚的比例 1970 年为 14.15%,1987 年为 30.09%,上升幅度为 113%。其中城市街道由 41.71% 上升为 66.79%,上升幅度为 60%;农村乡由 8.85% 上升为 20.67%,上升幅度为 134%。① 结婚年龄的普遍推迟,也意味着生育年龄的推迟以及生育时间的相对缩短。

此外,随着人们经济条件的改善,闲暇时间的增多,家庭的感情交流功能、闲暇娱乐功能也得到进一步的加强,家庭生活日趋丰富多彩。

---

① 以上资料参见《中国计划生育的伟大实践》,中国人口出版社 1989 年版,第 37—56 页。《中国计划生育全书》,中国人口出版社 1997 年版。

第七章　医疗保健和社会生活保障

　　中华人民共和国成立后,随着社会经济的发展,我国的医疗保健事业和社会保障事业都取得了飞速的发展。民众病象发生了重大变化,解放前严重威胁人民生命的急性传染病得到了控制,非传染性慢性病逐渐成为人口死亡的重要因素,一些严重威胁人民健康的寄生虫病和地方病得到了有效的防治。医疗卫生设施发展迅速,建立起了适合中国国情的医疗卫生网,城市是街道卫生院、工厂保健站为初级,区级综合医院、专科防治所、保健所、企业职工医院为二级,省市级综合医院、教学医院和企业中心医院为三级的三级医疗卫生网;农村则以村卫生所、乡卫生院、县医院三级医疗卫生机构为依托,把预防、保健、医疗工作结合在一起,形成一个完整的医疗保健体系。三级医疗卫生网的建立、完善使我国以较少的卫生经费,解决了我国人民的医疗保健工作。新中国建立后,即逐步建立了社会救济、社会优抚和社会保险制度,对社会秩序的稳定和国民经济的发展起到了一定的积极作用。随着我国改革开放和社会经济的发展,特别是社会主义市场经济的初步建立,在社会救济方面,国家在加强对自然灾害救济的同时,开始进行一些救济改革,同时国家启动了对贫困地区的扶贫开发行动,在城市加强了对失业人员的救济。在社会优抚方面,随着社会生活水平的提高,国家多次调整抚恤标准。在复员军人安置方面,通过培养军地两用人才,不断拓宽安置渠道。在社会保险方面,从80年代后期开始对养老保险、工伤生育保险、失业保险等进行适应社会主义市场经济要求的改革。

第一节　民众的病象与医疗保健

一、民众的主要病象与病因

1949 年新中国成立以后,随着卫生事业的逐步发展,公共卫生设施的改善,环境卫生的改进,人民物质文化生活水平的提高,卫生状况有了很大的改善,人民群众的健康水平有了显著提高。

1949 年以后,民众的主要病象依然是旧中国遗留下的传染病、寄生虫病和地方病。人民政府主要以大量力量投入到对传染病、寄生虫病和地方病的防治上。

鼠疫是自然疫源性疾病,是一种急性传染病,危害严重。在我国很多地方流行,1950—1984 年共发现病例 7528 人,死亡 2667 人。中国共产党和人民政府对鼠疫的防治工作十分重视,从 1947 年开始就在解放区内建立了从中央到地方的各级防治机构。1949 年 10 月原察哈尔省的宝康、内蒙古地区的正白旗和张家口地区发生鼠疫流行,在政务院总理周恩来的主持下,成立了以董必武为主任委员的中央防疫委员会,派出中央防疫总队和地方防疫队共 1000 余人,奔赴疫区,开展紧急防治工作,同时开展群众性的灭鼠灭蚤运动,使疫情在 11 月得到控制。这一年共发病 7787 人。1950 年广东雷州半岛和福建的 16 个县发生鼠疫。这一年鼠疫发病人数为 3455 人。政务院发出关于切实发动群众性的防疫运动以遏止鼠疫流行的指示,要求组织强有力的鼠疫防治委员会。经过积极工作,鼠疫很快得到控制。之后,国家的鼠疫防治机构得到进一步的发展壮大,成为一支拥有 3000 余人的鼠疫防治科研队伍。卫生部还多次组织了由流行病学、动物流行病学、细菌学、地理学、动物学等多学科专家参加的鼠疫自然疫源地的调查研究,同时依靠群众,发动群众,进行灭鼠、灭跳蚤等卫生工作。到 1955 年前后,我国就基本控制了人间鼠疫。每年发病人数从新中国成立初期的几千例下降到每年40例左右,1955年为39人。1964年后基本波动在数例至十余例之间,1980年为28人,1984年无一例发生。此后鼠疫猖獗流行的状况一去不复返了。

天花是由天花病毒引起的一种烈性传染病,死亡率较高,新中国成立前我国医学工作者虽然培养出了天花株痘苗,并大量生产,但并没有控制住天花流行。1950年全国天花病例数为43286人,1951年为61546人。1950年10月,中央人民政府政务院发布了《关于发动秋季种痘运动的指示》,决定在全国各地普遍种痘一次。同年卫生部发布《种痘暂行办法》,规定婴儿在出生6个月内即应种痘,满6、12、18岁时再各复种一次。1949—1952年共种痘5亿多人次。由于大力推行全民种痘,天花病例数大幅度下降。1955年卫生部发布了《传染病管理办法》,天花被列为甲类传染病,发现天花病例后,即采取紧急防治处理措施,避免天花继续扩散传播。天花在我国逐渐只有部分边远地区有发病的局部流行。1956年有天花病例数583人,1957年315人,1958年343人,1959年683人,1960年77人,1961年27人,1962年0人。1979年12月,全球扑灭天花证明委员会向世界卫生组织证明中国已无天花。

麻疹是一种极为常见的呼吸道急性病毒性传染病。发病初期有发烧、鼻涕、眼泪增多,口腔黏膜出现灰白色小斑点,皮肤随后出现玫瑰色的斑丘疹。患病期间常会发生一些合并症如肺炎、脑膜炎等,处理不当,容易导致死亡。麻疹多见于婴幼儿,青少年中也有发生。1949年后,我国把麻疹列入法定的传染病。麻疹的暴发流行此起彼伏,连年不断。1959、1965年两次全国大流行,发病率每10万人口分别达到1432.41人和1265.74人。在平常年份平均发病数为500多万例,死亡7万例。1958—1959年发病数高达900多万例,死亡近26万例。在没有特殊方法防治麻疹的情况下,我国采取了"推迟发病,保护病、幼、弱,降低死亡率"为总目标的综合性防治麻疹的措施,使病死率逐年下降,从50年代初的6.46%下降到60年代初的1%左右。1961—1962

年间,我国研制出可以制备活毒疫苗的高度减毒的麻疹病毒株,并制备了疫苗。1965 年经国家鉴定,批准生产疫苗,并逐步推广疫苗接种,发病率、死亡率开始下降。1983 年曾达到历史上发病最低水平,全国麻疹发病率已降至 77/10 万,死亡率下降至 0.1%—0.5%上下。但以后又逐年上升,1989 年发生 14714 例。

寄生虫病是严重威胁人民健康的重要疾病。卫生部门将流行最为严重、为害最烈的血吸虫病、疟疾、丝虫病、钩虫病和黑热病列为我国五大寄生虫病。据建国初期的调查估算,血吸虫、疟疾和丝虫病患者就达7000 万人。

血吸虫病在我国 12 个省、市、自治区的 348 个县、市流行。建国初期,有几十万晚期病人和大批急性感染病人在死亡线上挣扎,急需进行抢救。1949 年以后,卫生部门派出大批干部和医务人员到严重流行区开展防治工作。1955 年中共中央发出"全党动员,全民动手,消灭血吸虫病"的号召,并在 11 月成立了中共中央防治血吸虫病领导小组,在上海设立办事机构,处理日常事务,并要求疫区省、地、县各级党委也成立相应的机构,由一名书记挂帅,把消灭血吸虫病列入党委议事日程。1957 年 4 月 20 日国务院颁发《关于消灭血吸虫病的指示》,要求流行区各级政府必须迅速建立防治机构,根据国务院的指示精神,卫生部成立了血吸虫病防治局,省、地、县各级卫生部门建立防治所、站、组等专业机构。在治疗患者的同时,积极进行群众性的灭螺、防护、管粪等工作。1958 年江西省余江县首先消灭血吸虫病,毛泽东写了《送瘟神》的诗篇,极大鼓舞了广大人民消灭血吸虫病的信心和决心。80 年代初,全国地、县两级的防治所、站共有 240 多个,区、社(乡)防治组有 1600多个,防治人员有 16000 多人。至 1983 年年底,全国累计查出钉螺面积达 140 亿平方米,患者 1317 万人,病牛近 120 万头。已在 110 亿平方米的面积上消灭了钉螺,占钉螺面积的 78%;治愈患者 1000 多万人,占病人总数的 88%。有 191 个县、市达到了基本消灭血吸虫病的标准,56 个县、市已经达到了消灭血吸虫病的标准。1991 年国务院制定《全国综合治理血吸虫病"八五"规划》,经过5年的努力,全国慢性血吸虫病人人数下降了43.2%,晚期血吸虫病人人数下降了20.9%,急性血吸虫病年均发病人数比"七五"期间下降了66.7%;在391个血吸虫病流行县中,有222个县达到消灭血吸虫病标准,56个县达到基本消灭血吸虫标准。但由于血吸虫病流行地的状况复杂,防治血吸虫病的任务仍很艰巨,一些已经消灭了血吸虫病的地方仍有反复。据卫生部统计公报:1997年血吸虫病流行县、市、区仍有404个,流行区人口6667.47万人,年底实有病人数790851人,期内治疗病人数294373人,累计达到消灭标准县、市、区数234个。而1999年流行县、市、区数409个,流行区人口数10454.48万人,年底实有病人数366784人,期内治疗病人数309856人,累计达到消灭标准县、市、区数238个。

疟疾是一种由蚊虫传播的寄生虫病,在我国分布广泛,严重威胁着广大人民群众的健康和生命。恶性疟、间日疟、三日疟、蛋形疟在我国均有发生。恶性疟在我国南方各省流行很广,症状严重,容易导致死亡。海南和云南是我国疟疾流行较为严重的省,同时两省也是我国恶性疟疾的主要流行区,其患病人数占全国的96.4%。广东、广西、福建、贵州、四川、安徽、湖北、河南、江苏疟疾发病率也较高。新中国成立后,中央即在疟疾为害严重的地区积极开展防治工作,救治患者,组建防治机构,调查疫情。1953年,中央卫生研究院在海南岛设立了疟疾研究站,到1955年疟疾流行的云南、贵州、福建、广东、广西、浙江、江西、湖南、湖北、四川、安徽、新疆等省,建立了疟疾防治所(站)39个。1956年召开了"全国疟疾防治工作会议",制定防治规划,开始了全面的防治工作,有计划地培训了大批疟疾防治干部,进行疟疾防治,全国疟疾发病率有了显著下降。但是这时的防治还不稳定。1960年疟疾暴发流行发病人数达到1023万人,河南、山东、安徽、江苏、河北5省,发病人数就达950多万人。而1970年由于"文化大革命"的冲击,疟疾防治工作中断,导致疟疾的再度大暴发,湖北、安徽、河南、江苏、山东5省发病人数就高达2198万人,全国发病人数高达2411万人。1967

年 5 月,经国务院批准,成立了全国疟疾防治研究小组,设置办公室。
1973 年卫生部组织调查组,调查疟疾疫情并向国务院报告,经国务院
批准,江苏、安徽、河南、湖北、山东 5 省在 1974 年实行疟疾联防,5 省
还开展了大规模的群众性的防蚊灭蚊以及防治疟疾运动,并采取集体
服药等防治措施。1981 年 3 月卫生部在医学科学委员会之下成立了
疟疾专题委员会,专题委员会制定了《1983—1985 年全国疟疾防治规
划》,并派出专家到疟疾流行省份进行技术指导。经过综合防治,疟疾
发病人数逐年减少,疟疾发病率大大降低,全国出现了一批基本消灭疟
疾的地区。建国初期疟疾肆虐的海南岛和云南,到 70 年代控制了暴发
流行,疫情稳定下降,但云南南部和海南山区恶性疟疾仍比较普遍。
1983 年全国的发病率为 0.14%,较 1954 年的 1.23% 下降了 88.6%,
疟疾病死率比 1950 年下降了 99.4%。据 1985 年 1—10 月疫情统计,
苏、鲁、豫、皖、鄂五省共发生疟疾病人 352562 人,发病率为 11.29/万,
降到历史最低水平。但由于各种原因,一些地方疟疾发病率有所上升,
防治疟疾的任务仍很艰巨。

黑热病是严重危害我国人民的寄生虫病之一,流行于长江以北的
13 个省、自治区的 650 个县、市。新中国成立初期估计至少有病人 53
万人。它是由杜氏利什曼原虫所引起的。患者多是儿童和青少年,症
状为长期不规则发热,脾脏、肝脏肿大,随着病情发展,患者逐渐消瘦贫
血,面部可有色素沉着,如果没有适当的治疗,常在得病后一两年内因
继发感染或其他并发症而死亡。建国之初,卫生部在 1950 年提出在黑
热病流行区,组建黑热病防治所(队),在黑热病流行最严重的华东地
区首先建立了专门的防治研究所,河南、河北、陕西、甘肃等省也先后设
立了专业防治机构,展开对黑热病的调查研究和防治工作。1951 年在
卫生部召开的全国防疫工作会议上,制定了清除传染源与扑灭传播媒
介的综合防治措施,对确诊病人进行免费治疗。1951—1958 年,全国
共治疗黑热病人 63 万余人,使大量病人恢复了健康。至 1958 年,山
东、江苏、安徽、河南、河北等省基本上消除了黑热病。新疆、甘肃、内蒙

古的一些荒漠和山区还有少量病人。

丝虫病也是在我国广泛流行的寄生虫病,主要有班氏丝虫病和马来丝虫病,其病原体分别为班氏丝虫和马来丝虫,由蚊子传播。这两种丝虫的成虫寄生于人体的淋巴系统内,引起淋巴发炎以及肢体和阴囊象皮肿、乳糜尿及睾丸鞘膜积液等症状。根据调查资料,建国初我国共有丝虫病患者3099万多人。新中国成立后,对丝虫病进行了调查和大规模地防治,1956年国家将丝虫病列入国家规划,并培训防治人员。1956—1960年,共普查11946.3万人次,普治527.8万人次。1970—1980年共普查38726.4万人次,普治5017.3万人次。通过防治,普遍降低了人群的丝虫感染率。至1981年年底,全国864个流行县(市)已经有265个达到基本消灭丝虫病的标准。[1] 到1983年年底,估计全国尚有丝虫病患者668.2万人。至1985年11月,全国已有山东、贵州、广西、上海4个省、自治区、直辖市基本消灭了丝虫病。全国864个丝虫病流行县(市)中有660个达到基本消灭丝虫病标准,占总流行县(市)数的76.4%。[2]

地方病是指由于水土等因素造成在某些特定地区内经常发生的疾病。我国的地方病病区广,病人多,病情重,危害大。全国近80%的地区有地方病,受地方病威胁的人口达4亿多人,患有各种不同程度的地方病的病人达3600多万。克山病、大骨节病、地方性甲状腺肿、地方性氟中毒等是严重危害人民健康的疾病。[3] 新中国成立后,人民政府非常重视地方病的防治工作。1950年在吉林抚松成立了地方病专业防治研究组织,1956年编制的《全国农业发展纲要》,也明确提出要积极防治甲状腺肿、大骨节病、克山病等。中共中央于1960年成立了中央

---

① 《中国卫生年鉴》编辑委员会:《中国卫生年鉴1983》,人民卫生出版社1984年版,第88页。

② 《中国卫生年鉴》编辑委员会:《中国卫生年鉴1986》,人民卫生出版社1987年版,第27页。

③ 黄永昌主编:《中国卫生国情》,上海医科大学出版社1994年版,第22页。

北方防治地方病领导小组,设立办事机构,加强对地方病防治工作的领导。建立健全地方病防治网,组织多学科专家对地方病进行调查研究,使我国的地方病防治取得了重大进展,减轻了病区人民的痛苦。

克山病是一种病因不明的地方性心肌病,患病的人心悸气短,周身无力,心脏扩大,心律失常,严重者心力衰竭,丧失劳动能力甚至丧失生命。该病流行于我国的黑龙江、吉林等十几个省、自治区的 309 个县(旗)。其中以黑龙江省的克山县为最严重。据东北人民政府卫生部 1949 年 12 月调查,在当地人口的死因中,克山病致死占首位,达 46.6%。1952 年黑龙江省组织了克山病调查团深入克山县进行病情调查。1959 年冬春之交,东北地区克山病暴发流行,发病率达万分之六,1962 年克山病流行,急性病人病死率高达 40.25%,而 1964—1965 年流行时,急性克山病人达 20183 人。中央卫生部组织国内众多专家奔赴病区开展防治工作,提出了防寒、防烟、防潮,改良水质、改变饮食习惯、改善环境卫生、改善居住条件的综合性预防措施,以及早期发现、早期诊断、早期治疗的防治方针。1973 年 4 月,在周恩来总理的倡导下,成立了全国克山病病因研究协作组,经过多学科科学工作者多年的研究,发现了缺硒是克山病的致病原因之一,通过口服亚硒酸钠预防,和改变种植结构,以及人文经济变化,我国克山病的发病率和死亡率持续逐年下降,至 90 年代初,全国有病人 20 多万人。据卫生部统计,1997 年全国克山病流行县数 329 个,病区县人口总数为 12661.26 万人,有病人数 5.08 万人,基本控制县数累计为 240 个。

大骨节病是一种病因不明的地方性骨关节病,患者主要是关节疼痛、增粗变形、肌肉萎缩和运动障碍。因其主要特征是骨关节增粗,因而叫大骨节病,西北地区群众叫柳拐子病。大骨节病主要发生在儿童、少年时期,重者身材矮小,手指(脚趾)变形,臂弯腿短,走路时呈“鸭子步”。不少妇女因患大骨节病,骨盆变形,分娩时难产,重者造成母子双亡。大骨节病主要流行于黑龙江、吉林、辽宁、北京、河北、内蒙古、山东、山西、河南、陕西、甘肃、青海、四川、西藏等 14 个省、市、自治区的

302 个县。有病人 1760640 人,受威胁人口达 3500 万。其中,黑龙江、吉林、陕西、甘肃、内蒙古等省、自治区和四川省的阿坝藏族自治州的病情较重。大骨节病流行的各省、自治区成立了防治大骨节病的专业机构,对大骨节病进行了综合性防治。50—60 年代进行的调换粮食以及作物种植多样化进行预防,70—80 年代服亚硒酸钠和硒盐预防,使大骨节病病情得到控制,病情呈下降趋势。但因该病受环境因素影响,年度发病率不恒定,病情起落较大。据卫生部统计,到 1997 年大骨节病流行县区数有 335 个,流行区共有人口 9560 万人,现有病人 108.45 万人,基本控制县数有 98 个。

碘缺乏病是我国一种广泛存在的地方性疾病。由于自然环境中的水、土壤缺乏碘造成食物中碘含量偏低,使人体因碘摄入不足而导致甲状腺肿大和地方性克汀病以及由于缺碘造成孕妇流产、早产、死产,严重影响儿童的脑发育,造成智力损害。我国是世界上严重缺碘的国家,除上海市外,其他各省、市、自治区都有该病流行,尤其是青海、宁夏、甘肃、陕西、新疆、西藏、云南、贵州、四川、广西、河南、河北、陕西、辽宁、吉林等省区病情较重。至 1981 年年底全国地方性甲状腺肿发病县(旗、市)共有 1264 个,病人 1208 万多人。在地方性甲状腺肿病人后代中检出地方性克汀病人 25 万多人。病区受威胁人口达 26304 万多人。[①]新中国成立后,就在一些地区开展食盐加碘防治地方性甲状腺肿病工作,1966 年 8 月 8 日和 1976 年 6 月 14 日,国家轻工业部、卫生部、商业部和全国供销合作总社(简称三部一社),先后两次下发《加强食盐加碘防治地方性甲状腺肿病的联合通知》。1979 年 12 月国务院批转《食盐加碘防治地方性甲状腺肿暂行办法》,1979—1982 年三部一社和中共中央地方病防治领导小组办公室组织了三次大型的食盐加碘防治地方性甲状腺肿病对口检查,推动了食盐加碘工作和地方性甲状腺肿的

---

① 《中国卫生年鉴》编辑委员会:《中国卫生年鉴1983》,人民卫生出版社1984 年版,第 94 页。

防治工作。至1985年查明全国累计地方性甲状腺肿病人3500多万人,全国累计治愈病人2400多万人。一些省、自治区、直辖市基本控制了地方性甲状腺肿病。但自然环境的影响,使我国的碘缺乏病防治工作任务艰巨。国务院在1993年成立了碘缺乏病协调领导小组,1994年8月颁布了《食盐加碘消除碘缺乏危害管理条例》等,经过努力,我国消除碘缺乏病工作取得了很大成绩,青少年碘营养水平有了明显改善,但实现控制碘缺乏病的目标仍有待努力,据卫生部统计,1997年全国碘缺乏病(缺海南省数字)流行县数共2345个,流行区人口总数96893.74万人,现有病人1189.17万人,基本控制县数362个。

地方性氟中毒是我国广泛存在的一种地方性疾病。它是一种氟的慢性中毒性疾病,致病原因主要是由于自然环境等因素造成居民饮水、食物或空气中氟的含量超过一定的浓度,氟在人体内不断蓄积,引起中毒。慢性全身性中毒表现,以牙齿和骨骼的中毒症状最为明显。疫区儿童换牙后,出现氟斑牙,牙齿变黄变脆,甚至脱落。在20岁以后,出现氟骨症,出现骨质钙化、增生、硬化或疏松,甚至骨骼、身体变形,使人常年瘫痪,病人骨关节疼痛,生活不便,给他们造成严重的痛苦。1949年以前在氟中毒严重流行的地方,流传的"硬硬病,瘫瘫病,医无方,药不灵,熬着日月等送命"的民谣,反映了氟中毒给人民带来的痛苦。新中国成立后对氟中毒的流行和发病情况进行了一些调查,1977年11月中央地方病防治领导小组在沈阳召开会议,把氟中毒列入重点加以防治的地方病,并要求各地制定防治工作规划。1978年后,对我国北方16个省、市、自治区和南方的部分地区,开展了大规模的地方性氟中毒流行病学调查和病情调查。北方16省、市、自治区查出氟斑牙患者13504339人,氟骨症患者746095人。1983年5月,经国务院批准,卫生部、水电部、地质矿产部、财政部联合发布了《改水防治地方性氟中毒暂行办法》,各地在建立健全氟中毒防治研究机构的同时,积极进行以改水为中心的防治氟中毒措施。到1984年年底,仅北方各地,总共完成的各种改水防氟工程就达10606项,受益的病区自然村屯10329

个,有889万人解除了高氟水的危害。在煤烟尘污染型氟中毒地区,进行改灶防氟计划。通过各种防氟措施,氟中毒得到了控制。但因是一种环境病,完全控制氟中毒,仍须付出艰巨努力。1997年我国水型地方性氟中毒病区县数1080个,病区人口52001.45万人,氟斑牙人2704.35万人,氟骨症病例121.69万人,基本控制县数141个,防治受益人口3523.93万人;煤烟污染型地方性氟中毒县数200个,仍有病区县人口9156.35万人,氟斑牙病1865.78万人,氟骨症病149.93万人,防治受益人口总数924.88万人。

我国是病毒性肝炎的高发区,其种类有甲、乙、丙、丁、戊型等几种,广泛分布于全国各地。建国初期,我国肝炎疫情稳定,50年代末曾发生流行。国家于1959年将肝炎正式列为法定传染病,并开展调查研究和防治工作。根据1979—1980年流行病学调查,平均患病率为1000/10万,罹患率达700/10万。但按肝炎类型分析,以甲型肝炎为主,一般在城市约占40%—50%,农村占20%—30%,全国甲型肝炎病毒抗体平均流行率高达70%以上。乙型肝炎同样是我国严重传染病之一,在急性肝炎病例中,城市约占40%,农村占20%—25%。[①] 1982年国家把肝炎列为卫生部门重点防治的疾病之一。各级政府部门对肝炎的防治十分重视,在肝炎的防治和研究方面,取得了一定的成绩。

麻风病是一种由麻风杆菌引起的慢性传染病,麻风杆菌主要侵犯神经和皮肤。最初皮肤发痒,重症须眉脱落,四肢身体变形。全国在1950年年初,根据典型调查,推算约有50万病人,主要分布在东南沿海、长江流域以及西南,但东北、华北、西北及西藏地区也有零散地流行。中华人民共和国成立后,在全国范围内开展了有组织的麻风病防治工作。设置麻风病院、村,对一些麻风病人进行隔离,免费治疗。1951年起卫生部委托医学院举办了7期麻风病医师培训班,培养了一

---

① 黄永昌主编:《中国卫生国情》,上海医科大学出版社1994年版,第419页。

批麻风病防治工作骨干,在此基础上,不同机构又多次举办训练班,组建麻风病防治网。1975年3月31日国务院、中央军委批转卫生部等6个部委文件,提出麻风病人较多的省、地、县成立麻风病防治领导小组,由当地政府的一位负责同志领导,卫生、公安、财政、农业、粮食、商业等有关部门分工负责,认真研究解决麻风病防治中存在的问题。1980年国务院提出加强对麻风病的统一领导。至1981年年底,共建立麻风病院、村、站1144所,专业防治人员8845人。1980年年底统计,累计麻风病人446730人,累计治愈259128人,现症病人为111490人。① 1981年11月在广州召开了全国麻风病防治工作会议,提出到20世纪末争取达到全国基本消灭麻风病。1982年5月14日卫生部颁发《全国麻风病防治管理条例》,1984年7月19日在广东省南海县平洲镇成立了中国麻风病防治研究中心,1985年3月成立了中国麻风防治协会,进一步开展麻风病的防治工作。随着医学科学的发展,1986年卫生部决定在全国推广联合化疗方案,到1998年全国麻风联合化疗的覆盖率达98.9%,新的治疗方法疗效显著,到1999年全国现症麻风病人登记数已减少到6000多人,许多省达到了基本消灭麻风病,病人主要集中在云南、贵州、四川的局部地区。但由于麻风病人的急剧减少,一些防治机构撤销过快,部分地区麻风病发病率有回升的趋势,我国每年还有新发麻风病人2000人左右,其中少年儿童占3%—4%,现症病人中畸残病人高达22%,对麻风病的防治仍不能放松。

结核病,又称"痨病",曾经是我国最严重的疾病之一。50年代初,南方城市的患病率高达5000/10万,北方为3000/10万。农村为1500/10万。新中国成立之前,全国只有13所结核病院,5所结核病防治所(站)。新中国成立后,首先在一些大城市建立了防痨机构,重点开展城市团体防痨,随后在农村进行了一些试点。对结核病人进行药

① 《中国卫生年鉴》编辑委员会:《中国卫生年鉴1983》,人民卫生出版社1984年版,第91页。

物治疗,同时随着卡介苗接种的普遍推广,预防为主也就成为结核病防治中的一项重要工作。到 60 年代,大城市患病率降到 2% 左右,死亡率降到 40/10 万左右。1978 年 5 月,全国结核病防治工作会议对防治结核病做出了规划,指出要加强领导,健全结核病防治网,抓紧农村和厂矿企业防痨,保证经费及药品器材的供应等。为推动结核病的防治工作,1979 年在全国范围内进行了一次结核病流行病学调查,结果显示我国结核病的平均患病率为 717/10 万人,全国有活动性结核病人 700 万人,每年有 350 万儿童受到结核菌感染。1981 年 6 月卫生部在北京、上海分别成立了全国结核病防治研究中心和分中心。1981 年全国有 110 所结核病院,24 个省级结核病防治所,376 个县级以上的防治所。经过积极防治,80 年代初结核病患病率已降为 340/10 万,但后来又略有上升。1982 年 7 月 20 日卫生部发布的《1981 年至 1990 年全国结核病防治工作规划》要求各省、市、自治区以 1979 年结核病流行病学调查时疫情结果为基点,到 1990 年肺结核患病率降低 30%—50%。1990 年全国患病率由 717/10 万下降到 400/10 万,涂阳患病率由 187/10 万降到 130/10 万。1992 年前后,"我国估计有 600 万活动性结核病人,而且这已成为过早死亡的重要原因,……在过去 10 年中,平均每年死于结核病约 36 万人(1989 年死亡 38 万人)。"①

　　性病,尤其是梅毒和淋病在新中国成立前流行很广。新中国成立后,人民政府把防治性病列为卫生工作的重点,一方面开展大规模的性病查治,另一方面取缔卖淫嫖娼,收容教育妓女,在短短几年的时间内,基本消灭了性病。但伴随我国改革开放的进展,一些丑恶的社会现象重新泛滥,1980 年后,卖淫嫖娼现象逐渐蔓延,性病这种在建国初被消灭的疾病又逐渐蔓延。许多性病患者与卖淫嫖娼的蔓延有直接的关系,并随着卖淫嫖娼的增多而急剧上升。据有关调查资料披露:"在短

---

① 黄永昌主编:《中国卫生国情》,上海医科大学出版社 1994 年版,第 412 页。

短的9年里,卖淫嫖娼丑行成几何级数飞速地增长——据不完全统计,1987年全国各地被公安部门抓获处理的暗娼达4万人……实际上从事卖淫的妇女至少不低于15.8万人。广交会期间各地娼妓集聚广州,在广州从事卖淫活动的多达3万人次。……目前在北京长期滞留的外地妇女多为青少年,在1988年春末至秋初间约有30多万人,其中有3%左右从事卖淫活动。……1987年性病患者已达40万人之巨,1988年估计已在百万左右。"据有关方面统计,卖淫嫖娼人员中约有40%患有性病。广州市抽查314名卖淫妇女,患性病的占76.7%。① 到1989年上半年,全国报告患者204077人。② 由于缺乏性病卫生知识,患病人员中95%的人不知性病的症状和患病原因,更加重了它的传播。1998年全国性病总报告中病例数超过63万,总发病率为50.68/10万。性病防治将成为社会和卫生部门的一项重要任务。

随着社会经济的发展,医学科学的进步,计划免疫体系的建立和普遍免疫的施行以及环境卫生的改造,传染病得到了有效的控制。中国疾病流行也发生了重大改变。根据统计,心脑血管病(高血压、脑卒中、冠心病等)、肿瘤、糖尿病等非传染性慢性疾病,成为威胁中国人民生命的主要疾病。根据统计显示我国主要慢性病的患病率由1985年的237‰增加到1994年的323‰,慢性病死亡占死亡的百分比不断上升,慢性病死亡占总死亡的70%以上。1995年全国死因顺位统计,城市前三位为:脑血管病、恶性肿瘤、呼吸系统疾病;农村为呼吸系统疾病、恶性肿瘤、脑血管病。1997年死因顺位统计,恶性肿瘤、脑血管病、心脏病居城镇居民死因的前三位,占总死因的62.11%。随着我国老年人口比例的增加,工业化和城市化进程的加速发展以及饮食结构、生活方式的变化,慢性病呈不断上升的趋势。慢性非传染性疾病,如循环系统(心脏病、脑血管病、高血压等)疾病、肿瘤、内分泌营养代谢性疾

① 彦欣编:《卖淫嫖娼与社会控制》,朝华出版社1992年版,第88—89、168页。
② 黄永昌主编:《中国卫生国情》,上海医科大学出版社1994年版,第424页。

病(糖尿病等)、运动系统疾病等患病率有较大程度的上升,如糖尿病在城市上升53%、农村上升128%。

高血压患病率呈明显上升的趋势,1979—1980年调查与1959年相比,北京、天津、辽宁等地20年中增加了1倍,上海也上升了约50%。据1991年全国抽样调查结果估算中国15岁以上人口中至少有临界以上高血压患者9000万人,而且每年还约产生新病人300万例。随着我国生活水平的提高和老龄化人口的增加,中国高血压患病率将持续上升。高血压是脑卒中、冠心病发病和死亡的主要原因。我国因脑卒中和冠心病而死亡的已占总死因的40%—50%。脑卒中每年发病约130万例,死亡约100万人,冠心病每年死亡约24万人。

恶性肿瘤等大幅度上升,我国每年新发现癌症患者约120万人。我国大气中的污染物主要是尘、二氧化硫、氮氧化物,三项累计每年都在几千万吨以上。大气污染引起的呼吸道疾病中最具危害的是肺癌。通过对我国22省市1973—1975年的统计,肺癌平均死亡率为10.42/10万,主要城市近十年来肺癌死亡率已上升了100%,竟达到了每10—15年要翻一番的程度。工业城市的肺癌死亡率要高出非工业城市3—4倍,比农村要高出更多。受大气污染严重的京、津、沪以及东北的一些城市,肺癌的标化死亡率比污染较轻的城市要高出一半左右。东北的沈阳市,1988年肺癌患者由1974年的370例急剧上升到1000多例。[1] 1991年,恶性肿瘤是城市地区居民的首位死亡原因。在恶性肿瘤中,肺癌死亡率最高,大城市为35.2/10万,中小城市为23.7/10万,并呈明显上升趋势。

二、政府与民间的医疗卫生设施

新中国成立后,为预防和消灭各种疾病,保护人民健康,延长人的寿命,增强人民的体质,在预防为主和卫生工作与群众运动相结合的卫

---

① 谢志强、梁洪波著:《城市病》,江西人民出版社1991年版,第25—26页。

生方针指导下,我国卫生防疫事业取得了重大进步,基本上形成了以卫生防疫站为主体,以地方病防治系统、国境卫生检疫系统和爱卫会系统相结合的防疫体系。

1949 年中央召开的各大区卫生部部长参加的第一届卫生行政会议提出了"预防为主,卫生工作的重点应放在保证生产建设和国防建设方面,面向农村、工矿,依靠群众,开展卫生保健工作"的卫生建设总方针。1950 年 8 月第一届全国卫生工作会议确定了"面向工农兵、预防为主、团结中西医"的指导方针。1952 年确定了卫生工作的四大方针:"面向工农兵、预防为主、团结中西医、卫生工作与群众运动相结合"。卫生工作方针明确规定了卫生工作必须为广大人民服务。随着社会发展,卫生组织结构与卫生保健制度逐步形成和完善。在 1990 年12 月 30 日中共十三届中央委员会第七次会议通过的《中共中央关于制定国民经济和社会发展十年规划和"八五"计划的建议》中又进一步提出:"卫生工作要贯彻预防为主、依靠科技进步、动员全社会参与、中西医并重、为人民健康服务"的方针。1991 年 4 月,在第七届全国人民代表大会第四次会议上,提出了新的历史时期的卫生工作的方针:"贯彻预防为主,依靠科技进步,动员全社会参与,中西医并重,为人民健康服务"的方针。同时,把医疗卫生工作的重点放在农村。在这些卫生方针的指导下,我国的医疗卫生事业有了飞速发展。

新中国成立前,我国广大农村缺医少药,医疗卫生机构、设施贫乏,农民健康毫无保障。新中国成立初期,国家接管了国民政府遗留下来的官办医院和西方教会开办的教会医院,并加以整顿,同时为满足人民就医的需要,国家还陆续兴办了一些规模较大的医院。但当时我国医药卫生战线上的医务人员 80% 是个体开业,这是医药战线的主要力量。国家为解决人民的医疗问题,鼓励他们个体开业或坐堂看病。1950 年8 月卫生部在全国卫生会议上提出了县设卫生院、区设卫生所、乡设卫生委员、村设卫生员的要求。周恩来还明确指示:"在最近几年内,在每个县和区建立卫生工作机构,以改进中国人民长期的健康不良情况。"国家在县和区一级建立全民所有制的卫生院和卫生所,农村和城市街道普遍兴办联合诊所。联合诊所很快发展起来,成为城镇基层卫生组织的主要形式。医疗卫生机构得到了迅速发展。1949 年机构总数 3670 个,其中医院 2600 个,门诊部、所 769 个;床位数 84625 张。1957 年机构总数 122954 个,其中医院 4179 个,门诊部、所 102262 个,床位 461802 张;1965 年机构总数 224266 个,其中医院 42711 个,门诊部所 170430 个,病床 1033305 张。农业合作化后,县医院、公社卫生院、生产大队保健站(卫生所)的三级医疗预防保健网建设不断发展和完善。全国县医院机构、床位、人员数都有较大的增长。1947 年有县医院 1437 个,床位 11224 张,人员 13202 人;1957 年有县医院 2193 个,床位 69545 张,人员 86123 人;1982 年有县医院 2363 个,病床 343252 张,人员 409710 人。全国农村公社卫生院机构、床位、人员数也迅速发展,1965 年有卫生院 36965 个,病床 132487 张,人员 245361 人;1975 年有卫生院 54026 个,病床 620281 张,人员 860773 人;1982 年有卫生院 55496 个,病床 753232 张,人员 1072533 人。①

　　为了改变广大农村缺医少药问题,从建国初起,就开始培养适合农村需要的医务人员。根据"就地培养、短期速成、学用结合、复训提高"的精神把群众性卫生运动中涌现出来的具有一定文化水平的积极分子培养成为农村卫生员,改造了大量的旧产婆,培训了一大批具有一技之长的中西医药卫生人员,使他们在防病治病等方面发挥了重要作用。随着国民经济的发展,对农村卫生保健工作提出新的要求,从 1965 年开始进行培养农村半农半医人员的工作。当时只用了两年的时间,就为农村培养了半农半医 16 万多人。由于这些人员来自农村,服务于农村,群众用得上,养得起,因此深受群众欢迎。此后半农半医又易名为赤脚医生。1970 年全国有生产大队赤脚医生 1218266 人,接生员

3561014 人;1975 年有赤脚医生 1559214 人,脱产不脱产接生员 3897665 人;1982 年有赤脚医生 1348784 人,不脱产的卫生员和接生员 219 万余人;1982 年年底,全国有农村生产大队卫生所(医疗站) 608431 个,占生产大队总数的 84.7%。① 为了更好地发挥他们在农村 医疗网中的作用,通过考核的方式,对于达到中等卫生学校医士专业水 平的"赤脚医生",确定为"乡村医生",并发给证书。1984 年,经考试 被授予"乡村医生"的共有 498529 人。1986 年后,越来越多的农村卫 生人员获得"乡村医生"证书。1985 年全国共有行政村 71.66 万个,有 62.60 万个村设置了医疗点,共计 77.77 万个,其中村或群众集体办的 有 30.55 万个,乡村医生或卫生员联合办的有 8.88 万个,个体办的有 32.39 万个。1999 年设医疗点的村数为 65.48 万个,共有医疗点 71.67 万个,村或群众集体办的有 31.41 万个,乡村医生或卫生员联合办的有 8.84 万个,个体办的有 25.40 万个。②

同时国家重点投资新建和扩建了省、市(地)、县三级综合医院。 综合医院由于科室较全,设备较好,技术力量较强,是人民医疗的骨干 力量。随着医学技术的发展和医疗队伍的壮大,在大力建设和发展综 合医院的基础上,在全国范围内又兴建了各种专科医院,如传染病院、 结核病院、麻风病院、妇产医院、儿童医院、肿瘤医院等。据 1993 年国 家卫生服务调查报告,1992 年平均每一个市或市区卫生机构数为 175 个(其中大城市市区为 213 个、中城市为 153 个、小城市为 155 个)。平 均每个市或市区有 18 所医院(大城市市区 18 所、中等城市 12 所、小城 市 25 所),其中:县及县以上医院 11 所(大城市市区 11 所、中等城市 10 所、小城市 11 所),街道卫生院 7 个,门诊部(所)125 个,卫生防疫

① 《中国卫生年鉴》编辑委员会:《中国卫生年鉴 1983》,人民卫生出版社 1984 年版,第 60 页。

② 国家统计局人口和社会科技统计司编:《中国社会统计资料 2000》,中国 统计出版社 2000 年版,第 177 页。

站 1 个,妇幼保健所(站)1 个。1992 年,平均每个市或市区医院床位数 2717 张(大城市市区 3321 张、中等城市 2253 张、小城市 2518 张),其中,县级以上医院的床位数占 80%。平均每县医院床位数 819 张。城市形成了街道卫生院和工厂保健站;区级综合医院、专科防治所、保健所、企业职工医院;省市级综合医院、教学医院和企业中心医院的三级医疗保健网。

中医药学是我国人民长期与疾病作斗争的智慧结晶,是我国医学科学的宝贵遗产,为我国人民的健康做出过重要贡献。新中国成立后,中共中央和中央人民政府十分重视发展中医药学,制定了保护和发展中医的方针政策。1950 年毛泽东为第一届全国卫生工作会议题词:"团结新老中西各部分医药卫生工作人员,组成巩固的统一战线,为开展伟大的人民卫生工作而奋斗。"团结中西医成为我国卫生工作的重要方针之一。1954 年卫生部成立了中医司,主管中医工作。11 月中共中央批转了《关于改进中医工作的报告》,阐明了党的中医政策,提出了改进中医的具体措施。1955 年成立了中医学术研究委员会。建国初期,中医绝大部分是个体开业,50 年代后期,逐步走上了集体化道路,国家把社会上散在的中医药人员组成了数万个联合诊所,建立了一批全民或集体所有制的中医门诊部和中医院,各级综合医院中绝大部分都设立了中医科。有 28 万名中医参加了这些医疗机构工作,改变了中医不能进医院的状况。同年开始举办西医离职学习中医班。1956 年经中共中央、国务院批准创办了北京、上海、广州、成都 4 所中医学院,把中医教育纳入国家高等医学教育的轨道。1958 年 1 月卫生部通知高等医药院校增设中医课程。1960 年中医医院发展到 330 所,病床14119 张。1965 年中医学院 21 所,中医学校 11 所,培养中医学徒近 6 万名。1963 年卫生部颁发了关于个体开业医生暂行管理办法。1965 年年底,全国城乡共有个体开业医生 4.5 万余人,其中绝大部分是中医。"文化大革命"期间,中医药工作受到了"四人帮"的严重干扰破坏,他们顽固推行歧视、排斥中医的政策,残酷迫害中医药人员,拆散中医药机构,摧残中医药事业。1977 年全国专业西医人数比 1959 年增长了 2.2 倍,而中医人数却比 1959 年减少了 1/3。1976 年后,中医又继续发展,1978 年卫生部向党中央提出了进一步加强中医工作的报告,党中央在批示中重申了党的中医政策,强调指出,在发展西医队伍的同时,必须大力加快发展中医中药事业,要为中医创造良好的发展与提高的物质条件,抓紧解决中医队伍后继乏人的问题。国务院专门批准了卫生部门招收 10000 名中医药人员的劳动指标。经过严格考核,从集体所有制医疗机构和散在城乡的民间医生中选拔了 1 万多名中医药人员,充实全民所有制机构。到 1982 年中医医院从 1976 年的 171 所发展到 1982 年的 848 所,病床由 15128 张,发展到 62964 张。全国专业中医人员 30.3 万人,中药人员 14 万余人。各地个体开业的中医越来越多。全国卫生部门县以上医院 4284 所,床位 683744 张,其中中医医院仅 184 所,床位只有 16609 张。① 据 1988 年统计,全国已建成中医医院 1953 所,床位 16.1 万张,分别是解放初期的 103 倍和 720 倍。同时,在全国 6 万余所医院中,有 95% 设有中医科,拥有床位 1.4 万余张,全国卫生系统中医药人员达 53.2 万人,其中中医师 19.2 万人,中医士 10.9 万人。②

同时中西医结合工作也取得了明显成绩。截至 1981 年,全国西医离职学习中医班结业人数为 129456 人,其中学习二年以上的 4075 人,一年至二年的 23809 人,六个月至一年的 101572 人。③ 另外,国家也十分重视民族医药的发展,1951 年 12 月《全国少数民族卫生工作方案》指出:"对于用草药土方治病之民族医应尽量团结与提高。"

① 《中国卫生年鉴》编辑委员会:《中国卫生年鉴 1983》,人民卫生出版社 1984 年版,第 142、208 页。

② 朱潮、张慰丰编著:《新中国医学教育史》,北京医科大学、中国协和医科大学联合出版社 1990 年版,第 209—210 页。

③ 《中国卫生年鉴》编辑委员会:《中国卫生年鉴 1983》,人民卫生出版社 1984 年版,第 150 页。

1956 年,内蒙古自治区创办了中蒙医医院和中蒙医药研究所,内蒙古医学院设立了蒙医专业。1982 年我国少数民族医药人员总数为3402 人,其中藏医 405 人,蒙医 2754 人,维吾尔医 231 人,傣医12 人。①

新中国成立后为贯彻"预防为主"的卫生工作方针,控制和消灭传染病,保护人民健康积极推广人民的医药卫生事业,1953 年 1月经政务院批准,决定在全国范围内建立卫生防疫站。此后,各级防疫站以及铁路、交通、大型厂矿防疫站和专科防治所相继建立,形成了全国的预防防疫网络。进行急、慢性传染病、寄生虫病、地方病的控制工作,实行计划免疫,依法对劳动卫生、环境卫生、食品卫生进行监测监督等。卫生防疫站是国家卫生事业的重要组成部分,是应用预防医学理论和技术进行疾病控制、监测、卫生监督、宣传、科研、培训相结合的综合性的专业机构。至 1982 年,全国有卫生防疫站 3271 个,职工 122526 人,其中卫生技术人员 96965 人。② 至 1990 年年底,全国共有各级卫生防疫站 3618 所。1999 年全国有卫生防疫站 3627 所。卫生防疫在减少、控制和消灭传染病、寄生虫病、地方病等严重危害人民健康的疾病,指导改善城乡卫生状况,保障人民健康方面起到了重要作用。

爱国卫生运动委员会。开展爱国卫生运动是新中国的一大创举。1952 年 3 月 14 日,政务院会议通过决议,成立中央爱国卫生运动委员会,周恩来总理亲自担任主任委员。1952 年 12 月,政务院在《关于1953 年继续开展爱国卫生运动的指示》中规定,从中央到地方成立各级爱卫会,并对人员组成和领导关系做了明确规定。全国有全国爱国卫生运动委员会(简称爱卫会),省、县各级均设有相对应的委员会。

---

① 《中国卫生年鉴》编辑委员会:《中国卫生年鉴 1983》,人民卫生出版社1984 年版,第 155 页。

② 《中国卫生年鉴 1983》,人民卫生出版社 1984 年版,第 76 页。

1982年12月国务院又规定"各级爱卫会办公室是爱卫会的办事机构,也是各级政府中长设的行政机构。"爱卫会既是一个在卫生工作中协调社会经济部门共同行动的协调机构,又是组织动员群众参与卫生活动的组织。它在"移风易俗,改造国家"的活动中,在农村开展了"两管五改"(管水、管粪,改水井、改厕所、改炉灶、改牲畜圈棚、改室内外环境)工作,在城市进行加强市政建设中的卫生配套工程,增加卫生设施,进行城市卫生基本建设,解决垃圾、粪便与污水的清运与无害化处理。在卫生宣传教育与健康教育方面,在配合卫生防疫与卫生监督进行公共卫生监测与监督等等方面,发挥着自己的功能,起着积极作用,取得多方面的效果与效益。

在医疗体制方面,1980年国务院批准卫生部《关于允许个体开业行医问题的指示》,把个体开业行医作为全民所有制和集体所有制卫生机构的补充,积极加强对个体医师的扶持和管理,确保服务质量。1981年全国卫生厅局长会议认为要进一步放宽政策,允许卫生机构形式多样化,把卫生工作搞活。合作医疗是一种好的医疗制度,但不能把它作为农村办医的唯一形式。赤脚医生经过考核,达到相当于中专水平的赤脚医生,可以发给"乡村医生"证书。并强调要加强农村、城市两个基层的卫生工作。城乡基层的卫生机构,有全民的、大集体的、小集体的,还有个体的,促进了我国多种形式的医疗机构的发展,适应了人民群众对医疗保健的需求。《1993年国家卫生服务调查分析报告》显示的调查人口中,农民经常就诊的医疗卫生单位:个体开业占7.63%、卫生室站占47.69%、门诊部所占3.47%、乡镇街道卫生院占19.51%、县市区级医院占8.08%、地市级医院占7.79%、省部级医院占3.55%、部队医院占0.26%、县及县以上中医院占1.03%。城市居民经常在街道卫生院及以下的医疗单位就诊的比例不足25%,经常在县及县以上医院就诊的比例在75%;农村居民经常就诊的单位是卫生室59.00%,其次是乡镇卫生院23.66%,也就是说91.52%的农村居民经常就诊的医疗单位是乡镇卫生院及以下的医疗卫生单位。居民去第一级医疗卫生机构的方便程度,即满足居民最基本医疗卫生需求在空间上的难易程度不断降低。72.16%的住户离基层卫生组织的距离在1公里之内,13.05%的住户在1至2公里之间,3至4公里占3.00%,4至5公里占1.82%,5公里及以上占2.92%。城市地区82.52%的住户在1公里之内,农村住户只占67.84%,尤其是经济欠发达的农村地区,离最近的基层卫生组织的距离在5公里及以上的比例达到10.6%,农村居民就医比城市居民难。

20世纪最后的近10年的时间是建国以来我国卫生事业发展最快的时期。不论是医疗卫生机构的规模,还是卫生人力、物力和财力的数量和质量,均有较大幅度的增加和提高。截止到1998年,全国医院和卫生院6.8万所,门诊部(所)和单位医务室22.9万个(包括私人办诊所12.5万个,不包括村卫生室);全国医院和卫生院人员总数达423万人(其中:卫生技术人员达338万),门诊部(所)和单位医务室卫技人员近50万人;医院、卫生院病床数达291万张。医疗机构、人力和物力不仅在规模上扩大,而且在质量上也有较大程度提高:改革开放以来,全国高、中等医药院校为卫生行业输送了近250万名毕业生;各级政府共拨款600多亿元用于卫生系统的基本建设;高新尖医疗技术和装备广泛使用,大型医疗仪器设备更新换代加快,提高了医院的诊治水平。但是,医疗卫生机构、人力和物力的发展相对集中在城市地区。据统计,国家和各级财政对卫生投入的80%集中在城市,其中又有80%集中在城市大医院。一些符合公众利益、具有更大社会效益的预防保健、基本医疗服务和涉及9亿人口的农村卫生等方面的工作,却因社会筹资困难而发展缓慢,甚至有些已开展的工作难以为继。80年代至90年代末,全国医生数平均每年递增4.8%,护理人员数递增6.4%,医院、卫生院床位数递增3.5%,城镇职工看病难的问题基本解决。但卫生资源配置和结构不合理,中国医疗资源约80%集中在城市,其中三分之二又集中在大医院。城市医生和医院床位比需要量多20%—25%,一些大型诊疗设备拥有量比需要量多25%—33%。而基层卫生服务和农村的卫生资源严重不足。① 虽然存在这些不足,但总的来看,中国的卫生工作在全面提高人口素质、保障人民健康、促进经济和社会发展方面发挥了积极作用。

第二节　社会生活保障

社会生活保障主要是指国家为公民提供一系列的基本生活保障,使公民在年老、疾病、失业、灾害及丧失劳动能力等情况下,从国家和社会获得物质帮助以保证基本生活制度。国家主要通过立法来保障它的实施,它是具有强制性的社会福利和社会互济行为。《中华人民共和国宪法》(1982年12月4日第五届全国人民代表大会第五次会议通过,1982年12月4日全国人民代表大会公告公布施行)明确规定"中华人民共和国公民在年老、疾病或者丧失劳动能力的情况下,有从国家和社会获得物质帮助的权利。国家发展为公民享受这些权利所需要的社会保险、社会救济和医疗卫生事业。""国家和社会保障残废军人的生活,抚恤烈士家属,优待军人家属。""国家和社会帮助安排盲、聋、哑和其他有残疾的公民的劳动、生活和教育。"在现阶段的中国,它是促进经济持续发展,各项改革顺利推进,保持社会稳定的重要保证。我国社会保障的内容主要包括社会救济、社会优抚、社会保险、社会福利等四个方面的内容。包括职工离退休和伤残生活保障;劳保医疗、公费医疗和合作医疗;军属、烈属、伤残军人、复员军人的优抚待遇;城乡困难户、灾民的救济;聋哑盲等残疾人的社会福利待遇。

---

① 宋晓梧:《进展与突破:城镇医药卫生体制改革》,见汝信、陆学艺、单天伦主编:《2001年:中国社会形势分析与预测》,社会科学文献出版社2001年版,第76—78页。

一、社会救济

社会救济是国家和社会对遭受自然灾害、不幸事故和生活贫困者提供物质帮助的社会保障制度。它的主要对象是遭受自然灾害的灾民、暂时或永久失去劳动能力、无固定职业和固定收入难以维持基本生活的居民。社会救济是我国社会保障事业的一个重要组成部分。中国共产党是全心全意为人民服务的政党,消除贫困,解决人民的温饱问题,带领中国人民致富,建设小康社会,是党和人民政府的目标之一。

1949年12月19日,中央人民政府政务院发出《关于生产救灾的指示》,指出:"大多数人的力量尤其是大多数人有组织有领导的力量,实行生产自救和互助,其力量是无穷的。""各级人民政府应给予灾民或合作社一部分贷款,并拨出一部分救济粮扶助灾民生产自救。"各级人民政府须组织生产救灾委员会,包括民政、财政、工业、农业、贸易、合作、卫生等部门及人民团体代表,由各级人民政府首长直接领导。1950年2月27日正式成立了中央救灾委员会。要求各级人民政府和人民团体以生产救灾为工作的中心。1950年4月成立了中国人民救济总会,其主要任务是在党和政府的领导下,团结并领导全国从事救济福利事业的团体和个人,协助政府组织群众进行生产节约、劳动互助,以推进人民大众的救济福利事业。

由于国民党的内战政策和恶性的通货膨胀,造成了民族资本主义工商业大批倒闭,城市中存在大量失业现象。失业工人、店员、知识分子和广大贫民饥寒交迫,大批国民党军队的散兵游勇和因躲避战争或因灾背井离乡的农民流落街头,亟待救济。新中国成立后,人民政府针对这种情况,采取了救济城市贫民、失业工人、失业知识分子,组织他们生产自救,救济农村因灾生活困难的群众,同时疏散城市流浪人口,动员和遣送流入城市的农民回乡生产。1950年,中央人民政府内务部在第一次全国民政会议上提出了"生产自救,节约度荒,群众互助,以工代赈,并辅之以必要的救济"的救灾方针。为了救济失业人员,中央人民政府政务院 1950 年发出了《关于救济失业工人的指示》,中央人民政府劳动部公布了《救济失业工人暂行办法》,对失业工人进行救济。采取以工代赈为主,同时进行生产自救,专业训练,帮助回乡生产和发放救济金等措施,使失业工人得到合理安置。据 1952 年不完全统计:上海、武汉等 8 个城市动员了 120 万灾民、难民回乡生产,发放工贷、农贷等粮食 26 亿斤,120 万城市贫民得到救济。新中国建国初期的社会救济有效地稳定了社会秩序,对于国民经济的恢复起到了重要的保证作用,为中国社会救济制度的创建奠定了基础。

　　1952 年后,随着国民经济的逐渐恢复,国家政权的巩固和完善,国民党统治时期遗留下的社会问题逐步得到解决,需要政府救济的主要是那些无依无靠,没有生活来源的孤、老、病、残、幼。

　　随着三大改造的完成,集体经济的逐渐建立,在农村出现了人口多、劳力少的困难户,在生活上需要政府救济。1956 年《高级农业生产合作社示范章程》中规定:"农业生产合作社对于缺乏劳动能力或完全丧失劳动能力者,生活上要给予适当的安排照顾,保证他们吃穿和烧柴的供应,保证年幼的受到教育和年老的死后安葬。"在《一九五六年到一九六七年全国农业发展纲要(修正草案)》中规定:"农业合作社对于社内缺乏劳动力、生活没有依靠的鳏寡孤独的社员,应当指定生产队或者生产小组在生产上给以适当的安排,使他们能够参加力能胜任的劳动;在生活上给以适当的照顾,做到保吃、保穿、保烧(燃料)、保教(儿童和少年)、保葬,使他们的生养死葬都有指靠。"后来在实践中又逐步发展完善,形成了保吃、保穿、保住、保医、保葬(对孤儿实行保教)的五保制度。随着合作化运动的发展,许多社、队(村)建起了对五保户集中供养的敬老院。长期的实践证明"集体供养、群众帮助、国家救济"三结合的五保户救济体制是符合我国的国情的。据有关部门统计,到 1989 年,全国有五保户 337.6 万人,其中有 307.2 万人的生活已有保证。乡、镇、村和个人办的敬老院 36750 所,入院孤寡老人 43.4 万人。

每人年均集体供养生活费441元。进入90年代,为了更好地做好五保供养工作,保障农村五保对象的正常生活,健全农村社会保障制度,1994年1月23日中华人民共和国国务院颁布实施了《农村五保供养工作条例》,规定五保供养的对象(以下简称"五保对象")是指"村民中符合下列条件的老年人、残疾人和未成年人:(一)无法定扶养义务人,或者虽有法定扶养义务人,但是扶养义务人无扶养能力的;(二)无劳动能力的;(三)无生活来源的"。条例还对五保供养的方式方法做出了规定。农村五保政策得到了较好的贯彻落实。1998年得到集体供给的有200.9万人,得到国家定救的有21.7万人,集体供给金18.1亿元,比上年增长了5.9%。国家为保障五保户的基本生活,还拨出救济款1.27亿元开展社会救济。农村五保户全年人均生活费869元,比上年增长了1.4%。1999年由集体供给的五保户195.4万人,集体优待五保统筹支出71.6亿元。集体供给金17.9亿元。国家为保障五保户的基本生活,拨出救济款1.55亿元。农村五保户全年人均生活费994元,比上年增长14.4%。

灾民救助是政府和社会对因自然灾害造成生活困难的居民实施临时生活救济,是中华人民共和国社会救济的重要内容之一。中国是世界上灾害频仍的国家之一,水、旱、雪、雹、风、滑坡、地震频繁发生,给人民的生命和财产造成重大损失。灾后,保障灾区人民的生活以及灾后生产恢复,成为灾害救济的重要工作。新中国成立后的1950年安徽北部水灾,国家拨给救济米、粮共4亿斤,救济晚秋种子款650亿元(旧币),拨发募集的衣服180余万套,寒衣贷金663亿余元(旧币)。由于我国人口的迅速增长,对食物的需求增加,生态破坏严重,我国自然灾害日趋频繁,近年来,我国旱、涝等各种自然灾害发生的频率越来越高,造成的损失也越来越大。据统计,全国平均洪涝干旱面积比建国初期增加了65%,自然灾害发生的次数及损失也成倍增长。全国成灾面积,80年代是50年代的2.1倍,是70年代的1.7倍。我国60年代因洪水灾害受灾人数平均每年520万人,70年代猛增到1540万人;60年代因干旱受灾人数平均每年1850万人,70年代增加到2440万人。干旱灾害天气造成的经济损失约占气候造成的总经济损失的50%左右,1950—1986年37年间平均每年旱灾面积约2000万公顷,占各种气候灾害影响总面积的59.3%。个别严重年影响更大,如1972年旱灾,全国受灾农田达3000万公顷,粮食减产39亿公斤。而雨涝灾害造成的损失占气候灾害造成的总经济损失的28%,1950—1986年平均每年雨涝面积约670万公顷,平均每年粮食减产约28亿公斤,其他如霜冻、低温、雪灾等也频繁发生。①“据统计,每年我国大约有2亿人口遭受自然灾害的袭击,在灾后需国家和社会提供物质帮助的灾民大约有7千万。”②在灾害发生以后,国家竭尽全力进行灾害的社会救济工作,把灾害造成的社会问题解决好。国家还广泛动员城市、工矿区以及非灾区的人民有组织地支援受灾地区,主动捐款捐物,对帮助灾区人民克服生产和生活困难发挥了重要作用。如唐山地震发生后,到1976年10月,全国支援救灾物资70万吨,其中熟食近500万公斤,成品粮500万公斤。1980年后,在联合国救灾署的要求下,中国开始在遇到灾害时,接受国外的援助和捐赠。1980年,湖北等省遭遇自然灾害,中国接受了20多个国家和国际组织提供的2000多万美元的物资援助。1983年政府救灾工作的基本方针是:“依靠群众,依靠集体,生产自救,互助互济,辅之以国家必要的救济和扶持”。其基本精神就是在充分调动灾区广大群众和集体经济组织的力量,自力更生地解决灾害带来的困难,努力恢复生产,增强自身的经济力量,满足灾后的生活需要;同时坚持“一方有难,八方支援”,实行全民抗灾救灾,对灾区群众和集体不能解决的困难,政府给予必要的救济和扶持。我国每年因灾转移和抢救转

---

① 中国科学院大气物理研究所、中国科学院国家计划委员会地球研究所、中国气象局国家气象中心编:《中国气候灾害分布图集》,海洋出版社1997年版,前言第4页。

② 陈良瑾主编:《社会保障教程》,知识出版社1990年版,第190页。

移灾民达 300 万人左右,国家对这部分人的吃饭、穿衣、居住、伤病治疗等给予妥善的安置和解决。国家每年拨出灾民生活救济款 6 亿—12 亿元,调拨供应灾民粮食 50 亿—70 亿公斤。1991 年苏、浙、沪、皖、湘、鄂、豫等省、市发生了严重的洪涝灾害,苏、皖两省灾情为百年所罕见。仅 7 月份,全国遭受洪涝灾害的 18 个省市,受灾面积就超过 1300 万亩,成灾面积 600 多万公顷。淮河流域受灾人口 6000 万人,倒塌房屋 120 多万间,直接经济损失 230 亿元。1998 年属重灾年份,特别是长江流域继 1954 年以来的又一次全流域性洪水,松花江和嫩江流域超历史记录的特大洪水,其发生范围、影响程度和造成的损失,均为建国以来最严重的。全国共有 3.5 亿人次受到各类灾害的影响,因灾死亡 5511 人,紧急转移安置 2082.4 万人次;倒塌房屋 821.4 万间,损坏房屋 1662.5 万间;农作物受灾 5014.5 万公顷,成灾 2518.1 万公顷,绝收 761.4 万公顷;各类灾害造成直接经济损失 3007.4 亿元。仅江西省就有 93 个县(市、区)2009.79 万人受灾,受灾农作物 158.4 万平方公里,成灾 123.5 万平方公里,直接经济损失 380 多亿元,农民人均收入比上年减少 59 元,灾区 80 万农民出现了新的返贫现象。① 在党中央、国务院的坚强领导和直接指挥下,全国军民同心同德、顽强拼搏,全力以赴抗御洪灾。为确保抗洪救灾的需要,中央加大了资金和物资的投入,全年下拨抗洪救灾资金 83.3 亿元,安排救灾化肥 20 万标准吨,救灾柴油 50 万吨。面对特大洪涝灾害,各级民政部门立足本职,服务大局,采取有力措施,及时查灾核灾,及时调拨、发放救灾款物,并在全国组织发动了建国以来规模最大的救灾捐赠活动。紧急募集境内外捐赠款物达 134 亿元,为中国有史以来接收捐款捐物最多的一年。其中,接受现金为 64 亿元;接受衣被 3 亿件,衣物折价 70 亿元;港澳台同胞及国外捐赠折合人民币 5.5 亿元,大大缓解了灾区的燃

---

① 陈双溪主编:《江西'98 特大洪涝气象分析与研究》,气象出版社 2000 年版,第 32 页。

眉之急。通过各方共同努力,1998年的抗洪救灾取得了全面胜利。受灾群众得到了妥善安置,其吃、穿、住、医等基本生活权益得到了有效的保障,灾区的恢复重建取得很大成绩,有力地促进了灾区的社会稳定和经济发展。1999年全国农作物受灾面积4998万公顷,其中成灾2673万公顷,绝收679.7万公顷,共有3.53亿人受到各类灾害影响,全年因灾死亡2966人,紧急转移安置灾民664.8万人,因灾倒塌房屋174.5万间。全年各类灾害造成的直接经济损失达1962亿元。灾区群众生活得到了妥善安排,全年共有3000多万人次得到口粮救济,560多万人次得到衣被救济,90多万人次得到医疗救济。中央和地方财政救灾支出35.6亿元,其中中央财政救灾款支出22亿元。为保障救灾的需要,民政部向灾区紧急调拨救灾专用帐篷2.8万顶。严重的自然灾害使政府和社会每年要把大量资金用于救济灾民和帮助灾民恢复生产上,1987年开始在7个省的9个县进行农村救灾合作保险试点,1988年扩大到27个省、自治区、直辖市的82个县,1986年冬至1988年底,82个试点县共筹集保险资金8,600多万元,相当于国家拨给这些县救灾款的3倍,不仅及时地解决了灾害造成的生产、生活问题,而且储备了近5,000万元的救灾基金。1989年扩大到102个县。

扶贫脱贫是我国改革开放后社会救济工作的发展,是农村社会救济工作的一种新的形式。改革开放政策大大改变了我国的面貌。但由于各种因素的存在,在一部分人、一部分地区先富裕起来的同时,也出现了相当数量的贫困人群。改革开放之初的1978年,我国农民人均收入133.57元,农村人均收入在200元以下的低收入人口占农村总人口的82.6%,其中,人均纯收入在150元以下的占农村总人口的65%。1985年农民人均收入增加到397.60元,贫困人口明显减少,但贫富分化的加剧使得贫困问题更显突出。到1985年底,全国农村年人均纯收入200元(相当于当时全国农村人均纯收入的50%)以下低收入人口仍有1.04亿,占农村人口总数的12.3%。其中,近4000万人年人均纯收入不足 150 元,占农村人口总数的 4.4%。① 80 年代国家成立了国务院扶贫开发领导小组,各省、自治区也都成立了相应的贫困地区经济开发组织机构,制定了明确的反贫困计划与目标。1982 年,国务院在甘肃的定西、河西和宁夏的西海固地区划定了 28 个重点扶持县,1986 年又在全国范围内确定了 273 个国家重点扶持贫困县,并成立了国务院扶贫开发领导小组,其职责是更好地协调各部门的扶贫工作,特别是加快贫困地区经济发展的速度。1988 年国家确定了 27 个国家重点扶持县,各省、自治区也根据各地的具体情况划定了 300 多个省级重点扶持县,到 1988 年底,全国共有贫困县 664 个。1994 年列入《国家“八七”扶贫攻坚计划》的贫困县有 592 个,国家计划用 7 年的时间解决当时的 8000 万贫困人口的温饱问题。国家对贫困地区集中投入较多的资金,扶持贫困农民单户或贫困集体发展工业、副业、种植业、养殖业等,增强他们的生产能力,逐步改变贫困面貌。扶贫资金的来源有:中央财政划拨的支援经济不发达地区发展资金;中国人民银行投放的“老少边穷地区开发贷款”和“扶持贫困地区专项贴息贷款”,中国农业银行投放的发展贫困地区经济贷款;地方财政划拨的扶贫专款;民政部门的扶贫款,以工代赈扶贫资金,机关、企事业单位、社会团体或个人无偿或有偿的资助等。财政信贷扶贫资金的总规模为每年 56.5 亿元,1984—1994 年,共安排了 7 批以工代赈扶贫计划,完成对贫困地区 218 亿元粮食和其他商品的投入。在动员社会力量扶贫上,截至 1995 年底,来自中央党政机关、群众团体、大型企事业单位共 122 个,向对口扶持的 330 个贫困县投入实物和资金 9.47 亿元,引进资金 9.9 亿元,各省、自治区参加对口扶贫的单位有 2364 个,直接投入扶贫资金 12.7 亿元,引进资金 16.6 亿元,另据权威部门的资料,现在扶贫资金每年 154 亿,加上专项 2 亿和每年的贴息 4 亿元,

① 郑杭生主编:《中国社会转型中的社会问题》,中国人民大学出版社 1996 年版,第 106 页。

共有160亿元。① 国家还对贫困地区的经济开发和扶贫对象发展生产,在政策上给予优惠照顾如减免税收,或者及时向贫困户传递有关信息,使贫困户生产的产品适销对路,从而增加收入等扶持措施。经过多年的努力,我国的扶贫工作取得了较大进展,1978—1999年,全国农村贫困人口从2.5亿人减少到3,400万人,贫困人口占乡村总人口的比重从31.6%下降到3.9%。② 我国有些地区的农村还建立了一些以救灾扶贫为目的的群众性互助互济组织,如救灾扶贫互助储金会,救灾扶贫基金会等。救灾扶贫互助储金会是由村民委员会把群众的集资、集体的资助、国家的扶持基金集中起来统一管理。实行有借有还,有灾救灾,无灾扶贫扶优,用以解决村民的遭受自然灾害造成的暂时困难,或帮助贫困村民和优抚对象脱贫致富。此外国家还实行了农村最低生活保障制度,对家庭人均收入低于最低生活保障标准的农村贫困人口按最低生活保障标准实行差额补助的制度。据民政事业统计公报,截止到1998年底,农村共有社会救济对象5021.6万人。农村社会救济和扶贫工作深入开展,国家临时救济贫困人口2691.7万人次,定期定量救济贫困人口65.6万人,人均救济支出为229元。农村集体组织为解决贫困户的生活困难,还统筹生活困难补助资金4.7亿元。民政部门全年共扶贫344万户,脱贫235.3万户,脱贫率为40%。全国有扶贫周转金管委会1.5万个,互助储金会13.6万个;共积累资金51.3亿元,比上年减少1.2亿元。农村传统社会救济工作得到了强化。截至1999年底,农村共有社会救济对象4750.4万人。国家临时救济贫困人口1659.8万人次,定期定量救济贫困人口55.6万人,人均救济支出295元。农村集体组织为解决贫困户的生活困难,还筹集了生活困难

---

① 滕藤主编:《中国可持续发展研究》上卷,经济管理出版社2001年版,第344页。

② 汝信、陆学艺、单天伦主编:《2001年:中国社会形势分析与预测》,社会科学文献出版社2001年版,第13页。

补助资金 2.6 亿元。

城镇贫困救济的对象是那些收入不足以维持当地城镇最低生活水平的家庭和个人。城镇救济分为定期救济和临时救济,对那些无依无靠无生活来源的孤老病残人员以及需要救济的精简退职人员,根据国家规定给予定期救济。对那些因偶然事故致使基本生活临时发生困难的人,国家给予临时救济。随着我国改革开放的展开,在人均收入增加的同时,收入差距也随着增大,在城市出现了一批低收入家庭。在社会整体生活水平提高的背景下,这部分人维持基本生活发生困难。从1993 年起,我国的城镇开始陆续实行了最低生活保障线制度。城市居民最低生活保障制度遵循保障城市居民基本生活的原则,坚持国家保障与社会帮扶相结合、鼓励劳动自救的方针。1997 年国务院关于在全国建立城市居民最低生活保障的通知,要求 1997 年已经建立这项制度的城市进一步完善,尚未建立的做好建立的准备,1998 年底以前地级以上城市要建立这项制度,1999 年底以前县级市和县政府所在的镇要建立这项制度。到 1998 年,城镇居民最低生活保障制度建设取得突破性的进展。全国已有 1702 个市(县)建立城市居民最低生活保障制度,其中:地级市 204 个,占地级市总数的 89.9%,超额完成了国务院既定的目标;县级市 373 个,占县级市总数的 85.4%;县 1121 个,占总数的 66.4%。国家共投入保障资金 7 亿元,比上年增长了 133.3%,救助了 184 万生活水平在最低生活保障线以下的城镇居民,为城镇的社会稳定提供了有力的保障。截至 1998 年底,全国城镇共有社会救济对象 609.8 万人。城镇社会救济工作继续加强,国家临时救济贫困人口 332.2 万人次,定期定量救济困难人口 31.5 万人,还有 54.9 万精简退职老职工得到了救济。社会困难人口全年人均救济支出 587 元,社会孤老残幼全年人均支出为 800 元。① 为了规范城市居民最低生活保障制度,1999 年 9 月国务院颁布了《城市居民最低生活保障条例》。到

---

① 见《1998 年民政事业统计公报》。

1999 年,居民最低生活保障制度建设工作全面完成,在全国所有的城市和县人民政府所在地的镇全部建立了城市居民最低生活保障制度,部分农村也建立了这项制度。国家和社会全年用于最低生活保障救助支出 23.7 亿元。其中,中央财政安排了 4 亿元专项资金,用于提高中西部地区城市居民最低生活保障标准;北京、上海、江苏等 7 个省、市从地方财政中落实了 2.3 亿元,将城市居民最低生活保障标准普遍提高了 30%。截至 1999 年底,共有 531.6 万生活水平在最低生活保障线以下的城乡居民得到了救助,为维护社会稳定发挥了积极作用。城镇传统社会救济工作继续加强。截至 1999 年底,全国城镇共有社会救济对象 542.2 万人。国家临时救济贫困人口 157.7 万人次,定期定量救济困难人口 23.2 万人,还有 51.5 万精简退职老职工得到了救济。享受定期定量救济的社会困难人口全年人均救济支出 528 元,社会孤老残幼全年人均救济支出 692 元。①

二、社会优抚

优待抚恤是国家和社会对烈士家属、残废军人、老复员军人和现役军人家属实行的一种特殊保障。优抚工作是我国社会主义建设的重要组成部分,是社会主义社会政治建设和军事建设的一个方面,对军人的抚恤和优待,是加强军队建设,激励军人为保卫和建设祖国勇于献身的重要保障。

1949 年 10 月 1 日中华人民共和国的成立,标志着我国胜利结束新民主主义革命,开始了社会主义革命和建设,我国进入了新的历史时期,优抚工作也开始了一个新的阶段。全国解放以后,党中央和中央人民政府高度重视优抚工作。建国初期全国共有烈、军属 3500 万人,革命残废军人 70 万人,对他们的优抚工作,主要采取了国家抚恤和群众优待相结合的方式。1949 年在《中国人民政治协商会议共同纲领》中

---

① 见《1999 年民政事业统计公报》。

就明确规定："革命烈士家属和革命军人家属,其生活困难者应受国家和社会的优待。参加革命战争的残废军人和退伍军人,应由人民政府给以适当安置,使能谋生立业"。中央人民政府内务部根据这一规定,于1950年12月11日制定了《革命烈士家属和革命军人家属优待暂行条例》《革命残废军人优待抚恤暂行条例》《革命军人牺牲病故褒恤暂行条例》,经中央人民政府政务院批准执行。对革命烈士条件、革命军人负伤评残条件和残废等级、牺牲病故、残废抚恤标准和抚恤制度、优待制度、优抚证件式样(革命军人残废证、烈属证、军属证等)进行了统一规范,开始把我国的优抚工作推向新的阶段。1952、1953和1955年三度提高了革命军人牺牲、病故、残废抚恤标准,使1955年的标准高于1950年标准的1.2—4倍。为使家居农村生活没有依靠的孤、老、病、残优抚对象的生活得到改善,从1960年起,除由社队优待劳动工分外,还实行每人每月发给一定数额的定期定量补助。对在乡三等残废军人,经报国务院批准,也从1965年起,由一次抚恤终了改为长期抚恤(当时称残废补助费)。1984年5月31日颁布的《中华人民共和国兵役法》重申:"现役军人,革命残废军人,退出现役的军人,革命烈士家属,牺牲病故军人家属,现役军人家属,受到国家和人民群众的优待"。关于抚恤,《兵役法》规定:"现役军人参战或者因公负伤致残的,由部队评定残废等级,发给革命残废军人抚恤证。退出现役的特等、一等革命残废军人,由国家供养终身。二等、三等革命残废军人,家居城镇的,由本人所在地的县、自治县、市、市辖区的人民政府安排力所能及的工作,家居农村的,其所在地区有条件的,可以在企业事业单位安排适当工作,不能安排的,按照规定发给残废抚恤金,保证他们生活"。"现役军人牺牲、病故,由国家发给其家属一次性抚恤金。其家属无劳动能力或者无固定收入不能维持生活的,再由国家定期发给抚恤金"。1988年国务院颁布了《军人抚恤优待条例》。明确规定:军人抚恤优待工作实行国家、社会、群众三结合的制度,保障军人的抚恤优待与国民经济的发展相适应,使抚恤、优待与人民生活水平同步提高。

抚恤一般是指国家对因公伤残人员、因公牺牲以及病故人员家属所采取的一种物质抚慰形式。我国优抚工作中的抚恤,包括伤残抚恤和死亡抚恤两类。

死亡抚恤:现役军人死亡,根据死亡的性质分为:革命烈士;因公牺牲军人;病故军人。军人死亡,由家属居住地的县、市、市辖区人民政府的民政部门发给家属一次性抚恤金,标准因死亡性质确定,曾经立功和获得荣誉称号者,按功绩大小,可以增加。一次性抚恤金的发放对象和顺序为:有父母(或抚养人)无配偶的,发给父母(或抚养人);有配偶无父母(或抚养人)的,发给配偶;既有父母(或抚养人)又有配偶的,各发半数;无父母(或抚养人)和配偶的,发给子女;无父母(或抚养人)、配偶、子女的,发给未满18周岁的弟、妹;无上述亲属的,不发。定期抚恤,1985年1月,民政部、财政部根据《兵役法》的规定,决定对无劳动能力或者无固定收入,不能维持生活的死亡军人家属发给定期抚恤金。革命烈士、因公牺牲军人家属,居住农村的每人20—25元,小城镇30—35元,大城市35—40元。病故军人家属分别递减5元。家属为孤老或孤儿的,定期抚恤金适当增发,增发比例不低于应领定期抚恤金的20%。死亡军人家属随军的,由军队按月发给生活补助费,配偶没有固定收入的,正团职以下的50元,职级每高一级增发5元;有固定收入但低于补助标准的,予以补足;未满18岁或虽满18岁而在学校读书的子女及年满60岁的父母,每月发给40元,孤儿增发10元。1988年《军人抚恤优待条例》规定:现役军人死亡,根据死亡性质确定为:(一)革命烈士;(二)因公牺牲军人;(三)病故军人。现役军人死亡,根据死亡性质和本人死亡时的工资收入,由民政部门发给其家属一次性抚恤金。义务兵和月工资低于正排职军官工资标准的其他军人死亡时,按正排职军官的工资标准发给其家属一次性抚恤金。立功和获得荣誉称号的现役军人死亡,一次性抚恤金分别按比例增发:革命烈士、因公牺牲军人、病故军人的家属,按照规定的条件享受定期抚恤金。前款军人的家属是孤老或者孤儿的,定期抚恤金应当增发。定期抚恤金的基本标准按照与城乡人民生活水平相适应的原则,由民政部会同财政部制定。各省、自治区、直辖市可以参照定期抚恤金的基本标准和当地人民的生活水平,制定具体标准。享受定期抚恤金的人员死亡时,加发半年的定期抚恤金,作为丧葬补助费。在国防和军队建设、科研事业或者作战中作出特殊贡献的现役军人死亡,除按本条例规定发给其家属抚恤金外,国防部可发给特别抚恤金。

伤残抚恤:指对按规定取得革命伤残人员(包括:伤残军人、伤残机关工作人员、伤残人民警察、伤残民兵民工)身份的人给予物质照顾。即:对其中无工作的人员,国家发给伤残抚恤金。对其中有工作的人员,国家发给伤残保健金。伤残按照性质区分为因战、因公、因病三种。按照伤残情况区分为特等、一等、二等甲级、二等乙级、三等甲级、三等乙级,共四等六级。伤残性质和等级不同人员享受不同标准的抚恤金(保健金)待遇;死亡抚恤是指,对革命烈士、牺牲病故军人、死亡的国家机关工作人员(包括民主党派、人民团体工作人员)发放抚恤金。

优待:1950年12月11日政务院批准、内务部公布的《革命烈士家属革命军人家属优待暂行条例》、《革命残废军人优待抚恤暂行条例》、《革命军人牺牲、病故褒恤暂行条例》、《民兵民工伤亡抚恤暂行条例》等都规定了对军烈属的优待。抗美援朝战争期间,中国人民抗美援朝总会把做好优抚工作列为三大号召之一。全国各族人民无微不至地优待中国人民志愿军的家属,妥善安置残废军人,踊跃支援前线,各级民政部门为参与组织大批民工参加战地勤务、组织广大群众缝寒衣、做军鞋等做了大量工作,对志愿军伤病员进行一次又一次的慰问,对烈属、军属、残废军人进行了周到细致的优待抚恤工作。1952年7月23日《中共中央批转华东局有关互助合作运动若干政策问题的规定》指出:"应积极组织有若干劳动力的烈、军属参加互助组,进行生产,同样进行记分。对烈、军属的土地代耕问题,应以乡或村为单位民主评定,应当代耕的土地和所需的人工,按照人民政府的规定,合理分配代耕义

务,实行固定代耕制。"①《一九五六到一九六七年全国农业发展纲要
(修正草案)》规定"对于缺乏劳动力的烈属和享受残废抚恤金以后仍
然不能维持生活的残废革命军人,合作社应当按照国家规定的优待办
法给以优待,使他们的生活不致低于一般社员的水平。"②切实帮助农
村无劳动力或缺劳动力的烈属、军属、革命残废军人和带病回乡复员退
伍军人解决各种实际困难,是党和国家优抚工作的重点之一。在农业
合作化以前,沿袭老解放区的做法,组织农民群众为他们代耕全部或部
分土地。全国每年代耕的土地约5000万亩。许多地方对代耕土地实
行了"三保"(保证深耕细作,保证多打粮食、保证不毁坏土地)和"六
先"(先送粪、先犁、先种、先锄、先收、先打)。农业合作化以后,由于取
消了土地报酬,施行了按劳分配,建立在个体经济基础上的代耕制度已
经不能适应新的生产关系。1956年内务部报经国务院批准,在全国农
村普遍推广了优待劳动工分的制度,即对农村无劳力或缺劳力的烈属、
军属、革命残废军人、带病回乡的复员退伍军人,由生产大队优待一部
分工分,以保证他们的生活不低于一般社员的实际生活水平。

　　1988年《军人抚恤优待条例》规定:对服现役的义务兵家属的优
待,由省、自治区、直辖市人民政府根据本地区的实际情况,制定具体办
法。义务兵入伍前是农业户口的,他们在农村承包的责任田和分得的
自留地(山、林)等继续保留;入伍前是企业事业单位职工的,其家属继
续享受原有的劳动保险福利待遇。义务兵从部队发出的平信,免费邮
递。二等乙级以上(含二等乙级)革命伤残军人,享受公费医疗待遇。
三等革命伤残军人不享受公费医疗待遇的,伤口复发所需医疗费由当
地民政部门解决;因病所需医疗费本人支付有困难的,由当地民政部门

---

　　①　中华人民共和国国家农业委员会办公厅编:《农业集体化重要文件汇编》
上册(1949—1957),中共中央党校出版社1981年版,第73页。

　　②　中华人民共和国国家农业委员会办公厅编:《农业集体化重要文件汇编》
上册(1949—1957),中共中央党校出版社1981年版,第772页。

酌情给予补助。革命烈士、因公牺牲军人、病故军人、现役军人的家属以及带病回乡的复员退伍军人,不享受公费医疗待遇的,因病治疗无力支付医疗费,由当地卫生部门酌情给予减免。革命伤残军人乘坐国营的火车、轮船、长途公共汽车和国内民航客机,凭《革命伤残军人证》准予优先购票,并按规定享受票价优待。优抚对象在与其他群众同等条件下,享有就业、入学、救济、贷款、分配住房的优先权。家居农村的革命烈士家属符合招工条件的,当地人民政府应安排其中一人就业。革命烈士、因公牺牲军人、病故军人的子女、弟妹,自愿参军又符合征兵条件的,在征兵期间可优先批准一人入伍。革命烈士子女、革命伤残军人报考中等学校、高等院校,录取的文化程度和身体条件应适当放宽。革命烈士子女考入公立学校的,免交学杂费并优先享受助学金或者学生贷款;入公办幼儿园、托儿所的,优先接收。未随军的现役军官、志愿兵的家属住房困难,家属有工作单位的,由所在单位按本单位双职工待遇解决;家属无工作单位的,由当地房管部门统筹解决。家居城镇的义务兵服役期间,地方安排住房时,应将他们计入家庭住房人口。经军队师(旅)级以上政治机关批准随军的现役军官、志愿兵的家属,驻军所在地的公安部门应准予落户;随军前家属有正式工作的,驻军所在地的劳动、人事部门应安排适当的工作。复员军人未参加工作,因年老体弱、生活困难的,按照规定的条件,由当地民政部门给予定期定量补助,并逐步改善他们的生活待遇。享受本条例规定的抚恤和补助待遇的优抚对象,生活仍有困难的,由所在地的人民政府给予优待照顾。

妥善安置复员军人,是优抚工作的一个重要方面。随着解放战争的结束,中央军委和政务院决定人民解放军整编复员。1950 年 7 月 5 日成立了中央复员委员会,周恩来任主任,1951 年改为转业建设委员会,地方各级政府也成立了相应的组织机构。1955 年我国由志愿兵役制改为义务兵役制,从 1958 年以后,每年都有一批义务兵退伍。1955 年 5 月国务院做出了《关于安置复员建设军人工作的决议》。1958 年 3 月发布《关于处理义务兵退伍的暂行规定》确定了"从哪里来,回哪里去"的原则,各省、自治区和直辖市根据决议和规定,安置了大量复员退伍军人,到 1958 年,全国共接收安置志愿兵 483 万人。安排优抚对象参加生产是党和政府历来十分重视的工作。通过介绍就业或组织参加各种生产劳动,解决了许多优抚对象的生活困难,发挥了他们参加社会主义建设的积极性。1956 年以前全国被安置到机关、企业、事业单位工作的革命残废军人计有数十万人。1953—1956 年间,大力发动和扶持农村优抚对象参加互助合作组织,国家拨出大量经费,为他们购置了农具、耕畜等生产资料。

目前全国有优抚对象 4000 多万人,其中享受国家抚恤补助的各类优抚对象 450 万人,各地为重残军人、带病回乡老复员军人和复退军人精神病患者设立的提供医疗、康复的优抚医院有 117 所,为供养老红军、孤老烈属、孤老伤残军人和孤老复员军人而设立的光荣院有 1275 所,为安葬、祭奠和褒扬各个革命时期为国捐躯的烈士所建立的烈士陵园等各类建筑有 8000 多处。随着国家社会经济的发展和人民生活水平的提高,抚恤补助标准不断提高,"八五"期间,国家先后 8 次调整,提高各类优抚对象的补助标准。据统计,1979—1996 年国家投入优抚工作的经费总额达 232 亿元。1996 年中央和地方财政投入抚恤补助经费年基数 31.9 亿元,通过实行群众优待社会统筹和建立拥军优属保障基金等途径筹集群众优待金达到 25.2 亿元,占到优抚经费总额的44.32%。① 据 1998 年民政事业统计公报,1998 年国家抚恤补助各类优抚对象 447 万人,占优抚对象总数的 11.4%。抚恤补助标准得到提高,烈属全年人均抚恤支出 999 元,比上年提高 11.6%;在乡革命伤残人员全年人均抚恤支出 1073 元,比上年提高 14.6%;在乡复退军人全年人均补助支出 525 元,比上年提高 6.9%。群众优待烈军属 325 万户,比上年减少 8.4 万户,社会统筹的烈军属群众优待金额为 35.6 亿

---

① 冯更新主编:《21 世纪中国城市社会保障体制》,河南人民出版社 2001 年版,第 297—298 页。

元,比上年增长了 10.2%。全国共有军队离退休干部休养所 1420 个,比上年增加了 29 所;各种优抚卫生事业单位 122 个,光荣院 1268 个,烈士纪念建筑物管理单位 752 个,分散烈士纪念建筑物 7322 处。全国共有军队离退休干部休养所 1450 个,比上年增加 30 所;各种优抚卫生事业单位 121 个,光荣院 1294 个,烈士纪念建筑物管理单位 774 个,分散烈士纪念建筑物 7252 处。完成了退伍义务兵、志愿兵和军队离退休干部的安置任务,双拥活动广泛开展,全国双拥模范城(县)有 197 个。1999 年双拥活动以"爱心献功臣行动"为重点广泛开展。发动社会力量捐助现金 6 亿元,物资折合金额 4 亿多元,使 256 万名优抚对象从中受益。全国结成的帮扶对子 74 万个,共有 150 万人基本解决了生活难等问题。命名全国双拥模范城(县)245 个。优抚安置政策得到落实。国家重点抚恤补助各类优抚对象 446 万人。解决优抚对象"三难"问题取得突破性进展,中央和地方财政一次性投入 15 亿元,用于改善优抚对象的住房、生活、医疗条件和光荣院、优抚医院等的建设。抚恤补助标准得到较大幅度提高,烈军属全年人均抚恤支出已达 1282 元,比上年提高 28%;革命伤残人员人均抚恤支出 1334 元,比上年提高 24%;在乡复退军人全年人均补助支出 756 元,比上年提高 44%。群众优待工作成效显著,优待烈军属 382 万户,比上年增加 57 万户;统筹优待金 40.3 亿元,比上年增长 13.2%。全年安置退伍义务兵、志愿兵和军队离退休干部 71 万人。

1980 年 10 月,全国退伍军人和军队退休干部安置工作会议对家居城镇的退伍军人,确定了按系统分配任务,包干安置的原则,从而保证了城镇退伍军人的安置工作。1984 年兵役法就安置事项规定义务兵退出现役后,按照从哪里来,回哪里去的原则,由原征集的县、自治县、市、市辖区的人民政府接收安置。家居农村的义务兵退出现役后,由乡、民族乡、镇的人民政府妥善安排他们的生产和生活,机关、团体、企业事业单位在农村招收职工时,对他们给予适当照顾。家居城镇的义务兵退出现役后,由人民政府安排工作。入伍前是机关、团体、企业事业单位正式职工的,允许复工复职;义务兵退出现役后,报考高等院校和中等专业学校,在和其他考生同等条件下,优先录取。志愿兵退出现役后,由原征集的县、自治县、市、市辖区的人民政府安排工作;遇有特殊情况,也可由上一级或省、自治区、直辖市的人民政府统筹安排;自愿回乡参加农业生产的,给予鼓励,增发安家补助费。为更好地做好退伍军人安置工作,1984年在部分省进行了军地两用人才培训开发工作试点,对现役军人传授各类专业技术知识,实地操作训练,根据军人工作技能向有关部门推荐人才,组织和鼓励退伍军人兴办各种类型的经济实体等。1985年后全国逐渐推广这一做法,成立了大量的军地两用人才培训开发服务机构。

三、社会保险

中华人民共和国成立后,人民群众成为国家的主人,党和人民政府十分重视社会保险工作。1949年中国人民政治协商会议通过的《共同纲领》明确规定:必须在企业中"逐步实行劳动保险制度"。

1950年6月29日,经毛泽东主席签署,中央人民政府公布了《中华人民共和国工会法》。规定工会有保护工人、职员群众利益,监督行政方面或资方切实执行政策法令所规定的劳动保护、劳动保险、工资支付标准、工厂卫生与技术安全规则及其他有关条例、指令等权利。早在1949年1月,东北人民政府就在各主要公营企业里实行劳动保险制度,到1950年6月,全东北有60万职工享受劳动保险待遇,还有150万职工家属得到劳保照顾。中华人民共和国成立后,为了保护职工健康,减轻职工生活中的特殊困难,1951年2月26日,政务院总理周恩来签署,中央人民政府公布了《中华人民共和国劳动保险条例》。《劳动保险条例》明确规定:对职工的生、老、病、死、伤、残实行保险,并对各项劳保待遇和费用开支制定了具体原则。规定适用的范围暂定为:雇佣职工100人以上的国营、公私合营、私营及合作社经营的工厂、矿场及附属单位与业务管理机关;铁路、航运、邮电的各企业单位及附属单位先实行,待实行有成绩,取得经验之后再推广。当时全国有 302 万职工,连同家属共 1000 万人享受劳动保险的各种待遇。劳动保险条例的公布与实施,减轻了职工的生活困难,极大鼓舞了广大职工的劳动热情,对国民经济的恢复起了推动作用。随着国家经济的好转,1953 年 1月政务院通过并公布了修正后的《中华人民共和国劳动保险条例》,劳动部颁布了《中华人民共和国劳动保险条例实施细则修正草案》。实施范围扩大到一般工厂、矿场和交通事业的基建单位和国营建筑公司,退休、病假、死亡丧葬等待遇标准也有所提高。如退休费由原来的按本人工资的 35%—65% 提高到 50%—70% ,短期病假(6 个月内)待遇,由本人工资的 50%—100% 提高到 60%—100% 。1954 年政务院决定把整个企业劳动保险事业的管理交给中华全国总工会负责,从此企业的劳动保险业务,由各级工会统一管理。随着国家经济发展,至 1956年《劳动保险条例》的实施范围进一步扩大到商业、外贸、粮食、金融、供销合作、民航、石油、地质、水产、国营农牧场、造林等 13 个产业和部门,全国企业职工实行社会保险的人数达到 1,600 万人。这些职工占当年国营、公私合营、私营企业职工总数的 94% 。在医疗方面,《劳动保险条例》规定企业人员的医疗费,普通药费由企业或资方负担,贵重药费由本人自理。同时,职工供养的直系亲属可以享受医疗补助。1952年 6 月政务院颁发《关于全国人民政府、党派、团体及所属事业单位的国家工作人员实行公费医疗预防措施的指示》,规定从 1952 年 7 月起,分期推广公费医疗制度,全国各级人民政府、党派、工、青、妇等团体以及文化、教育、卫生等事业单位的国家工作人员和残废军人,都享受公费医疗的待遇。1955 年 9 月 17 日发布的《关于国家机关工作人员子女医疗问题》规定国家工作人员子女患病医疗,可采取两种办法:一种是每月缴纳医疗费,参加子女医疗统筹;另一种办法是实行统筹有困难的职工,子女医疗费由本人自理,对确有困难的可从机关福利费内予以补助。在农村,在农业生产合作化运动中,农民群众创造和开展了合作、互助医疗。在生育待遇方面,国务院于 1955 年 4 月颁发《关于女工作人员生育假期的通知》,1956年颁发了《中华人民共和国女工保护条例(草案)》,规定了女工怀孕期、小产、生育、哺乳等方面的待遇。在退休方面,1955年12月,国务院颁发《国家机关工作人员退休处理暂行办法》和《国家机关工作人员退职处理暂行办法》,规定了机关工作人员的退休、退职条件。

我国社会保险制度在50年代初期逐步建立起来,取得了重大成绩,但也存在不少问题,主要是工作走得快了一些,与我国人口多、底子薄、广大农民生活水平还比较低的现状不相适应,一定程度上助长了职工对国家的依赖心理。同时由于项目混乱、有些制度不合理、管理不善、掌握偏松等原因,造成了苦乐不均和严重浪费的现象。1958年后,国家对社会保险制度进行修改、完善。在退休退职方面,1958年2月国务院通过了《关于工人、职员退休处理的暂行规定》,对工人、职员因工作致残完全丧失劳动能力后退休待遇做了规定,放宽了退休条件,因身体衰弱和丧失劳动能力,经医生证明不能继续工作的可以退休。同时对工人、职员退职标准进行了统一。改进了公费医疗和劳保医疗制度。农村合作医疗进一步发展。"文化大革命"期间我国社会保险制度遭受了破坏,社会保险政策、法令得不到贯彻执行,社会保险金收支混乱,1969年后,国营企业停止提取劳动保险金,企业退休职工以及其他劳保开支,由企业支付,社会保险逐渐变成企业保险。1976年"文化大革命"结束以后,特别是党的十一届三中全会以后,我国社会保险事业进入了恢复和发展阶段。

随着我国经济体制改革的向前推进,原来的养老保险制度暴露出来的矛盾很突出,企业之间相差悬殊。传统的以企业缴费为主导的养老保险出现了严重的问题:一是造成企业负担过重,竭泽而渔导致保障资源萎缩。企业的社会保险缴费率已经达到工资总额的36%,其中仅养老保险一项就高达23%左右。严重影响了企业的发展,并导致养老保险缴费的收缴率逐年下降。[①] 1979年以来,对养老保险制度开始进

---

① 滕藤主编:《中国可持续发展研究》上卷,经济出版社2001年版,第332页。

行改革。随着我国经济体制改革的深入和国家经济的发展,社会主义市场经济的逐渐建立,保险制度改革不断深入,进入 90 年代,党的十四届三中全会决定指出:"建立多层次的社会保障体系,对于深化企业和事业单位的改革,保持社会稳定,顺利建立社会主义市场经济体制具有重大意义。"1994 年 7 月 5 日第八届全国人民代表大会常务委员会第 8 次会议通过了《中华人民共和国劳动法》规定:"社会保险基金按照保险类型确定资金来源,逐步实行社会统筹。用人单位和劳动者必须依法参加社会保险,缴纳社会保险费。""劳动者在下列情形下,依法享受社会保险待遇:退休;患病、负伤;因工伤残或者患职业病;失业;生育。"1995 年 7 月 8 日通过的《关于加快全国职工互助保险事业发展的意见》:"中国职工保险互助会是由全国总工会创办,经国家劳动部同意,国家民政部批准注册的具有法人资格的全国性社团互助合作制保险组织。……其宗旨是:适应社会主义市场经济发展的需要,促进社会保障事业改革,更好地维护职工群众的基本经济利益。其主要任务是:在职工自筹资金、自愿参加的基础上,在全国范围内开展与职工生、老、病、死、伤、残或意外灾害、伤害等有关的互助保险业务。"1995 年国务院发出《关于深化企业职工养老保险制度改革的通知》,提出:"企业职工养老保险制度改革的目标是:到本世纪末,基本建立起适应社会主义市场经济体制要求,适用城镇各类企业职工和个体劳动者,资金来源多渠道、保障方式多层次、社会统筹和个人账户相结合、权利与义务相对应、管理服务社会化的养老保险体系。基本养老保险应逐步做到对各类企业和劳动者统一制度、统一标准、统一管理和统一调剂使用基金"。根据这一规定,各地制定了社会统筹与个人账户相结合的养老保险制度改革方案,建立了职工基本养老保险个人账户,促进了养老保险新机制的形成,保障了离退休人员的基本生活,企业职工养老保险制度改革取得了新的进展。1997 年 7 月 16 日《国务院关于建立统一的企业职工基本养老保险制度的决定》,对养老保险做出了进一步的规定。随着养老保险制度的改革,城镇基本养老保险的覆盖面不断扩大。

1999年,中国的企业职工养老保险制度结束了多种养老保险办法并行、养老保险待遇水平差距过大、统筹层次低、管理不规范的状况,在全国完成统一。参保企业和职工共同交费,缴费比例,企业不超过企业职工工资总额的20%,个人从本人工资的4%逐步提高到8%;按本人缴费工资的11%为每个职工建立基本养老保险账户,个人缴费全部记入,其余从企业缴费中划入。截至1999年底,全国参加基本养老保险的职工为9502万人,其中企业(含个体工商户和自由职业者)8859万人,机关、事业单位643万人,参保职工比1998年增加了1023万人,其中企业增加383万人。全国参加基本养老保险的离退休人员为2948万人,其中企业为2864万人,机关事业单位120万人。全国基本养老保险基金收入1965.12亿元(包括财政补贴),养老保险基金收缴率为93.25%,支出1924.85亿元。失业保险覆盖范围逐步扩大,参保人数增加。1999年底,全国参加失业保险的职工人数达到9852万人,比1998年增加1924万人。参保职工中企业职工为8300万人,事业单位职工1477万人,其他单位参保职工75万人。失业保险基金收入达到125.2亿元,比1998年增加56.8亿元。1999年12月份,领取失业保险金的人员为108.7万人。①

　　农村的养老保险也有所发展,1995年10月19日《国务院办公厅转发民政部关于进一步做好农村社会养老保险工作意见的通知》指出:"近年来,随着农村经济改革的不断深入,我国农村社会养老保险事业有了一定的发展。实践证明,在农村群众温饱问题已基本解决、基层组织比较健全的地区,逐步建立农村社会养老保险制度,是建立健全农村社会保障体系的重要措施,对于深化农村改革、保障农民利益、解除农民后顾之忧和落实计划生育基本国策、促进农村经济发展和社会稳定,都具有深远意义。"1996年12月20日《民政部关于加快农村社会保障体系建设的意见》:建立农村社会保障体系是我国农村经济和

---

① 《1999年社会保险事业发展基本情况》,《中国劳动》2000年第5期。

社会发展的客观需要,也是广大农民群众的迫切要求。它对于保障农村居民的基本生活权益,促进社会公平,维护社会稳定,推动农村经济发展和社会全面进步,都具有十分重要的意义。至 1995 年 6 月底,全国已有 28 个省的 1400 多个县(市)的 4800 万农民参加养老保险。1999 年农村社会养老保险改革规范工作稳妥进行。到年底,全国 31个省、自治区、直辖市 76% 的乡镇开展了农村社会养老保险工作,参保的农村人口达 8000 万人。①

随着社会保障制度改革的深入,保障体制正在从原来国家全部包下来的单位保障体制转变为由国家、社会和个人共同承担的社会保障体制。在社会统筹和个人账户相结合的新模式下,待业保险制度逐步确立。全国自 1986 年建立待业保险制度以来,参加待业保险的企业达47 万家,职工 7400 万人,已为 65.6 万待业职工提供了待业保险金。目前,全国失业保险覆盖的职工已达 9500 万人。工伤保险自 1989年试行至今,已扩大到 19 个省市 60% 的县、7 万家企业、900 万职工。② 1993 年起,国家开始建立失业保险制度,参保范围为城镇企业及其职工,企业按企业工资总额的一定比例交纳失业保险基金。1998 年,国务院又出台了新的失业保险条例,将参保范围扩大到包括私营企业等各类企业和事业单位。1999 年,失业保险覆盖面继续扩大。到年底,全国参加失业保险的人数为 9852 万人,比上年增长24.3%。全年失业保险基金收入 125.2 亿元。全年基金支出 91.6亿元,其中向国有企业再就业服务中心调剂资金 40.9 亿元。到年底,失业保险基金滚存结余 159.9 亿元。1999 年,各级失业保险经办机构平均每月为 101 万失业人员发放了失业保险金及其他失业保险待遇。从 1999 年 7 月份起,将失业保险金发放标准提高了

---

① 《1999 年度劳动和社会保障事业发展统计公报》。
② 朱贤枚主编:《中国国情学》,光明日报出版社 1997 年版,第 387—388 页。

30%。① 失业保险制度建立以来,对保障失业人员生活、促进再就业、完善劳动力市场体制起着积极的作用。

医疗保险关系到众多城镇人口。城镇医疗保险改革先从大病医疗和离退休人员医疗费用社会统筹开始,参保人数逐年增加,1993 年末有 267.6 万职工和 22.5 万离退休人员参保。1994 年国家在九江、镇江两市进行医疗保险改革的试点,以后试点扩大到 40 多个城市,1998 年末参加试点的职工有 401.7 万人、离退休人员达 107.6 万人。1998 年 12 月在试点的基础上,国务院发布《关于建立城镇职工基本医疗保险制度的决定》,新的医疗保险制度覆盖范围扩大到城镇所有用人单位及其职工,基本医疗保险基金由用人单位和职工共同缴纳,基本医疗保险基金分为统筹基金和个人账户两部分分别使用。1998 年,参加医疗保险社会统筹与个人账户相结合改革的职工 401.7 万人、离退休人员 107.6 万人,分别比上年增长 36% 和 45.7%;基金收入 19.5 亿元,支出 15.6 亿元,期末滚存结余 9.8 亿元。参加职工大病医疗统筹的人数为 1108 万人,比上年减少 1.2%,基金收入 39.2 亿元,比上年增长 6.3%,支出 35.6 亿元,比上年增加 24%。参加离退休人员医疗费用社会统筹的离退休人员 78.8 万人,比上年减少 20.6%;基金收入 1.9 亿元,比上年减少 9.5%,支出 1.7 亿元,比上年减少 11.3%。“大病统筹”和离退休人员医疗费用社会统筹基金共结余 20 亿元,比上年增长 84.7%。② 城镇职工医疗保险改革取得新的突破。到 1999 年底,全国已有 36 个地级统筹地区和 23 个县级统筹地区正式实施基本医疗保险改革方案。全国参加基本医疗保险制度的职工 469.8 万人,退休人员 124.1 万人。全年基本医疗保险基金收入 24.5 亿元,支出 16.5 亿元,当年结余 8 亿元。参加职工大病医疗费用和离退休人员医疗费用社会统筹的人数为 1471 万人,基金收入 65.1 亿元,支出 53.9 亿元。到年

① 《1999 年度劳动和社会保障事业发展公报》。
② 《1998 年度劳动和社会保障事业发展公报》。

底,职工大病统筹和离退休人员医疗费用社会统筹基金滚存结余49.6亿元。①

　　工伤、生育保险改革不断深入。到1999年底,全国有1713个县(市)实行了工伤保险费用社会统筹,参保职工为3960.3万人,比上年增长4.7%。全年工伤保险基金收入18.6亿元,支出11.9亿元,期末滚存结余41.7亿元。到年底,全国参加生育费用社会统筹的职工近3000万人,比上年增长8%。全年生育保险基金收入9.8亿元,支出6.6亿元,期末生育保险基金滚存结余13.6亿元。

---

① 《1999年度劳动和社会保障事业发展公报》。

第八章　病态生活

　　病态生活,顾名思义是指社会生活中处于不健康状态下的活动,它的存在与整个社会的价值观、道德观相悖逆,以至于危害到社会生活的正常发展趋向。世界各国的现实社会都不同程度存在着病态生活,只是其表现存在差异而已。20世纪下半叶的中国,在经历了革命的历程和多次政治运动的影响后,对旧有的病态生活的确给予了前所未有的涤荡,使社会生活出现了一种新气象。这是我们应该特别意识到,并加以肯定的。但是,这种情况的出现主要是运用政治手段来实现的,它能够解决某些生活中的病态现象,却不能长期达到根除的作用。改革开放以后,中国社会趋向转型,先前消除社会病态的种种做法,有些过时不用,有些在新的历史条件下变换了手段,由此造成中国社会长期积累的社会病态的病因得以诱发,加之外部世界的打开,一时间病态生活呈现喷发之势。这种局面对中国社会向现代化前进产生了不利的影响。但由于国家的各项专政职能并未弱化,社会调控能力依然存在,使得病态生活在一定程度上得到抑制。

第一节　病态生活的表现

　　1949年以后,中国社会病态生活应该说是多样化的,其中既有各个历史时期所共有的表现,也有自身所特有的表现。但由于病态生活的话题的严肃性,使这方面的研究资料比较匮乏,有些问题难以展开,如乞丐现象等。在此仅就一些公众所关注的问题做一叙述。

一、吸毒

近代中国人民长期饱受鸦片烟毒的毒害。到中华人民共和国成立前,毒品在社会上几乎可以说是无处不在,无时不有,它已经成为中国社会肌体上的毒瘤,严重地侵害广大人民群众的身心健康。

在国民党统治时期,军阀混战,连年内乱。国民党政府虽然曾经多次实施禁烟,但收效甚微,烟毒仍四处泛滥。到新中国成立前夕,全国种植罂粟达 2000 万亩,种植罂粟的农民达 1000 万人以上,从事贩毒制毒以及制售吸毒工具者超过 60 万人,吸食毒品者达到 2000 万人。[①]其中,云南省种植罂粟面积达到 65 万多亩,占全省耕地面积的 20%,年产鸦片 5000 万两,烟民大约有 200 万人,占全省总人口的 12.3%。[②]

中华人民共和国成立后,中国共产党和人民政府以一种前所未有的气势铲除旧社会遗留下来的种种丑恶现象。禁毒工作成为首要的任务。1950 年 2 月 24 日,中央人民政府政务院颁布《关于严禁鸦片烟毒的通令》,指出:"自帝国主义侵略我国,强迫输入鸦片,危害我国已有百余年。由于封建买办的官僚军阀的反动统治,与其荒淫无耻的腐烂生活,对于烟毒,不但不禁止,反而强迫种植,尤其在日本帝国主义侵略下,曾有计划的实行毒化中国,因此戕杀人民生命,损耗人民财产,不可胜数。现在全国人民已得解放,为了保护人民健康,恢复与发展生产,特规定严禁鸦片烟毒及其他毒品的办法。"《通令》主要内容有七条:(一)各级政府应协助人民团体,进行广泛的禁烟禁毒宣传;在烟毒较

---

① 苏智良著:《中国毒品史》,上海人民出版社 1997 年版,第 454 页。关于以制、贩毒品为业的人数,《共和国鸦片战争》(团结出版社 1993 年版)一书认为是 30 多万人。

② 刘尚铎主编:《吸毒戒毒问题研究文集》,云南省青少年犯罪研究会编印,1994 年版。

盛地区,各级人大应作专题讨论,提出禁绝烟毒的方法和期限。(二)各级政府民政部门可设立禁烟禁毒委员会,公安部门及人民团体可派员参加禁烟禁毒委员会。(三)在战事结束地区,1950年春起应禁绝种罂粟;在少数民族地区,如有种烟者应斟酌实际情况,采取慎重措施,有步骤地进行禁种。(四)今后各地不准再有贩造售卖烟土毒品,犯者除没收烟土毒品外,还须从严治罪。(五)限期缴出民间之烟土毒品,政府为照顾其生活,得分别酌予补偿;如逾期不缴出者,除查出没收外,并应按其情节轻重分别治罪。(六)吸毒者限期登记,并定期戒除;隐不登记者、逾期而未戒除者,查出后处罚。(七)各级人民政府卫生机关应酌制戒烟药品,及宣传戒烟戒毒药方,对贫苦瘾民得免费或减价医治,在烟毒较盛的城市设戒烟所。

《通令》下达后,各地雷厉风行,通过深入群众进行思想教育工作,在全社会形成了禁毒的强大声势。各级政府根据各自情况确定了具体的办法,设定了禁吸、禁种鸦片的最后日期,并免费为烟民戒烟。

东北地区在全国率先实行禁烟。还在解放战争时期,东北辽吉区人民政权于1946年8月25日颁布《查获鸦片毒品暂行办法》和《禁烟禁毒条例》两个文件。条例将吸食鸦片者称为烟民,将食用烈性毒品者称为毒民。烟民在县禁烟局登记后,不能戒除者可领取登记证,在指定的公烟店购烟,限定时间戒除。对毒民则规定不准吸毒,不能戒毒者可暂改吸鸦片,逐步戒除。东北的做法使几十万吸毒者戒毒。华东地区的做法是向各地派工作队,宣传禁烟、禁毒的意义,形成强大的声势。对于烟毒严重的地方设立戒烟所,有重点地对烟民进行戒毒。在上海,3年内查获烟毒案7733件,逮捕烟毒犯3548人,经群众揭发检举的烟毒犯有21000人,使近10万人戒除了烟毒。①

西南地区是烟毒最严重的地区。建国初期,栽种罂粟、贩卖烟毒以及吸食毒品的现象相当严重。中央人民政府发布通令以后,西南军政

---

① 苏智良:《中国毒品史》,上海人民出版社1997年版,第458页。

委员会制定了《关于禁绝鸦片烟毒的实施办法》,规定:严禁种植鸦片,凡已经种植的烟苗一律铲除;严禁制贩各类毒品,所存毒品须在 10 日内上缴政府或公安机关;各地烟馆立即关闭并没收全部财产。西北地区的禁烟运动同样通过宣传攻势和法律手段来进行,查缴焚毁毒品。

从 1950 年 2 月中央人民政府政务院颁布《关于严禁鸦片烟毒的通令》后,各地进行的禁烟斗争取得了一定成绩。但是到 1952 年春,仍有一些地区存在烟毒隐患。一部分反动势力暗中进行贩毒活动,甚至拉拢腐蚀国家机关干部为他们提供便利。鉴于此,1952 年 7 月,中央批准公安部《关于开展全国规模的禁毒运动的报告》,在全国开展禁毒运动。在短短的 50 多天里,全国共查获毒贩近 37 万人,缴获毒品折合鸦片 400 万两以及大批制、贩、吸毒品的工具等。

1949—1953 年,中国各地在禁毒斗争中查处毒品案件 22 万件,惩办制、贩毒品罪犯 8 万多人,其中判处 800 多名罪犯死刑。① 由此,使得危害中国人民长达一百多年的毒害得以扫除。

1953 年以后,全国范围的毒品泛滥的情况基本灭绝。但是,由于历史的原因,在西南的少数民族地区还存在少数鸦片流行的现象。例如,云南怒江地区的怒族、勐海县的布朗人、小凉山的彝族以及拉祜族等,在全国范围禁毒运动后仍存在种植罂粟、吸食鸦片的现象。尽管如此,从全国来说,毒害基本绝迹,中国成为世界闻名的"无毒国"。

但是,从 70 年代末期开始,在国际贩毒潮流的影响下,毒品问题在中国死灰复燃。起初,国际贩毒集团和毒贩借道中国,将毒品转运港澳。随之,一些人沾染毒品,不能自拔,造成毒品需求的出现。一些国内不法之徒乘机向国内贩毒,并有愈演愈烈之势。

金三角原指东南亚泰国、缅甸和老挝三国交界的边境地区,为湄公河和南拉河汇合处的三角洲,长约 40 公里,宽约 25 公里,总面积约 500 平方公里。由于该地盛产鸦片进而将泰国、老挝、缅甸三国交界处

---

① 欧阳涛、陈泽宪主编:《毒品犯罪及对策》,群众出版社 1992 年版,第 187 页。

的 15 万平方公里的地区统称为金三角地区。该地区的毒品在 20 世纪
70 年代前期向南经泰国流向国际毒品市场,使泰国长期遭受毒害之
苦。70 年代后期,泰国加大打击贩毒集团的力度,使贩毒路线受阻。
贩毒集团改变策略,将毒品贩运方向转向北方。中国的云南、广西和广
东等地与金三角地区相近,遂成为贩毒集团的首选之地。贩毒集团将
金三角的毒品偷运入境后,经由云南转运到广东,再经港澳地区运至欧
美和日本等国。云南德宏州与缅甸接壤。缅方境内有几十个毒品加工
厂,其毒品由德宏州入境呈逐年上升之势。(表 8—1)

表 8—1　　　**1983—1990 年德宏州缉获毒品统计**　　　单位:克

年份	1983	1986	1987	1988	1989	1990
数量	625	25272	68833	206197	361806	471859

资料来源:《中国毒品史》,第 505 页。

从全国来看,公安部门查获的毒品案件以及毒品数量均逐年增加。
1983 年查获毒品犯罪案件 5 起,缴获海洛因 5 千克,鸦片 5.25 千克;
1984 年为 3 起,缴获鸦片 30 千克;1985 年为 6 起,缴获海洛因 6.7 千
克,鸦片 50 千克。从 1986 年起,查获毒品案件的数量和缴获毒品数量
都有增长。(见表 8—2)

表 8—2　　　　　**1986—1998 年全国公安系统
查获毒品犯罪案件统计**

年份	查获案件数 (起)	缴获海洛因数 (千克)	缴获鸦片数 (千克)	抓获境内外毒犯数 (人)
1986	12	24.089	112.7	32(其中境外毒犯 21)
1987	56	38.682	137.45	74(其中境外毒犯 66)
1988	268	166.158	239.122	188(其中境外毒犯 120)
1989	547	488.3	269.4	749(其中境外毒犯 716)
1990	3670	1632	782	5612(其中境外毒犯 682)
1991	8395	1919	1980	18079

年份	查获案件数 （起）	缴获海洛因数 （千克）	缴获鸦片数 （千克）	抓获境内外毒犯数 （人）
1992	14701	4489	2680	28292（其中境外毒犯490）
1993	26191	4459	3354	40834
1994	38033	3881	1737	50964
1995	57524	2376	1110	73734
1996	88579	4365	1745	不详
1997	180000 余	5477	1880	不详
1998	184000 余	4000	1215	不详

资料来源:《中国法制年鉴》1992—1999 年各卷。

除了查获海洛因、鸦片外,禁毒机关还查获大量其他毒品,如大麻、冰毒以及制毒化学品等。

境外毒品的大量流入,造成国内吸毒的人数骤增。据公安部门统计,1991 年底,全国登记在册的吸毒者达到 148359 人,1992 年为 14.8 万人,1993 年为 25 万人,1994 年为 38 万人,1995 年达到 52 万人。[1] 全国各省、市、自治区均发现有吸毒者,但分布不平均,以西南、东南和西北地区人数最多。据《人民日报》2000 年 6 月 21 日报道,来自有关部门的最新统计,全国的吸毒人数逐年增加。吸毒涉及的地域在扩大。

云南地处西南边陲,濒临金三角,是受毒品侵害最严重的一个省份。80 年代中期,仅在边境地区发现少数吸毒者。到 1988 年,全省仅以注射方式吸食海洛因的人数达到 4000 多人,1989 年增至 1 万多人,1990 年增至 2 万多人,1992 年则达到 2.6 万人。如果加上吸食鸦片、大麻、冰毒的人数,总数还要上升。[2] 在云南德宏州,由于毒品的大量涌入,吸毒者快速增加,1989 年与 1983 年相比,6 年间人数增长了 120 倍。

----

① 见《人民日报》1992 年 6 月 26 日、1996 年 4 月 4 日。
② 郭翔:《中国毒品问题及对策研究》,载《中央政法管理干部学院学报》1997 年第 6 期。

贵州省在80年代初发现有少数吸毒者,且以吸食鸦片为主。到了1991年,全省登记在册的吸毒人数达到12840人,1995年增到22307人,增长42.4%。80年代以来,广西发现首例吸毒者是在1987年。仅仅过去5年,1992年登记在册的吸毒人数达到15464人,1993年又增到3万多人,1994年达到45632人,1995年超过5万人。而实际吸毒人数要比这个数字大得多。广东在进入90年代以后,吸毒者数量增长很快。1992年查获吸毒者为8000人左右,到1993年增长了一倍,达到16000人,1994年增至30000人,1995年又增至50000人,如果加上自愿戒毒者20000余人,总共有70000人以上。① 此外,西北地区的陕西、甘肃、宁夏等省、区的毒品犯罪同样呈现上升趋势。

吸毒危害国家和社会,也给吸毒者本人及家庭造成不可挽回的影响。有资料表明,吸毒者中,青少年、社会闲散人员和个体户和农民居多。在其他行业中也有吸毒者,如工人、干部、警察、士兵、医生、文艺工作者、体育运动员等。吸毒者大都无心从事生产、经营活动和正常工作学习。为筹集吸毒的资金,许多吸毒者往往通过各种违法手段来获取,造成盗窃、抢劫、诈骗、贪污受贿、杀人害命、卖淫及贩毒等案件上升。由于吸毒者常使用注射器注射毒品,助长了艾滋病的传播。据卫生部艾滋病监测中心统计,截至1993年11月底,全国艾滋病感染者为1159人,其中因静脉注射海洛因感染艾滋病病毒的约占60%以上。截至1999年底,全国累计报告的17316例艾滋病病毒感染者中,因静脉注射毒品感染的占72.4%。② 许多吸毒者沾染上毒品后不能自拔,以致发展到变卖家产,沽儿鬻女,直至丧命的结局。

毒品的严重泛滥,引起党和政府的高度警觉。从70年代末开始,

---

① 郭翔:《中国毒品问题及对策研究》,载《中央政法管理干部学院学报》1997年第6期。

② 中华人民共和国国务院新闻办公室:《中国的禁毒》,《人民日报》2000年6月27日。

中央通过制定相关法律来同吸毒、贩毒行为进行斗争。1979 年 7 月 1 日,全国人大颁布新中国第一部《中华人民共和国刑法》,毒品犯罪作为"妨害社会管理秩序罪"纳入其中。这部法律从 1980 年 1 月 1 日开始实施。以后,随着毒品犯罪的愈演愈烈,中央又多次制定相关的法规、指示,加大打击的力度。1982 年 7 月 16 日,中共中央、国务院发布《关于禁绝鸦片烟毒问题的紧急指示》。1986 年 6 月全国人大常委会通过决议,决定有保留地加入修正的《一九六一年麻醉品单一条约》和《一九七一年精神药物公约》,此举表明中国正式加入国际社会反毒品斗争的行列。面对日益增长的毒品危害,为禁毒斗争提供法律武器,1990 年 12 月 28 日,七届全国人大常委会第 17 次会议通过了《关于禁毒的决定》。这个文件对刑法关于毒品犯罪的规定做了重大的修改和补充。同时,为进一步推动全国的禁毒斗争,这年 11 月成立了由国务院所属 16 个部委负责人组成的国家禁毒委员会。国家禁毒委员会负责研究制定禁毒方面的重要政策和措施,协调重大问题,统一领导全国的禁毒斗争。

这个时期的禁毒斗争主要采取以下的措施和办法:

第一,依法严厉打击各种毒品犯罪分子,加大缉毒力度。公安、海关、边防等部门协同作战,从各个途径查获、堵截毒品的流入,追捕毒品犯罪分子并予以严惩。1991—1999 年,我国禁毒执法机关共破获毒品违法犯罪案件 80 余万起,缴获海洛因 39.67 吨,鸦片 16.894 吨,大麻 15.079 吨,甲基苯丙胺 23.375 吨。[①] 在每年的国际禁毒日(6 月 26 日),各地都举行公判大会,对严重毒品犯罪分子判处死刑,同时公开销毁毒品。

第二,通过各种途径进行广泛的禁毒宣传,使广大群众尤其是青少年深刻认识毒品的严重危害,做到自觉抵制毒品,检举揭发毒品犯罪活动。几年来,各级公安机关、禁毒机构在全国广泛开展了禁毒宣传活动

---

① 中华人民共和国国务院新闻办公室:《中国的禁毒》,《人民日报》2000 年 6 月 27 日。

和预防教育,通过展览、报刊、电视台、宣传手册和挂图等形式使广大人民群众特别是青少年的禁毒意识明显增强。

第三,创办各种类型的戒毒机构,努力做好吸毒人员的戒毒工作。戒毒机构主要有三种:一是公安机关主管的强制戒毒所。凡是由公安机关查获的吸毒者一律送至戒毒所,强制戒毒,时间为3—6个月。截至1995年底,全国开办强制戒毒所500多个,年强制戒毒6万多人次。到1999年底,全国强制戒毒所达到700多个,登记在册的吸毒人员68.1万人。二是司法部门主管的劳教戒毒所。按照全国人大通过的《关于禁毒的决定》,戒毒后又再次沾染毒品的,查获后送劳教戒毒所,进行劳教戒毒。截至1995年底,全国有劳教戒毒所65个,年底在所劳教戒毒者1.8万人。三是非强制的或民办的戒毒所或医院。一些经过民政部门批准的医院、社会福利院及私人开办的戒毒机构,吸收一些自愿戒毒人员,在一定时间内实行戒毒。据统计,1991年至1999年间,全国对吸毒成瘾人员强制戒毒达90多万人次。①

此外,国家还采取措施打击国内非法种植罂粟的案件,加强国际禁毒领域的合作和交流,深入开展毒品问题的研究工作,力求把毒品的危害减少到最低限度,扫除这种丑恶的社会现象。

二、赌博

赌博是旧中国的社会毒瘤之一,对社会的危害很大。1949年10月,中华人民共和国成立后,对旧社会遗留下来的丑恶现象,人民政府采取措施大力消除。人民政府曾明令各地取缔一切公开和地下的赌场、赌局,惩处并改造了大批赌徒,从而有力地制止了赌博的泛滥,在全社会形成了反对赌博的声势。

然而,赌博现象从未在中国绝迹。但从50年代直到70年代,由于党和政府大力提倡移风易俗,使得赌博现象大多在暗中进行,并且对社

---

① 《人民日报》2000年7月3日。

会生活产生的负面影响比较小。80 年代初以后,作为社会越轨行为的赌博现象又开始在全国形成蔓延之势。其表现主要有:

第一,参与赌博者越来越多。据统计,1986 年全国记录在案的赌博案件 14 万起,受到处罚的赌博人员达 47 万多人。1988 年全国由公安机关查出的参与赌博的人员达到 80 万人。1989 年全国查处的赌博案件为 21.5 万起,比上年增长 24.8%。[①] 而实际参与赌博的人数要远远大于查获的数字。

第二,赌资越来越大。中国经济的不断发展使人民群众的收入有了很大增长,加之国家实行允许一部分人先富起来的政策,造成社会上出现一批所谓"大款"阶层。在这样的背景下,赌资也呈现出越来越大的趋势。1986 年 4 月,上海查获一起赌博案件,当场查获赌资 3 万余元,累计赌资在 100 万元以上。在 1989 年全国查获的赌博案中,最大的一次台面赌资为 270 万元。随着赌资的不断增长,一些赌博者甚至使用支票来进行。

第三,赌博方式越来越多样化。以往传统的赌具为麻将牌、扑克牌等,赌资为现金。但从 80 年代以来,赌具变化多样,像台球、电子游戏机、老虎机、角子机、棋类、彩票以至酒量、饭量、车技、枪法、眼力等都成为赌博的工具。90 年代后期,随着电脑和网络的迅速发展,一些人运用电脑和网络进行赌博,手法更加多样。所赌之物从金钱进一步扩展到实物,如住房、汽车、贵重首饰、家具、衣物、食物等,甚至有的赌徒将妻子陪人过夜作为赌注。

第四,以赌博为名进行诈骗活动的现象越来越多。80 年代以来,在许多城市存在着一些社会闲散人员在街头摆摊行骗的行为。他们往往通过小魔术来引诱行人下赌注,先让你得些小利,随后便骗你下大的赌注而从中得利。80 年代中期以后,一些不法人员从境外引进老虎

---

① 乐国安主编:《当代中国社会越轨行为》,知识出版社 1994 年版,第 78—79 页。

机、角子机、水果拼盘机、扑克机等赌博用具,擅自设点进行赌博活动。也有人使用电子游戏机进行赌博活动。这些赌博游戏机业主通过自行修改游戏机电脑版的软件数据、外接配线、设置无线遥控装置等手段,使参赌者先赢后输,越陷越深,无法自拔。一些赌博游戏机业主还雇"托儿"来吸引参赌者,最终使这些参赌者掉入别人精心设置的陷阱。

赌博行为给赌博者个人及其家庭和社会带来的危害是非常大的。

首先,对于长期参赌者个人来说,精神高度紧张,易造成神经衰弱,新陈代谢和内分泌失调。屡赌屡败及负债累累者还易造成丧失理智,精神麻木、迟钝,严重者还可使人格发生扭曲。一些老年、体弱者在赌博中突发重症以至死亡的事件,常常见诸报端。参赌者在赌博中因输钱而走上绝路,朋友之间反目成仇的事例也不在少数。

其次,赌博给参赌者家庭带来严重后果。在各地的报道中因赌博造成家庭悲剧的不胜枚举。常有夫妻之间因为赌博债台高筑而导致家庭破裂以及因为赌博而演变成家庭悲剧的实例。天津市红桥区一对年轻夫妇,在1990年农历正月十五晚上将2岁的儿子哄睡后,在将电褥子通电后到邻居家打麻将,赌了一个通宵,等次日早晨回家时,发现电褥子起火,孩子被烧死。

再次,赌博造成严重的社会问题。可以说赌博给社会生活带来的影响是消极的。它表现在赌博容易引发各种刑事案件,如贪污、盗窃、抢劫、诈骗以至凶杀等。据北京市朝阳区人民检察院统计,该院自1980年至1987年间共逮捕盗窃案犯1656人,其中因赌博输钱而盗窃的有671人,占40.3%。[①]此外,长期赌博还会败坏民风,养成人们好逸恶劳、投机取巧的不良风气。

对于日渐严重的赌博活动,国家采取措施予以禁止。应该明确指出,从中华人民共和国成立以来赌博行为即被视为非法。1979年7月,全国人大制定的《中华人民共和国刑法》中明确规定:"以营利为目

---

①　乐国安主编:《当代中国社会越轨行为》,知识出版社1994年版,第83页。

的、聚众赌博或者以赌博为业的,处三年以下有期徒刑、拘役或管制。"
1985 年 8 月 6 日,最高人民法院、最高人民检察院和公安部联合发布
《关于严格查禁赌博活动的通知》,指出:"赌博活动直接破坏精神文明
建设,影响工作和学习,造成许多家庭不和,甚至倾家荡产、妻离子散,
诱发犯罪,危害社会治安,必须查禁。"1987 年,在中央的统一部署下,
各地展开了禁赌斗争。北京、上海、天津、江苏、四川、山西、宁夏、吉林
等省市发布禁赌通令,查获大批赌博团伙,缴获大量赌资和赌具,取得
了禁赌斗争的阶段性胜利。

　　进入 90 年代,文化市场发展很快。各地的娱乐场所大批兴建,为
丰富人民的精神生活提供了条件。但是,在一些地区的娱乐场所中存
在严重的赌博现象。鉴于这种情况,在中共中央有关加强社会主义精
神文明建设的政策指导下,公安、文化、工商等部门协同行动,对文化市
场中的赌博现象进行认真查处,把赌博与吸毒贩毒、卖淫嫖娼等社会丑
恶现象同等看待,作为社会治安综合治理的主要内容,常抓不懈。

三、卖淫嫖娼

　　卖淫嫖娼在中国有几千年的历史。近代中国沦为半殖民地半封建
社会,西方腐朽文化侵入中国,卖淫嫖娼日益严重。在国民党统治时
期,卖淫嫖娼更加泛滥,全国到处可以见到妓院,娼妓成为一种公开的
职业,造成世风日下,性病蔓延。据英国社会学家甘博耳
(S. D. Gamble)1917 年对世界 8 大城市的公娼人数与城市总人口的比
例的调查,中国的上海和北京的比例为最高,分别是 1∶137 和 1∶259。
甘博耳提供的调查数字显示,北京的公娼人数是 3135 人,城市总人口
为 811556 人。甘博耳没有提供上海的数字。但据专家估算,当时上海
的公娼近 2 万人。[①]

　　[①]　杨洁曾、贺宛男编著:《上海娼妓改造史话》,上海三联书店 1988 年版,第
1—2 页。

中华人民共和国成立后,党和人民政府决心下大力气整治旧社会遗留下来的这种丑恶现象,取缔所有的妓院,改造所有的妓女,禁绝卖淫嫖娼。1949 年 11 月 21 日,首都北京一夜之间查封了全市所有的妓院。随后,全国各地参照北京和其他城市的经验,陆续开展了取缔妓院,教育改造妓女的工作。短短几年,在中国历史上存在了几千年的娼妓制度被铲除。

新中国成立初期进行铲除娼妓制度的工作按两种方式进行,一是"北京方式",另一是"天津方式"。北京方式就是在尽可能短的时间内,集中人力、物力,一举封闭妓院,将妓院业主、领家和老鸨集中审查处理,对所有妓女集中收容,进行教育改造并为其治病、安置工作。

1949 年 11 月 21 日下午 5 时 30 分,北京市公安局按照聂荣臻市长下达的立即执行北京市第二届各界人民代表会议关于封闭妓院的决议的命令,动员组织了 2400 余名民警和干部,分成 27 个行动小组,于当晚 8 时统一行动,分赴外城 5 个区和东、西郊等地。经过一夜紧张的工作,至 22 日晨 5 时左右,全市 224 家妓院全部封闭,集中妓女 1268 人(加上以后陆续收容的 48 人,总数为 1316 人)。

封闭妓院后,北京市人民政府又组织了 3 个委员会,专门负责处理有关善后工作。一是审讯委员会,由公安局和人民法院组成,负责审讯、处理老板和领家。二是财产处理委员会,由公安局和民政局组成,负责处理、没收老板、领家剥削妓女所得财产;三是妇女生产教养院,由市妇联、民政局、卫生局组成,负责对妓女教育、治病,分送回家,助其择偶、组织生产等工作。

对于收容的妓女,经过几个月的学习和疾病治疗,于 1950 年 2 月 1 日开始处理。至 6 月 5 日止,共处理妓女 1316 人。其中,结婚的 505 人,占 37.8%;回原籍老家的 374 人,占 28.4%;参加剧团和医务等工作的 34 人,占 2.57%;妓女兼领家已处理的 62 人,占 4.17%;送安老所者 13 人,占 0.9%;共处理了 988 人,占妓女总人数的 75%。

天津方式则是先采取多种限制措施,引导妓女逐步走向新生,到条件成熟时一举封闭妓院。据统计,建国初,天津尚有妓院530家,妓女1669人。北京封闭妓院的消息传到天津,她们就敏锐地感觉到"此道"不会长久了,妓院急剧减少,到1949年底,妓院便减少到99家,妓女减到329人。1950年1月15日,天津市第二届各界人民代表会议对妓女问题郑重决定:严格管理限制妓院的活动范围,消除老鸨、领家对妓女的压榨,解放妓女人身自由,帮助妓女转业,防止流为暗娼,在预定时间内彻底消灭娼妓制度。到1951年底,残留下来的妓院全部封闭,妓女集中收容。

按照北京和天津的方式,在1949年10月至1952年间全国各地分别进行了禁娼行动。1949年11月29日,南京市公安局在妓女较集中的大石坝地区召集妓女、老鸨开会,明确提出:娼妓转业从良,鸨母不得阻拦。会后,妓女相继转业。11月30日,蚌埠市公安局封闭妓院119家,175名妓女愿回原籍者资助还乡,对无家可归者予以教养改造。119名妓院老板和鸨母,对剥削妓女情节较轻者具保开释,情节较重者依法治罪。1949年底到1950年初,苏州、扬州、镇江、杭州等地先后关闭妓院、收容妓女。1951年9月,西安市查封妓院,收容妓女640多人,依法审查妓院老板297人。11月20日,南通市封闭全部妓院,依法逮捕以残酷迫害妓女为生的妓院老板和老鸨,妓女集中起来进行教育改造。11月22日,青岛市封闭全市6家残存的妓院,收容妓女和暗娼296人,逮捕妓院老板239人。1952年9月11日,武汉市政府下令封闭妓院,取缔暗娼,将297名妓女集中教育改造。

在旧社会,上海是中国妓院和娼妓最多的城市。上海解放后,面临着投机资本家哄抬物价,扰乱市场,国民党飞机轰炸,特务破坏以及大批工厂停工等严峻的形势,因此,没有像北京那样立即封闭妓院。但是,上海市人民政府在成立伊始即为彻底铲除娼妓着手准备工作。1949年6月,上海市公安局在全市登记妓院和妓女(暗娼除外)数字。7月,数字在报纸上公开发表:"1949年1月,上海有妓院800多家,妓女4000多人;5月,妓院减少为525家,妓女2227人。至6月30日止,

又有 69 家妓院自动停业,234 名妓女转业。"①在摸清了上海全市妓院
和妓女的情况后,人民政府公开地表示积极支持妓院停业和妓女从良。
1949 年 8 月 16 日,市公安局颁布管理妓院的暂行规定,其主要内容
有:不得引诱接待军政及一切公务人员;不得接待年龄未满廿岁或身心
不健康之狎客;禁止妓女在外狎宿;禁止妓女患病接客;严禁勾拐买卖
人口,严禁未满 18 岁之妓女接客;妓女不得站街拉客;院主不得虐待及
强迫妓女接客;废除妓女与院主之间一切契约,如妓女申请脱离,院方
应无条件允许其自由。② 此外,对于已转业和希望转业的妓女,人民政
府将她们组织起来进行学习。除了进行思想政治学习外,还组织她们
识字,向她们传授缝纫、织袜等生产技能,使这些妓女在转业后能够在
社会中立足。

经过两年多的工作,到 1951 年 11 月,上海市彻底铲除娼妓制度的
条件成熟了。13 日,上海市公安局治安行政处召集全市尚存的 72 家
妓院主训话,责令他们立即停业,并负责医治好妓女的性病,帮助她们
解决生活和出路问题。但多数妓院老板阳奉阴违。23 日,上海市各界
人民代表会议协商委员会举行第七次会议,专门讨论了取缔残存妓院
和解放妓女问题。会议经过讨论同意上海市人民政府关于取缔帝国主
义与国民党遗留下来的公开妓院,收容妓女的措施,同时建议对暗娼也
要有计划、有步骤地加以取缔。25 日晚,市公安局、民政局、妇联以及
相关地区的里弄干部,遵照市人民政府封闭残存妓院的命令,分赴各妓
院将妓院老板押往劳教所进行劳动改造,将妓女送到妇女教养所。至
26 日清晨,上海全市残存的妓院全部被封闭。以后,上海市继续收容
暗娼、女流氓等卖淫妇女。从 1951 年至 1957 年,上海市先后收容妓女
7000 多名,其中绝大多数经过教育改造走上新的工作岗位,开始了新

---

① 杨洁曾、贺宛男编著:《上海娼妓改造史话》,上海三联书店 1988 年版,第
28 页。

② 《大公报》1949 年 8 月 16 日。

的生活。至1958年11月,上海市妇女教养所送走了最后一批昔日妓女,完成了它的历史使命。

中国在50年代彻底铲除娼妓制度并对妓女进行改造的成功经验表明,社会主义具有极大的优越性,它与旧时代的社会腐败现象是不相融的。1964年,中国向世界宣布,各种性病已在中国大陆绝迹。中国禁娼的经验在国际上创造了一个解决卖淫嫖娼问题的先例,为世界许多国家所称道。

进入80年代,正像吸毒、贩毒等社会丑恶现象死灰复燃一样,卖淫嫖娼再度在中国大陆出现,且呈现增长的态势。首先,这一现象开始出现在沿海地区。据统计,广东全省1981年共查获卖淫嫖娼人员1331人,其中卖淫妇女599人;1983年共查获卖淫嫖娼人员6346人,其中卖淫妇女2005人,分别比1981年增加3.8倍和2.3倍;1987年共查获卖淫嫖娼人员18170人,其中卖淫妇女6396人,分别比1983年增加1.8倍和2.2倍;1989年仅1至8月就查获卖淫嫖娼人员12278人,其中卖淫妇女5192人。[①] 其他沿海城市同样也面临这样的问题。

80年代中期以后,卖淫嫖娼现象进一步由沿海地区向内地蔓延。武汉市在1985年以前,每年查处的卖淫嫖娼案件在100件左右,1986年以后逐年上升,这年查获492起,1987年查获621起,比1986年增长26.1%;1988年达到715起,比1987年上升15.1%;1989年仅1至10月就查获648起,比1988年同期上升31%。[②]

进入90年代,各地卖淫嫖娼案件有增无减。据报道,1993、1994两年,公安机关就查处卖淫嫖娼案件26万余起,查处卖淫嫖娼人员53万余名。[③] 如果加上未被查处的卖淫嫖娼人员和各种暗娼,人数更多。

80年代以来出现的卖淫嫖娼现象,虽属于社会丑恶现象,但并非

---

① 彦欣编:《卖淫嫖娼与社会控制》,朝华出版社1992年版,第92页。
② 彦欣编:《卖淫嫖娼与社会控制》,朝华出版社1992年版,第97页。
③ 《人民日报》1995年2月21日。

是已在50年代被铲除的娼妓制度的简单重演,它具有新的特征:

1. 卖淫者绝大多数是出于自愿,以追求享受、贪图安逸为目的,这和旧社会卖淫妇女多数因生活所迫沦为妓女有很大不同。在各地都出现了一批以卖淫为职业的妓女。她们卖淫的目的是为了发财致富,甚至有因卖淫而成为万元户和十万元户的暴发户。这些卖淫者道德沦丧,屡教不改,严重败坏了社会风气。

2. 卖淫者的年龄结构趋向低龄化。卖淫妇女中以年轻妇女居多。据一项调查显示,在157名被劳动教养的卖淫妇女中,16—30岁之间的年轻妇女占82.8%。①

3. 卖淫嫖娼以隐蔽和半公开方式活动。80年代,卖淫嫖娼活动没有固定场所。由于卖淫嫖娼属于非法行为,卖淫者和嫖客往往采取"游击"方式。卖淫者常在一些固定地方如餐厅、咖啡厅、舞厅和饭店大堂寻觅嫖客。近年来,卖淫嫖娼活动有向半公开化发展的趋势。一些个体旅馆、餐饮店、发廊、按摩院和农村"路边店"等以色情招徕顾客。

4. 卖淫者和嫖客的成分趋于多元化。前几年,卖淫者多是无业、待业人员和农民,但近年来卖淫者中不少是有正当职业者,如工人、大学生、研究生、演员、技术人员等。嫖客中前些年以外籍人士、港澳台人士以及国内采购员、个体户、汽车司机、包工头居多,近年则在查获的嫖客中出现工人、企业经理、中高级知识分子、干部等。

5. 卖淫活动由单个行动向有组织发展。80年代中期以前,卖淫者多数是单个行动,少数是三三两两结伴活动。90年代以后,卖淫妇女人数增长,出现以省、地区为单位的卖淫团伙,少的10人左右,多的20—30人。他们各霸一方,互相保护,甚至出现皮条客从中进行联络组织。

对于卖淫嫖娼现象的重现,党和政府下决心进行大力整顿。首先,

---

① 彦欣编:《卖淫嫖娼与社会控制》,朝华出版社1992年版,第108页。

从法律上制定了相关法律和法规。如《中华人民共和国刑法》(1979 年
颁布)规定:"强迫妇女卖淫的,处 3 年以上 10 年以下有期徒刑"(第
140 条);"以营利为目的,引诱、容留妇女卖淫的,处 5 年以下有期徒
刑、拘役或者管制;情节严重的,处 5 年以上有期徒刑,可以并处罚金或
者没收财产"(第 169 条)等。①《中华人民共和国治安管理处罚条例》
则明确规定:"严厉禁止卖淫、嫖宿暗娼以及介绍或者容留卖淫、嫖宿

———————————

① 《中华人民共和国刑法》于 1979 年 7 月 1 日由第五届全国人大第二次会
议通过,1997 年 3 月 14 日第八届全国人大第五次会议修订。在修订后的刑法中,
在第二编第六章专设"组织、强迫、引诱、容留、介绍卖淫罪"一节,其主要内容为:

"组织他人卖淫或者强迫他人卖淫的,处五年以上十年以下有期徒刑,并处罚
金;有下列情形之一的,处十年以上有期徒刑或者无期徒刑,并处罚金或者没收
财产:

(一)组织他人卖淫,情节严重的;

(二)强迫不满十四周岁的幼女卖淫的;

(三)强迫多人卖淫或者多次强迫他人卖淫的;

(四)强奸后迫使卖淫的;

(五)造成被强迫卖淫的人重伤、死亡或者其他严重后果的。

有前款所列情形之一,情节特别严重的,处无期徒刑或者死刑,并处没收财产。

协助组织他人卖淫的,处五年以下有期徒刑,并处罚金;情节严重的,处五年
以上十年以下有期徒刑,并处罚金。"(第 358 条)

"引诱、容留、介绍他人卖淫的,处五年以下有期徒刑、拘役或者管制,并处罚
金;情节严重的,处五年以上有期徒刑,并处罚金。

引诱不满十四周岁的幼女卖淫的,处五年以上有期徒刑,并处罚金。"(第 359
条)

"明知自己患有梅毒、淋病等严重性病卖淫、嫖娼的,处五年以下有期徒刑、拘
役或者管制,并处罚金。

嫖宿不满十四周岁的幼女的,处五年以上有期徒刑,并处罚金。"(第 360 条)

"旅馆业、饮食服务业、文化娱乐业、出租汽车业等单位的人员,利用本单位的
条件,组织、强迫、引诱、容留、介绍他人卖淫的,依照本法第 358 条、第 359 条的规
定定罪处罚。

前款所列单位的主要负责人,犯前款罪的,从重处罚。"(第 361 条)

以上条款见《中华人民共和国刑法》,中国民主法制出版社 1997 年版,第 85—
86 页。

暗娼,违者处15日以下拘留、警告、责令具结悔过或者依照规定实行劳动教养,可以并处5000元以下罚款,构成犯罪的,依法追究刑事责任。嫖宿不满14岁幼女的,依照刑法第139条的规定,以强奸罪论处"。1987年以后,一些省市相继制定了关于取缔卖淫、嫖宿暗娼的规定,如广东、浙江、海南、贵州、陕西等省和西宁、大连等市。

其次,各地加大对卖淫嫖娼的打击力度。针对卖淫嫖娼现象的恶性膨胀,各地在中央的统一部署下,进行社会治安的综合治理,有力地打击了卖淫嫖娼活动。据江苏省的资料,1993年南京市公安机关查获卖淫嫖娼案517起,查处918人;1994年查获卖淫嫖娼案537起,查处872人。1994年初至1995年4月,江苏省全省公安机关共查获卖淫嫖娼案5590起,查处9235人。据公安部门提供的数字,1989年全国查处的卖淫嫖娼人员超过10万人,1991年突破20万人,1992年达到24万人之多。从1984年至1992年的8年,全国共查处卖淫嫖娼人员86万多人。① 此后,公安机关查处卖淫嫖娼案件数量有很大增长。

其三,对卖淫嫖娼人员立足进行教育改造。由于卖淫妇女中青少年居多,且文化素质较低,道德观念低下,所以加强对卖淫妇女的教育改造显得尤为重要,况且我国在50年代在这方面积累了丰富的经验。一些地区开设了卖淫妇女收容教养所,配备专门管教干部,组织被管教人员进行理想、道德、法制、文化和生理卫生知识的学习,进行"自尊、自爱、自重、自强"的"四自"教育,还要参加生产劳动。各基层单位,如厂矿、企业、街道、学校和农村也对卖淫嫖娼人员进行教育、挽救工作。1993年9月4日,国务院发布施行《卖淫嫖娼人员收容教育办法》。《办法》称:收容教育,是指对卖淫、嫖娼人员集中进行法律教育和道德教育、组织参加生产劳动以及进行性病检查、治疗的行政强制教育措

---

① 李良玉:《当前妓女问题研究》,《南京大学学报》(哲学·人文·社科版)1998年第2期。

施。收容教育工作实行教育、感化、挽救的方针。收容教育期限为6个月至2年。①

其四,通过社会治安综合治理来解决卖淫嫖娼问题。遏制卖淫嫖娼活动的滋长并最终杜绝这一丑恶现象,是全社会的共同责任。在中央有关部门的具体指导下,全国各地先后进行社会治安综合治理,其措施有:一是大力开展"扫黄"斗争,坚决打击传播淫秽物品的犯罪活动,清除毒害青少年的"精神鸦片";二是进行广泛的宣传教育工作,揭露卖淫嫖娼的危害性,在全社会造成抵制和反对卖淫嫖娼活动的声势;三是加强对各级党政干部和公务员的管理,中国共产党的纪律条例明文规定,禁止共产党员和党政干部卖淫嫖娼,一经查出除受到行政处理外,还有给予党纪、政纪处分;四是加强对饮食业、旅馆业、娱乐业等特殊行业的管理,堵塞卖淫嫖娼的场所。

四、团伙犯罪

中华人民共和国成立后,对于旧社会遗留下来的种种恶势力,党和人民政府代表广大人民群众的利益决意予以彻底铲除。经过建国初期的镇压反革命运动和其他社会改革运动,在中国的土地上为非作歹多年的黑社会势力、反动会道门组织和危害人民的犯罪团伙被消灭。此后,中国大陆上"黑社会"、"团伙犯罪"等名词亦告消失。

70年代末期以来,已经被消灭的黑社会和团伙犯罪又在一些地区沉渣泛起,并且呈现蔓延之势,严重危害了社会主义现代化建设和人民群众的生命财产安全。团伙犯罪从社会学的角度说指那些具有一定组织形态的群体性、结伙性的犯罪。根据《中华人民共和国刑法》有关条文的规定:"共同犯罪是指二人以上的共同故意犯罪。"但是,"二人以上共同过失犯罪,不以共同犯罪论处;应当负刑事责任的,按照他们所

---

① 中央社会治安综合治理委员会办公室编:《中国社会治安综合治理年鉴1993—1994》,法律出版社1996年版,第23页。

犯的罪分别处罚。"而从团伙犯罪的群体性、结伙性来看,它通常具备的要素包括:具有一定的组织形态且三人以上;带有故意性和在相对稳定的时间内进行的犯罪;经常实施一种或几种作案手段;犯罪时有计划、有预谋、有分工;具有明显的反社会性,对社会的危害较大。

80年代初以来,不断滋生的团伙犯罪势力愈演愈烈。1983年,针对日益严重的刑事犯罪案件,中央在全国范围内开展了"严厉打击各种刑事犯罪案件"的运动,一大批犯罪团伙被摧毁。之后,新的犯罪团伙又有滋生。1987年,全国共查获犯罪团伙3600个,成员达13.8万多人,团伙数与成员数均比1986年增加20%。[1] 1989年,全国破获犯罪团伙9.1万个,成员达34万人。1990年5月至9月,仅在全国"严打"期间,全国公安机关查获的犯罪团伙达7.97万个,成员达33.7万人。[2] 90年代初以来,打击严重刑事犯罪尤其是带有黑社会性质的团伙犯罪成为政法、公安部门的主要任务,公安机关加大了对团伙犯罪的打击力度。据报道,从1994年8月到1995年1月,全国公安机关共摧毁各类犯罪团伙7万多个,抓获团伙成员27.7万多名,一批罪大恶极、危害一方、人民群众深恶痛绝的流氓恶势力和带有黑社会性质的犯罪团伙被铲除;集中整治了治安秩序混乱的地区和场所14万多个。[3] 1997年3月,八届全国人大五次会议将惩治黑社会犯罪的条文写进修订的《中华人民共和国刑法》,为打击团伙犯罪提供了有力的法律依据。《刑法》第294条规定:"组织、领导和积极参加以暴力、威胁或者其他手段,有组织地进行违法犯罪活动,称霸一方,为非作恶、欺压、残害群众,严重破坏经济、社会生活秩序的黑社会性质的组织的,处三年以上十年以下有期徒刑;其他参加的,处三年以下有期徒刑、拘役、管制

---

① 王仲方主编:《中国社会治安综合治理的理论与实践》,群众出版社1989年版,第147页。

② 王仲方主编:《中国社会治安综合治理的理论与实践》,群众出版社1989年版,第486—487页。

③ 《人民日报》1995年2月26日。

或者剥夺政治权利。"①

中国大陆地区自70年代末以来出现的团伙犯罪包括一些带有黑社会性质的团伙犯罪,从其产生的途径看,分为境内滋生和境外渗透两大类。

首先从境外渗透来看,中国自实行对外开放、打开国门以后,境外的黑社会势力乘机向国内渗透,进行违法犯罪活动。从现有的情况来看,主要是香港、澳门和台湾的黑社会势力向大陆地区渗透,并集中在广东、福建、浙江等沿海地区,另外在云南、广西等地存在境外金三角贩毒集团向中国大陆渗透的情况。由境外渗透产生的团伙犯罪,通常是境内外犯罪分子相互勾结,境外黑社会势力在大陆物色对象,发展人员,并由境外黑社会势力指挥控制。这种团伙犯罪依托海外,内外勾结,利用境内外的各种差异,进退自如,使境内外警方均难以实施有效打击。1998年破获的张子强严重暴力犯罪团伙案就是一个例子。

1997年9月,被告人张子强(系香港居民)等人经密谋并由张子强出资,在广东省汕尾市非法购买大量炸药、雷管和导火索,偷运到香港。1995年5、6月间,被告人陈智浩(系香港居民)在广东省海丰县非法购买一批炸药,指使同案人偷运到香港。1991年和1996年,被告人张子强等人将在内地非法购买的一批枪支弹药偷运到香港。被告人张子强一伙经在广州、深圳、东莞市多次密谋策划后,分别于1996年5月和1997年9月在香港绑架了李某、林某和郭某,勒索巨额"赎金"。1994年底至1995年初,被告人陈智浩、马尚忠(河北人)、梁辉、蔡智杰、余汉俊、黄毅等人在深圳市抢劫天津市物资综合贸易中心的提货单,提走一批钢材销赃,抢劫中致被害人李某死亡。被告人陈智浩、马尚忠、朱玉成、李运等人经在广州、深圳市多次密谋,先后于1991年6月和1992年3月,携带在内地非法购买的枪支、子弹,在香港抢劫金铺两次,共抢得7家金铺的一批金器。此外,1990年至1991年,陈智浩一伙从内地

---

① 《中华人民共和国刑法》,中国民主法制出版社1997年版,第70页。

非法购买一批枪支弹药,偷运到深圳市,藏匿在被告人罗月英的住处。

张子强为首的犯罪团伙成员既有香港人,又有内地人。他们不仅在深圳、广州杀人、抢劫,还从内地走私枪支弹药、爆炸物品到香港进行暴力犯罪;在香港实施绑架勒索、持枪抢金铺等,也是在内地进行密谋策划和指挥的;赃款也有一部分转移到内地或在内地"洗钱"购置物业。1998年上半年,广东省公安机关在公安部的直接指挥下,在福建、湖北、湖南、江西、内蒙古、广西等省、自治区公安机关的协助下,经半年的缜密侦查,破获了以张子强为首的严重暴力犯罪团伙案件。张子强等18名涉案人员被依法逮捕。根据我国《刑法》的有关规定,内地司法机关依法对张子强犯罪团伙进行审判。1998年11月12日,广州市中级人民法院做出一审判决:认定被告人张子强犯有非法买卖爆炸物罪,走私武器、弹药罪,绑架罪,数罪并罚,决定执行死刑,剥夺政治权利终身,并处没收财产人民币6.621亿元;被告人陈智浩犯有抢劫罪,走私武器、弹药罪,非法买卖枪支、弹药罪,绑架罪,非法运输爆炸物罪,私藏枪支、弹药罪,数罪并罚,决定执行死刑,剥夺政治权利终身,并处没收财产人民币2.9564亿元;被告人马尚忠犯有抢劫罪,走私武器、弹药罪,非法买卖枪支、弹药罪,原犯盗窃罪余刑九年五个月五日,数罪并罚,决定执行死刑,剥夺政治权利终身,并处没收财产人民币15万元;被告人梁辉犯有抢劫罪,绑架罪,走私武器、弹药罪,数罪并罚,决定执行死刑,剥夺政治权利终身,并处没收财产人民币375万元;被告人钱汉寿犯有非法买卖爆炸物罪,判处死刑,剥夺政治权利终身;被告人朱玉成犯有抢劫罪,绑架罪,走私武器、弹药罪,数罪并罚,决定执行死刑,缓期二年执行,剥夺政治权利终身,并处没收财产人民币7553万元;被告人李运犯有抢劫罪,绑架罪,走私武器、弹药罪,数罪并罚,决定执行死刑,缓期二年执行,剥夺政治权利终身,并处没收财产人民币7544万元;对蔡智杰等29名被告人,分别判处无期徒刑、有期徒刑,并处没收财产。

广州市中级人民法院做出一审判决后,张子强等29名被告人不

服,向广东省高级人民法院提出上诉,要求从轻或减轻处罚。1998 年
12 月 5 日,广东省高级人民法院受理此案后依法组成了合议庭,经阅
卷、讯问有关上诉人和原审被告人,听取了辩护律师的意见,认为原审
判决认定事实清楚,证据确实、充分,定罪准确,审判程序合法。张子强
提出的上诉理由,均没有事实和法律依据,不予采纳;其他上诉人除余
汉俊、陈树汉的量刑失重外,其余所提出的上诉理由经查均不能成立。
经合议庭评议,并经审判委员会讨论决定,依据刑事诉讼法的有关规
定,判决驳回张子强等 27 人上诉,维持原判。同时,根据最高人民法院
的授权,依法核准张子强、陈智浩、马尚忠、梁辉、钱汉寿死刑,剥夺政治
权利终身;核准李运、朱玉成死刑,缓期 2 年执行,剥夺政治权利终
身。[①] 宣判后,对张子强等 5 犯被依法执行死刑。

其次从境内滋生来看,有地域型和流动型的区别。现今中国的犯
罪团伙具有很强的地域性,也就是以一个城市、一个城市的某个地区、
农村中的一个乡镇为势力范围。这种地域型有城市和农村之分。在城
市,一种情况是,一些刑满释放人员纠集在一起形成流氓犯罪团伙,他
们以一定地域为活动范围进行危害社会的活动,如盗窃、抢劫、强奸、杀
人、敲诈、贩毒、卖淫嫖娼以及欺行霸市、倒卖票证等。另一种情况是,
以家族、亲戚为核心组成犯罪团伙,通过巧取豪夺、敲诈勒索、走私贩
私,大肆聚敛财富;也有的团伙杀人越货,盗窃抢劫,称霸一方,欺善霸
良。在农村,犯罪团伙大致有两种情况,一是以宗法势力为核心形成
的。中国农村的宗法势力有很长的历史。宗族通过祖训、族规、家规来
制约村民,造成在一些地区宗法势力凌驾于社会正常组织之上。一旦
宗族被违法分子所操纵,便容易形成反社会的团伙,他们对抗党和政府
的政策,抗粮、抗税、抗计划生育,有组织围攻、冲击地方政府机关,杀害
国家工作人员;挑动乡村之间的械斗,致人非命等等。二是以农村的流
氓恶势力为核心形成的。农村恶势力以流氓、地痞、恶棍、屡教不改的

①　《人民日报》1998 年 12 月 6 日。

刑满释放人员和解除劳动教养人员为主,他们挑动事端,横行乡里,欺行霸市,掠夺财物,拦路抢劫,盗窃钱物,欺男霸女。有些地方的基层政权或某一行政管理部门为恶势力所控制,一些党员领导干部为恶势力服务,这更增加了其社会危害性。

流动型犯罪团伙主要指在交通工具上作案和跨省市、跨地区作案的犯罪团伙。从前者来说,一些犯罪团伙常年在铁路、公路、水路上进行抢劫、偷窃、诈骗等犯罪活动。这些"车匪路霸"持凶器在火车、长途汽车和船舶上威胁乘客,行凶抢劫,稍有不从就拔刀相向,严重扰乱了社会秩序,威胁了人民群众生命财产的安全。从后者来说,指那些飘忽不定,流窜各地作案的犯罪团伙。他们往往"打一枪换一个地方",通过现代化的交通工具和通讯手段,屡屡逃脱公安机关的追捕。这类犯罪分子在各地作案手段残忍,为达到其罪恶的目的往往滥杀无辜。

从犯罪种类看,团伙犯罪有以下几种类型:

(一)盗窃犯罪

团伙犯罪中以盗窃犯罪为最多。据有关材料显示,盗窃团伙犯罪约占团伙犯罪的70%左右。盗窃团伙活动的区域比较大,有商家店铺、仓库重地、机关单位、宾馆旅舍、车船车站、居民小区等等。盗窃团伙的成员构成比较复杂,有惯偷惯盗、社会闲散人员、农民、工人、学生等。从盗窃团伙的盗窃对象和活动方式看,可分成诸多的种类,如:在公共交通工具上扒窃团伙,入室盗窃团伙,盗窃国家、企事业单位贵重物资团伙,盗窃汽车、摩托车、自行车团伙,盗窃交通、通讯、电力设施团伙,盗窃古墓及重要文物团伙,盗窃庄稼及家禽家畜团伙等等。

(二)抢劫犯罪

抢劫犯罪在团伙犯罪中所占比例也较高。由于抢劫往往是通过暴力或以暴力相威胁的手段来实现,事先有预谋、有计划、有分工,单人难以完成,所以抢劫犯罪更容易结成团伙。抢劫团伙的活动地域主要在城市街道、偏僻小巷、车站码头、交通要道、道路沿线、学校门口和农村集镇等。抢劫目标有银行及运钞车、贵重物资、汽车特别是出租车、旅客钱物、商家店铺等。近年来,在铁路、公路、水路上进行抢劫的团伙犯罪有不断上升之势,罪恶极大。在川黔铁路、陇海铁路、京广铁路的河南和湖南路段、浙江和江西境内的铁路等路段,"车匪路霸"一度疯狂作案,严重威胁旅客人身和财产安全。

(三)地方恶势力犯罪

地方恶势力是指城乡那些依赖宗族、家族势力或由流氓、地痞、恶棍等人纠集而成的犯罪团伙。这些犯罪团伙在某个地区横行乡里,称王称霸,为非作歹,无恶不作。这样的犯罪团伙在许多省市都存在。如辽宁省营口市以段氏兄弟为首的特大犯罪团伙自 1987 年至 1991 年间,作案 130 余起,致死 1 人,致伤 40 多人,强奸、霸占妇女 40 余人,通过放高利贷、敲诈、强取等手段强掠民财 200 余万元,受害群众达 300 多人。①

(四)走私犯罪

走私犯罪多系团伙作案。特大型走私活动都是由犯罪团伙与境外犯罪集团相勾结,经过周密策划,以行贿等不法手段打通各种关节,进行大规模走私,严重侵害了国家的利益,扰乱了经济生活。走私的物品在不同的时期各有不同。80 年代初期,走私入境的物品多是手表、录音机、衣物等。80 年代中期到 90 年代初,以高档家用电器、香烟、彩色胶卷、汽车为主。这以后,走私品涉及面愈来愈宽,主要有:豪华轿车、光盘、电脑配件、钢材、汽油、白糖等等。在走私出境的物品中以珍贵文物、贵重中草药为主。

(五)贩卖毒品及枪支弹药犯罪

前文提及,70 年代末期以来,国际贩毒集团借道中国,将毒品转运港澳。国内一些犯罪团伙与国际贩毒集团相勾结,大肆进行贩毒活动。起初是将毒品过境运往港澳台和日本等地,之后亦向国内大量贩毒。这些贩毒团伙逐步建立起自己一套运送体系,在全国许多地方有推销

---

① 《中国检察报》1993 年 1 月 9 日。

网络,对社会和人们身心健康危害极大。贩卖枪支弹药的犯罪团伙近年也开始出现,其中有的制造和贩卖土枪、火枪以及弹药,有的从境外走私枪支弹药。这类犯罪团伙尽管为数不是很多,但严重影响社会的稳定。

（六）诈骗、绑架勒索犯罪

诈骗犯罪往往采用各种欺骗手法诱人上当,以达到骗取钱物的目的。这种犯罪行为有一人所为的,但多数是团伙作案。他们以得到某种好处,以解决某些难办的事情为诱饵,以团伙成员作为"托儿",引诱受害者上钩。这样的案例在全国各地屡屡发生。绑架勒索犯罪在旧中国屡见不鲜。但在80年代初以来,这种犯罪方式也开始出现。犯罪团伙通过绑架所谓的"大款"或其子女,以达到勒索巨额钱物的目的。有些犯罪团伙在未达到目的或被公安机关追捕的情况下杀害被绑架者,给当事人和社会稳定带来极大损害。

（七）拐卖妇女儿童犯罪

拐卖妇女儿童是指以出卖为目的,通过拐骗、收买、贩卖、接送、中转等途径严重侵犯妇女儿童公民人身自由的犯罪行为。这一现象在70年代初期就开始出现。由于"文化大革命"造成的社会动荡和经济发展的不平衡,一些经济落后地区的农村妇女大量外流。其中一些犯罪分子以介绍对象、找工作为名,将贫困边远地区的农村妇女拐卖到其他经济条件较好的地区。80年代初期以后,随着经济生活的日渐丰富,一些犯罪分子结成团伙,以招工、经商、旅游等名义,把一些农村妇女拐卖到城市的私人企业、酒吧,或拐卖到农村与人为妻,甚至有的犯罪团伙与境外黑社会组织勾结,将拐骗来的年轻女子偷渡出境卖往境外的妓院。拐卖儿童是80年代初以来日益严重的社会问题。犯罪团伙利用一些人希望得到男孩的心理,通过诱骗、绑架等手段把儿童高价转卖。近年来,拐卖妇女儿童犯罪已形成跨省、市、自治区作案,其犯罪团伙组织严密,分工具体,联络迅捷,已具有职业性犯罪团伙的特点。

（八）流氓、奸淫妇女犯罪

这种犯罪团伙主要以强奸、轮奸、摧残妇女并搞淫乱活动来进行犯罪。在70年代初期的混乱情况下，各地都出现一些流氓团伙，以勾引、强奸、轮奸妇女为乐。80年代以来，流氓、强奸妇女犯罪有增无减，特别是一些青少年犯罪团伙开始出现。

（九）制贩假币、假票证犯罪

此类犯罪主要是制造或贩卖假币和假票证，以此扰乱国家经济活动和社会正常秩序。其中制贩假币多是团伙所为。1984年深圳首次破获制贩假人民币团伙犯罪案之后，河南、山东、江苏等省先后也查获此类案件多起。80年代后期以来，境外伪造的假人民币大量流入境内，一些犯罪团伙与境外犯罪势力勾结向内地大量贩卖假人民币。现今发现的假人民币有复印式、影印式、描绘式等，且伪造手段愈来愈高，几近乱真的程度。此外，伪造各种票证的犯罪也呈上升之势。伪造的票证主要有：汽车票、火车票、油票、购货发票、增值税发票、护照、签证、身份证、学历证明、结婚证及离婚证等等，几乎无所不包。

（十）经济犯罪

改革开放以来，随着各项改革措施的出台，新旧体制面临转换之机，一些规章制度尚不完善，同时某些人的思想状况发生变化，利欲熏心，假公济私，损公肥私的不良风气抬头，使得在社会生活中出现大量经济领域的犯罪活动。它的主要表现是：贪污、行贿受贿、走私贩私、偷税漏税等。近年来这类犯罪呈现出团伙犯罪的趋势。一个地区、一个部门、一个企业的某些领导者串通一气，实施共同犯罪。1999年查获的广东湛江从市委主要领导到海关领导的受贿、走私、放私大案，便是典型的案例。这种经济犯罪往往和少数领导干部的腐败行为密切相关，因此成为既危害国家利益又败坏党风的大问题。

除了上述10种团伙犯罪以外，还存在卖淫嫖娼犯罪、制造和传播淫秽物品犯罪、赌博犯罪等。还需指出的是，在团伙犯罪中，有许多团伙是兼有多种犯罪方式，这种集合式犯罪团伙对社会的危害极大。更有些犯罪团伙已经向黑社会性质发展,进行有组织、有目的、有计划的犯罪活动,并且向政府部门和公检法机关进行渗透。

2000年7月,辽宁省沈阳市公安局经过长时间的侦查,一举破获刘涌等涉嫌黑社会犯罪的犯罪集团。犯罪嫌疑人刘涌1997年12月6日当选为沈阳市人大代表、沈阳嘉阳集团董事长。他以合法身分为掩护,纠集一批有前科的人员充当打手,购买、私藏大量枪支弹药和刀具作为凶器,逐步形成一个成员相对稳定、带有黑社会性质的犯罪集团。他们采取野蛮的暴力手段,猖狂作案,对于在生意和生活上于其有不利影响的人,任意打、砸、砍、杀,心黑手辣,草菅人命,猖狂至极,长期称霸一方。自2000年7月1日起,公安机关陆续抓获该犯罪集团的数位主要成员,缴获一批枪支和刀具,破获相关案件30余起。7月11日,刘涌在黑龙江省黑河边防检查站被当地警方抓获。至此,该犯罪集团已被摧毁。

这些严峻的社会问题引起了中央和各地领导的高度重视。搞好社会治安关系到老百姓的切身利益。自20世纪80年代初期,在中央的统一部署下,各地开展了"严打"斗争以后,遏制团伙犯罪以及带有黑社会性质的犯罪活动成为各级政法部门面临的重要任务。到了90年代初,社会治安问题仍是人民群众反映强烈的热点问题。一些地区治安形势严峻,犯罪团伙横行,尤其是部分农村治安问题严重。[1] 1993年7月,中共中央政治局常委会对社会治安综合治理工作做出重要指示,指出:必须坚决贯彻邓小平同志"两手抓"的战略思想。打击犯罪一定要坚决有力,特别是对在公共场所强奸、污辱妇女的,在光天化日之下持械抢劫的,破坏铁路设施造成严重后果的等损害人民利益、破坏社会秩序、危害公共安全的严重刑事犯罪分子,要坚决依法从重从快惩处。同时要研究新形势下加强社会治安综合治理工作的措施。在打击、查

---

[1] 中央社会治安综合治理委员会办公室编:《中国社会治安综合治理年鉴1993—1994》,法律出版社1996年版,第5页。

禁的同时,要大力加强党政组织建设,真正发挥基层干部的作用。重视对农村剩余劳动力的开发利用,加强思想教育工作,依靠群众维护社会治安。[①] 此后,各地把整治各自治安混乱地区,打击车匪路霸、卖淫嫖娼、制贩吸食毒品、拐卖妇女儿童以及黑社会势力等社会丑恶现象,作为社会治安综合治理的重点。

第二节 病态生活的成因分析

20 世纪下半叶中国社会病态生活的成因是比较复杂的。从病态生活的状况看,五六十年代和 70 年代末期以后的情况有明显的区别,其成因也自然不同。

一、改革开放前病态生活的成因

在 50 年代,病态生活存在的原因很大程度上是半殖民地半封建社会遗留下来的。中国自 1840 年以来社会生活发生极大的变化。中国社会原有的一些陈腐的落后的东西非但没有随着西方思想文化的侵入而改变,反而有所加剧。同时,西方社会腐朽的东西也进入中国,影响到社会生活的方方面面。比如,卖淫嫖娼,就是中国社会古已有之的社会问题。在近代以来,这种社会丑恶现象更是变本加厉地发展,腐蚀着社会各个阶层。吸食鸦片,更是帝国主义毒害中国人民的一种恶毒手段,它的流行使得中国陷于积弱、贫困的悲惨境地,人们的精神状态处于低迷、昏聩之中。此外,旧中国长期的动荡和战争使人民生活极不稳定,社会邪恶势力大行其道,土匪、反动会道门、黑社会势力猖狂活动,人民生活在水深火热之中。在中国新民主主义革命胜利以后,这些社

---

① 中央社会治安综合治理委员会办公室编:《中国社会治安综合治理年鉴1993—1994》,法律出版社 1996 年版,第 5—6 页。

会丑恶现象并未立即随着半殖民地半封建社会的结束而被清除,它还有历史的惯性。因此,中华人民共和国成立后在50年代存在的社会病态生活其根源就在于此。

新中国成立后,人民民主专政的新型政权是代表广大人民群众利益的,它以中国历史上前所未有的面貌,涤荡着半殖民地半封建社会遗留下来的污泥浊水,给社会生活一种全新的气象。经过50年代前期各项社会改革措施的实施,旧中国的种种社会丑恶现象基本上被铲除。从50年代中期到60年代中期,中国是世界上犯罪率最低的国家之一。像吸毒、卖淫嫖娼、团伙犯罪及赌博等病态生活,有的被彻底杜绝,有的则被控制在最小的范围内。

二、改革开放后病态生活的成因

从70年代末以后,中国的政治、经济、思想文化等许多方面发生了历史性的变化,改革开放和社会主义现代化建设取得了显著的成绩。但是,毋庸讳言的是,一些已被铲除的社会丑恶现象又沉渣泛起,犯罪率出现增长的趋势。造成这种现象的原因有历史的和社会的两方面:

（一）历史原因

首先,从1966年开始的"文化大革命"是给党、国家和各族人民带来严重灾难的内乱。在长达10年的动乱中,法制建设、社会秩序被严重破坏,公、检、法被砸烂,社会道德风尚受到严重损害,无政府主义、极端个人主义严重泛滥。"文化大革命"中提倡"造反有理",武斗、派仗成风,各级党政机关被冲击,所有这些使得国家的职能和对社会的控制大大地削弱了。在"文化大革命"的后期,社会上的犯罪率已经呈现上升的趋势。这说明"文化大革命"给中国社会的稳定带来严重的后遗症,对于社会病态生活的重新出现起了一定的作用。

其次,中国是一个有着长期封建社会历史的国家。在传统思想文化、道德观念、风俗习惯中固然有优秀的成分,但也存在一些糟粕和落后的东西。到了近代,在半殖民地半封建社会中,西方资产阶级的思想文化和道德习俗对中国社会产生了影响,并且衍生出一种殖民地的文化。所有这些历史沉积对当代中国社会产生的负面作用不容低估。例如,在中国农村中存在的宗法势力虽在 50 年代受到严厉打击,一度销声匿迹,但是在 80 年代以来,它又在一些地区复萌。农村中以宗法势力为核心的犯罪团伙的出现就可以说明这一点。此外,像卖淫嫖娼、赌博等社会丑恶现象都与这一因素有着密切联系。

(二)社会原因

"文化大革命"结束后,中国进入改革开放的新的历史时期。原有的一套"左"的思想逐渐被改革开放的新思路所取代。深化改革、扩大开放、发展社会主义市场经济成为这一时期的最强音。在这个大背景下,中国社会明显带有社会转型的特点。这次社会转型,从根本上说,是由农业经济向工业化经济转型,由农村社会向工商社会和都市社会转型。这次的社会转型有着许多特点,例如从单一的国营经济和集体经济向以国有经济为主体的多种经济成分并存的经济关系转型;由高度集中的社会主义计划经济向社会主义市场经济转型;由平均型的低收入向收入拉开距离、允许一部分人先富起来,再过渡到共同富裕的转型,等等。在这种社会转型时期,无论从政治、经济、文化、道德、法律、社会等各个层面上所产生的影响是极其深刻和广泛的。随着社会的转型,人们的价值观念、行为方式以及人际关系都发生着剧烈的变化。所有这些对社会的稳定和一些社会丑恶现象的重现都将产生影响。具体来说,这些变化主要有如下几个方面:

第一,从外部来说,随着对外开放和国门的打开,国外优秀的科学技术、管理经验和风俗文化传入国内,但是同时,西方腐朽的思想、文化、道德、习俗、生活方式等也通过各种渠道进入国内,影响了一批抵御能力低下的青少年和社会闲杂人员,造成这些人的道德观念、是非标准发生扭曲。比如,西方崇尚的"性解放"、"性自由",通过文学作品、电影电视、报刊媒介等途径为一些青少年和意志薄弱的成年人所了解。为了追求西方这种生活方式,他们单纯模仿,造成强奸、轮奸妇女、男女发生非正常性关系、卖淫嫖娼、传播淫秽制品等性犯罪现象的增长。再者，西方一些影视作品播映后，造成一些青少年盲目模仿，走上了犯罪的道路。70年代末，各地曾播映美国电视连续剧《加里森敢死队》。随后，一些地区出现与电视剧同名的组织，进行盗窃、抢劫、强奸甚至杀人等犯罪活动。这些犯罪团伙内部成员的绰号与电视剧里成员的绰号相同，有些甚至还分A、B角。此外，毒品犯罪也是从国外传入国内的。一些人为尝试西方醉生梦死的生活，沾染毒品，一发而不可收，直至家破人亡。

第二，从内部来说，70年代末以来，一部分社会成员的理想、信念发生动摇，对国家的未来和个人的前途失去信心，以致精神空虚，生活颓废，追求享乐，道德沦丧，目无法纪，直至走上犯罪的道路。据许多专家调查资料显示，70年代末以来的卖淫现象中，极少是因为生活所迫而被迫从事卖淫，绝大多数是在贪图享乐、金钱至上的思想驱使下走上卖淫的道路。据贵州省的一项调查，在300名卖淫妇女中，许多人毫不掩饰地认为：用自己的肉体去满足嫖客以换取钱财，是女人家最"划得来"的事情，能够"无本万利"。这些人毫无人格、自我尊严的受损意识和耻辱感。① 另外，吸毒者往往也是缺乏健康的理想和信念的人。他们为了追求不切实际的物质享乐，填补精神上的空虚，经不住毒品的诱惑，最终陷入"泥潭"。吸毒现象的蔓延还助长了其他毒品犯罪的猖獗。

第三，在由原有的计划经济向市场经济转变的过程中，物质利益成为人们更为关注的视点。国家提出的允许一部分人先富起来的政策对于打破长期以来形成的平均主义"大锅饭"意识是必要的。但是，一部分人错误地理解国家的政策，把追逐物质利益，甚至不择手段地牟取暴利，作为自己的目标。因此，拜金主义盛行，金钱被视为"万能"，崇拜金钱超过了一切。这样一种社会风气使大部分社会丑恶现象得以滋生

---

① 彦欣编：《卖淫嫖娼与社会控制》，朝华出版社1992年版，第239页。

和蔓延。在各种犯罪团伙中,绝大多数以获取"利益"为目的。盗窃、抢劫、暴力、贩毒、走私以及经济领域犯罪等等都是如此。

第四,在中国正处在新旧经济体制转型的过程中,社会控制能力和防范犯罪能力有所下降,出现了物质文明与精神文明,"一手硬,一手软"的情况,给病态生活的再现以可乘之机。在一些地区,地方基层政权软弱涣散,公安机关也存在对犯罪势力打击不力的问题。有关部门对于在新的历史条件下如何面对社会丑恶现象的抬头,进一步打击各种犯罪势力缺乏深入的研究和制定相应的切实有效的对策。

第九章 20世纪下半叶中国民众
生活水平评估

生活水平,亦称生活程度,指某一社会在某一时期,人们为满足物质和文化的需要,所消费的社会产品及劳务的程度。生活水平的高低取决于社会生产的发展状况。各个国家、各个地区和各个民族条件的不同,对生活水平的衡量也不一致。一般来说,衡量标准中有以下基本内容:(1)人均实际收入水平;(2)消费水平和消费结构;(3)人均年储蓄水平;(4)劳动环境和条件;(5)社会服务状况;(6)卫生保健水平;(7)文化教育水平;(8)文化生活情况;(9)闲暇时间的占有量及结构;(10)恩格尔系数①。对生活水平的确定有三项基本要求:(1)以群体为标准,不以个人为标准;(2)以实际的消费状况为标准,衡量的内容包括占有的用以满足人们物质和文化生活需要和那部分社会产品和服务;(3)以平均的消费数量和质量为标准,而不以群体中的个别人的消费数量和质量为标准。生活水平能用来描述某一社会或某一群体生活质量的特征,并不能反映出其生活的质量如何,要想真正了解人们生活的社会条件,必须结合数量和质量两方面的因素加以分析,才能得出正

---

① 即食品支出占全部生活费支出的比重。这是国际上通用的衡量生活水平的一项指标。联合国粮农组织提出的关于运用恩格尔系数衡量生活水平的标准是:恩格尔系数在60%以上者为饥寒,在50%—60%之间为温饱,在40%—50%之间为小康,在40%以下者为富裕。

确的结论。①

人民生活水平是衡量一个社会的生产力的重要标准,是一个国家在其经济领域取得成就的重要表现,也是某种社会制度优越性的反映形式。因此,对于20世纪下半叶人民生活水平发展变化的研究就有着十分重要的不可替代作用。这不仅有助于说明这50年来我国在改善人民生活水准上所取得的巨大成就,还有助于我们改正以往在改善人民生活水平过程中所犯过的错误,从而汲取经验教训,以便在以后的经济建设中使人民的生活水平有更大的、飞速的提高。

第一节 民众生活水平的总体评估

一、民众生活水平的总体变化

在近代中国,内忧外患频仍,社会生产力发展有限,广大民众的生活十分困苦。工人农民等劳动者经常处在失业、贫困、饥饿和疾病之中,大批民众温饱问题没有解决。1949年新中国成立后,中国人民在努力发展经济的同时,也使自己的生活水平发生着不断的变化。

50年来,我国人民生活水平发生了巨大的变化。从1949年到2000年,中华人民共和国经过半个世纪的发展,取得了举世瞩目的成就,综合国力不断增强,国民生产总值稳中有升,人民生活水平大大提高。这里仅以饮食、出行、居住、日常用品四个方面作一说明。

(一)饮食。民以食为天。新中国成立以后,家庭饮食一般还是粗茶淡饭,平时十天到半个月才可以吃一次肉。家家户户只求吃饱肚子。50年代末到60年代初,国家对城镇居民实行粮食定量供应。那时,男子每月粮食15公斤左右,女子每月13—14公斤,肉每人每月250克。

---

① 王伯恭主编:《中国百科大辞典》,第7册,中国大百科全书出版社1999年版,第4773页。

除了每日三餐限量,每天生活离不开的水,也要靠一条扁担从河里来挑。在"大跃进"时期,特别是 1960 年,由于遭受到严重的自然灾害,粮食品种供应主要是甘薯面,副食供应严重不足。城乡家庭不得不实行所谓的"增量法",即以瓜菜代替粮食。在很长一段时间里,内地城市居民不能吃到新鲜的肉食,平时只能买到一些凭"票"、凭"本"供应的冻肉冻鱼。新鲜蔬菜较少,夏天是西红柿,冬天主要是大白菜和萝卜。

"文革"期间,我国国民经济发展缓慢,人民群众劳动收入增长迟缓甚至停滞,因此民众生活很难得到应有的保障,人们用于生活的主要消费品也很难得到满足。1976 年人均消费粮食 381 斤,低于 1952 年的 395 斤,比最高的 1956 年的 409 斤低 28 斤;棉布比最高的 1959 年的 29.2 尺低 5.5 尺;食用油比最高的 1956 年的 5.1 斤低 1.9 斤。这极大地影响了我国人民的生活水平的改善。这个时期,人民主要解决的是温饱问题。在一些贫瘠低产地区,有不少的农民甚至温饱都难保,年年需要国家救济。[①]

改革开放以来,在适当提高猪肉、牛肉、羊肉、禽、蛋、蔬菜、水产品、牛奶等主要副食品的销售价格的同时,国家开始为城市居民发放副食品价格补贴。农民的手里也开始有了余钱,以前在农村不能拿到市集上出售的家禽、鸡蛋等农副产品,也可以拿到市场上去交换了,因此积极性有了很大提高。绝大多数家庭的饮食结构都发生了不小的变化,饮食日趋多样化。主食的比例逐渐下降,副食和瓜果的比例稳步增加。在一些大城市里,粗粮只有在改善生活时才会端上餐桌。食品的匮乏已经成为过去,温饱逐渐不成问题。当大鱼大肉不断出现在餐桌上时,人们却开始注意到了减肥。要吃得少而精,吃素、野、粗、杂之风日渐兴起,绿色食品方兴未艾。我国人民的生活水平日益提高。

---

① 柳随年、吴群敢主编:《"文化大革命"时期的国民经济》,黑龙江人民出版社 1986 年版,第 108 页。

（二）出行。千里之行始于足下。新中国刚成立的时候，只有少数几个大城市的街道上跑着公共汽车。北京、天津、上海、哈尔滨等地有有轨电车，后来又有了无轨电车。一般的交通工具主要是人力车，自行车很少。铁路方面，除了东北和东南地区比较发达一些之外，西南和西北地区均没有。直到50年代宝成铁路、兰新铁路的建成，才使得住在边远地区的居民有机会乘坐火车了。而在桥梁方面，直到1957年武汉长江大桥的建成通车，才结束了长江上只有船只往来，却没有一座桥梁连接大江南北的历史。"一桥飞架南北，天堑变通途。"这为南方人们的经济活动、探亲访友提供了极大的便利。

六七十年代，自行车在人们日常生活中成为主要交通工具，以至中国得到"自行车王国"的称号，而公共交通工具比较短缺，乘公交车常感到拥挤。改革开放以后，城市和农村中的各种交通工具才迅速地增多起来。这时公交车已经成为城市工薪阶层上下班不可替代的交通工具；农村以前的狭窄的土路现在也成了宽阔的柏油路，绝大部分的乡通了公路，给人们的出行带来极大的方便。

到20世纪末，我国各大城市中私人轿车的数量也开始增多，一部分的白领阶层开始拥有私车。可以说，随着中国经济的飞速发展，中国人民的出行是越来越方便，越来越快捷，越来越舒适。总之，公共汽车、出租车、三轮车等为千家万户提供着便利，私家车的迅猛增加，标志着中国家庭真的"行"起来了。飞机、轮船和高速列车等快捷交通方式的广泛运用给中国的交通描绘了美好的未来。

（三）居住。民以居为安。新中国成立后，我国居民的住房还比较简陋，大多数农户住的是土坯房、茅草房和窑洞。市民住的也多是平房，还有一些条件一般的楼房。除了少数几家住房比较宽敞外，大部分人家的居住条件都比较差，显得比较拥挤。50年代以来，一些城市开始了民房建设。这类房子是砖木结构，冬暖夏凉，房间比较宽敞。但是住房面积还是不大，一间房子同住着祖孙三代也是常有的事。到1957年，人民的居住条件有所改善。家庭人均居住面积为6平方米多。在以后一段时间里,城市家庭住房条件持续恶化。这是因为家庭人口数量不断增加,而住房条件却没有改变。直到七八十年代,我国城市居民居住条件仍然很差,要多家共用一个厨房。农村家庭消费水平提高的幅度虽然不如城市,但是住房条件令城里人羡慕。平均每户住房3.75间,还有院子、围墙和大门。

80年代后,随着平房改造的不断进行,高层建筑纷纷矗立起来,城市家庭住房条件和居住环境得到了改善。在公寓式的单元房里,大多安装了煤气和暖气,卫生间里也安装了抽水马桶。在广大农村,三分之一的农民家庭建了新房。其中砖木结构的房屋占八成多,钢筋混凝土结构的占一成多,土坯房子越来越少。

到90年代,我国居民的住房,无论在建筑面积、居住面积,还是在房屋结构和房屋价值上都不断地增加。城镇新建住宅面积从1991年的1.93亿平方米增加到了1998年的4.77亿平方米。城市人均居住面积也随之由6.9平方米增加到9.3平方米;农村人均居住面积由1991年的18.5平方米增加到1998年的23.7平方米;农村家庭房屋价值也增加很快,由1990年的每间房803.06元增加到1998年的每间3126.44元①,增长了3.8倍还多。民众的居住环境可以说是越来越好。

(四)日常用品。在这方面人们经过了一个从"勤俭持家"到"能挣会花"的过程。建国之初,民众的家庭收入不高,支出比较少,物价比较低廉,日常食品如白面每斤1角8分5厘,大米每斤1角4分或5分,羊肉每斤4角5分等。到了50年代末60年代初,由于自然灾害及其他各种因素,人们的生活变得非常困难。那时人们穿衣服非常注意节省,一件衣服常常要打上好几个补丁才被放弃,而且是几个人轮流穿。"新三年,旧三年,缝缝补补又三年"是五六十年代人们耳熟能详

---

① 国家统计局编:《中国统计年鉴1999》,中国统计出版社1999年版,第349页。

的生活颤音。由于经济困难,物资匮乏,人们往往只有凭着政府下发的各种票证,才能购买到家庭日常生活必需品。但是靠这些票证能够买来的物品也是少得可怜。例如1961年,人们要拿着婴儿出生证,才可以购买到红糖1斤,猪排骨2斤,但这根本无法满足产妇补充身体之需。

"文革"时期,全国陷入动乱之中,人民生活进一步恶化。居民家庭收入相对减少,工人既定工资非但没有上调,新参加工作人员的工资反而有所下降。物价水平却不断缓慢上升。油条每两从3分涨到4分,大白菜每斤从1分5涨到5分左右,带鱼每斤从2角涨到3角,鸡蛋每斤涨到了6角。不仅如此,买什么东西自然还要支付少得可怜的、相应的各种凭证。总的说来,六七十年代,我国居民生活处于较低水平。

到了70年代末,随着改革开放的进行,三开门的大衣柜、写字台等家具才开始在一些普通家庭流行起来。80—90年代,家具和家用电器趋向现代化。新婚青年热衷于购买高档家用电器和成套组合家具、电视机、收录机、电风扇、洗衣机、电冰箱,平均消费支出大幅度提高。到90年代末,拥有电脑、轿车、商品房等已成为小康家庭的新标志。

50年来,我国农村居民家庭的应用品也不断地在增加。举例来说,1957年华北地区平均每百户农民家庭拥有自行车3.81辆,收音机12.3台;到60年代,缝纫机、钟表开始进入农民家庭;1978年,平均每百户农民家庭拥有自行车46.5辆,收音机27.8台,缝纫机16台,钟表36只;从80年代开始,电视机、收录机、电风扇、洗衣机、电冰箱等先后进入比较富裕的农民家庭。1988年,平均每百户农民家庭拥有电视机73.4台,收音机24.35台,电风扇60台,洗衣机36.09台,电冰箱1.3台。到90年代以后,农民家庭基本解决了温饱问题,已经由生存型向舒适型转变。

从以上四个方面可以看出,50年来我国人民生活水平有了很大的变化。这些变化反映出以下几个特点:

1. 人民生活水平在建国后的50年间持续增长。这是我国人民生活水平变化的第一个特点。建国初,我国人民的生活水平是很低的。但经过 50 多年发展,我国人民生活水平的发展从总体上说来,还是在逐渐改善和提高的,是一个从饥饿到温饱再到小康的不断变化发展的过程。1952 年全国居民消费水平只有 76 元,到 1978 年达到 175 元,基本上翻了一番。1990 年,我国居民的消费水平达到 803 元。1999 年,已经达到了 3143 元,①是 1952 年的 41 倍。从农民家庭人均纯收入来看,1952 年只有 57 元,到 1978 年时已达到 133.6 元,1990 年达到了 686.3 元,1999 年为 2210.3 元,②在不到 50 年的时间里增长了将近 39 倍。

2. 文化生活的丰富多彩和生活方式多样化。建国初,我国人民的文化生活是比较单调的,生活方式也较为单一。由于受到"左"的影响,许多传统的文娱节目被看做是封建残余而抛弃。尤其是在"文革"时期,我国的文化艺术事业遭到严重的摧残,人民平时可看的只有样板戏。外国电影,尤其是西方电影,被当作是资产阶级的东西而被限制。改革开放后,人民的文化生活逐步得到了改善。由于思想解放和文学艺术的逐渐繁荣,国家大力建设供人民娱乐消遣的各种设施,人们的文化生活变得丰富多彩起来。近 10 年内,随着经济的发展,收入的增高,人们的闲暇时间也多起来,去国内外旅行成为人们度假的主要方式。消费方式也变得多样化,近年来的网上购物等消费方式的出现,说明了人们生活方式的巨大变化。

3. 城乡差距、阶层差距和地区差距在逐渐拉大,并且有不断扩大的趋势。由于历史的原因和建国后各种政治经济因素的影响,建国之初,在城乡阶层和各地区之间,人民生活水平就存在着程度不同的差距。生活在大城市以及经济比较发达地区的人民的生活水平要高于那些欠发达地区人民的生活水平。各阶层之间也存在着差距。例如建国

---

① 国家统计局编:《中国统计年鉴1991》,中国统计出版社 1991 年版,第 269 页。

② 国家统计局编:《中国统计年鉴2000》,中国统计出版社 2000 年版,第 311 页。

初,工人的收入要高于农民,工人的生活改善要快于农民。而且由于种种原因,建国30年里出现了比较严重的"脑体倒挂"现象:以脑力劳动为主的知识分子的生活水平要低于体力劳动的工人。改革开放后,这种现象才逐渐有了一些变化,90年代知识分子的生活有了较大幅度的改善。改革开放后,一些新兴阶层的收入和生活水平要远远的高于农民和工人。他们的生活收入和传统的阶层(农民和工人阶层)的生活差距在逐渐的拉大,并有不断扩大的趋势。

城乡之间的差距也不断的扩大,生活在农村的广大人民由于受到各种因素的制约,其生活的改善是低于生活在城市和城市边缘的人们的。尤其是各种新科技所带来的生活上的便利,是生活在广大农村地区的人们所无法企及的。即使现在也是如此。靠近城市边缘的农村地区虽然有了一些较大的变化,但他们的生活还是和城里人有着很大的差距,而生活在边远地区的人们的生活状况更是不容乐观。

地区差距在建国50年里也是比较明显的。中西部地区和边疆地区由于自然、地理条件等的不同,使得它和沿海地区的差距在建国初就比较注目。再加上建国后政策的倾向,东部地区发生了很大的变化,而中西部的发展十分缓慢,那里的人民生活状况是不尽如人意的。现在,中国最贫穷的人口绝大部分仍然集中在这些地区,一些人甚至还没有解决温饱问题。中西部地区的发展前景在20世纪末国家实行"西部大开发"政策以来才逐渐明朗起来。但这些地区的发展还需要很长的时间,需要国家大力的扶持。只有这样,我国人民生活水平的区域性差距才能在不断提高的基础上逐步缩小。

4. 和国外一些发达国家相比,还存在着较大的差距,虽然这差距正在不断地缩小。由于历史原因,我国在建国后初期就和一些发达资本主义国家存在着差距。建国后,国家百废待兴,人民生活困苦,国家经济境况很差。从50年代中期到70年代中期的近20年里,我国长期没有把精力放在经济建设上。而一些发达的资本主义国家加快了发展,这使得我国与这些国家本来就存在的差距进一步拉大。改革开放后,我国开始大踏步地在经济建设上迈步。短短的20年里,在经济领域取得了举世瞩目的成就,不仅解决了约13亿人民的吃饭问题,而且人民生活水平也得到了很大的改善,和一些发达国家的差距正在逐渐缩小。但是由于中国是一个人口大国,资源相对比较缺乏,人民的整体素质还不是很高,要想在短短的几十年里使我国人民的生活完全赶上发达资本主义国家,在近期内还无法做到,还需要很长时期的发展。

5. 人民生活水平的改善越来越受到知识和科技的影响。知识改变生活,科技决定命运。在现代社会,科学和技术在逐渐影响乃至决定着人们的世界观、价值观,决定着人们的生活方式。由于中国在现阶段科学技术还比较落后,整个国民素质还不高,使得中国人民生活在整体上的提高受到了很大的限制。所以,要想改善中国广大人民尤其是工农阶层的生活状况,国家就要大力发展教育,加大对教育的投资。只有通过努力提高国民的科技文化素质,才能增强在竞争日益激烈的生存环境里的竞争能力,才能使广大人民的生活水平逐渐提高,并尽快赶上世界发达国家水平。

总之,20世纪下半叶的50年,在不同时期,不同地域,以及不同阶层间,人民生活水平的变化是巨大的。1980年,邓小平提出到20世纪末我国现代化建设的发展达到小康水平的目标。以后中共中央正式确定了到20世纪末国内生产总值比1980年翻两番、基本消除贫困现象使人民生活达到小康水平的发展战略。到了20世纪的最后一年2000年,"九五"计划顺利完成。这一年国内生产总值达到89404亿元,超额完成了人均国民生产总值比1980年翻两番的任务。国民经济持续快速健康的发展使我国综合国力进一步增强。2000年国家财政收入达13380亿元。我国主要工农业产品产量位居世界前列,告别了商品短缺的时代。随着经济的快速增长,城镇居民收入水平明显提高。这年全国城镇居民人均可支配收入6280元,农民人均纯收入2253元,其中,农民人均现金纯收入1640元。居民住房条件继续改善,全年城镇竣工住宅面积5.1亿平方米,农村竣工住宅面积8.5亿平方米。"九五"计划的如期完成标志着我国现代化建设第二步战略目标已经实现,人民生活总体上达到了小康水平。

二、不同时期民众生活水平的变化

50 年来我国人民的生活水平总体上是不断发展的。但是在不同的时期,这种发展呈现出不同的情况。以 1978 年开始实行改革开放为界限,我国人民生活水平的变化大体可分为两个时期,即改革开放前的29 年和改革开放的 22 年。改革开放前的 29 年又可划分为三个历史阶段:(1)1949—1957 年。这一阶段包括国民经济恢复的三年以及"一五"计划时期。(2)1958—1965 年。"大跃进"和人民公社化运动以及国民经济调整的五年。(3)1966—1978 年。十年"文革"和其后在徘徊中前进的两年。改革开放的 22 年可以当做一个整体来考察,这是中国经济发展的一个黄金时期。下面我们按时期来说明 20 世纪下半叶中国民众生活水平的变化情况。

(一)改革开放前的 29 年(1949—1978 年)

1. 1949—1957 年

新中国成立后,中国结束了长达一百多年的混乱局面,进入了和平建设时期。但是,"新中国建立以后,我们从旧中国接受下来的是一个烂摊子,工业几乎等于零,粮食也不够吃,通货恶性膨胀,经济十分混乱。"①因此,争取发展、解决人民的温饱问题成为当务之急。"一五"计划和"二五"计划的实施,使我国的经济建设取得了一定的成就,人民生活水平和建国之初相比有了一定的恢复和提高;通货膨胀得以有效的抑制,物价波动基本局限在一定的范围内;人民收入普遍增加,消费水平也有所提高。

在国民经济恢复时期,随着工农业生产的恢复和发展,我国劳动人民的物质和文化生活水平得到了明显的改善和提高。主要表现在以下

---

① 《邓小平文选》第 3 卷,人民出版社 1993 年版,第 63 页。

几个方面：

职工工资收入得到提高。新中国建立后，人民政府继续遵循中共中央在1948年8月确定的"规定工资水平的原则为最低工资应保证维持连本人在内两个人的生活"的原则，在恢复发展生产的基础上逐步提高城市居民收入。由于国内战争结束、物价趋于稳定和国民经济的迅速恢复，城市居民生活水平有了较大提高和明显改善。据国家统计局统计，到1951年工业工人的实际工资即达到了旧中国最高的1936年的水平。1952年，全国国营企业职工工资比1949年增加了60%—120%不等，平均每个职工的年工资为446元。国家企业职工1952年的所得工资，比1951年一般增加了10%—36%；国家机关工作人员增加了15%—31%；文教工作者高等学校教师的工资提高了18.6%；中等学校教师的工资提高了25.5%；初等学校教师工资提高了37.4%。另外，私营企业中职工的工资也有所提高。由于收入增加，1952年城镇居民的储蓄额比1950年增加了5.5倍。①

农民收入亦有所增加。在1952年的土改中，约有3亿无地、少地农民得到了约7亿亩土地。土改后，全国农民不再受地主剥削，他们由土地的奴隶，变成为土地的主人。随着农业技术的改进和农产品产量的提高，农民的收入开始不断增加，生活不断得到改善，原先农村中存在着的贫富差距也不断地缩小了。

就业人数不断扩大。建国后，在人民政府的努力下，经过3年的国民经济恢复，已有220万人重新获得了就业机会。另外，国家也招收了许多新职工。到1952年，全国职工人数已经达到15,804,000人，较1949年增加了780万人，为1949年全国职工人数8,004,000人的197.5%，②

---

① 武力主编：《中华人民共和国经济史》（1949—1999），中国经济出版社1999年版，第198页。

② 国家统计局编：《伟大的十年——中华人民共和国经济和文化建设成就的统计》，人民出版社1959年版，第156页。

安置失业人员数目达到了148万人。于此,旧中国遗留下来的失业现象已经大大减少了。

劳动人民的文化教育水平也相应得到了提高。在教育方面,1952年全国的大中小学生总数已达5443.6万人,比1949年增加了2886万人(1949年为2577.6万人),比1949年前最高年的学生数多2871.9万人(1949年前最高年学生人数为2571.7万人)。1952年大学生已达19.1万人,中等专业和普通中学学生为314.5万人,小学生为5110万人。①

为普及文化、活跃群众文化生活,党和人民政府还在各地相继建立了文化馆、公共图书馆和博物馆等。在国民经济恢复时期,文化馆、公共图书馆和博物馆的数目不断增加。例如,1949年全国有文化馆896个,1952年则增加为2448个;公共图书馆1949年全国有55个,1952年增加为83个;博物馆1949年有21个,1952年则增加为35个。②

文化出版事业也得到了发展。1950年出版的报纸份数为79750万份,杂志3530万册,图书27460万册。1952年报纸增加为160900万份,杂志20420万册,图书78570万册。③ 这些都为人民群众的文化精神生活的满足和提高提供了基本上的保障。

三年经济恢复使得我国人民生活有了基本保障。在接下来的第一个五年计划(1953—1957年)期间,随着工农业生产的发展,我国人民的物质和文化生活水平比建国初又有了进一步的提高。这同样表现为:

职工工资不断提高。从1949年到1952年的国民经济恢复时期,全国职工的平均工资提高了70%左右,到第一个五年计划期间,全国职工的平均工资又提高了42.8%。1952年的职工年平均工资为446

---

① 国家统计局编:《中国统计年鉴1983》,中国统计出版社1983年版,第511页。

② 国家统计局编:《伟大的十年——中华人民共和国经济和文化建设成就的统计》,人民出版社1959年版,第195、196、192、178、181页。

③ 国家统计局编:《伟大的十年——中华人民共和国经济和文化建设成就的统计》,人民出版社1959年版,第195、196、192、178、181页。

元,1957 年平均工资提高到 637 元;而在农业发展的基础上,农民 1957
年的收入也比 1952 年增加 20% 左右。1957 年城乡居民的储蓄存款比
1952 年增长了 20 倍多。①

居民整体消费水平不断提高。1957 年全国人民的平均消费水平
达到 102 元,比 1952 年的 76 元提高 34.2%。其中城镇居民为 205 元,
比 1952 年提高 38.5%;农民为 79 元,比 1952 年提高 27.4%。

就业人数扩大了。建国初期,国民党政府遗留给我们大量的失业
人员。经过国民经济恢复时期,这些人员已经逐步就业。在第一个五
年计划期间,随着生产的发展,不仅旧社会遗留下来的失业人员已经基
本上得到安置,而且就业人数大大增加。1957 年,全国职工人数已达
2450.6 万人,比 1949 年增加了 206.2%,比 1952 年增加了 55.1%。在全
国职工中,女职工人数增长得更快。1957 年比 1952 年增加了 77.8%,即
由 1952 年的 184.4 万人增长到 1957 年的 328.6 万人。② 到 1957 年年
底,我国职工人数已达 2451 万。城市失业问题基本得到解决。

科学文化和技术水平的提高。在第一个五年计划期间,我国的文
化教育事业有了很大的发展。1957 年,全国高等学校在校生达 44.1
万人,比 1952 年(19.1 万人)增加了 130.9%。1957 年中等专科学校
在校学生 77.8 万人,比 1952 年(63.3 万人)增加了 22.3%,比 1949 年
(22.9 万人)增加了 239.7%。这些都说明了我国人民物质和精神文
化生活上的不断进步。

2.1958—1965 年

这一时期,党在指导社会主义建设中出现了"左"的错误。1958 年
发动了"大跃进"和人民公社化运动,再加上 1959—1961 年的三年自

---

① 国家统计局编:《伟大的十年——中华人民共和国经济和文化建设成就
的统计》,人民出版社 1959 年版,第 192 页。

② 国家统计局编:《伟大的十年——中华人民共和国经济和文化建设成就
的统计》,人民出版社 1959 年版,第 159—160 页。

然灾害,造成国民经济的严重困难。这使得人民生活水平在这一时期里变化不大,有些地方甚至还有了倒退。更为严重的是,当时全国有些农村地区出现了大量的非正常人口死亡现象。

在1958年至1965年间,人民的生活消费水平经历了大的波动。由于"大跃进"和自然灾害,到1960年甚至出现了全国性的饥馑,人民的生活消费降至新中国成立以来的最低点。1960年,居民的消费水平比1959年下降13.6%;人均主要食品消费量与上年相比,粮食由373斤降到327斤,下降了12.3%;食油由4.5斤下降到3.7斤,下降了18%;猪肉由6斤下降到3.1斤,下降了48%。[①] 实际上,1960年因食品供给不足,引起了普遍严重的饥荒。有的地方每人每天只吃6两粮,不得不以瓜菜来充饥,结果造成普遍营养不良,不少人因此患病而死亡。据《中国统计年鉴(1986)》统计,1960年全国人口死亡率达到25.43%,比1957年高近1.5倍。估计1960年前后,全国人口净减少约2000万人。[②]

1961年开始,国家实行了"调整、巩固、充实、提高"的八字方针,逐步恢复生产,使经济结构日趋合理,市场供应量也得到了增加。1963年有40%的职工工资不同程度的得到了提高,城镇的就业率上升。从1961年到1965年,国民经济经过整整五年调整,应该说取得了成功,人民生活得到了一定的改善。但是由于农业尚未完全恢复,1965年全国人均粮食、食物和棉布消费量,仍略低于1957年的水平,人民的生活仍没有摆脱仅仅满足于解决温饱的标准。

3.1966—1978年

由于"文革"在政治领域掀起了巨大的风浪,使得全国人民深陷到

---

① 《中华人民共和国国民经济和社会发展计划大事辑要》,红旗出版社1987年版,第163页。

② 参见许涤新主编:《当代中国的人口》,中国社会科学出版社1988年版,第73页。

这一政治运动之中,根本无暇顾及工农业的生产和发展。这严重阻碍了我国经济的发展,造成了巨大损失,从而断送了赶上发达国家经济水平的大好时机。因而在这段时期内,人民生活水平发展缓慢,基本上处于停滞不前。

在 1966—1976 年 10 年间,全民所有制各部门职工只有 1971 年调整过一次工资,其他年份从未调过。1966 年全民所有制各部门职工年平均工资为 636 元,而 1976 年下降为 605 元;①1966—1976 年,平均工资下降了 4.9%。实际工资也下降了,如以 1952 年为 100,1966 年为 160,1976 年则下降为 112.1。② 此外,城镇知识青年上山下乡,10 年合计达 1600 多万人,给职工增加了不少负担。加上城镇人口不断增加,城市建设、职工住房、学校、医院等没有增加,许多轻纺织产品质次价高,副食品供应严重短缺,商业网点、服务行业大批并缩,城市人民生活困难与不便更是与日俱增。

再从生活消费品的人均消费量来看:粮食 1966 年为 279.14 斤,1976 年为 380.56 斤,增加幅度不大;食用植物油 1966 年为 3.52 斤,1976 年下降为 3.19 斤;猪肉 1966 年 14.08 斤,1976 年为 14.76 斤,也没有什么变化。煤炭 1966 年为 208.7 斤,1976 年下降到 191.15 斤。③

在住房方面,据 1978 年底国家城市建设总局的年报资料,全国 182 个城市中,人均住房面积仅为 3.6 平方米的有 6891 万户,占总数的 38.6%。老少三代同居一室,甚至"四世同堂"的现象仍十分普遍。

这一时期,农民的生活也没有得到较大的改善。1977 年全国农民的人均纯收入为 117 元,比 1965 年只增长 10 元,农民平均收入 10 年来没有增加。人均食用油比 1967 年减少了 0.1 公斤。到 1978 年,仍有 2.5 亿人口的农村地区还没有解决温饱问题,这占到当时世界贫困

---

① 国家统计局编:《中国统计年鉴1983》,中国统计出版社 1983 年版,第 490 页。

② 国家统计局编:《中国统计年鉴1984》,中国统计出版社 1984 年版,第 460 页。

③ 国家统计局编:《中国统计年鉴1984》,中国统计出版社 1984 年版,第 477 页。

人口的四分之一。

随着 1977 年和 1978 年国家在经济政策上的调整,人民生活水平也有了一定的提高,但是总体上仍然十分缓慢。全民所有制企业中有 40% 的职工增加了工资。全国居民平均消费水平由 1976 年的 161 元增加到 1978 年的 175 元,是 1961 年以来增长幅度最大的一次。1978 年我国城乡储蓄存款余额为 210.6 亿元,人均 21.88 元。其中城镇居民储蓄存款余额为 154.8 亿元,农村居民为 55.7 亿元,平均每个农村居民仅有存款 7.05 元。按照恩格尔系数和联合国粮农组织的规定,估计 1978 年中国内地城镇居民消费水平处于温饱阶段(食品消费在总消费中的比重在 50%—59%),农村居民的消费水平则处于贫困阶段(食品消费在总消费中的比重在 60% 以上)。

但是,由于投资结构不合理和经济效益低,到 1978 年,新中国虽然经历了近 30 年的发展时间,人均国民收入和生活消费水平提高的幅度并不大。1978 年人均国民收入仅为 315 元。农村家庭人均纯收入由 1952 年的 57 元增加到 1978 年的 133.6 元;职工年平均工资由 1952 年的 445 元增加到 1978 年的 615 元。[①] 就全民所有制各部门职工的平均工资来看,1978 年仅为 644 元,比 1957 年的 637 元只多 7 元,比 1965 年的 652 元还低 8 元。全国人均粮食仍为 637 斤,略高于 1957 年的 612 斤。可见,这一时期,全国人民生活水平的增幅并不大。

(二)改革开放的 22 年(1979—2000 年)

1978 年 12 月中共十一届三中全会的召开,使国家各项工作的中心重新回到了经济建设上来,改革开放逐步展开。此后的 20 多年,人民生活水平普遍的在提高,进步很快。90 年代我国人民温饱问题已基本得到了解决,2000 年中国社会已经进入全面建设小康社会的时期。可以说,改革开放后的 20 多年是中国经济发展的一个"黄金时代"。

---

① 国家统计局编:《中国统计年鉴 1991》,中国统计出版社 1991 年版,第 269 页。

在这 22 年间,我国城镇居民可支配收入由 1978 年的 343.4 元增加到 2000 年的 2253.4 元;城乡居民的储蓄存款余额由 1978 年的 210.6 亿元增加到 2000 年的 64332.4 亿元。1990 年农民家庭人均纯收入为 629 元,比 1978 年的 133.57 元增长 3.7 倍,平均每年增加 41元,比 1978 年前 29 年期间平均增长额 3.1 元高 38 元。[1] 农村贫困人口从 1978 年的 2.5 亿减少到 1998 年的 4200 万人。

与此同时,我国居民的消费结构也发生了明显的变化。城镇居民的恩格尔系数由改革开放前的 57% 以上降至 1998 年的 44.5%,生活消费总体已达到小康水平。农村居民恩格尔系数在 1954 年曾高达69%,到 1978 年已经下降到 53.3%,文化娱乐、服务性支出及其他支出在生活消费支出中所占的比重已提高为 25.4%。[2]

1992 年社会主义市场经济体制开始逐步确立后,中国的经济飞速发展,人民生活水平快速提高。到 2000 年中国的极少数城市开始和世界上的其他国际大都市接轨,像北京、上海、广州和深圳等地人民的生活已经接近中等发达国家人民的生活水平。例如北京市,2000 年职工平均工资为 15600 元,比上年增长 13.2%,扣除价格因素,实际增长9.4%。城镇居民人均可支配收入 10349.7 元,比上年增长 12.7%,扣除价格因素,实际增长 8.9%。"九五"期间年均实际递增 7.1%。全年人均消费性支出为 8493.5 元,比上年增长 13.5%,扣除价格因素,实际增长 9.5%,五年年均实际递增 6.2%。城镇居民恩格尔系数36.3%,比 1995 年降低 12.2 个百分点。农民收入实现了 1995 年以来的最高增速,全年人均纯收入 4687 元,比上年增长 8.6%,扣除价格因素,实际增长 7.3%,五年平均实际递增 6.2%。农民人均生活消费性支出 3441.3 元,比上年增长 9.9%,五年平均递增 5.5%。"九五"时期

---

① 杨子慧主编:《中国历代人口统计资料研究》,改革出版社 1996 年版,第 1713 页。

② 国务院新闻办公室:《中国人权五十年》,人民日报 2000 年 2 月 18 日。

城乡居民总体生活水平已经开始从小康向富裕迈进。①

表9—1　　　　建国五十年来人民生活水平变化情况

项　　目		单位	1952	1957	1978	1985	1990	1995	1999
收入	农民家庭人均纯收入	元	57.0	73.0	133.6	397.60	686.31	1577.74	2210.34
	城镇家庭人均收入	元	…	235	316	739.10	1510.20	4283.00	5854.02
	职工年均工资	元	445	624	615	1148	2140	5500	8346
消费	全国居民消费水平	元	76	102	175	437	803	2236	3143
	农民	元	62	79	132	347	571	1434	1918
	非农业居民	元	149	205	383	802	1686	4874	6750
储蓄	城乡居民年底存款余额	亿元	8.6	35.2	210.6	1622.6	7034.2	29662.3	59621.8
	人均储蓄存款余额	元	1.50	5.44	21.88	153.29	615.24	2448.98	4735.31
住房	农村人均住房面积	平方米	…	…	8.1	14.70	17.83	21.01	24.23
	城市人均住房面积	平方米	…	…	3.6	…	9.90	11.80	14.19
就业	每农村劳力负担人数	人	…	2.08	2.53	1.74	1.64	1.56	1.54
	每城镇就业者负担人数	人	…	3.29	2.06	1.81	1.77	1.73	1.77
	城镇待业率	%	13.2	5.9	5.3	1.8	2.5	2.9	3.1
文化教育	每百人拥有电视机*	台	…	…	0.3	14.47	46.72	85.26	106.08
	每百人拥有收音机#	台	…	…	7.8	68.3	74.7	78.8	90.5
	学龄儿童入学率	%	49.20	61.73	95.50	95.95	97.83	98.50	99.10
	每万人口有大学生数	人	3.33	6.82	8.90	16.1	18.0	24.0	32.8
交通	城市每万人有公共车	辆	0.8	1.0	3.3	3.9	4.8	7.3	9.4
卫生	每万人有医院病床数	张	2.78	4.56	19.28	21.1	23.0	23.4	23.9
	每万人拥有医生数	人	7.39	8.46	10.73	13.3	15.4	15.8	16.7
	自来水普及率	%	42.0	56.6	81.0	81.0	89.2	93.0	96.3
	煤气、液化气普及率	%	…	1.5	13.9	22.4	42.2	70.0	81.7
	每万人拥有绿地	公顷	…	…	10.6	13.7	32.2	36.7	38.6

注：* 为1985年后每百户拥有电视机数量；# 为1985年后广播综合人口覆盖率。

资料来源：国家统计局编：《中国统计年鉴1991》，中国统计出版社1991年版；《中国统计年鉴2000》，中国统计出版社2000年版。

---

① 北京市统计局2000年暨"九五"期间国民经济和社会发展统计公报。

纵观50年来我国人民生活水平的变化过程,虽然在一定时期有一些波动,但基本上还是保持了不断提高的趋势。通过表9—1可以看出,这种变化趋势还是十分明显的。例如,农民家庭人均纯收入由1952年的57元增加到了1999年的2210.34元,增加了近乎39倍;城镇家庭人均收入也由1957年的235元增加到了1999年的5854.02元,增加了将近25倍。全国居民消费水平由1952年的76元增加到了1999年的3143元,增长了41倍。其他如人均储蓄存款余额、就业人数、文化教育、交通卫生等各个方面增长的速度也很快。

三、民众生活水平与同期国外民众生活水平的对比

中国一直是一个农业大国,到1949年中华人民共和国成立以后还是如此。到2000年,中国总人口已达13亿人,而这当中大约有9亿是农民。这一点是中国与国外其他国家的一个最大不同之处。如果我们把近50年来中国人民的生活水平同国外同期一些国家相比较的话,我们就不难看出中国与世界之间的差异。在这里,我们选取了以下4个国家作为参照,他们是:美国、苏联(1991年以后为俄罗斯)、日本和印度。(见表9—2)

表9—2 **1970年和1980年中国和其他四国生活水平比较**

标准　　国家	农业人口比重（％）		人均国民生产总值（美元）		人均消费支出（美元）	
	1970	1980	1970	1980	1970	1980
中国	82.62	82.16			140	227
印度	68.32	66.20	110	250	78	183
日本	18.84	10.66	1940	10440	1021	5336
美国	4.82	3.89	4950	12830	3100	7500
苏联	25.66	19.99				

注:中国人均消费支出单位为元。

资料来源:刘洪主编:《国际统计年鉴1996》,中国统计出版社1996年版,第71—74、87—90、489页;国家统计局编:《中国统计年鉴1991》,中国统计出版社1991年版,第269—271页。

美国是世界上最发达的国家,美国民众的生活水平无论质量还是数量在世界上是位居前列的。我们同美国相比较,可以看出中国同世界上最发达国家之间的差距到底有多少,以便进一步、更清晰的认识自我。苏联曾是世界社会主义阵营当中的"老大哥",曾经创造了一个又一个的经济奇迹,同时也是中国的近邻。与之做比较,更能说明中国作为一个社会主义国家在当今世界中的地位和作用。把日本同中国做比较是因为经历过第二次世界大战的日本同中国一样,也遭受了巨大的战争创伤。所不同的是中国是作为战胜国而日本是一个战败国。但是值得注意的是,日本在战后50年里的经济发展,取得了引人注目的成绩,并一跃成为世界上的头等经济强国。因此,与之比较会引起我们更深一层的思考。印度地处南亚,相对闭塞,经济发展相对缓慢。同它相比较,中国的优势才能得以显示并找准中国人民生活水平在世界上所处的位置;同时这也会增加我国经济改革和民主改革的自信心。综上,我们选择美国、苏联、日本和印度同中国做比较,基本上可以反映出中国人民生活水平在世界上的相对地位和处境,使人们对它有一个基本的了解和判断。

由于中国在改革开放以前,国际交往并不多,一直处于相对比较封闭的状态,人民生活水平并不高;另一方面,缺少国际上各国人民生活的统计资料,这一时期我国人民生活水平很难和其他国家相比较,但是我国人民生活水平同发达资本主义国家比较起来,差距毫无疑问是比较明显的。在这里,我们主要选取1970年和1980年两个年份,把中国人民的生活状况和国外其他4个国家做一比较,看看改革开放前我国同其他国家之间人民生活水平在世界上所处的地位有什么不同。

一个国家人民的生活水平的高低很大程度上取决于该国的城市化水平的高低。由表9—2可以看出,在这5个国家当中,中国的城市人口比例最少,农业人口比例最大,因此中国的城市化水平是最低的。这说明中国在80年代以前还是一个传统的农业国,工业虽有发展,但是进步并不快。所以这一时期中国人民的生活水平还基本上属于农民的生活水平范畴,温饱问题才刚刚解决。

再来看一下人均消费水平,中国简直就少得可怜。1970年为140元人民币,按照现在的汇率计算,还不到20美元;1980年也只有227元,按现在的汇率,还不到30美元。同发展中国家印度比较起来,不及人家1970年的四分之一,1980年的六分之一。中国人民的生活水平的落后是不言而喻的。这就是改革开放前的状况。

80年代以后,中国经济有了很大的发展,人民生活水平不断提高,和世界其他国家的差距有所缩小,但总体上看还是处于相对落后的位置。

在人均国民生产总值上,中国和日本、美国、苏联等几个国家之间还存在着比较大的差距,相对于印度来说,中国人民的生活水平还稍微要好一些。但总的说来,同其他国家的比较,中国人民的生活水平在全世界来说总体上还是处于相对落后的地位。

1990年苏联解体以后,俄罗斯居民收入状况严重恶化。官方承认,1991—1996年间,居民实际生活水平下降30%—40%;1996年,约有23%的居民收入低于政府规定的1个月60美元的最低生活标准。1998年11月,处于贫困线以下的居民4430万人,占总人口的30%,比1997年增加9%;1998年底,失业人数为850万人,失业率11.7%。俄罗斯人的平均寿命已从1991年的69岁减少到1994年的64岁。1990—1994年间,俄罗斯每年人均肉消费量从70公斤减少到50公斤左右,人们用于吃饭的支出为其收入的48%。① 生活的艰难从中可见一斑。

在美国,个人平均收入是指本年度个人收入总额除以7月1日住在美国的人口总数。1992年,美国年人均收入为20140美元,比1991年增长4.9%,扣除通货膨胀率3.77%,实际增长1.2%。美国工人的

---

① 阎志民主编:《中国现阶段阶级阶层研究》,中共中央党校出版社2002年版,第513页。

平均工资1998年约为22000美元,而到1998年8月底,据《华盛顿邮报》报道,美国工人的平均工资已达到29000美元,比上年增加31.8%。教授的年薪为3万—5万美元(仅指科研、教学工作者),属于社会中等收入阶层,是社会平均收入的1倍以上,多则2—3倍。1999年10月,美国有4600万人的生活水平处于贫困线以下,约占美国总人口的12.7%。尽管如此,相对于发展中国家来说,仍然是不能与之相比的。即使是穷人家庭,现在也达到了41%的人拥有自己的住房,70%的人有一辆汽车,97%的人有彩电,三分之二的人有空调。1998年,40%以上的家庭拥有计算机,25%的家庭能上因特网,即使是最穷的地区也有二手计算机的进入。美国中等收入家庭的年收入介于4.65万美元到5万美元之间。①

表9—3　中国人民生活水平同其他四国几项指标的比较

国家（地区）	人均GDP			人均私长消费增长率（%）1980—1997年间分配修正数	儿童营养不良状况占5岁以下儿童的百分比1992—1997	成年文盲率占15岁或以上人口的百分比1997		劳动力年均增长率（%）		贫困线以下的人口（%）		
	美元1998	排名1998	增长率（%）1997—1998			男性	女性	1980—1990	1990—1998	农村	城市	全国
中国	750	149	6.5	7.7	16	9	25	3.2	1.5	7.9	<2	6.0
印度	430	165	4.2	2.7	53	33	61	3.5	2.7	36.7	30.5	35.0
日本	32380	7	-2.8	2.9	…			1.8	0.9	…		
美国	29340	10	2.8	1.9	1			2.3	1.4	…		
俄罗斯	2300	101	-6.3	…	3	0	1	0.2	0.1	…		

资料来源:《迈进21世纪——1999/2000年世界银行发展报告》。

---

① 阎志民主编:《中国现阶段阶级阶层研究》,中共中央党校出版社2002年版,第516页。

通过表9—3我们可以看出:1998年各国人均GDP日本最高,达32380美元,位居世界第七;美国要低一些,但也是29340美元,居世界第十位;苏联解体以后,俄罗斯的经济虽然一直不太景气,但1998年人均GDP也比中国要高一些,是2300美元,排名第101位;中国人均是750美元,居世界第149位。这几乎是日本的1/44,美国的1/38,比俄罗斯也要少两倍多。但相对于排位在世界第165位的印度人均GDP430美元来说,却要高出320美元。可见,中国人均GDP同世界最发达的美国和日本比较,差距是很大的;就是同世界二流发达国家俄罗斯相比,也还要低出很多。值得注意的是,中国近几年的发展速度是很快的,1997—1998年的人均GDP增长率中国是最高的,达到了6.5%。只要保持这个速度,在未来的几十年里,相信中国人民的生活水平一定会有很大的提高。

表9—4　　　　　其他国家个人消费支出和人均个人
消费支出增长率与中国的比较

(1980—1998年)

国家	个人消费支出(百万美元,现价)			人均个人消费支出增长率(%)	
	1980年	1990年	1998年	1981—1990年	1991—1998年
中国	103442	174249	445974	6.7	7.9
印度	143021	210530	295060	2.4	3.9
日本	623284	1721691	2532736	3.1	1.7
美国	1720600	3720500	5308500	2.1	1.8
俄罗斯		282978	179608		

资料来源:朱之鑫主编:《国际统计年鉴2000》,中国统计出版社2000年版,第561页。

通过表9—4可以看出,在消费支出方面,还是美国和日本处于领先地位,1998年分别达到了5308500百万美元和2532736百万美元,而中国才445974百万美元,大约是美国的1/12和日本的1/6;不过中国人均个人消费支出增长率增长很快,1980—1990 年间,增长了 6.7% ,1991—1998 年间增长了 7.9% ,并且在 1998 年个人消费支出超过了俄罗斯(俄罗斯在这 18 年时间里个人消费支出是不断下降的),也比印度高出了将近一半。这也从一个侧面说明了我国人民生活水平的不断改善。但是,我们要清楚地认识到我国人民生活消费水平和国外发达国家之间还存在着很大的差距。

表 9—5　　　　其他国家人民生活状况与中国的比较

比较标准	年份 \ 国家	中国	印度	日本	美国	俄罗斯
就业人数	1980 年	42361.0	2230.5	5536.0	9930.3	12562.6
	1990 年	63909.0	2635.3	6249.0	11879.3	13030.3
	1998 年	69957.0		6514.0	13146.3	5786.0
乘用车普及率（辆/千人）	1980 年			202.6	535.7	
	1990 年	1.4	2.4	283.0	570.0	
	1996 年	3.2	4.4	376.0	487.1	107.5
出国旅游人数（千人次）	1980 年		1017	5224	22721	
	1990 年		2281	10997	44623	
	1998 年	8426	3811	15806	52735	
电话机普及率（部/千人）	1992 年	16	8	463	564	154
	1998 年	105	22	503	661	197
食物热值（千卡）	1979—1981 年	2315	2077	2747	3174	3363
	1989—1991 年	2652	2337	2899	3462	3248
	1994—1996 年	2766	2394	2898	3624	2814
蛋白质含量（克）	1979—1981 年	53.9	50.8	86.8	98.2	102.9
	1989—1991 年	63.9	56.8	94.6	107.0	104.6
	1994—1996 年	73.0	58.2	96.4	111.0	87.3
每千人拥有医生数(人)	1980 年	0.9	0.4	1.4	1.8	4.0
	1990—1998 年	2.0	0.4	1.8	2.6	4.6

资料来源:朱之鑫主编:《国际统计年鉴2000》,中国统计出版社 2000 年版。

在就业人数上,从表 9—5 可以看出,1980 年中国就业人数是 42361 人,是 5 个国家中就业人数最多的,其次是俄罗斯,也达到了

12562.6 人。这两个国家就业人数都达到了五位数。到 1990 年,还是中国最多 63909 人,俄罗斯和美国也都达到了上万人。1998 年中国就业人数仍然在增加,美国也有所增加,俄罗斯反倒有所下降。这说明,在 1980 年到 1998 年这 18 年之间,中国经济发展速度很快,人民的就业问题也得到了很好的解决。但是,中国的人口基数很大,在就业率上还是不如美国、日本等发达国家。

另外,在乘用车普及率、出国旅游人数、电话机普及率、食物热值、蛋白质含量和每千人拥有医生数等方面,最高的还是美国和日本,俄罗斯比中国稍高一些,印度要比中国低一些。总的说来,在这不到 20 年的时间里,中国人民生活水平在逐年地提高,但是和国外发达国家之间的差距还是很大的。

表9—6　　　　　几个国家恩格尔系数的比较(%)

国家＼年份	1992	1996
中国	57	49
日本	20.1	16.3
印度	54.1	53.0
美国	12.0	10.6

注:日、印、美数字来源于《国际统计年鉴》1996 年和 2001 年。中国数字根据 1993 年和 1996 年的《中国统计年鉴》通过公式计算得来。

我们再来通过恩格尔系数比较一下几个国家人民生活水平的状况。从表9—6 可以看出,中国人民的恩格尔系数在 1992 年和 1996 年都要比美国和日本高得多,1992 年是日本的将近 3 倍,是美国的将近 5 倍,只是比同期的印度稍微高了 3 个百分点;到了 1996 年,中国的恩格尔系数有所降低,但是幅度仍不是很大,和美国、日本的差距仍没有大的改变,但是比印度有所降低。这说明中国人民的生活水平在最近几年是逐年提高的。

综合以上分析可以看出,中国人民生活水平在 50 年来发生了很大的变化。相对于西方国家来说,发展速度还是很快的。但是在发展的同时,我国同西方国家之间的差距也是非常明显的,不管是在数量上还是在质量上。产生这种差距的原因是多方面的。西方资本主义国家已经经历了两百多年时间的发展,而中国才刚刚起步;中国人口的数量要远远大于西方国家,虽然在这 20 年间发展的速度很快,但是人均起来还是少了很多;中国的国民素质总体上还不高,科技还不是很发达。这种种因素使得中国在短时期内还不可能赶上西方发达国家,还需要经历一个长期大发展过程。但是总的来说,50 年来中国人民生活水平提高得很快,同西方国家之间的差距正在逐步缩小。

第二节 民众生活水平的差异

一、不同阶层民众生活水平的差异

本卷第二章已提及新中国成立后我国社会各阶级阶层构成的变化。下面我们就分别从两个时期来分析一下我国不同阶层人民的生活状况。改革开放前主要是工人农民两大阶层。改革开放后,我们主要从工农、国家管理人员和工商业阶层等几个方面进行分析。

(一)农民收入。中国是一个农业大国,农村居民占全国居民的比重远远超过了城镇居民,农民富不了,中国就富不了,因此,研究中国农村居民的收入状况及其变化规律是很有意义的。在计划经济漫长的 30 年间,国家一方面对农副产品采取低价统购的政策,另一方面在农村实行单一经营方式,而且对农业投资很少。所以,农民收入一直在低水平上徘徊,这一时期的统计资料十分缺乏,只能找到一些零星的农民纯收入的数据。计划经济时期的农民收入的变化大体上可分为三个阶段:

第一阶段:1949—1952 年。农民收入迅速增长。这一阶段正是国民经济恢复时期,饱经战争创伤的农业生产迅速发展,农民收入随之提高。1952年农业总产值已达483.9亿元,比1949年增加48.5%;农民纯收入年均达62元,比1949年提高41.5%,平均年增长12.3%。

第二阶段:1953—1965年。农民收入曲折增长。"一五"期间,农民走上了农业合作化道路,生产有一定发展,农民人均收入提高了17.7%;"二五"期间,由于大跃进和人民公社化运动,农业发展一度停止,甚至倒退;再加上自然灾害的影响,人口也有所下降。因此人民的生活水平有所下降,温饱问题有时也不能得到及时的解决。后来经过调整,农业生产又有了起色,但发展仍旧很缓慢。农民人均收入1965年比1952年总共提高72.6%,平均年增长4.3%,并且有几次明显的波动,增长速度大大低于第一阶段。

第三阶段:1966—1976年。农民收入所增无几。这一阶段正是"文革"时期,国民经济一片混乱,农民的积极性受到严重挫伤。农副产品虽有增加,但基本上被人口的增长抵消了。"文革"后期,割资本主义尾巴又使农民的家庭副业受到冲击,农民几乎没有了收入来源。这一阶段的11年间,农民人均收入增长了9.3%,平均年增长还不到0.75%,是建国后农民收入增长最为缓慢的一个时期。

综合以上分析,在计划经济时期,农村居民基本上只有农业收入这一种收入来源。人均纯收入仅从43.8元上升到117.1元,农村居民收入平均每人每年仅增加一元钱。2亿多农民仍然生活在贫困之中。

改革开放时期的情况。经济体制改革之前,中国以农村的贫穷落后为代价,向城市工业提供了大量资金。但是,农村经济的落后又大大牵制了工业的发展。人为的城乡隔绝并不能取消城乡之间、工农业之间事实上存在的相互依赖关系。于是,改革首先从农村开始了。改革以来,农村经济发展很快,农民收入水平和收入结构也发生了可喜的变化。农村居民人均纯收入有了较快的增长,但是也出现了明显的阶段性。这个时期的农民收入的变动可以从四个阶段来分析:

第一阶段:1979—1984年,农民收入高速增长。

改革初期,由于家庭联产承包责任制的实行,农村生产关系发生变革;加之国家又实行了大幅度提高农副产品收购价格、增加农业投入等一系列行之有效的政策,农村生产力得到解放,农业劳动生产率提高,农民的生产积极性大大提高,农业生产连获丰收。同时,第二、第三产业开始发展,农民收入来源增多。农业的超常规发展带来了农民收入的高速增长。农民人均收入由1978年的134元提高到了1984年的355元,年平均增长率为17.6%。由于物价比较稳定,实际年平均增长率也有16.4%。

第二阶段:1985—1988年,农民收入平稳增长。

1984年以后,改革重心转向城市,国家对农业的投资减少。从1985年起,农业生产连续四年徘徊不前。同时,农业生产资料价格上涨,农民生产性支出增加,这些都影响了农民收入的提高。到1988年,农民人均收入是545元,相当于1984年的1.54倍,平均年增长11.3%。扣除物价因素,实际收入年平均增长5.6%,远远低于第一阶段。

第三阶段:1989—1991年,农民收入呈波动性增长。

1989年,国家对国民经济进行治理整顿。受市场疲软的影响,乡镇企业发展缓慢,农业生产虽走出徘徊局面,但又受到通货膨胀的影响,农副产品实际价格下跌不少,导致农民收入增长极为缓慢,甚至出现负增长。这三年间,农民纯收入年平均增长9.1%,扣除物价因素实际增长仅0.7%。

第四阶段:1992—1999年,农民收入呈恢复性增长。

在这一阶段,国家采取了一些促进农业发展的措施,如再次提高粮棉收购价格,切实减轻农民负担,多渠道增加农业投资,扶持中西部乡镇企业等,使农民的收入出现了恢复性的增长。这期间,由于天公作美,我国粮食连年获得丰收,从而使农民收入水平不断提高。例如在1992年到1997年的五年间,农民实际收入平均年增长22.2%,而且年增长率呈上升趋势。又如1995年农村居民家庭人均纯收入是

1577.74元,到1999年增至2210.34元,是1995年的1.4倍。①

总之,改革发展时期农民收入的总趋势是上升的,并且上升速度比较快,农民生活水平有所提高。1978—1997年间,农民人均纯收入(扣除物价因素)增加了2.8倍。农民收入的连年增长主要靠两方面:一是中央政策;二是靠风调雨顺。"八五"期间,由于国家更加重视农业,采取了加大对农业的投入,提高农副产品的收购价格和支持并鼓励乡镇企业的发展的一系列政策,促使农民收入较快,特别是1995年,农民的收入增长还快于城市居民收入增长0.4个百分点。但从整个"八五"期间看,农民收入增长仍然低于城市居民收入增长3.2个百分点,比"七五"时期两者相差1.2个百分点扩大了2个百分点。

(二)城镇居民收入。我国城镇居民人均收入在50年间基本上保持着较快的增长速度。但是由于政策的变动,城镇居民收入变化过程中也出现了几次较大的波动。

首先在计划经济时期的1952—1977年间,我国全部职工的平均货币工资的变化经历了三个阶段:

第一阶段:1952—1957年,职工工资迅速提高。

在这一阶段,国民经济经过恢复和社会主义改造,进入了"一五"时期,城市工业发展很快,工业总产值大幅度提高。在国家政策的调控下,职工平均工资有显著提高。1952年到1957年,全部职工的平均工资提高了40.2%,平均年增长7.0%。国有单位职工工资提高更快,平均年增长7.4%。职工工资得到了提高,生活水平自然会有所改善。

第二阶段:1958—1965年,职工工资有所下降。

1958年开始的大跃进运动,使工业生产遭到严重破坏,职工平均年工资大幅度下降,从1957年的624元减少到1961年的510元,下降

---

① 国家统计局编:《中国统计年鉴2000》,中国统计出版社2000年版,第331页。

了 18.3%。1962 年国家开始对国民经济进行调整,职工工资又有所回升。到 1965 年,全部职工平均工资为 590 元,仍比 1957 年减少了 5.4%。但国有单位的职工平均工资已提高到了 652 元,比 1957 年增加了 2.4%。而城镇集体单位的职工平均工资 1965 年仅为 398 元,比 1957 年的 571 元减少了 30.3%。

第三阶段:1966—1977 年,职工工资处于冻结状态。

这 12 年间我国全部职工的平均工资变化范围在 560 元和 588 元之间,波动幅度仅为 2.4%,这种超稳定的惊人现象与震惊中外的"文化大革命"同步。由于国民经济一片混乱,国民收入出现了剧烈波动,但职工平均工资变化很少,呈现出四平八稳的态势。不过,国有单位职工平均工资实际有所下降,从 1965 年的 652 元降到 1977 年的 602 元,减少了 7.7%。而城镇集体单位受"文革"的影响相对小一点,职工工资反而由 398 元提高到 478 元,增加了 20.1%。

总之,在计划经济时期,我国职工的工资变化不大,而且工资水平很低,全部职工平均工资在 1952 年—1977 年 25 年间共增长了 29.4%,平均年增长仅为 1.2%。工资水平最高的年份是 1957 年,为 624 元,平均每月工资仅 52 元。可见,这一时期我国职工的生活水平增加得并不是很快。

其次在改革开放时期。随着国民经济体制改革的深化,收入分配过程中市场机制的成分逐步扩大。改革初期是以计划调节为主,多种分配形式并存的机制,后来发展为计划与市场相结合的双轨制,从 1992 年起则开始向以市场分配机制为主的收入分配制度转变。而市场机制促进了劳动生产率的提高和整个国民经济的发展,城镇居民收入也因此得到了大幅度的提高。与农村农民人均纯收入的变化不同,城镇居民的人均生活费收入始终处于波动增长状态。城镇居民实际收入增长最快的年份是 1979 年,增长率高达 17.1%,而增长最慢的年份是 1989 年,由于通货膨胀过高,实际收入减少了 3.1%。改革开放以来,城镇居民的人均生活费收入的变化过程可以分为三个

阶段:

第一阶段:1978—1984年,城镇居民收入波动增长。

随着"文革"的结束,国民经济迅速恢复,城镇居民收入提高很快。人均生活费收入由1978年的316元增加到603元,提高了90.8%,平均年增长11.4%。但是,农村的体制改革使农副产品价格上涨较快,城镇居民的生活费的收入部分的提高被抵消了,扣除物价因素,实际收入平均年增长8.1%,并出现明显的波动。

第二阶段:1985—1990年,城镇居民收入剧烈波动增长。

自1985年起,城市开始走上全面改革的道路,居民生产积极性大大提高,收入也因此迅速增长。1990年城镇居民人均生活费收入已达1387元,比1984年的603元提高了130%,年平均增长率高达14.9%,高于第一阶段。但是,随着市场和物价的逐步放开,一时间出现大幅度的涨价现象,并形成严重的通货膨胀。因此,实际收入的增长出现剧烈波动,平均年增长率仅为3.7%,反而低于第一阶段。

第三阶段:1991—2000年,城镇居民收入轻微波动增长。

随着改革的深化,市场取代了计划,成为主导经济的运行机制,我国逐步步入正轨并高速发展,城镇居民收入随之而迅速提高。1997年人均生活费收入高达4598元,比1990年的1387元增加了231.5%,平均年增长18.7元,为历史最高水平。不过,这一阶段物价上涨也比较快,扣除物价因素,实际收入年增长7.5%,仍略低于第一阶段。

综上所述,改革发展时期,城镇居民收入水平大大提高了。人均生活费收入由1978年的316元提高到1997年的4598元,增加了13.6倍,平均年增长15.13%。扣除物价上涨因素,实际收入平均年增长6.4%。到2000年底,我国城镇居民人均可支配收入已经达到6280元。可见,在这段时间里,我国城镇居民的生活水平在逐年不断的提高。

虽然农村和城镇居民的人均收入在50年里在有一定波动的情

况下仍逐年有所增长,但是我们通过50年来农村居民和城镇居民生活收入的变化情况,不难发现两者之间存在着比较大的差异。从表9—7可以看出,1952年,工业职工平均工资为476.55元,而农民人均纯收入为52元,工农相对收入的比例是7.69。到1965年,工业职工平均工资为602.98元,农民人均纯收入107.2元,工农相对收入比例是5.62,比1952年有所下降。1977年,工业职工平均工资为574.73元,农民人均纯收入为117.1元,工农相对收入比例为4.91。这种比例的下降趋势是由于"三年自然灾害"和"文化大革命"等多种原因造成的。

表9—7　　　**1952—1977年中国工农收入差距状况**

年份	农民人均纯收入(元)	工业职工平均工资(元)	工农相对收入
1952	62	476.55	7.69
1957	73	660.47	9.05
1962	99	648.72	6.55
1965	107.2	602.98	5.62
1970	113.7	551.07	4.85
1977	117.1	574.73	4.91

资料来源:根据中国工业年鉴编委会编:《中国工业年鉴1993》(中国劳动出版社1993年版)中相关数据制作。

1978年党的十一届三中全会以后,工人和农民的收入开始缓慢增长。经过改革开放20多年的发展,已经有了很大的提高。但是这期间工农收入的差距还是比较大的。从表9—8来看,1978—1984年间,工农相对收入的比例逐年下降,从1978年的5.56下降到1984年的3.95,这是由于这6年间我国改革的重心是在农村,国家实行了"家庭联产承包责任制"鼓励农民积极性的政策,农村市场有所开放,农民收入来源增多。

表 9—8　　　　1978—1997 年中国工农收入差距状况

年份	农民人均农业生产性收入(元)		工业职工平均工资(元)		工农相对收入
	当年收入	实际收入	当年工资	实际工资	
1978	113.47	113.47	631	631	5.56
1979	135.80	133.14	691	678	5.09
1980	149.62	141.15	784	729	5.16
1981	170.58	166.58	789	770	4.62
1982	203.65	199.85	802	786	3.93
1983	221.77	218.49	819	803	3.68
1984	250.36	243.54	989	963	3.95
1985	263.81	245.18	1158	1035	4.22
1986	278.98	262.94	1336	1249	4.75
1987	300.79	283.23	1479	1369	4.83
1988	345.64	294.16	1782	1476	5.02
1989	371.65	311.53	2001	1721	5.52
1990	456.04	436.40	2203	2175	4.98
1991	460.55	450.20	2424	2306	5.12
1992	486.86	465.00	2774	2554	5.49
1993	589.57	518.53	3433	2957	5.70
1994	780.91	623.83	4407	3526	5.57
1995	996.51	848.09	5354	4789	5.65
1996	1192.61	1105.29	6006	5520	4.99
1997	1267.69	1236.77	6221	6034	4.88

注:工农相对收入 = 工业职工实际工资/农民人均实际农业生产性收入。
资料来源:国家统计局编:《中国统计年鉴》,1993—1998 年各卷。

但是,随着城市改革的开始,我国工农相对收入的比例却逐年拉大。1987 年工农相对收入比例是 4.83,到 1992 年已经增加到了 5.49,

增长了 0.66 个百分点。1993 年的比例是最大的,达到了 5.70,到 1997 年这个比例有所波动,又下降到 4.88。这个比例的增长和下降都是随着我国经济的发展而变化的。1992 年后,我国实行了市场经济,使人们的收入有了比较大的变化。所以,相对于职工来说,农民的收入增幅并不大。工农之间存在着明显的差距。

再从居民消费水平来比较,通过表 9—9 可以看出,1978 年到 1999年间,城镇居民的消费水平整体要比农村居民消费水平高。1978 年城镇居民家庭年均消费是 405 元,农村为 138 元,比全国平均水平还要低46 元,城乡居民消费水平比是 2.9。1992 年,城乡居民消费水平比率增加到了 3.3,到 1999 年增加为 3.5。由此可以看出城乡居民消费水平之间的差距越来越大。值得注意的是,农村居民的消费水平长期以来是低于全国平均消费水平的,并且和全国居民平均消费之间的差距越拉越大。虽然农村居民的消费指数增长的幅度比城镇居民消费指数要大一些,但这也改变不了农村居民和城镇居民在消费上存在很大差距的状况。

表 9—9   **1978—1999 年居民消费水平**

年份	绝对数(元)			城乡消费水平对比(农村居民 =1)	指数(1978 年 =100)		
	全国居民	农村居民	城镇居民		全国居民	农村居民	城镇居民
1978	184	138	405	2.9	100.0	100.0	100.0
1985	437	347	802	2.3	181.3	194.4	147.5
1989	762	553	1568	2.8	213.8	218.8	184.4
1992	1070	718	2356	3.3	270.3	257.2	249.9
1997	2834	1876	5796	3.1	372.4	363.6	307.0
1999	3143	1918	6750	3.5	422.3	384.2	365.1

注:城乡消费水平对比没有剔除城乡价格不可比的因素。

资料来源:国家统计局编:《中国统计年鉴2000》,中国统计出版社 2000 年版,第 70 页。

表9—10　　　1978—2000 年城乡居民家庭恩格尔系数比较(％)

	农村居民家庭	城镇居民家庭
1978	67.7	57.5
1979	64.0	57.2
1980	61.8	56.9
1981	59.9	56.7
1982	60.7	58.7
1983	59.4	59.2
1984	59.2	58.0
1985	57.8	53.3
1986	56.4	52.4
1987	55.8	53.5
1988	54.0	51.4
1989	54.8	54.4
1990	58.8	54.2
1991	57.6	53.8
1992	57.6	52.9
1993	58.1	50.1
1994	58.9	49.9
1995	58.6	49.9
1996	56.3	48.6
1997	55.1	46.4
1998	53.4	44.5
1999	52.6	41.9
2000	49.1	39.2

资料来源:国家统计局编:《中国统计年鉴2001》,中国统计出版社2001年版,第304页。

再看一下恩格尔系数的比较情况。从表9—10 可以看出,从1978年到2000 年,虽然总体上城乡居民的恩格尔系数都在不断地下降,但是城乡之间的差距确是十分明显的,城镇居民同一年份的恩格尔系数都要比农村居民的要低。从90 年代中期以来,这种差距有不断拉大的趋势。在此以前,城乡居民恩格尔系数的差距不是很大,相差最多也就是7—8个百分点左右,但是在此以后,这种差距几乎增大到了10个百分点。贫富差距越来越悬殊,城乡差距也在不断地扩大。

从以上的分析中,我们可以看出50年来城镇居民和农村居民在生活水平上的种种差距。但这种差距仅仅是传统的工农阶层之间的。在改革开放以后,我国还涌现出了许多新兴的阶层。所谓的新兴阶层,就是我们上面提到的国家级社会的管理者、经理人员、私营企业主、专业技术人员、办事人员、个体工商户等。它们是改革开放的产物,是经济开放的主要受益者。在作为社会开放的受益者的同时,他们对我国社会发展和经济的快速增长做出了很大的贡献。因此,怎样看待他们的高收入,怎样看待他和工农之间生活水平的差距,无疑是一个很重要的问题。下面我们比较一下新兴阶层之间生活水平以及他们和工农阶层之间的差异。

表9—11　　　**1999年各阶层的个人月收入和**

家庭月人均消费水平　　　　单位:元

层别	个人月收入			家庭月人均消费水平		
	深圳	合肥	汉川	深圳	合肥	汉川
国家及社会管理者	4500	1119	660	1244	379	218
经理人员	7666	1117	304	1632	456	184
私营企业主	7572	800	631	1927	361	200
专业技术人员	5799	956	473	1851	385	169
办事人员	3045	868	401	1171	358	154
个体工商户	6014	774	417	1306	304	158
商业服务业员工	2074	552	235	1039	287	130
产业工人	1749	584	245	802	241	150
农业劳动者	—	—	181	—	—	85
无业失业半失业者	—	—	—	1079	267	134
平均	3532	734	265	1292	315	115

资料来源:陆学艺主编:《当代中国社会阶层研究报告》,社会科学文献出版社2002年版,第27页。

根据表9—11可以看出,新兴阶层中,国家与社会管理者阶层、经理人员阶层、私营企业主阶层和专业技术人员阶层的收入水平,不论在深圳还是在合肥、汉川,都是社会各阶层中收入水平最高的,办事人员阶层和个体工商户阶层收入水平居中,商业服务业员工阶层和产业工人阶层的收入水平较低,而农业劳动者阶层和无业、失业、半失业者阶层的收入最低。举例来说,1999年深圳的国家与社会管理者阶层、经理人员阶层、私营企业主阶层和专业技术人员阶层的个人月收入都在4500—7666元之间。而办事人员阶层、商业服务业员工阶层和产业工人阶层的个人月收入却比较低,在1749—3045元之间。这几个阶层的个人月收入都要低于这十大阶层的平均水平3532元。

表9—12　　　**1999年各阶层家庭生活耐用品拥有情况**　　单位:%

层别	14种家庭耐用品拥有指数			其中3种耐用品拥有率								
				深圳			合肥				汉川	
	深圳	合肥	汉川	微波炉	电脑	轿车	电话	空调	电脑	彩电	空调	电话
国家及社会管理者	88.6	42.9	18.7	80.0	90.0	0.0	97.2	85.4	22.0	70.0	20.0	90.0
经理人员	70.9	44.3	10.6	70.9	78.2	16.4	94.1	79.4	20.6	46.2	15.4	61.5
私营企业主	76.5	42.8	14.4	67.9	75.0	50.0	93.0	81.1	21.8	54.5	9.1	54.5
专业技术人员	70.8	41.5	18.1	85.4	81.3	18.7	90.6	70.1	26.8	91.1	6.7	46.7
办事人员	63.1	38.0	15.2	63.4	74.6		86.8	65.1	15.9	72.7	5.7	62.1
个体工商户	54.4	27.7	14.9	50.0	44.0	18.0	71.7	34.9	10.4	69.7	9.6	47.4
商业服务业人员	47.0	29.9	11.4	39.4	43.7	4.8	79.2	47.5	10.8	57.4	2.1	36.2
产业工人	47.4	26.8	9.3	39.6	41.5	1.9	75.1	38.7	3.9	52.0	5.9	29.4
农业劳动者	—	—	4.9	—	—	—	—	—	—	19.6	0.6	6.4
平均	60.8	32.8	8.5	57.9	61.4	14.6	80.0	52.2	12.5	47.9	4.4	29.8

资料来源:陆学艺主编:《当代中国社会阶层研究报告》,社会科学文献出版社2002年版,第28页。

家庭生活消费水平与收入状况是一致的(参见表9—11和表9—

12）。国家与社会管理者阶层、经理人员阶层、私营企业主阶层和专业技术人员阶层的家庭经济生活水平最高，其次是办事人员阶层和个体工商户阶层，再次是商业服务业员工阶层和产业工人阶层，而日常消费水平和家庭耐用品拥有水平最低的则是农业劳动者阶层。无业、失业、半失业者阶层的家庭生活比较复杂，一部分人的生活处于极为贫困的状态，也有一部分人的生活水平稍微好些。1999年，在全国来说相对贫困的汉川市，家庭月人均消费水平最高的是国家与社会管理者阶层，为218元；最低的为农业劳动者阶层，才85元。可见，不但经济比较发达地区各阶层之间存在着很大的差距，而且在经济比较落后的地区这种差距也是非常明显的。

在家庭生活耐用品的拥有方面，各阶层之间也是不同的。这不但体现在家庭生活耐用品的数量上，也体现在它们的质量上。以合肥为例，14种家庭耐用品拥有指数最高的是国家与社会管理者阶层、经理人员阶层、私营企业主阶层和专业技术人员阶层，都在40%以上，而商业服务业员工阶层和产业工人阶层还不到30%；在其中3种耐用品（电话、空调、电脑）的拥有率上，情况也是如此。

值得注意的是，从表9—11和表9—12我们还可以看到，在收入水平和消费档次上，就是同一个阶层在不同地区生活水平上的差距也是极其明显的。就深圳和汉川的国家和社会管理者阶层来说，在深圳个人月收入是4500元，而在汉川只有660元；在深圳，产业工人拥有轿车的百分比为1.9%，而在汉川，产业工人所拥有的只有彩电、空调和电话。轿车对他们而言简直就是一种奢望。

总之，50年来，我国各阶层的生活水平在不断发展的同时，也存在着很大的差距。从建国初，我国工农两大阶层之间就存在着明显的差距。改革开放后，随着新兴阶层的出现，我国社会各阶层生活水平之间的差距也越来越大。一方面，我们要看到这种差距存在的历史必然性，这是我国社会在发展过程中所必须经历的一个阶段；另一方面，我们也要注意到各阶层生活水平现有的差距和正在不断扩大的趋势，认清问题的严重性和紧迫性,及时找到解决问题的方法。

二、不同地域民众生活水平的差异

与中国人口众多相对应的是中国幅员的辽阔。我国国土总面积为960 万平方公里,约合 144 亿亩,略相当于除苏联之外的欧洲各国的总面积。在世界各国中,仅次于俄罗斯和加拿大,居世界第三位。在我国广袤的土地上,由于地域的、自然的、人为的种种因素,使得各地区人民生活水平的高低也不尽相同。总的来说,我国大体上可以划分为三个大的区域,即东部地区、中部地区和西部地区。这三大地区无论在自然条件还是社会文化各方面都存在着明显的差异。一般说来,东部地带工业基础雄厚,交通等基础设施比较发达,科技、文教、经营管理等水平较高;中、西两大地带资源丰富,拥有许多发展生产的有利条件,但也存在一些不利因素,如中部,工业装备,科技、文教、基础设施等方面虽有一定的基础,但是优势未能发挥出来,生产建设的经济效益较差;西部则工业基础较弱,交通基础设施差,科技文教,经营管理等水平低,生产建设的经济效益低。

所以,综合以上因素,这三大地带人民的生活水平,一般说来,是东部高于中部,中部又高于西部,形成了一个由高到低的坡度。下面我们就从总体上分东部、中部和西部三个大的区域来说明由于地域的差异而带来的人民生活水平的差异。但是为了读者能够对我国人民生活水平做一个详细的了解,我们从这三个地区选取了 6 个省市分别加以具体说明,它们是:北京、上海、广东、辽宁、四川和陕西。

表 9—13　　　　　　　　各地区人均国民收入比较

地区	"一五"时期	"二五"时期	1963—1965 年	"三五"时期	"四五"时期	"五五"时期	"六五"时期
全国平均	130	165	170	207	259	316	503
北京	219	431	353	457	715	1044	1547

地区	"一五"时期	"二五"时期	1963—1965年	"三五"时期	"四五"时期	"五五"时期	"六五"时期
上海	578	1003	851	1067	1567	2147	2765
广东	125	160	178	189	225	327	595
辽宁	286	399	288	329	491	620	883
四川	83	111	132	135	150	205	366
陕西	116	153	130	150	208	252	376

注：各时期人均国民收入为本时期平均数。

资料来源：国家统计局国民经济科统计司编：《国民收入统计资料汇编：1949—1985年》，中国统计出版社1987年，第三部分"各省自治区直辖市国民收入"。

人均GDP是影响人民生活水平和消费水平的重要因素。人均GDP水平越低，居民消费水平就越低，生活水平也越低。按照人均GDP，建国初期我国人民生活水平就存在着明显的地区差距。从表9—13可以看出，"一五"期间，我国北京、上海、广东、辽宁、四川和陕西等六省市中，最大与最小人均国民收入之比为7.5倍，最大与最小人均国民收入之差为501元；若不考虑京、津、沪三大城市的话，地区人均国民收入最大与最小的比是3.5倍，它们之间的差为119元。

另外，建国以来，我国地区人均国民收入相对差距在不断地扩大。"一五"期间总体相对差异系数是65.6%，"二五"期间上升为85.0%，"三五"期间上升为81.3%，"四五"期间进一步上升为94.0%，达到建国以来的最高点98.1%。这表明建国以来我国虽然实行了均衡发展的战略，在内地以及西部地区进行大规模投资和"三线建设"，但这一做法并没有改变地区差距，反而这一时期地区人均国民收入相对差距在不断的扩大。

1978年是新中国历史上几个比较重要的年份之一。这一年由于实行了"拨乱反正"，平反了一些重大的冤假错案；同时，全国的工作重心转移到经济建设上来，基本上使全国人民的生活水平恢复到了建国初期时的状况。这一年,广东城镇居民的生活费收入最高,其次是北京、辽宁和四川相差不多,陕西为最低,几乎和收入最高的广东差了三分之一;这六个地区城镇居民的消费支出几乎和收入成正比,收入越高,消费也就越高。农村居民纯收入最高的是上海,要比北京高 50 多元,这两地农民收入位居全国最高;其次是广东和辽宁,略低于北京和上海;地处西部的四川和陕西农民收入最低,差不多是北京和上海的一半。从这里就可以看出,北京、上海和广东三地,无论是城镇居民还是农村居民,其收入和消费都是位居全国最高水平,而辽宁、四川和陕西等地理位置相对偏僻的省份,人民的收入和消费则相对要低一些。值得注意的是,人民收入和消费最低的陕西,几乎要比收入和消费最高的北京、上海等地要低三分之一甚至二分之一。从全国范围来讲,这个差距不仅是各地城镇居民之间的,而且也是各地城镇居民和本地农村居民之间的,同时还是城镇和农村之间的差距之所在。

表 9—14　　　　　**1978 年各地区居民生活水平比较**

地区 标准	城镇居民家庭人均每年(元)			农村居民家庭人均每年(元)		
	全部收入	生活费收入	消费支出	纯收入	总支出	消费支出
北京	450.18	365.4	359.86	225	219	185
上海				281	231	193
广东		403.88	399.96	193.25	219.46	184.89
辽宁		343.32	337.2	185.2	187.8	159.1
四川	347	326	314	127	149	120
陕西		290	268	134		134

资料来源:国家统计局编:《改革开放十七年的中国地区经济》,中国统计出版社 1996 年版,第 232、347、416、646、715、801 页。

到 1995 年,全国人民的生活水平有了很大的改善。但是各地区居民(包括城镇居民和农村居民)之间的差距和城市与农村之间的差距似乎是更大了。1995年,广东城镇居民人均总收入为全国最高,几乎达到了7500元。上海和北京位居次席,但也分别在7000元左右;四川、辽宁和陕西排在最后,四川和辽宁相对要好一些,陕西城镇居民的年均收入最低,才3300元,连北京、上海和广东的二分之一都不及。这六个省市农村居民的纯收入也是一样,北京、上海和广东仍是"第一集团",辽宁和四川相对落后,陕西仍是最低,几乎是上海的四分之一,北京的三分之一,差距之大,令人难以想象,但是这还不是最大的差距。如果把全国城镇居民年均最高收入和农村居民年均最低收入相比较,我们就可以更清晰地看出我国城镇居民和农村居民收入之间的令人惊叹的差距。1995年,全国城镇居民年均收入最高的是广东,达到了7445.1元,农村居民年均纯收入最低的是陕西,为914元,前者和后者之间的差距竟然达到了8.15倍。城市和农村之间的差距在现阶段已经变得极为突出,这不得不引起人们的普遍重视。

表9—15　　　　**1995年各地区居民生活水平比较**

标准 地区	城镇居民家庭人均每年(元)			农村居民家庭人均每年(元)		
	全部收入	生活费收入	消费支出	纯收入	总支出	消费支出
北京	6748.56	5868.36	5019.76	3224	3080	2433
上海	7196	6822	5868	4246	4041	3368
广东	7445.1	6849.65	6253.68	2699	3151.31	2255.01
辽宁	3707.53	3306.5	3113.39	1756.5	2804.6	1471.9
四川	4005	3586	3429	1158	1828	1093
陕西	3311	3048	2838	963	1424	914

资料来源:国家统计局编:《改革开放十七年的中国地区经济》,中国统计出版社1996年版,第232、347、416、646、715、801页。

到1999年,全国各地农村居民的生活水平差距仍在扩大。1999年全国农村居民消费支出合计为1577.42元,北京、上海两地要高出全

国的一倍以上,广东也要高出全国的三分之二左右。辽宁农民的生活
消费支出基本和全国平均水平相同,能代表全国农民的平均消费水平。
而地处西部的四川和陕西两省,其农民生活消费支出要低于全国平均
水平。陕西最低,几乎是全国平均水平的三分之二。同样的差距还表
现在食品、衣着、居住、家庭设备及服务、医疗保健、交通和通讯、文教娱
乐用品及服务和其他商品及服务这些方面。(详见表9—16)总之,北
京、上海和广东等三个省市农民的各项生活消费标准都要高于全国水
平,并且几乎都超过了全国最低水平的陕西的 3 倍以上;辽宁省农民的
消费状况基本能代表全国的平均水平;而地处西部的四川和陕西两省
农民的各项消费指标都要低于全国平均水平,和北京、上海、广东等先
进地区的差异则更大,有的连它们的三分之一都不及。

表 9—16　　　　全国六省市农村居民家庭平均
每人生活消费支出(1999 年)

地区	生活消费支出合计	食品	衣着	居住	家庭设备及服务	医疗保健	交通和通讯	文教、娱乐用品及服务	其他商品及服务
全国	1577.42	829.02	92.04	232.69	82.27	70.02	68.73	168.33	34.33
北京	3122.13	1232.96	228.35	425.82	249.40	228.91	215.58	467.89	73.21
上海	3866.76	1668.54	202.44	681.19	388.68	160.00	196.98	474.46	94.47
广东	2645.86	1340.72	99.16	415.21	153.57	98.68	147.58	317.29	73.65
辽宁	1617.64	817.89	144.89	210.40	71.76	81.12	81.23	172.65	37.71
四川	1426.07	841.47	72.89	192.96	63.15	57.13	37.74	140.92	19.82
陕西	1161.10	552.68	77.95	174.59	58.81	64.93	36.18	171.04	24.93

资料来源:国家统计局编:《中国统计年鉴2000》,中国统计出版社 2000 年版,
第 335 页。

　　另外,我们还可以通过工资水平来比较一下全国各地职工生活之
间的差异。据统计,1999 年在各省、自治区、直辖市中,有 6 个省、市、

区的城镇职工年平均水平超过了 9000 元,比全国平均水平高 20% 以上。它们依次是:上海(13580 元),北京(12451 元),广东(11032 元),西藏(10987 元),天津(9946 元),浙江(9759 元);其中,上海比全国平均水平高 80% 以上。有 5 个省、区的城镇职工年平均工资低于 6000元,即比全国平均水平低出 20%,依次是:江西(5384 元),山西(5641元),贵州(5775 元),河南(5781 元),内蒙古(5792 元);其中江西仅为全国水平的 71.99%,不及上海、北京、广东等地的一半。①

由此可见,低工资地区都集中在中西部,但除了西藏外,青海和云南两省也高于全国平均水平。② 中部各省、区均未达到全国平均水平。就连年平均工资在中部地区最高的湖南省(6558 元),也不及全国水平的 90%。此外,一些重工业比重较高的老工业基地、能源基地和"三线"地区,城镇职工年均工资也比较低,陕西、黑龙江两省低于全国年均水平的 85%;湖北、重庆、四川三省市低于全国年均水平的 90%;仅辽宁省超过全国年均水平的 95%。这些差别,从一个侧面反映了地区间人民生活水平的不同程度和它们之间存在的差距。

1999 年,全国各地城市设施水平也基本体现了各地城市居民的生活水平状况之间的差距。(见表 9—17)职工平均工资上海为最高,高出了全国平均工资的 1 倍,几乎是陕西的 3 倍。但是在人均拥有绿地面积和每万人拥有公厕数量上,上海却低出了全国的平均水平。这说明,我国城市发展的不平衡性,它往往侧重于某几个方面,而忽视了其他方面的均衡发展。这一点值得注意。同样,北京人均拥有铺装道路

①　阎志民主编:《中国现阶段阶级阶层研究》,中共中央党校出版社 2000 年版,第 92 页。

②　需要说明的是,西藏、青海和云南等地,由于政策的照顾、地域的偏僻和人口的稀疏,其职工工资水平并不能说明该地区的人民生活水平和其他东部地区之间的差距。相反,这几个地区特别是西藏人民的生活水平应该说在全国是位居最后的。

面积仅为5.88平方米,低于全国平均水平的8.80平方米,也同样低于发展最为落后的陕西省的6.21平方米。其他几个方面,如在人均居住面积、用水普及率、煤气普及率和每万人拥有公共车的数量上,依然是北京、上海、广东居于全国最高,其次是四川、辽宁,最后才是地处大西北的陕西省。可见,由于地域的差异而带来的人民生活水平之间的差距在各大城市里表现得仍然是极其明显的。

表9—17　全国六省市职工平均工资及城市设施水平(1999 年)

地区	职工平均工资	人均房屋使用面积(平方米)	人均居住面积(平方米)	城市人口用水普及率(%)	城市煤气普及率(%)	每万人拥有公共车(辆)	人均拥有铺装道路面积(平方米)	人均公共绿地面积(平方米)	每万人拥有公厕(座)
全国	8346	14.19	9.78	96.30	81.74	9.36	8.80	6.45	5.31
北京	14054	15.70	10.43	100.00	97.10	23.98	5.88	7.96	9.42
上海	16641	14.21	10.39	100.00	99.99	19.46	8.52	3.44	1.25
广东	12245	17.88	10.81	97.47	93.00	8.46	11.78	10.11	2.85
辽宁	7895	12.11	8.43	97.72	88.90	7.95	6.33	6.09	7.01
四川	7249	14.26	9.86	96.85	72.43	7.13	6.89	4.38	3.82
陕西	6931	11.42	8.38	97.85	64.88	7.10	6.21	5.02	2.92

资料来源:国家统计局编:《中国统计年鉴2000》,中国统计出版社2000年版,第144、361 页。

同时,从国际可以比较范围来看,中国作为一个人口众多、地域辽阔的发展中国家,无论是在人均GDP 的单项指标还是人文发展指标的综合指标,都属于世界上地区经济差距最为显著的国家之一。据联合国《1994 年人文发展报告》列出的世界上四个地区差距较大的国家,中国就是其中一个(其他三个国家分别是巴西、尼日利亚和埃及)。因此,正确认识和处理发达地区和欠发达地区关系,解决和控制地区差距问题,是中央政府促进经济发展、保持社会稳定、维护国家统一的重大任务之一。①

最后,我们再来看一下各地区人民的恩格尔系数情况。从表9—18同样可以看出,我国不同地区人民生活的恩格尔系数也有这样的情况,即北京、上海、广东等地的比较高,辽宁、四川、陕西的比较低。这对于各地的城镇和农村都是一样,地域的色彩显得尤为突出。

表9—18　　全国六省市城乡居民恩格尔系数比较(%)

	1957	1978	1985	1989	2000
北京	56 (51)	59 (63)	51 (47)	55 (49)	36 (38)
上海	— —	61	52 (44)	56 (42)	44 (44)
广东	67 (68)	67 (62)	58 (60)	57 (53)	39 (49)
辽宁	56 —	64	56 (51)	54 (49)	41 (47)
四川	— (56)	59	51 (62)	56 (61)	41 (55)
陕西	61	59	49 (58)	51 (52)	36 (43)
全国	66	68 (58)	52 (58)	54 (54)	39 (49)

注:1957、1978、1985、1989 年的数据是根据《中国改革开放以来的地区经济》一书的抽样调查通过公式计算出的。2000 年的数据是根据《中国统计年鉴2001》计算得出的。表格()内的数字是同期农村的数字。恩格尔系数大体可以反映出当年中国人民生活水平的状况,但要考虑到物价因素,因此存在一定的偏差也在所难免,这里只是用来反映一个大概水平。

---

① 胡鞍钢等著:《中国地区差距报告》,辽宁人民出版社1995年版,第95—97页。

总的说来,中国由于地域的广博和环境的差异而造成了地区经济的不平衡(当然也有一定的政策因素)。这使得东部、中部和西部这三大经济地带之间发生了比较大的差距,从而也影响了当地人民的生活水平。建国以后,我国人民生活水平发生了剧烈的变化,可以说是一天比一天好。但是同时我们也应该认识到这三大地带之间人民生活水平的差距在逐年不断地扩大。这已经成为我国社会生活中一个重大的社会问题,应该引起人们的重视。

第三节　影响民众生活的因素

马克思主义认为,任何事物之间都存在着或直接或间接,或必然或偶然的联系,即所谓时时有联系,事事有联系。基于此,决定或影响民众生活水平的因素就有很多,既有历史的,又有现实的;既有政治的,又有经济的;既有人为的,又有自然的;既有区域的,又有整体的。所以在下面的文字里,我们打算从以下四个方面来说明和分析建国50年来人民生活水平的变化原因,它们分别是:历史因素、政策因素、地域因素和自然因素。

一、历史因素

我国人民生活水平的发展缓慢是有其历史原因的。那么,哪些是造成我国人民生活水平长期以来得不到根本改善的原因呢?

第一,自然的小农经济和以其为基础的封建官僚政治残余的影响。18世纪中叶以后,清帝国前期所取得的辉煌文治武功,逐渐没落。而西方在经历了文艺复兴和宗教改革后,出现了新的生产因素,资本主义生产方式取代了旧有的生产方式,开始繁荣起来。而此时的中华帝国还在做着天朝国的迷梦,我国经济还是旧有的"你耕田来我织布"的小农自然经济,在不知不觉间已为西方所超越。在小农经济和其上层建筑封建官僚体制的影响下,广大人民处在地主和官僚的压迫之下。与此同时,农民还在遭受着西方入侵以来对农村社会的巨大冲击,自然经济遭到破坏,新的生产关系始终没有建立起来。这使得我国农村社会生产发展缓慢,人民生活得不到改善。

第二,1840 年鸦片战争以来西方列强对中国的战争、瓜分和经济掠夺。西方资本主义虽然对中国社会的转型起了促进作用,但是由于它的扩张性,封闭的中国被拖入了无休止的战争之中。在近百年的不间断的外国入侵和内战中,中国社会几乎耗尽了其几千年里所积聚的精气,变得疲惫不堪,气喘吁吁。社会财富几乎耗尽,人民贫困不堪,全国景象处处凋零,使得本来已经腐败的中国更加羸弱不堪。尤其是长达八年的日本侵华战争,对中国社会的影响非常之大。日本对中国广大地区的疯狂扫荡,对中国资源的大量掠夺,不但使中国损失了大量的人口,而且使中国经济的发展几乎陷于停滞。中国在战争的破坏下满目疮痍,人民流离失所,连个安顿的地方也找不到,生活的改善又从何谈起。

第三,无休止的国内军阀混战。国内军阀的混战也对中国经济的发展和人民生活的改善带来了巨大的灾难。为了争夺地盘和掠夺人口,盘踞在中华大地的军阀在民国建立之初就展开了混战。这一系列混战,影响了社会生产的发展,浪费了大量的人力和财力。仅是 1930 年间的中原大战,光壮丁就死了 30 万人,伤者更是无数。苛捐杂税和长期的战乱使人民流离失所,本来就很贫穷的人民,生活更加困苦不堪。

第四,新中国成立后经济建设遭受到的挫折。1949 年以后国民党政府留给中国人民的一穷二白的"烂摊子"等待着新兴的无产阶级政党和国家去新建。但在进行社会主义建设时,在取得了巨大成绩的同时,我国的经济建设也遭受了很大的挫折,全国人民在 20 年的时间里被卷入轰轰烈烈的政治斗争中,"以阶级斗争为纲"冲击了经济建设,使人们几乎无暇顾及生产。特别是"文革"十年,使得经济建设受到严重影响,人民生活水平发展缓慢,在一段时间内甚至出现了倒退。直到改革开放以后,发展生产力和提高人民文化生活水平才成为我国社会建设的目标,我国的社会主义建设才走上了正轨。

二、政策因素

政策因素在影响我国人民生活水平的因素中也占着十分重要的地位,有着很大的影响。这从我国50年来政策的变化对人民政治经济文化生活的影响中可以很明显地看出来。例如,在改革开放以前,由于我国依照苏联模式,实行高度集中的计划经济,采取了依靠牺牲农业和农民利益进行工业化积累的政策,这在很大程度上造成了农村的贫困局面和农民生活水平的长期落后。

建国后,为了保证工业的较低成本和高速发展,国家采取了加强对农业的税收、降低农产品的价格等办法。据统计,1958年国家从人民公社收入中提取的总数约占其纯收入的55%,人民公社积累占27%,绝对份额占当年社员消费部分的15.1%。尤其是工农业产品的剪刀差政策,用国家政权的强制手段来实行对农产品的统购统销制度。工农业产品的不等价交换形式使农民本来不多的收入又有相当部分流入国家和工业部门,实质上是国家实行了工业部门对农业和农民的剥夺。据统计,从1954年到1978年的24年里,国家通过农业税收和工业产品的剪刀差等形式从农业部门提取资金达6070亿元,扣除国家支农基金,农业部门资金净流出额为4500亿元,平均每年达155亿元。

由于我国长期对农业和农民实行高积累政策,农业资金被大量抽走,致使农民利益受到损害,导致农业生产率下降,农民生活水平很长时间内得不到提高。1984年,家庭联产承包责任制的实行,大大刺激了农民的生产热情和劳动积极性。因而此后的16年里,农民的生活发生了很大的变化。但是在总体上来说,农民的生活改善还不是很大。除了一部分人能够利用政策之便很快的致富外,大部分完全依靠农业收入的农民的生活水平的发展变化还是比较缓慢的。这与除了产业工人以外的各阶层相比,差距是比较明显的。因此,怎样发展农业,如何尽快地改善广大农民的生活水平,确实是一个值得关注的重要问题。农民富裕不起来,农民的生活得不到大的改善,中国社会的发展将是艰难的。

政策的侧重不同是地域经济和人民生活水平产生差异的重要原因之一。例如,发达地区和欠发达地区人民生活水平差距加大的主要原因是两者之间的投资额差距过分悬殊,国家的投资重点和外资的流向主要集中在沿海地区,这使这些地区首先发展和富裕了起来。这些地区的人民也借政策的便利,很快的发家致富。而其他地区由于不具有在短期内投资获益的可能性,从而为国家的投资和外资所忽视,长时间内发展不起来,人民的收入无法提高,生活水平也得不到大的改善。

80 年代以来,中央政府实行不平衡的发展战略,把中央投资项目的重点放在沿海地区,形成沿海发达地区中央项目人均投资额大大高于欠发达地区的人均投资额水平。这很大程度上影响了不同地区经济和人民生活水平的发展。沿海发达地区率先改革,投资来源多样化,国有经济占投资总额比重下降,非国有经济占投资比重迅速上升,使得这些地区的人民有更多的机会去发展和从中获利,从而使其经济实力和生活水平的改善和提高有了很大的可能性。与此相反,欠发达地区国有经济占投资总额比重过高,投资渠道单一,外资投资比重十分低下,是这些地区人均投资大大低于全国人均水平的一个重要原因。因此,由于经济发展不上去,人民的收入低下,人民生活水平不能得到较大的提高。

在中共十四大后,国家的投资目光转向了中西部地区,国家开始投入资金大力发展中西部经济比较落后的地区,进行基础设施等的建设,逐步改善中西部经济和市场环境,使这里的广大人民生活水平的提高也有了很大的希望。我们期待在不久的将来,我国中西部地区人民的生活水平上到一个新的台阶。

三、地域因素

地域因素是造成中国人民生活水平存在差距的又一个客观原因。我国地域广博,自然资源分布极不平衡。在东部沿海地区,交通便利,资源丰富,对外贸易比较方便,而且投入的成本也要比内地少得多,自然就会发展得快一些;中部平原地区,适合于小麦等农作物的种植,但是在现代文明里,优先考虑的则是工业和信息产业,农业的投入和回报基本上差不多,所以人民的生活水平在短时间内变化不会太大,与东部地区就会有一些差异;我国最穷的要数西部地区,那里人民的生活水平位于全国的最底层。人们一说到西部自然就会想到荒凉的沙漠和稀少的人烟。由于西部资源的匮乏,地理位置偏僻,交通极为不便,消息十分闭塞。况且西部多山多沙,土地利用率十分低下,所以就造成了人民的生活水平在全国来说处于最低状况。

地理因素既是影响一个地区经济发展的重要因素之一,也是人类难以克服的因素之一。在我国,欠发达地区多处在中西部地区,主要是四大生态脆弱带。欠发达地区属于内陆性省份,交通设施不足,来往不便,相对闭塞。相反,发达地区大多分布在沿海地区,交通设施比较好。改革以来又充分利用了对外开放的时机,具有明显的优势和区位优势。先天不足的自然地理条件限制了这些地区的经济发展和人民生活水平的提高。

受发展起点低下的制约,我国广大人民的生活水平从建国开始就处在一个比较低的水平上。虽然在国家经济建设取得很大成就后,生活水平得到了很大的改善,但是由于起点低,加以又受各种因素的影响,使得从一开始各地区就存在差距的人民生活水平之间的差距就更大了。尤其是边疆地区和中西部地区,和沿海和一些大城市相比,人民生活水平虽然在改革开放后有了很大的改善,但改善的状况却不能和沿海及大城市同日而语。例如,当贫困山区的儿童为几百元学费而发愁甚至因此而失学的时候,城市的小朋友们正在享受着经济和科技发展所带来的种种妙不可言的乐趣。

市场失效也自发地促进了地区发展差距的扩大。在商品交换过程中,欠发达地区处于极不利的地位,可能成为发达地区的"殖民地"。这是由于欠发达地区农业经济比重高,非农业经济比重低而造成的。这也极大地影响着各地区,尤其是商品经济不发达地区人民生活水平的提高和改善。

同时,要素的流动也是有利于发达地区,而不利于欠发达地区。由于欠发达地区不具有吸引人才的能力,使得这些地区的技术发展很缓慢。加之本地区一些人才的流失,这种状况就更加的恶化起来。而欠发达地区一些较为富裕的人也有着明显的向较发达地区迁移的倾向。这使得欠发达地区本来就极为稀缺的资金变得更为稀缺。所以这些地区人民生活改善的希望也就更为渺茫了。

四、自然因素

我国由于地域广大,海近陆深,加之地形及季风气候影响,从而形成了复杂多样的气候类型,各地气温差异显著,干湿悬殊,气候差异很大。如长冬严寒,短夏温凉的东北地区气候;海南、广东、滇南等长夏无冬的热带气候;日照充分、干燥少雨、温差悬殊的西北大陆性气候;长江黄河流域四季分明,季风显著的亚热带、暖湿带气候;青藏高原独特的高寒气候等。由于多样性的气候和与之相关的气温与降水的分布,影响着我国各地的农作物的分布,对耕作制度产生了很大的影响。例如,我国降水量的分布的主要特点是:从东向西北逐渐减少,大部分降水集中在夏季,年际和年间变化较大。受此影响,东南部湿润地区成为主要的产粮区,而较干旱的西北则主要以草原牧业为主。这种复杂的气候状况也是导致我国全国范围内旱涝灾害频繁的主要原因。在建国以来的50多年里曾发生过多次的重大旱涝灾害,对人民的生命财产造成了很大损失。

我国丰富的气候资源,类型多,分布广。大部分的国土位于宜人的温带和水热资源丰富的亚热带地区,多样的气候使得世界大部分的植物和农作物在我国都有适宜栽培的地点,对农业的发展十分有利,多样性的气候与复杂地形相结合,对于农业多种经营、综合发展提供了有利的自然条件。但我国相当大的地区土地瘠薄,植被稀松,生态脆弱。如西北干旱荒漠扩大,青藏高原荒漠高寒地带难以利用,由于历史原因一些地区植被破坏严重,水土流失加重,土地退化、沙化及次生盐碱化等,不利于维护农业生态平衡。

由于受以上影响诸因素的影响,气候等自然因素好的地方得到了较好的发展,而气候条件不太好的地区如西北地区的发展尤其是农业的发展则受到了严重的制约。因此,自然条件较好的东南部地区的发展要较西北西南地区快一些,那里人民的生活水平也是要好于西北和西南等地区。

我国幅员辽阔,气候和地形多样复杂,加之又是一个农业大国,有一些地区基本上是靠天吃饭,受气候等自然条件的影响很深,所以自然因素对人民生活水平影响也不可忽视。

回顾20世纪下半叶,我国人民生活水平确实发生了巨大的变化。从建国初人民生活的相当落后到90年代温饱问题的基本解决,再到2000年全国部分地区人民小康水平的基本实现,50年来在人民生活水平的改善上所取得的成绩是巨大的。这些成绩为我国实现第三步发展战略,即在21世纪中叶人均国民生产总值达到中等发达国家水平,人民生活比较富裕,基本实现现代化,奠定了基础。但是,我们必须看到由于诸多的原因,我们同国外其他发达国家比较起来,存在的差距还是很大的。国内不同地区、不同阶层人民之间的生活水平的差距也很大,尤其是中西部和边疆少数民族地区有相当一部分人还生活在贫困之中。面对现实,我们有理由相信,只要坚持以经济建设为中心,落实现代化建设三步走的发展战略,我国人民的生活水平定会接近或赶上发达国家的水平,不同地区、不同阶层人民生活水平的差距也会逐渐缩小,并最终走上共同富裕的道路。

主要参考文献

中共中央文献研究室:《建国以来重要文献选编》第1—20册,中央文献出版社

中共中央文献研究室等:《新时期农业和农村工作重要文献选编》,中央文献出版社,1992年

劳动人事部政策研究室:《劳动人事法规规章文件汇编1949—1983》,劳动人事出版社,1987年

中国社会科学院、中央档案馆:《中华人民共和国经济档案资料选编·劳动工资和职工福利卷1949—1952》,中国社会科学出版社,1994年

中国社会科学院、中央档案馆:《中华人民共和国经济档案资料选编·劳动工资和职工福利卷1953—1957》,中国物价出版社,1998年

劳动和社会保障部、中共中央文献研究室:《新时期劳动和社会保障重要文献选编》,中国劳动社会保障出版社、中央文献出版社,2002年

中华人民共和国国家农业委员会办公厅:《农业集体化重要文件汇编》上册(1949—1957),中共中央党校出版社,1981年

国家统计局:《中国统计年鉴》(1981—2000年各卷),中国统计出版社

国家统计局国民经济平衡统计司:《国民收入统计资料汇编1949—1985》,中国统计出版社,1987年

国家统计局:《新中国五十年统计资料汇编》,中国统计出版社,1999年

国家统计局人口统计司:《中国人口统计年鉴1988》,中国展望出版社,1988年

李东山、沈崇麟主编:《中国城市家庭——五城市家庭调查双变量和三变量资料汇编》,山东人民出版社,1985年

陈一筠、姚新武等:《中国常用人口数据集》,中国人口出版社,1994 年

查瑞传等:《中国第四次全国人口普查资料分析》(下),高等教育出版社,1996 年

国家统计局农业统计司:《中国农村统计年鉴 1985》,中国统计出版社,1986 年

国家统计局农村社会经济调查总队:《中国农村统计年鉴 1999》,中国统计出版社,1999 年

国家统计局:《中国统计摘要 1998》,中国统计出版社,1998 年

中华全国妇女联合会妇女研究所、国家统计局社会与科技统计司:《中国性别统计资料》,中国统计出版社,1998 年

国家统计局人口和社会科技统计司编:《中国社会统计资料 2000》,中国统计出版社,2000 年

国家统计局社会统计司:《中国劳动工资统计资料 1949—1985》,中国统计出版社,1987 年

国家统计局:《改革开放十七年的中国地区经济》,中国统计出版社,1996 年

刘永富:《中国劳动和社会保障年鉴 2001》,中国劳动社会保障出版社,2001 年

《中国教育年鉴》编辑部:《中国教育年鉴 1949—1981》,中国大百科全书出版社,1984 年

《中国卫生年鉴》编辑委员会:《中国卫生年鉴 1983》,人民卫生出版社,1984 年

《中国卫生年鉴》编辑委员会:《中国卫生年鉴 1986》,人民卫生出版社,1987 年

中国科学院大气物理研究所、中国科学院国家计划委员会地球研究所、中国气象局国家气象中心:《中国气候灾害分布图集》,海洋出版社,1997 年

中央社会治安综合治理委员会办公室:《中国社会治安综合治理年鉴

　1993—1994》,法律出版社,1996年

《中华人民共和国国史百科全书》,中国大百科全书出版社,1999年

刘洪:《国际统计年鉴1996》,中国统计出版社,1996年

朱之鑫:《国际统计年鉴2001》,中国统计出版社,2001年

《毛泽东文集》第6、7、8卷,人民出版社,1999年

《周恩来选集》下卷,人民出版社,1984年

《刘少奇选集》下卷,人民出版社,1985年

《邓小平文选》第3卷,人民出版社,1993年

《人民日报》

《工人日报》

《北京日报》

《中国21世纪议程——中国21世纪人口、环境与发展白皮书》,中国
　环境科学出版社,1994年

中国社会科学院环境与发展研究中心:《中国环境与发展评论》第1
　卷,社会科学文献出版社,2001年

科技部国家计委国家经贸委灾害综合研究组:《灾害·社会·减灾·
　发展》,气象出版社,2000年

胡绳:《中国共产党的七十年》,中共党史出版社,1991年

马洪、孙尚清:《中国人口结构研究》,中国社会科学出版社,1986年

石方:《中国人口迁移史稿》,黑龙江人民出版社,1990年

袁永熙:《中国人口》,中国财政经济出版社,1991年

孙敬之:《八十年代中国人口变动分析》,中国财政经济出版社,1996年

姜涛:《人口与历史》,人民出版社,1998年

赵文林、谢淑君:《中国人口史》,人民出版社,1998年

李竞能:《现阶段中国人口经济问题研究》,中国人口出版社,1999年

侯杨方:《人口史》,复旦大学出版社,2002年

陆学艺等:《邓小平理论与当代中国社会阶层结构变迁》,经济管理出
　版社,2002年

马洪等:《当代中国经济》,中国社会科学出版社,1987 年

朱荣、郑重等:《当代中国的农业》,当代中国出版社,1992 年

庄启东等:《新中国工资史稿》,中国财政经济出版社,1986 年

许涤新:《当代中国的人口》,中国社会科学出版社,1988 年

刘英、薛素珍:《中国婚姻家庭研究》,社会科学文献出版社,1987 年

沙吉才:《当代中国妇女家庭地位研究》,天津人民出版社,1995 年

沈崇麟、杨善华:《当代中国城市家庭研究》,中国社会科学出版社,
　1995 年

陈功:《家庭革命》,中国社会科学出版社,2000 年

陈一筠:《现代婚姻与性科学》,社会科学文献出版社,1997 年

刘达临等:《中国婚姻家庭变迁》,中国社会出版社,1998 年

林富德等:《走向二十一世纪的中国人口、环境与发展》,高等教育出版
　社,1996 年

刘永良:《上海人口负增长与计划生育》,上海科学技术出版社,1999 年

袁亚愚:《乡村社会学》,四川大学出版社,1990 年

《中国计划生育的伟大实践》,中国人口出版社,1989 年

《中国计划生育全书》,中国人口出版社,1997 年

林崇德:《中国独生子女教育百科》,浙江人民出版社,1999 年

祝慈寿:《中国工业劳动史》,上海财经大学出版社,1999 年

常凯:《劳动关系·劳动者·劳权——当代中国的劳动问题》,中国劳
　动出版社,1995 年

《当代中国》丛书编辑委员会:《当代中国的卫生事业》,中国社会科学
　出版社,1986 年

黄永昌:《中国卫生国情》,上海医科大学出版社,1994 年

汝信、陆学艺、单天伦:《2001 年:中国社会形势分析与预测》,社会科学
　文献出版社,2001 年

陈良瑾:《社会保障教程》,知识出版社,1990 年

郑杭生:《中国社会转型中的社会问题》,中国人民大学出版社,1996 年

滕藤:《中国可持续发展研究》,经济管理出版社,2001年

冯更新:《21世纪中国城市社会保障体制》,河南人民出版社,2001年

朱贤枚:《中国国情学》,光明日报出版社,1997年

苏智良:《中国毒品史》,上海人民出版社,1997年

欧阳涛、陈泽宪:《毒品犯罪及对策》,群众出版社,1992年

乐国安:《当代中国社会越轨行为》,知识出版社,1994年

杨洁曾、贺宛男:《上海娼妓改造史话》,上海三联书店,1988年

彦欣:《卖淫嫖娼与社会控制》,朝华出版社,1992年

谢志强、梁洪波:《城市病》,江西人民出版社,1991年

王仲方主编:《中国社会治安综合治理的理论与实践》,群众出版社,
　　1989年

武力:《中华人民共和国经济史》(1949—1999),中国经济出版社,
　　1999年

孙健:《中国经济通史》(1949—1990),中国人民大学出版社,2000年

柳随年等:《"文化大革命时期"的国民经济》,黑龙江人民出版社,
　　1986年

胡鞍钢等:《中国地区差距报告》,辽宁人民出版社,1995年

侯杰:《主流生活》,天津人民出版社,2000年

阎志民:《中国现阶段阶级阶层研究》,中共中央党校出版社,2002年

陆学艺:《当代中国社会阶层研究报告》,社会科学文献出版社,2002年

于光远:《中国社会主义初级阶段的经济》,广东经济出版社,1998年

吴绍中:《中国消费研究》,上海社会科学院出版社,1990年

冯立天:《中国人口生活质量再研究》,高等教育出版社,1996年

蔡继明:《中国三大阶层的收入分配》,中国青年出版社,1999年

马林等:《中国经济地理》,中国财政经济出版社,1997年

责任编辑:乔还田
装帧设计:徐　晖
责任校对:张　红

图书在版编目(CIP)数据

20 世纪的中国——走向现代化的历程(社会生活卷 1949—2000)/
　彭明 总主编;朱汉国 等著. -北京:人民出版社,2010.8
ISBN 978－7－01－008978－2

Ⅰ.①2… Ⅱ.①彭…②朱… Ⅲ.①中国-历史-20 世纪 ②社会生活-
　历史-中国-1949～2000 Ⅳ.①K257 ②D693.9

中国版本图书馆 CIP 数据核字(2010)第 100456 号

20 世纪的中国——走向现代化的历程
(社会生活卷 1949—2000)

20 SHIJI DE ZHONGGUO——ZOUXIANG XIANDAIHUA DE LICHENG

彭　明 总主编 朱汉国 耿向东 等著

人民大版社出版发行
(100706　北京朝阳门内大街 166 号)

环球印刷（北京）有限公司印刷　新华书店经销

2010 年 8 月第 1 版　2010 年 8 月北京第 1 次印刷
开本:710 毫米×1000 毫米 1/16　印张:28.5
字数:390 千字　印数:0,001-4,000 册

ISBN 978－7－01－008978－2　定价:68.00 元

邮购地址 100706　北京朝阳门内大街 166 号
人民东方图书销售中心　电话（010）65250042　65289539